大危機

全球挑戰和全球治理

A Global Polycrisis:
Challenges and Governance

龐中英　著

五南圖書出版公司 印行

謹以此書紀念我的
父親龐映明醫生（1933—2016）
和母親李美霖女士（1933—2023）

　　本書的名字是《大危機：全球挑戰和全球治理》，是因爲筆者受到「多重複合的危機（polycrisis）」一詞的影響。美國歷史學家亞當・圖茲（Adam Tooze）認爲，早在1960年代，世界各地的人們就發現了「多重複合的危機」，並開始應對「多重複合的危機」。[1]

　　2015年，我出版了《重建世界秩序——關於全球治理的理論與實踐》一書（中國經濟出版社）。本書是《重建世界秩序——關於全球治理的理論與實踐》的兄弟篇。

　　我們的世界是全球化的世界。在這個世界，並不一定是大多數人都讚美或者擁抱全球化，事實上，在有的國家或者社會，「抵制全球化」的人很多，而有的政府，則從1990年代大力支持全球化的政策轉向反對全球化的政策，全球化正在變回不怎麼「全」的狀態，即「局部全球化」。[2]不包括俄羅斯以及中國的世界確實不再「全」球化。有人宣稱「全球化已經死了」，[3]是有一定道理的。信奉「經濟民族（國家）主義」（economic nationalism）者不是主張回到自給自足、閉關鎖國，就是主張政府和國家企業主導經濟，包括重回「計畫經濟」。全球化已經遭到了各種干預，但是，我們的世界終歸是一個全球化的世界。全球化的力量可能仍然柔而強，最終不是「死了」，而是「回來了」，「九死一生」。

　　自從全球化的概念在1980年代末在美歐誕生，30多年來，在各個學科，

1　見達沃斯世界經濟論壇（WEF）《全球風險報告》（2023年）。

2　「局部全球化」一詞來自Robert Keohane, *Power and Governance in a Partially Globalized World*, Routledge, 2002.

3　2022年12月6日，台積電在美國亞利桑那州廠舉辦「首批機臺設備進廠典禮」，台積電創始人張忠謀在典禮上表示，當前的劇烈地緣政治變動已經徹底改變了半導體製造商的處境，而且「全球化和自由貿易幾乎已死了」，見https://zhuanlan.zhihu.com/p/590324833。

這裡僅指各個學科，人們用全球化看待歷史、現實和未來。在看待歷史方面，認爲全球化早已存在，幾乎以往的歷史都是全球化的歷史，提出了諸如「帝國爲基礎的全球化」等各種全球化理論。實際上，人類的和世界的歷史和現實哪能如此簡單化爲全球化。以往的歷史，確實存在全球化時代，但是，並不是所有的世界歷史都是全球化的歷史。把全球化追溯得那麼久遠更是一個嚴重的問題。全球化的發生、存續（持續）以及再發生，是全球化史要回答的中心問題。

我個人認爲，全球化是19世紀（不管是否是「拉長的19世紀」）以來的世界過程（是不是「全」部世界，並不一定）。這一過程大概只有不到300年的時間。我不接受把19世紀以前的世界也叫做全球化的世界。

經濟史學家德隆（J. Bradford DeLong）在2022年出版了他的《拉長了的奇跡（烏托邦）——20世紀經濟史》（*Slouching Towards Utopia: An Economic History of the Twentieth Century*），更進一步發展了他的關於人類財富之奇跡不過是一個近現代以來的現象的觀點，認爲還是把1870年到2010年這段時期（即他的「拉長的20世紀」）看做一個連貫的整體爲好：他認爲這是世界第一個主要由經濟發展推動的時代。在這個時代，經濟發生了跨越式成長，源於技術進步，特別是三種推動了快速和持續進步的元創新：現代企業、科研實驗室和全球化。得益於這三種創新，德隆認爲，愈來愈多的人飛奔向「經濟的黃金國」，這是前人幾乎無法想像的豐饒之地。[4]我把德隆說的「烏托邦」理解爲他的「經濟奇跡」——這確實是「奇跡」，因爲以前（18世紀末以前）根本不存在這樣的現實。

值得提到的是，北京大學經濟學家張維迎對德隆這項研究的高度重視。張維迎介紹了德隆的研究，認爲人類歷史上97%的財富，是1750年以來的270多年創造的。[5]

---

[4]　J. Bradford DeLong, *Slouching Towards Utopia: An Economic History of the Twentieth Century* Basic Books, 2022.

[5]　這是張維迎在2009年6月16日的文章，收錄於張維迎，《市場與政府：中國改革的核心博弈》，西北大學出版社，2014年版。

　　上述300年，哪些時段是全球化，哪些時段不是全球化，全球化是如何發生的和再發生的，我在本書不進一步展開討論。有興趣者參考筆者即將出版的專著（龐中英著，《全球化簡史和全球化研究學術史》，北京：中國出版集團中譯出版社）。

　　全球化的世界充斥著更多的、更難的、未知的、頑症的，甚至令人難以樂觀的巨大全球問題。一些最為嚴峻的全球問題已經受到持續而過分的關注，例如全球氣候變化，但是，截至目前為止，對全球挑戰的全球治理並不成功而有效，許多全球問題失控，已經演變為全球危機，例如全球氣候變化已經演變為全球氣候危機。

　　新冠病毒危機（2019年12月以來）是一場尚未結束的空前全球危機。這場危機居然使全球氣候危機不那麼為全球人關注了，儘管聯合國氣候變化大會（UNFCCC）在新冠大流行期間仍然繼續。2023年伊始的現在，令人悲哀的是，儘管「放開」，人們獲得行走的相對自由，新冠危機在中國等地已經進入其第四年，在寫作前言與致謝時，世界衛生組織（WHO）等尚未宣布新冠疫情結束。[6]新冠危機使聯合國在2015年（聯合國成立70週年時）確定的全球永續發展目標（SDGs）不大可能在2030年如期實現，人類個體發展和社會發展在21世紀面對著長期大倒退的前景。

　　亞當·圖茲在英國《金融時報》（*Financial Times*）的一篇專欄文章中使用了「多重危機」一詞，宣布了「多重危機時代」的到來。[7]達沃斯世界經濟論壇（WEF）年度的《全球風險報告》（2023年）則認為，2030年左右世界將發生嚴重的「多重危機」。[8]

　　30多年前，蘇聯解體後，歐盟成立，一些全球領袖充分意識到從冷戰

---

[6]　2023年1月27日，WHO舉行第十四次國際衛生條例會議（the fourteenth meeting of the International Health Regulations (2005) (IHR)），會後發表了報告和總幹事的聲明，認為，新冠疫情仍然是國際關注的公共健康緊急狀態（public health emergency of international concern, PHEIC）。見https://www.who.int/news/item/30-01-2023-statement-on-the-fourteenth-meeting-of-the-international-health-regulations-(2005)-emergency-committee-regarding-the-coronavirus-disease-(covid-19)-pandemic。

[7]　Adam Tooze, "Welcome to the World of the Polycrisis," *Finantial Times*, October 28, 2022.

[8]　見https://www3.weforum.org/docs/WEF_Global_Risks_Report_2023.pdf。

轉變為全球治理的必要性和迫切性。[9]一度人們普遍認為全球問題可以獲得解決。全球治理的邏輯沒有問題，但是，太簡單了。冷戰剛結束時的1990年代初，與關於「冷戰後世界」的各種論述（如「歷史終結」、「文明衝突」等）一起，全球治理（global governance）因而產生。然而，冷戰結束30多年後的今天，全球治理也陷入危機。2022年2月24日，俄羅斯入侵烏克蘭。烏克蘭位於地理上和戰略上的歐洲中心。俄羅斯在烏克蘭的戰爭標誌著1945年以來總體和平的歐洲再次有了大戰，俄羅斯領導人甚至多次威脅在烏克蘭使用核武器。聯合國和聯合國系統在遏止侵略戰爭、結束侵略戰爭上尚未發揮出應有的作用。蘇聯解體後，俄羅斯當然地繼承了蘇聯在聯合國安全理事會的常任理事國席位。

主要由於全球化發生了問題，世界經濟在21世紀的現在以及未來有可能陷入類似1930年代那樣的「大蕭條」（The Great Depression）。如果21世紀發生「大蕭條」，全球化真的就死了。

氣候危機、大瘟疫、戰爭、大蕭條，都是全球危機的表現形式。在全球的、區域的、在地的各個角落，我們都以自己的方式經歷著複合的全球危機。我們不知道，也難以預測全球危機的持續時間。大危機可能將真正結束「長的19世紀」[10]和「長的20世紀」代表的全球化。

本書反映了我過去五年（2017-2022年）的全球研究，涉及「全球化、全球危機和全球治理」三個相互聯繫的議題。

本書第一部分討論了或者涉及到了全球治理的起源、全球治理的限度、國際體制及其成敗、全球大國協奏、金德爾伯格陷阱、氣候變化、永續發展、全球海洋治理等。

在區域層次解決問題的情況和前景是否要好於在全球層次？這是本書第二部分的主要內容。這裡的區域指的是全球的區域，包括人們熟悉的各個世界地區，以及各種跨區。我一直關心世界上三大跨區：第一個是大西洋，第

9　1992年，全球28位國際菁英發起成立了「全球治理委員會」（Commission on Global Governance）。該委員會於1995年《天涯成比鄰》（*Our Global Neighborhood*）的報告，由英國牛津大學出版社（OUP）出版（見）。該報告是全球治理文獻的首要報告。

10　這裡，「長的19世紀」來自艾瑞克·霍布斯鮑姆（Eric Hobsbawm）。

二個是太平洋，第三個是目前正在興起的印太地區。在區域層次和跨區層次上的思考和研究，深化了我的全球研究。

新冠疫情把我的過去五年也分爲兩部分，一個是疫情前，一個是疫情後。疫情前，除了在高校教學，我還有很多國際性的學術活動。2020年1月5日，我來到世界著名的新加坡尤素夫伊薩東南亞研究院（ISEAS），擔任「資深訪問研究員」。ISEAS位於新加坡國立大學（NUS）肯特崗校區，其鄰居包括APEC秘書處。在ISEAS，我試圖開展關於《（1982）聯合國海洋法公約》（UNCLOS）的專門研究。ISEAS圖書館藏有新加坡著名國際法教授許通美（Tommy Koh）捐贈的「私人手稿」（private papers）。那是研究《聯合國海洋法公約》獨一無二的一個文獻源頭。可是，我哪裡知道，新冠疫情在2019年12月已經在中國武漢首先爆發。疫情很快影響到新加坡，我在新加坡的生活和研究逐漸不正常，甚至吃飯都成了問題。在ISEAS關閉以後，我不得不提前結束訪問研究，並於2020年5月回到北京和青島（在上海隔離兩週，那是人生首次被隔離）。從那以來到現在，近三年，我再也沒有了往日的全球各地訪問研究的機會，我的全球化學術生活大中斷了。本書的主體內容是在疫情期間寫的。

本書第三部分收錄疫情前的一些評論文章，是爲了反映我在新冠大流行爆發前的重要學術思考。新冠疫情前，我們現在遭遇的一些世界大變化如「大中斷」、「大分化」已經在醞釀。我在疫情前夕的2019年就討論了預防世界經濟的系統性中斷、評論了一系列重要的全球人物，如聯合國秘書長古特雷斯、哈佛大學約瑟夫·奈伊等的觀點。

本書中的一個關鍵字是歐洲國際關係中的「concert of powers」。我一直認爲把「concert」翻譯爲「協調」是有問題的。這是中國的「國際關係史研究」存在的一個問題。爲了解決這個問題，我在沿用「協調」後，下定決心把與「concert」對應的中文「協調」改爲「協和」等，而最近，則乾脆翻譯爲「協奏」。

這裡，我要感謝的人很多，限於篇幅，無法一一致謝。

最重要的是，五南圖書法政編輯室副總編輯劉靜芬小姐和責任編輯呂伊

眞小姐爲本書出版付出巨大努力。山東師範大學馬建英教授推薦我聯繫劉靜芬小姐。

江蘇常州大學副教授涂志明博士在參考文獻方面提供了極其重要的協助。

原《華夏時報》國際版主編商灝先生邀請我在《華夏時報》開設專欄（2018-2019年）。商先生對我的草稿十分寬容，編輯時絕不改變我評論文章的原意。

中國海洋大學原校長于志剛教授關心本書的編輯和出版。

四川大學經濟學院領導熊蘭教授、蔣永穆教授，四川大學經濟學院米軍教授等同仁關心本書的編輯和出版。

我的許多前學生或者在學生，如浙江行政學院副教授卜永光博士、人民出版社責任編輯劉敬文博士、瀋陽師範大學講師馬偲雨博士、四川大學經濟學院研究生郭豪同學等，在本書編輯過程中，提供了必不可少的鼓勵和協助。

謹以本書念見我的雙親。我父母都生於1933年，屬雞。我父親龐映明是中國傳統讀書人，承繼家學，主要職業是醫生。我母親李美霖是平民。從1930年代到21世紀，我們那代人歷經多少暴風驟雨，拉拔大我們同胞八個姐妹兄弟。但他們的晚景實在是無限淒涼。2019年9月12日，在老家山西大同，我父親在貧病交加中逝世，享年近84歲；2023年1月13日，我母親也在老家孤獨離世，享年近90歲。1981年，我以老家「文科狀元」考入天津南開大學。從此，我只有寒暑假才能與父母相聚。有很多個春節，沒能回家看望父母。尤其是最近三年（2020-2022年），在外地任教的我看望母親的機會一次次地被無情的疫控阻隔。40多年來，我一直違反「父母在不遠遊」的古訓，卻受到父母的鼓勵之溺愛，放心地遊走世界各個重要角落，忽略了父母的年齡和健康，尤其是照顧父母極端不夠。雙親走的時候，我都不在雙親身邊，抱憾終身。中國已經提前進入「特色」老齡化社會——「未富先老」。我父母在千年中國第一個老齡化時代的衝擊下離世。

龐中英

2023年1月29日，於北京市昌平區

目　錄

第一部分

全球危機與全球治理

第一章　國際體制的成敗 —— 從19世紀的歐洲協奏到21世紀的全球協奏？[*]

一、導言

　　從1648年「威斯特伐利亞（國際）體制」初創到今天，370多年過去了。對於國際關係來說，這370多年是一段超長歷史（簡稱「超長歷史」）。本文無意提供這370年的國際關係史，而是想指出，「威斯特伐利亞體制」（The Westphalia System）形成後，其不斷遭遇挑戰，其中最大的一個挑戰是法國大革命和拿破崙統一歐洲的戰爭。拿破崙統一歐洲的行動實際上帶來了「威斯特伐利亞體制」的大危機、大失敗，甚至毀滅。但是，拿破崙的壯舉還是失敗了，「威斯特伐利亞體制」在拿破崙被擊敗後，不僅在一般意義起死回生，而且發展到了一個新階段，那就是19世紀的國際體制。實踐證明，儘管當時歐洲各國內部充滿動盪、衝突、變局，但歐洲的國際體制——「歐洲協奏」卻維持了歐洲範圍的長期和平（「百年和平」）。

　　「歐洲協奏」崩潰後，歐洲的國際體制和全球的國際體制（國際聯盟）幾乎是脆弱的、不可持續的、無效的，甚至是可以忽略不計的。在結束了第二次世界大戰後，聯合國和聯合國體制誕生。但旋即，持續40多年的冷戰（1947-1991年）重創了聯合國體制，安理會式的集體安全體制在冷戰期間是失敗的。不過，本文不研究和評論聯合國體制的成敗，而是指出，在冷戰結束後，突然加速的全球化使延續到20世紀末期的全球的威斯特伐利亞體制發生了歷史性的大失敗。蘇珊‧史翠菊（Susan Strange）是觀察和研究這一現狀和趨勢的權威。在她之前，包括她在內，在歐洲學術界，有關「後威斯特

* 本文原載《社會科學》（上海），2022年第1期頭條論文，第二作者爲馬偲雨。

伐利亞體制」的爭論不絕於耳，其有關直接與間接著述一時間巨多。[1]經歷了「後威斯特伐利亞體制」，全球化的世界卻遭遇了國際體制或者後國際體制的失敗。史翠菊把這一失敗命名為「威斯特菲廉體制」。她具體指出，威斯特伐利亞體制無法管理（治理）全球性的金融危機、無法治理全球性的環境（生態）危機、無法治理全球經濟社會不平等危機。[2]

史翠菊是偉大的英國國際關係理論家、國際政治經濟學（IPE）學科的創始人。去世前，她的「最後一篇論文」，並不很長，但其標題和內容卻振聾發聵，無論在理論上還是實踐上。

史翠菊之後，在21世紀，全球的國際體制發生了進一步危機和失敗。2008年至2010年爆發了「全球金融危機」。為回應「全球金融危機」，全球的國際體制有新的創設，如金融穩定委員會（Financial Stability Board）和G20之類的超越G7的非正式全球論壇，完善了國際貨幣基金組織和世界銀行為代表的國際金融機構（IFI），但是，治理全球金融危機的國際體制不能說是成功的。在環境方面，聯合國主導的氣候變化大會（UNFCCC）一直在持續，但是，「氣候變化」已經演變到「氣候危機」的地步。[3]而全球性的經濟社會不平等已經到了爆炸性的地步。關於如何控制和緩和不平等及其後果，仍然主要依靠各國國內體制（不過，有的國內體制是不平等危機的根源），但是，在全球化的現實下，國際體制的作用仍然是不可或缺的，需要在全球層次治理不平等。關於解決全球經濟社會不平等問題，目前，世界學術界已經有各種理論和實踐。[4]

本文是關於國際體制成敗的一般思考、反思、比較、展望，其中涉及許多複雜的國際關係歷史和現實問題。

---

[1]　如Richard Falk, "Revisiting Westphalia, Discovering Post-Westphalia," *The Journal of Ethics*, 2022, 6 (4): 311-352, http://www.jstor.org/stable/25115737.

[2]　Susan Strange, "The Westfailure System," *Review of International Studies*, 1999, 25 (3): 345-354, doi: 10.1017/S0260210599003459.

[3]　https://www.un.org/en/un75/climate-crisis-race-we-can-win.

[4]　這主要是推進「普遍基本收入」（universal basic income）和簽署「全球稅收協議」（Global Tax Agreement）。

二、「英國學派」對國際體制的研究[5]

國際體制（international system），即「國家組成的體系」（the states system），[6]是國際關係理論的「英國學派」（English School）的兩大核心概念之一，其另一個是「國際社會」（international society）。英國學派創始人布爾（Hedley Bull）[7]首先提出了「國際體制」和「國際社會」兩個概念，在「國際體制」上引出「國際社會」。沒有「國際體制」，也不會有「國際社會」。國際體制和國際社會是密切聯繫在一起的。「英國學派」的國際社會，是國際體制的一種，即作為社會的國際體制。

提出和研究「國際社會」是英國學派的最主要的國際關係理論貢獻。在形式上，英國學派的研究目標和研究重心似乎不是「國際體制」，這從布爾開始就是如此，而是從「國際體制」導出的「國際社會」：國際體制為什麼和如何是國際社會？即國際社會的生成。後來，「英國學派」把國際社會擴大到「世界社會」（world society）和「全球社會」（global society）。

布贊（Barry Buzan）是廣義英國學派中對作為社會的「國際體制」研究貢獻最大的一位。他與里托（Richard Little）合作的《世界歷史中的國際體制（複數）》（2000年）是關於國際體制歷史、理論和未來的巨著。[8]他早先的一篇論文是與美國學派的一個對話，指出英國學派的研究路線是「從國際體制到國際社會」，[9]但後來，他就改變了觀點，更加雄心勃勃，把

---

[5]　英文「system」一詞，有多個中文翻譯，包括系統、體系和體制。作為一項中國學者寫的評論，這裡採用「體制」。

[6]　A. Watson, "Hedley Bull, States Systems and International Societies," *Review of International Studies*, 1987, 13 (2): 147-153, doi: 10.1017/S0260210500113701.

[7]　見Hedley Bull, "Australian Scholar," https://www.britannica.com/biography/Hedley-Bull。布爾的代表作的權威中文譯文是張小明的（英）赫德利‧布爾著，《無政府社會：世界政治秩序研究》（第二版），世界知識出版社，2003年11月版；（英）赫德利‧布爾著，《無政府社會：世界政治中的秩序研究》（第四版），上海世紀出版集團，2015年1月版。

[8]　Barry Buzan and Richard Little, *International Systems in World History: Remaking the Study of International Relations*, Oxford University Press, 2000。該書中文版題為《世界歷史中的國際體系：國際關係研究的再構建》，劉德斌等譯，高等教育出版社，2004年。

[9]　Barry Buzsan, "From International System to International Society: Structural Realism and Regime

「國際社會」改爲「世界社會」，即他的研究路線是「從國際體會到世界社會」。[10]

布贊等的「從國際體制到國際社會」，再到「從國際體制到世界社會」，仍然是線性的。實際上，他們也意識到，國際體制變得愈來愈多元化（pluralism），[11]而多元化的國際體制，按照英國學派的國際社會標準，很難是眞正意義上的國際社會。由於多元性，聯合國並非英國學派意義上的國際社會，而自稱爲一個「國際共同體」（the international community）。布贊沒有研究從「國際社會」甚至「世界社會」的退步。而這正是自進入21世紀以來，由國家組成的國際體制發生的一個重大情況，即國際體制的「社會性」（社會因素）的弱化。

這裡，筆者等於替英國學派提出一個新的研究任務：從社會性強的國際體制退回到社會性弱的國際體制。但是，實際情況可能更加複雜：國際社會的標準到底是什麼？是如何形成的？作爲國際社會的「文明標準」（standard of civilization）[12]到底是什麼？國際社會甚至世界社會是如何「擴展」（the expansion）或者增長的？[13]「國際社會的擴展」從來就並非易事。國際社會衰敗甚至成長停滯。英國退出歐盟（2016-2021年）表明，即使是歐盟這樣的區域性「國際社會」，也可能難以進一步「擴展」（歐盟在英國退

Theory Meet the English School," *International Organization*, 1993, 47 (3): 327-352.

[10] Barry Buzan, *From International to World Society?: English School Theory and the Social Structure of Globalisation*, Cambridge University Press, 2004.

[11] 見Amitav Acharya和Barry Buzan 在國際關係學科誕生100年的2019年出版了其代表「全球的國際關係學」（Global IR）誕生的《全球國際關係理論：國際關係百年來的起源、進化》（*The Making of Global International Relations: Origins and Evolution of IR at its Centenary*），劍橋大學出版社，2019年，第九章「後西方世界秩序：深入的多元性」（The Post-Wesetern World Order: Deep Pluralism）。

[12] Barry Buzan, "The 'Standard of Civilisation' as an English School Concept," *Millennium–Journal of International Studies*, 2014, 42 (3): 576-594。關於「國際社會的文明標準」，中國研究者很少提到，但這裡必須指出的是Gerrit W. Gong, *The Standard of "Civilization" in International Society*, New York: Clarendon Press; Oxford University Press, 1984. 中國學者關於「文明標準」的研究，代表作是北京大學張小明教授的《從「文明標準」到「新文明標準」：中國與國際規範變遷》，九州出版社，2018年3月版，2021年6月再版。

[13] H. Bull and A. Watson, *The Expansion of International Society*, Oxford: Clarendon, 1984.

出後接受新成員的前景是不確定的，甚至，歐盟本身的前景是不確定的）。
在21世紀，組成或者結構更加多元（plurality; hybridity）的國際體制，愈來
愈難成為國際社會或者世界社會。

　　引入社會的概念，英國學派提供了關於國際體制的一個社會理論，即國
際社會理論。從國際體制成敗的角度，社會性或者社會要素的強弱或多或少
正是國際體制成敗的主要原因。一個社會性強大的國際體制，往往是成功的
或者走向成功的；而一個社會要素弱小或者趨向弱小的國際體制，往往是失
敗的或者走向失敗的。上面提到的「國際社會的擴展」是一個重要的理論，
「擴展」中的國際社會說明國際體制在走向成功。同理，假如缺少國際社
會，而且一種國際社會難以「擴展」，說明國際體制在走向失敗。正是在這
個意義上，筆者認為，從國際社會的角度研究國際體制的英國學派是一種關
於國際體制成敗的理論。

　　英國學派的早期學者視19世紀的「歐洲協奏」（Concert of Europe）為
「國際體制」。[14]而布爾則進了一大步，認為「歐洲協奏」不僅是「國際體
制」，而且是「國際社會」，因為在「協奏」下，各國之間不僅有「共同利
益」和「共同價值」，而且有「共同規則」和「共同制度」，各國在同一個
「國際體制」下已經生活在「國際社會」中。[15]根據這樣的「國際社會」標
準，布爾極其深刻地透視了19世紀的「歐洲協奏」，認為當時的「歐洲協
奏」本質上就是「各大國之間的一種協定，以聯合起來在同一個國際體制內
促進各國的共同政策」。[16]所以，「大國協奏」構成一種叫做「國際社會」
的當時新型國際關係。

　　正是因為19世紀的「大國協奏」是一個「國際社會」，「歐洲協奏」
實屬一個成功的國際體制。

---

[14]　R. Elrod, "The Concert of Europe: A Fresh Look at an International System," *World Politics*, 1976, 28 (2): 159-174.

[15]　Hedley Bull, *The Anarchical Society: A Study of World Politics*, Macmillan, London, 1979, p. 13.

[16]　Hedley Bull, *The Anarchical Society: A Study of World Politics*, Macmillan, London, 1979, pp. 114, 225.

以下，我們作為中國學者，跨文化地重新理解在歷史和理論上的
「Concert of Europe」。如果直譯「歐洲協奏」的話，當然就是「歐洲音樂
會」。音樂會是19世紀歐洲最主要的交往或者社會方式，尤其是在歐洲外
交界。筆者把「國際社會」與「歐洲音樂會」兩大概念打通了，認為布爾等
肯定了「歐洲協奏」的寶貴「國際社會」意義。「歐洲協奏」是理解「國際
社會」的最好方法，更是為認識本文主題國際體制的成敗提供了一個最佳案
例。

三、史翠菊對國際體制研究的一個傑出貢獻：「威斯特菲廉（國際）體制」概念的提出

2021年4月4日，清華大學公共管理學院崔之元教授在其微信朋友圈中
轉發了已故英國國際關係理論家蘇珊‧史翠菊在劍橋大學出版社出版的著
名期刊《國際研究評論》（*Review of International Studies*）上的Westfailure
System。[17]崔之元教授是政治經濟學家、美國芝加哥大學政治學博士。筆者
不清楚為什麼崔之元教授提到史翠菊的這篇論文，但他的提及說明了史翠菊
這篇論文進入了崔之元教授的研究參考中。

無獨有偶，2021年5月21日，對外經貿大學國際經貿學院崔凡教授（英
國倫敦政治經濟學院哲學博士）[18]在日內瓦「多邊主義之友」線上論壇中，
「向參會的各位外交官和教授們推薦了」史翠菊的Westfailure System。但
是，崔凡教授卻說，該文的標題「勉強可以翻譯為《西方失敗體系》」。
他說，「斯特蘭奇寫作《西方失敗體系》時」，是「本輪全球化的全盛時
期」，「她敏銳地指出了西方體系難以解決的三大問題，即金融危機、環境

17 Susan Strange, "The Westfailure System," *Review of International Studies*, 1999, 25 (3): 345-354, doi: 10.1017/S0260210599003459.
18 崔凡教授簡歷，見http://site.uibe.edu.cn/actionszdw/ViewTeacher.aspx?NewsID=122&TypeName= %E5%9B%BD%E9%99%85%E8%B4%B8%E6%98%93%E5%AD%A6%E7%B3%BB。

問題和社會貧富差距問題，她稱之爲資本主義的失敗、我們星球的失敗和公民社會的失敗。實際上，她提出的三大難題並非西方面臨的獨有問題，中國面臨著同樣的挑戰」。[19]崔凡教授並非來自國際關係學科，卻注意到史翠菊的Westfailure System難能可貴。可惜，他沒有準確理解Westfailure System。史翠菊說的並不是「西方體系」的失敗，而是指「威斯特伐利亞體制」在1990年代的大失敗，她用「威斯特菲廉體制」代表「威斯特伐利亞體制」在當代的失敗。

筆者一直向史翠菊學習和研究史翠菊，[20]相對熟悉其撰寫的《威斯特菲廉體制》。那並非長篇，卻是大論，因爲寫作那篇文章時，史翠菊身體境況趨於惡化，所以，該文實際上是一篇未完成稿。比之崔之元教授等，遺憾的是，筆者沒有介紹和評論過史翠菊的該文。根據筆者的搜索，國內（中文）文獻也尚未有介紹和評論史翠菊該文的論文。

在搜索中，筆者發現了美國維吉尼亞大學政治學系博士生Melle Scholten在上述史翠菊文發表20週年時寫的《「威斯特菲廉」二十年：關於Susan Strange最後論文的反思》，[21]這是一篇青年國際關係研究者的隨筆。由此可見，史翠菊的國際關係思想，尤其是關於國際體制的臨終批判論述，受到西方下一代學者的注意。

史翠菊討論的Westfailure System具有重大的國際關係理論意義，作爲「非正統的」英國國際關係學者，[22]史翠菊實際上爲英國學派的國際體制研究做了一個重要的補充。

---

[19]　見http://www.ccg.org.cn/archives/63738。

[20]　筆者曾爲Susan Strange, *The Retreat of the State: The Diffusion of Power in the World Economy*中文譯本《權力流散：世界經濟中的國家與非國家權威》（肖宏宇、耿協峰譯，北京大學出版社，2005年）寫過一篇序言，呼籲對史翠菊全部國際關係學術成就的研究。

[21]　見https://www.linkedin.com/pulse/westfailure-20-years-contemporary-reflective-essay-susan-scholten/。

[22]　Roger Tooze, "Susan Strange, Academic International Relations and the Study of International Political Economy," *New Political Economy*, 2000, 5 (2), http://www.adelinotorres.info/relacoesinternacionais/roger_tooze_estudo_da_obra_de_susan_strange.pdf.

　　威斯特伐利亞是歐洲的一個地方，具體位置位於今天的德國西部。[23]如果把Westphalia翻譯爲「西方伐利亞」，不能說不行，但是，中國國內國際關係（國際關係史）學術界還是避免了這樣的翻譯。1648年，交戰的歐洲國家之間在威斯特伐利亞簽訂了結束「八十年戰爭」（Eighty Years' War）的《威斯特伐利亞和約》（*Peace of Westphalia*）。這項條約的談判和簽署，主要是在威斯特伐利亞的Münster和Osnabrück兩個城市進行的。

　　國際關係學在20世紀初誕生後，學者們何時開始用「威斯特伐利亞體制」來評價該《和約》的意義，筆者沒有考證，缺少這方面的閱讀，但是，有的學者認爲，「主權」、「國際關係」這些概念是從「威斯特伐利亞體制」中衍生出來的。

　　以英語爲母語的人，包括史翠菊應該從小熟悉字母拼字。史翠菊創造了一個聽（看）起來與Westphalia System差不多的Westfailure System，卻是與Westphalia System大爲不同的東西。威斯特伐利亞體制是成功的國際體制，威斯特菲廉則是失敗的國際體制。Westphalia System已經廣泛被接受和使用，但Westfailure System尚未深入人心。史翠菊去世20多年後，有人提起Westfailure System，也許預示著史翠菊的遺言在學術上和實踐上再生，以便深刻認識我們的世界存在的國際體制危機。

　　當代現存的國際體制，如果從「主權」標準衡量，仍然是「威斯特伐利亞體制」。然而，史翠菊在威斯特伐利亞體制運行350多年後，宣布了Westphalia System的死訊。當然，宣布Westphalia System死去的不僅是史翠菊。冷戰結束（1991年）和歐盟成立（1993年）以後，歐洲人一度急著告別「威斯特伐利亞體制」。

　　史翠菊嘲笑Westphalia System變成了一個失敗的國際體制，因爲其遭遇至少三大「主權有關的問題」，「這些問題幾乎使國際體系在一個日益全球化的世界無力達到重要的全球公共目標」，所以，史翠菊用Westfailure

---

[23] https://www.britannica.com/place/Westphalia、https://www.britannica.com/place/North-Rhine-Westphalia。

System來說明當代的國際體系。[24]換句話說，她認為當代的國際體制，即本質上仍然是那個誕生在1648年的國際體制，但卻太過老舊，根本無法在全球化時代運行，是一個地地道道的「失敗的體制」。

　　史翠菊的這一最後觀點，其實與她先前的所有論著幾乎是一致的。這裡，筆者主要指的是1996年史翠菊出版的代表作《國家力量的退卻》：「國家力量無力應對市場力量」，[25]所以才「退卻」。冷戰結束甫幾年的時間，「單極世界」即美國治理下的世界秩序（Pax Americana），或者「全球治理」等新的國際體制尚未真正建立起來，而舊的國際體制則受到全球化的摧枯拉朽，經歷了亞洲金融危機（1997年）等，史翠菊已經意識到目前的國家和國家組成的國際體系，根本無法應對全球化世界的基本問題，而且，這個國際體系本身就是一個大問題。

　　Westfailure System就是當代的Westphalia System，也就是說，Westphalia System發展到當今，已經是Westfailure System，即威斯特伐利亞體制的失敗。

四、國際體制過去和現在的失敗

　　「威斯特伐利亞體制」的成功在於主權明晰、明晰和再明晰，並把主權不斷寫入國際法。但是，18世紀後期，法國大革命和拿破崙戰爭沉重打擊了「威斯特伐利亞體制」，歐洲似乎要再次統一了。但是，拿破崙戰爭以法國的失敗和反拿破崙國際勢力的勝利告終。1815年起，維也納會議後的歐洲逐步建立起新的國際體制，即「維也納體制」。「維也納體制」本質上屬於「威斯特伐利亞體制」，代表「威斯特伐利亞體制」在19世紀的延續

---

[24]　ISN Staff, "The Problem with Sovereignty: The Modern State's Collision with IO and NGO-Driven Cosmopolitanism," January 4, 2012, https://www.files.ethz.ch/isn/188789/ISN_135663_en.pdf.

[25]　Susan Strange, *The Retreat of the State: The Diffusion of Power in the World Economy*, Cambridge: Cambridge University Press, 1996.

和重建，用基辛格（Henry Kissinger）的話說是「一個恢復了的世界」。[26]
大多數歷史學家認爲，1815年至1914年的「百年」，是時間較長的一個區域和平，即在大歐洲或者歐洲主體範圍的國際或者世界和平——「百年和平」，不僅如此，歐洲列強在歐洲之外也貫徹「concert」體制，所以，其對19世紀的世界和平也是有價值的。

進一步，也有歐洲學者認爲，「19世紀」是一個超過「百年」的「長世紀」（the Long European Century），[27]或者是「長的19世紀」（Long 19th Century），從1789年開始到1914年結束。[28]這個看法似乎更有道理。

「concert」這個詞、這個概念在瞭解1815年至1914年國際體制的成功上是最爲關鍵的。這是本文特別強調的。在歐洲和英國，以及美國、澳大利亞等「英語世界」，研究「concert」的著作汗牛充棟。

然而，在中國，國際關係史學和國際關係理論卻長期欠缺對Concert of Europe以及Concert of Powers的全面研究。1980年代末和1990年代的改革開放時期，在研究和起草國際關係史和19世紀歐洲國際關係史時，也沒有把歐洲的concert包括進來，這是一個令我等一直吃驚的事實。這一缺失可能是阻止在中國的國際關係理論研究和全球治理理論研究，在某一個方面發現國際關係的歐洲起源或者探究歐洲相關性的一個非常重要的原因。本文後面將提到，因爲我們沒有意識到concert代表的國際會議進程，即米特森（Jennifer Mitzen）說的，大國之間的concert會產生第三種力量，即「國際的集體（公共）力量」，正是這種實際上在參與國際進程的所有成員「之上」的國際力量的作用，才維持和產生了和平。

---

[26] A World Restored: Metternich, Castlereagh and the Problems of Peace, 1812-1822, 1973.

[27] Liliana Obregón, "Normative Histories of the World Written in the Long European Century," in *Creating Community and Ordering the World: The European Shadow of the Past and Future of the Present*, edited by Martti Koskenniemi and Bo Stråth, University of Helsinki, 2014, https://www2.helsinki.fi/sites/default/files/atoms/files/erere_final_report_2014.pdf.

[28] Barry Buzan and George Lawson, "The Global Transformation: The Nineteenth Century and the Making of Modern International Relations," *International Studies Quarterly*, September 2013, 57 (3): 620-634, https://doi.org/10.1111/isqu.12011.

　　「concert」是歐洲文化和歐洲文明的重要概念和方式。也許，中國文化和對外關係方式中，以及亞洲的國際關係中，並不如歐洲那樣使用concert（但這並不意味著亞洲的國際關係中缺少concert的途徑），所以無法理解歐洲的concert，覺得敵人或者對手之間怎麼可能「開音樂會」，即「協奏」呢？然而，這正是19世紀維也納會議及其建立的維也納體制的情況。

　　在中國革命的年代，對法國大革命和拿破崙統一歐洲戰爭的簡單讚美和全盤認同（其實，拿破崙稱帝與袁世凱稱帝一樣，也是受到中國學者批判的），卻把恢復「威斯特伐利亞體制」的集體企圖（concert）、抵制拿破崙戰爭、擊敗拿破崙後重建「威斯特伐利亞體制」的集體努力，貼上「反革命」、「保守主義」的標籤。在中國革命的語境和情景下談論歐洲的「反革命」和「保守主義」，導致褒揚拿破崙和貶斥梅特涅。這是值得反思的一個歷史教訓。實際上，反對拿破崙戰爭的勢力（神聖同盟）恢復的「主權」原則，是直到今天仍然有效並被堅持的《聯合國憲章》規定的「國際關係基本原則」，是中國主張的「以國際法為基礎的國際秩序」的基石。

　　以下，作為非歷史學者，筆者做了一個簡短（簡要）的比較學術史（國際關係史）研究。

　　首先，筆者整理了一些有關中國大家對Concert of Europe的研究：

　　王繩祖主編的《國際關係史》第二卷（1814-1871年）和第三卷（1871-1918年）與西方學者相比（1815-1914年），前後多出一加四年。為什麼不是從1815年，而是1814年開始敘述？為什麼要到1918年，而不是1914年？這個時間之間的差異說明了什麼？

　　該書第二卷第一章是「維也納會議和歐洲協調」，在第1-32頁。從篇幅上看，占該卷的十分之一。該標題說的是「歐洲協調」，指的是Concert of Europe。顯然，把concert翻譯為「協調」。該書出版25年後的今天，我們能意會到，其「協調」後面如果加括弧的話，括弧裡的內容是concert。不過，該書第14頁一句話值得一提：「外交大臣克萊門斯梅特涅實際是維也納會議的主持者。他為貴賓們安排多種娛樂，如舞會、音樂會、溜冰、乘雪橇、打獵、賽馬、軍事演習等。會議期間，維也納市熱鬧非常，如過節一

般。」「維也納會議盛況空前，參加的人們盡情歡樂。奧國規則利涅親王在給友人信中寫到『會議不是在行進，而是在跳舞。』事實上，在慶祝和平勝利的歡呼中，在音樂舞會的帷幕後面，四大同盟國的代表們正在忙碌地爭奪髒污。」[29]有了這段僅有的與包括「音樂」（concert）一詞的文字，該卷也算觸及concert了。

陳樂民等主編的《西方外交思想史》，在評述維也納會議也忍不住附記：「維也納會議期間其實並沒有開過所有外交官都參加的全體會議。作為整體的維也納會議甚至沒有舉行正式的開幕式。談判是在漫無休止的宴會、舞會和其他各種娛樂場合進行的。因此有人把這次機會叫做『跳舞會議』、『歐洲音樂會』。」[30]比之王繩祖版《國際關係史》第二卷，上述陳樂民等著的「音樂」文字總算觸及到了concert在歐洲歷史的真實。

袁明主編的《國際關係史》以「國際體系」為全書的關鍵字，因而具有重要的學術價值。但是，卻也沒有「1815-1914年」的概念，而是把從1814年到1918年有關維也納會議以及「歐洲協調」等國際關係史分到該書的第二章到第四章中敘述。這三章的題目分別是：「第二章 19世紀的歐洲國際關係」，包括「第一節 維也納體系的形成與解體」、「第三章 19世紀後期至20世紀初的帝國主義列強與世界」、「第四章 第一次世界大戰的爆發和戰時國際關係」。[31]

劉德斌主編的《國際關係史》則明確地把Concert of Europe翻譯為「歐洲協調」：「維也納體系的一個創建是大國會議外交機制的確立。這一體制被稱做『歐洲協調』（Concert of Europe）」，又稱做「會議制度」（congress system）。[32]

「歐洲協調」幾乎是中國國際關係史學的定論。這樣的定論，使此後所

---

[29] 王繩祖主編，《國際關係史》第二卷（1814-1871年），世界知識出版社，1995年，第3頁。

[30] 陳樂民、周榮耀，《西方外交思想史》，第二章「19世紀上半葉的歐洲：從拿破崙的霸權外交到『力量均勢』」，中國社科出版社，1995年，第82頁。

[31] 袁明主編，《國際關係史》，北京大學出版社，2005年。

[32] 劉德斌主編，《國際關係史》（第二版），第二編「現代歐洲國際體系的緣起與演進」，高等教育出版社，2018年，第148頁。

有的研究和傳承都以「歐洲協調」爲準，[33]幾乎沒有人問爲什麼Concert在中文翻譯爲協調。而那些只知道「協調」的中國學生，幾乎不知道「協調」來自Concert。若告訴他們把「協調」翻譯回歐洲語言，也許不會是Concert。

　　這幾乎成了中國研究那一段歐洲國際關係史的一個學術傳統，即有「歐洲協調」，但無「歐洲音樂會」，把concert理解爲「協調」，不僅省略、忽略掉多少歐洲眞實歷史，而且以「協調」多少誤讀了那一段歐洲國際關係史，也缺乏對近幾年國際社會科學對Concert of Europe的最新專題研究。除了尊重歷史的眞實，應將本來處在歷史中心的Concert拿回來，否則，我們無法相對正確地認識那一段歐洲國際關係史。

　　「Concert of Europe」的「崩潰」或者失敗也是一個過程，持續了20多年，起於1890年代初，終於第一次世界大戰爆發。[34]在過去200年間，世界各地研究Concert of Europe者不計其數。2014年以來，在第一次世界大戰爆發百年的歷史時刻，關於Concert of Europe的研究，包括歷史研究和理論研究達到一個新高潮，提出了一些關於Concert of Europe不同於以往研究的新觀點，包括對「concert」一詞本身的來源和意義。

　　慕尼黑大學近代和現代史退休教授沃爾弗拉姆・希曼（Wolfram Sie-mann）改寫了梅特涅史：「戰爭，還是戰爭，會戰和戰場，堆積成山的死人，世界歷史上還沒有見過這樣的場面：這些就是政治家和君主們作爲精神包袱、心靈創傷、不祥之兆在1814年秋爲了美好未來隨身帶來的東西，他們要按照各自不同的理解，在內心和思想上去消解這些東西。一場比三十年戰爭殘酷得有過之而無不及的戰爭，屬於整整一代人的記憶，他們要帶著這些記憶前往維也納出席和會，爲的是拆建、改建和新建還殘存的歐洲。當今天的我們去觀察耗時三個季度的維也納談判和慶祝活動，並且頭腦中還保留

---

[33]　鄭先武，〈「歐洲協調」機制的歷史與理論分析〉，《教學與研究》，2010年第1期，第78-84頁；韓志斌、張弛，〈巴爾幹戰爭前後英國的「協調外交」〉，《世界歷史》，2021年第3期。

[34]　Richard Langhorne, *The Collapse of the Concert of Europe International Politics, 1890-1914*, Palgrave Macmillan, 1981.

著『跳舞的會議』這個膚淺的叫法時，我們很容易犯短視的毛病。我們忽略了戰爭的經歷以及戰爭帶來的毀滅，是多麼深刻地引領著遭遇了戰爭的人們，他們試圖將您的思想從過去拯救出來，或者建立一些新的東西。」[35]

「1814年7月18日，當梅特涅重返維也納之後，他又動身前往巴登覲見皇帝，並於20日返回自己的相府，接見外交使團成員。當晚，相府前廣場舉行的歡樂音樂之夜給了他一個驚喜。宮廷劇院樂團和維也納劇院合唱團，利用這個機會舉辦了一場聯合演出。宮廷劇院經理帕爾費（Pálffy）以貝多芬的《普羅米修斯的創造》（*Die Geschöpfe des Prometheus*）芭蕾舞曲的序曲作為開幕曲，接著是維也納劇院樂團團長路易·施波爾（Louis Spohr）親自指揮的小提琴音樂會。整場演出最後以為本次活動特意創作的康塔塔（Kantate）結束。作曲家約翰·尼波默克·胡梅爾（Johann Nepomuk Hummel）的小歌劇腳本作家約翰·伊曼努爾·費特（Johann Emanuel Veith）為演出創作了歌詞。在看臺上的梅特涅，看起來為這場壓軸的康塔塔深深動情，並且像一位觀察者所批評的，忍受了其中的一些粗俗的阿諛奉承。這位大臣聽到的是由獨唱和合唱輪番演唱的內容：第一聲部：在時代海洋的洶湧澎湃中，是誰冷靜矗立，雄視四方？合唱：侯爵梅特涅！第二聲部：是誰身先士卒，建功立業，英勇輝煌？合唱：侯爵施瓦岑貝格！五個聲部：誰應被我幸運的祖國感恩戴德？合唱：梅特涅和施瓦岑貝格！可以將這場為梅特涅舉辦的音樂會，解釋為『跳舞的會議』這個稱號的預演，這是一個不久之後就會影響到這座哈布斯堡大都會整個城市形象的稱號。梅特涅對這個他自己稱為的打趣的『詼諧話』非常熟悉，它出自雜誌文章中利涅侯爵之口：『會議邁著舞步，卻只在原地打轉（Le Congrès danse, mais ne marche pas）。』他駁回了這個評判。他在回顧這段經歷時寫道，許多王公貴族由宮廷隨從陪

---

[35] 英文版：Metternich: Strategist and Visionary by Wolfram Siemann Translated by Daniel Steuer, published by the Belknap Press of Harvard University Press Cambridge, Massachusetts London, England, 2019；中文版：（德）沃爾弗拉姆·希曼（Wolfram Siemann），《梅特涅：帝國與世界》，楊惠群譯，第八章「形將結束和重新開始之間的歐洲：維也納會議，1814-1815」，社會科學文獻出版社，2021年。

同，聚集在維也納，還有不計其數的旅遊者。皇室有義務恢復『社會的休養生息』，而這樣做對大會的工作沒有造成絲毫的影響。『在短短五個月的時間中』取得的成果，也充分證明了這一點。事先的會談可忽略不計，梅特涅讓會議於11月3日正式開始。從這一刻算起，到1815年6月9日八國代表草簽《維也納最後議定書》，會議正好開了七個月。」

沃爾弗拉姆・希曼這裡說的「跳舞的會議」，在該書英文版中被翻譯爲「the Congress dances」，[36]應翻譯爲「維也納會議在跳舞」。

基辛格從「世界秩序」（World Order）的角度高度肯定了維也納會議：「齊聚維也納商討如何創建一個和平秩序的政治家剛剛經歷了疾風驟雨般的動盪歲月，一切原有的權力結構幾乎被掃蕩一空。在短短的25年裡，他們目睹恐怖統治的狂熱取代了啓蒙運動的理性，法國革命的傳教精神變成了東征西討的波拿巴帝國的律令。法國國勢由盛到衰。」（第66頁）基辛格把這段時間叫做「亂世」。基辛格指出：「維也納會議建立的秩序，是自從查理大帝的帝國覆亡後歐洲最接近實現天下一統的體系。」（第67頁）「從1815年一直到19世紀和20世紀之交，是近代歐洲最祥和的一個時期。合法性與權力之間絕妙的均勢，是維也納和會後幾十年最典型的特徵。」（基辛格說，這個秩序一直運作良好，卻在其崩潰前的10年發生了爾虞我詐的均勢，並陷入了第一次世界大戰）。[37]

那些就concert本身進行研究的，則代表了對維也納和維也納體制研究在本體論上的一個重大進展。關於「歐洲協調」，中國欠缺和要補上的研究主要正是這一塊。筆者建議應把「歐洲協調」改爲「歐洲協奏」。當然，中國還需要補上其理論，即解釋爲什麼concert、如何concert，以及其對當代國際關係或者全球治理的意義。

---

[36] 該書英文版，第413頁。
[37] 亨利・基辛格，《世界秩序》，胡利平等譯，中信出版社，2015年。

五、在應對（集體治理）包括大國衝突的全球危機上，「21世紀的Concert」是走向成功的國際體制？

　　Carsten Holbraad認為，「歐洲協奏」的觀念不僅僅是歷史經驗的總結（一般化），且不只反映那個時代的利益和問題，而也是今天思考的源泉和行動的指南。第一次世界大戰後，國聯（the League of Nations）是重建Concert的一種嘗試。[38]

　　聯合國是對「威斯特伐利亞體制」和Concert of Europe以及其前身國聯的繼承，是國際會議進程。

　　當今聯合國和聯合國體制主持的一些重大的會議進程——全球治理（Global Governance）進程包括：

· 聯合國永續發展目標（SDGs）。
· 聯合國氣候變化大會（UNFCCC）締約方大會（COP）。
· 國際金融機構（IFI）對G20的非正式但卻是峰會進程的落實。[39]
· 《聯合國海洋法公約》（UNCLOS）新的締約國談判進程，以填補國家管轄範圍以外海洋生物多樣性的養護和永續利用（BBNJ）。
· 聯合國《生物多樣性公約》（CBD）締約方大會（COP）。[40]

　　上述會議表明，當今「全球治理的19世紀起源」確實是歐洲的Concert of Europe。[41]

　　聯合國體制目前在全球治理中確實處在一個中心的地位，但是，顯然人們並不認為聯合國及其體制過去是、現在是和將來仍然是一個成功的國際體

---

[38] Carsten Holbraad, *The Concert of Europe: A Study in German and British International Theory, 1815-1914*, New York: Barnes and Noble, 1971.

[39] IMF和G20之間的關係，見IMF研究部，https://www.imf.org/en/Research/IMFandG20。

[40] 聯合國《生物多樣性公約》締約方大會第十五次會議（CBD COP15），於2021年10月11日至15日和2022年上半年分兩階段在中國昆明舉行。

[41] Jennifer Mitzen, *Power in Concert: The Nineteenth-Century Origins of Global Governance*, Chicago, University of Chicago Press, 2013.

制。

　　史翠菊的「威斯特菲廉體制」概念間接地意味著聯合國體制並沒有解決問題，因爲她說的失敗的國際體制，包括「三大件」：聯合國的集體安全體制、國際金融機構（IMF和WB）以及世界貿易組織（WTO）。

　　就在聯合國體制繼續在形式上發揮作用，在「歐洲協奏」體制誕生200年的時刻，人們再次把希望寄託在「21世紀的Concert」上。

　　波蘭尼（Karl Polanyi）在其《大轉型：我們時代的政治與經濟起源》的第一部分「國際體制」中，一方面肯定1815年至1914年的成就是「19世紀文明」（19th century civilization），在政治、外交和國際法上，是concert體制發揮了作用，在拿破崙戰爭之後預防、防止了幾個歐洲強權（powers）之間的災難性、毀滅性的大戰，且這種局面居然持續了「百年」。波蘭尼還認爲，那個時期的國際經濟體制，即「金本位」（gold standard）體制也是卓有成效的。[42]另一方面，他慨嘆「19世紀文明的逝去」（the passing of 19th century civilization），認爲這樣的「文明」終究是要崩潰的，因爲這樣的「文明」太放任市場等力量，均勢隨著大國的崛起（德國統一）是難以維持的。

　　波蘭尼在二戰將要結束時，於美國撰寫《大轉型》，對「19世紀文明」的認同是值得肯定的，但是他對「19世紀文明」爲什麼崩潰的解釋──缺少政府對市場經濟和國際秩序的干預，卻是錯誤的。他提供了一種錯誤的反思和解決辦法。二戰結束前後，世界站在十字路口。包括波蘭尼在內的出生於19世紀末、經歷了20世紀開始以來長達半個世紀的危機、衝突、戰爭的人，在懷念「19世紀文明」的同時，卻認爲要透過大規模的政府干預──

---

[42] 波蘭尼的巨著《大轉型：我們時代的政治與經濟起源》或者《巨變》一書（*The Great Transformation: The Political and Economic Origins of Our Time*, foreword by Joseph E. Stiglitz; with a new introd. by Fred Block.–2nd Beacon Paperback ed. p. cm. Originally published: New York: Farrar & Rinehart, 1944 and reprinted in 1957 by Beacon in Boston.）的一部分是關於19世紀的「國際體制」的，他試圖回答爲什麼會有「百年和平」這樣的「十九世紀文明」。見《大轉型：我們時代的政治與經濟起源》第一篇「國際體制」（https://www.britannica.com/biography/Karl-Polanyi）。波蘭尼的這部名著從「國際體制」出發，對我們認識當今的和歷史的世界問題仍然具有方法論的啓示。

「嵌入」（embedded）來克服導致「19世紀文明」崩潰的問題。

實際上，波蘭尼等開錯了「藥方」。適當地「嵌入」是必要的，但是，過度地「嵌入」又導致了新的問題。波蘭尼沒有指出，「19世紀文明」在其後期就愈來愈背離其本來的「文明」。這是《大轉型》發表近80年後，全球問題的一個「起源」。受到波蘭尼啓發，我們現在的一個研究任務，應該是探討從《大轉型》發表到現在的世界問題的起源。筆者的初步觀察是，二戰以後，強化的「嵌入」和「去嵌」（de-embedded）一直在交替進行。每每以解決社會問題之名義進行的「嵌入」持續過頭，世界和平與世界秩序反而受到傷害，國際體制走向失敗。每當有序「去嵌」，全球市場經濟和全球社會、國家之間的權力在國際體制下「協奏」，世界反而出現時間較長的分享的繁榮（發展）與和平。

以下，筆者要提到在Concert of Europe 200年歷史時刻完成的一些從國際關係以及國際法角度，對Concert of Europe重新研究及其重要發現。

首先要提到的是，在批評國際法學（Critical International Law）的重鎮赫爾辛基大學關於1815年至1914年歐洲國際法史的專案。該專案的研究報告認爲，Concert of Europe「創造了共同體和世界秩序」。[43]

其次，對Concert of Europe進行國際關係理論和全球治理理論研究的重要著作，是米特森的《大國協奏：全球治理的19世紀歐洲起源》。因爲打上了「起源」，該書也是歷史學著作。[44]米特森不自覺地說明了國際關係研究的中心，應是研究和知曉什麼是「國際」（the international）。她對「國際」進行了定義和理解，那就是國家之間在互動中，尤其是爲解決面對共同挑戰而形成的國際體制，是一種「國際公共權力」（international public

---

[43] Martti Koskenniemi and Bo Stråth, Creating Community and Ordering the World: The European Shadow of the Past and Future of the Present, Report from the Research Project "Europe between Restoration and Revolution, National Constitutions and International Law: an Alternative View on the Century 1815-1914," 2014, https://www2.helsinki.fi/sites/default/files/atoms/files/erere_final_report_2014.pdf.

[44] Jennifer Mitzen, Power in Concert: The Nineteenth-Century Origins of Global Governance, Chicago: University of Chicago Press, 2013.

power）。過去，我們對「國際」的認識不足，更不願意承認在國家和國家合作之外、之上存在另一種權力。

　　第三，筆者要提到法蘭克福和平研究所（HSFK/PRIF）的「21世紀的國際（大國）協奏」國際合作專案，不僅是因為筆者本人是這個專案的主要參加者之一，而是因為該專案認為歷史上的Concert of Europe在當代仍然具有相關性。當代國際關係可以理論化（theorizing）Concert of Powers，以構建能應對得了21世紀的全球挑戰的concert國際體制。該專案建立在對歐洲已有Concert of Europe研究的基礎上，試圖真實地面對歷史上的Concert of Europe，包括其「黑暗面」（the dark side of the European Concert of Powers）和大國之間共謀的危險性（the dangers of Great Power Connivance）。[45]

　　德國法蘭克福和平研究所是德國最負盛名的科學家和學術（包括人文社會科學）機構組織萊布尼茨協會（The Leibniz Association）的成員。2011年，筆者接到法蘭克福和平研究所所長米勒（Harald Müller）的邀請，參加他們剛申請下來的「21世紀的國際（大國）協奏」國際合作專案。米勒是德國著名國際關係專家，尤其在裁軍與軍備控制領域，對德國和歐盟的外交政策影響很大。[46]

　　筆者全程參加了為期四年的法蘭克福和平研究所主持的「21世紀的國際（大國）協奏」專案後，仍然持續對於「歐洲協奏」的學習和研究。筆者這個學習和研究世界問題（世界經濟和國際關係）科班出身的學者，不再使用「歐洲協調」的中文提法，一度從和平的角度認為Concert of Powers應翻譯為「大國協和」。後來，筆者一樣認為非國家行動者（non-state actors）或者攸關的社會力量（stakeholders）也在concert進程中。所以，筆者去掉

---

[45] Harald Müller and Carsten Rauch, *Great Power Multilateralism and the Prevention of War. Debating a 21st Century Concert of Powers*, Abingdon: Routledge, 2018.

[46] 法蘭克福和平研究所《21世紀的國際（大國）協奏》研究報告於維也納會議200年後的2014年，在瑞士洛迦諾發布。龐中英等專案的主要研究員都參加了成果發布會（http://blog.sina.com.cn/s/blog_483d4b050102v581.html）。該報告全文：https://www.hsfk.de/en/knowledge-transfer/news/news/news/a-twenty-first-century-concert-of-powers。

了「大國」一詞（這絕對不意味著筆者不重視「大國」，恰恰相反，「大國」今天之所以是大國，正是因爲與其他「大」的攸關行動者同時存在，漠視或者視而不見其他行動者，當然要犯理論建構與政策制定的錯誤），而認爲21世紀的concert是全球的，即全球協奏。全球協奏就是全球治理。筆者在參與專案後發表的文章，不管是中文還是英文，都主張「協奏」（concert），試圖理論化和實踐化協奏。[47]筆者也向國內學術期刊，如國際關係學院主辦的《國際安全研究》，推薦法蘭克福專案。該刊翻譯發表了米勒和該專案主要協調人勞奇（Carsten Rauch）博士（現任法蘭克福大學／歌德大學社會科學系研究員）的《管控權力轉移：面向21世紀的大國協調機制》（李亞麗譯，載《國際安全研究》，2016年第4期，第36-67頁），這是國內僅有的關於該專案的中文介紹。

第四，美國蘭德公司在2017年發表了的一篇國際關係學者拉斯寇萊特（Kyle Lascurettes）關於Concert of Europe及其在當代的相關性研究論文。拉斯寇萊特是該專案的青年研究員之一。該論文提出的問題類似上述法蘭克福和平研究所的問題：「19世紀的歐洲秩序能告訴21世紀的政策制定者們什麼？」[48]

最後，卻並非最不重要的是，美國一些學者終於開始爭論全球的concert體制是否是解決目前和今後嚴峻的全球問題（尤其是「文明衝突」或者「修昔底德陷阱」之大戰）的一個有效途徑。

冷戰結束以後及川普政府以前，也就是1995年到2015年之間的20年，美國盛行（占主導地位）的觀點並非是美國要與其他大國之間進行Con-

---

47　例如Pang Zhongying, *China Has Key Role in a New Concert of Powers*, Hong Kong: South China Morning Post, July 28, 2014; Pang Zhongying, *A New 'Concert' to Govern the Indo-Pacific*, Hong Kong: South China Morning Post, https://www.lowyinstitute.org/the-interpreter/new-concert-govern-indo-pacific；龐中英，《拿什麼避免「百年衝突」？》（演講錄），2019年，http://m.dunjiaodu.com/top/2019-07-26/5095.html等。

48　Kyle Lascurettes, *The Concert of Europe and Great-Power Governance Today: What Can the Order of 19th-Century Europe Teach Policymakers About International Order in the 21st Century?*, Santa Monica, CA: RAND Corporation, 2017, https://www.rand.org/pubs/perspectives/PE226.html. Also available in print form.

cert。2012年至2013年期間，澳大利亞原國防部副部長、《澳大利亞國防白皮書》曾經的主筆，後來到澳大利亞國立大學（ANU）任教的現實主義國際關係學者休・懷特（Hugh White）提出「美國與中國分權」，作為他提議的美國和澳大利亞的「對華抉擇」。[49]雖然，懷特的建議在美國和澳大利亞以及亞太地區其他角落引起了不小的學術爭論，卻並未產生多大的政策效應。

　　參加上述「21世紀的國際（大國）協奏」的法蘭克福專案有一位原籍烏克蘭的美國學者，喬治城大學著名國際關係學者庫克昌（Charles Kup-chan）。

　　在拜登政府2021年上臺後，面對嚴峻的中美「全面戰略競爭」形勢，長期研究Concert of Europe的美國外交關係協會（CFR）會長哈斯（Richard Haass）大使與庫克昌一起提出了〈新的大國協奏：在多極世界中預防大難和企穩〉（The New Concert of Powers: How to Prevent Catastrophe and Promote Stability in a Multipolar World）一文。[50]他們在這篇極其重要的文章中，主張當代世界要向19世紀的Concert of Europe的歷史學習。這篇文章發表後，Nicu Popescu、Alan S. Alexandroff和Colin I. Bradford等三位學者有不同看法，他們質疑「舊的解決方案能醫治新的全球秩序麻煩嗎？」（The Case Against a New Concert of Powers An Old Remedy Won't Help To-day's Troubled Global Order），哈斯和庫克昌則對他們的質疑做了回應。[51]這一爭論還在繼續。值得一提的是，2021年4月4日，中國國務委員兼外交部部長王毅與哈斯會長進行了視訊交流，「近500名美方各界人士線上參加」。[52]不知這一事件是否意味著中美在21世紀透過concert安排兩大國之間的具有和平性、永續性的關係和世界秩序。

---

[49] The China Choice: Why America Should Share Power by Hugh White, Collingwood, Victoria: Black Inc., 2012.

[50] https://www.project-syndicate.org/commentary/concert-of-powers-for-global-era-by-richard-haass-and-charles-a-kupchan-2021-03.

[51] https://www.foreignaffairs.com/articles/united-states/2021-05-11/case-against-new-concert-powers.

[52] 見中國外交部網站，http://new.fmprc.gov.cn/web/wjbzhd/t1871233.shtml。

六、結語

對以中文為母語和工作語言的研究者來說，正確地把握Concert of Europe對理解歐洲國際關係史和世界國際關係史相當重要。「歐洲協調」不能沒有「歐洲協奏」，「歐洲協調」就是「歐洲協奏」。稱「歐洲協奏」更準確地把握了Concert of Europe。現在，終於到了我們不再、少使用「歐洲協調」的時候了。

國際體制的成敗是一個複雜的過程。「威斯特伐利亞體制」在20世紀末和21世紀初的失敗，正好是「威斯特伐利亞體制」長達370多年的總體成功。這370多年，「威斯特伐利亞體制」經歷了很多失敗。史翠菊即觀察到了一個「威斯特伐利亞體制」的失敗。

1815年誕生的「歐洲協調」應該是國際體制成功的最典型例子。200年來，其文明性、永續性（sustainability）和對未來的相關性（relevance）得到各方面傑出歷史研究和理論研究的有力支持。

歷史研究與國際和全球理論研究，完全可以《國際體制的成敗》為題成一巨著。這是筆者建議的一個巨大研究任務，不知何人能完成之？

第二章　對全球治理研究的評估和對未來全球治理研究的建議[*]

一、導言

目前在國際全球治理研究界，反思全球治理似乎成為某種共同的做法。最早研究全球治理的兩位學者魏斯（Thomas G. Weiss）和威爾金森（Rorden Wilkinson）於2018年出版了《重新思考全球治理》一書。[1]早在2013年，他們兩位就在《國際研究季刊》（*International Studies Quarterly*）發表了〈重新思考全球治理：複雜性、權威、權力和改變〉（Rethinking Global Governance? Complexity, Authority, Power, Change）一文。[2]

本文之所以首先提到魏斯和威爾金森，是因為他們的「反思全球治理」的工作和對世界的「複雜性」（複合性）的強調。在中國的全球治理研究者，面對新的全球挑戰和全球治理形勢，也應該到了全面、深入、不同地「反思全球治理」的時刻了。為了反思全球治理，重新評估世界的複合性也許是一個關鍵的角度。

全球治理就是全球問題的各相關者（包括全球問題的製造者），為了控制、緩解、（甚至）解決面對的全球問題而進行的全球協同。這是本文關於全球治理基於經典的當代理解。艾肯貝里（G. John Ikenberry）在評論上述《重新思考全球治理》一書時，用了協同（in concert）一詞[3]來說明何謂

---

[*]　本文原載《學術月刊》（上海），2020年第12期。

[1]　Thomas G. Weiss and Rorden Wilkinson, *Rethinking Global Governance*, Polity, 2018.

[2]　Thomas G. Weiss and Rorden Wilkinson, "Rethinking Global Governance? Complexity, Authority, Power, Change," *International Studies Quarterly*, March 2014, 58 (1): 207-215.

[3]　近幾年，筆者在多篇文章和場合指出，中國學者長期以來把「歐洲協和」（European Concerts）理解為「歐洲協調」。由於中文的「協調」多數不可能翻譯為英文的「concertation」或者「in

全球治理：「發明於1990年代的『全球治理』一詞試圖把握多面向的方式（the multifaceted ways）。在這些方式中，各國政府、公司（私有部門、行業）、跨國集團、國際組織等在一個相互依存的時代協同地工作（work in concert）。今天談論全球治理已經不再是時髦。許多人（指在美國的人，川普擔任美國總統後的美國人）一聽到這個術語就認為這是某種形式的菁英的『全球主義』（globalism）。」[4]

　　艾肯貝里這段話啓發筆者產生了兩個看法：第一，全球治理中有「多方」，具體可區分爲「（各國）政府」和「非政府」（尤其是來自市場、資本、社會、跨國力量或者國際組織等）。冷戰結束以來到現在，30年過去了，「政府」和「非政府」是人們創造出的一個二分法（dichotomy）並流行到現在。但此一二分法卻似乎重新簡化了實際事物的複雜性；第二，全球治理確實是各方（尤其是利害衝突的各方）之間的協同。他使用的「concert」一詞在歐美具有長期歷史，至少可以追溯到19世紀著名的「歐洲協奏」（European Concerts）。各方之間爲解決、對付共同問題，或者共同挑戰的協同就是全球治理。歐洲協奏被叫做「全球治理在歐洲」的起源。當時歐洲最突出的共同問題是和平或者秩序。[5]

　　在過去30年，國際（問題）研究（包括國際關係研究）中對全球治理的研究很多、很深，卻走到了上述艾肯貝里說的「不再時髦」的田地。在當前的「反思全球治理」中，研究者對全球治理的困難性，甚至全球治理的危機性到底有多少深入思考？

　　2015年11月，筆者前往柏林參加以研究世界秩序著名的德國國際關係學者毛爾（Hanns Maull）組織的《冷戰後的國際秩序的未來》研討會。「冷戰後的國際秩序」逐漸發生了大問題，所以其走向成爲當時國際研究的

---

　　concert」，這個翻譯是一個嚴重的錯誤。儘管遲了，但現在是更正的時候。「in concert」或者「concertation」與「協調」是有重大差異的。

4　https://www.foreignaffairs.com/reviews/capsule-review/2019-10-15/rethinking-global-governance.

5　龐中英、卜永光，〈在全球層面治理「百年未有之大變局」〉，《當代世界》，2020年第3期。

焦點。這次會議後的第二年，即2016年，英國全民公投「脫歐」（Brexit）通過，美國則選出了不同於以往的川普總統，英美似乎再次「領（世界）風氣之先」。毛爾認爲，他在2015年的選題是前瞻的，卻不得不面對「脫歐」和川普上臺這樣多個「黑天鵝」事件的衝擊。於是，他要求參加柏林會議的各位作者修改會議提交的論文，充分考慮到「冷戰後的國際秩序」正處在複雜路口的現實。2018年，毛爾把書名改爲《冷戰後國際秩序的興衰》，正式由牛津大學出版社出版。[6]

一直忘不了毛爾的這個書名。在這次研討中，筆者頭一次感到，至少在歐洲，冷戰後發生的不同於「單極世界」的另一種世界秩序的「全球治理」在走向衰落。2017年上臺的川普政府，猛烈攻擊全球治理。關於全球治理的趨勢，有人用了「全球治理大倒退」（global governance in retreat）的說法，提出了「是否放棄關於全球治理的思考」的大問題。[7]

本文主要目的也是重新思考全球治理，並說明全球治理的問題和對複合世界的治理之道。全球治理的問題到底是什麼？筆者認爲在於世界的複合性。不過，全球治理儘管很難，卻不是不可能的，我們不能因爲全球治理之難而陷入「全球治理不可能」之中。全球治理是20世紀後期逐步明確的最重要的社會科學和社會實驗，但現在卻到了一個全面評估已有的全球治理理論與實踐的時候，到了一個爲下一步全球治理研究（不管全球治理的實踐）指出正確方向的時候。複合世界的關係和結構是處在治理的過程中，還是沒有得到治理或者陷入混亂、無序？筆者原來的觀察和思考是，這些複合世界的「多」個行爲體會處在某種協同。現實是，協同並不會自動出現，我們絕不能認爲理所當然。在很多情況下，「多」並沒有在協同。我們到底如何做到讓「多」達到協同？原來的和現有的全球治理之途徑或者方法，爲什麼缺少效果，甚至失敗？從1995年開始運作的WTO，爲什麼在今天發生了倒退回到其前身「關稅暨貿易總協定」（GATT）的危機？氣候變化治理的全球

6　https://www.oxfordscholarship.com/view/10.1093/oso/9780198828945.001.0001/oso-9780198828945.

7　https://bruegel.org/wp-content/uploads/2018/10/PC-17-2018.pdf.

進程，爲什麼因爲最大成員美國的退出而縮水？

二、世界的「複雜性」、「多元性」或者「多方性」

　　時間總是過得非常快。冷戰結束時的1990年代初，誕生了全球治理的概念和全球治理研究。到21世紀第三個10年的今天，全球治理研究近30年。如何評價全球治理研究？本文認爲，全球治理研究從一開始就強調「複雜性」是一個良好的開端。我們有必要回顧30年前的全球治理研究。

　　羅斯瑙（James Rosenau）是眞正意義上的全球治理研究鼻祖之一。他本來是做國際事務和外交政策研究的，最早把複雜性科學（Complexity Science）運用到研究國際事務。不過，在羅斯瑙的最後20年，鍾情的不是「國際政治」，而是「世界政治」（world politics）。他在冷戰結束後的幾乎大多數研究，很少使用「國際」一詞。有關的思想和觀點主要見於其著作《世界政治研究：理論與方法的挑戰》（*Study of World Politics: Volume I: Theoretical and Methodological Challenges*）、《世界政治研究：全球化和全球治理》（*Study of World Politics: Volume II: Globalization and Governance*）。這兩卷儘管是論文集，卻收錄了這位學者爲期50年的漫長研究，顯示了他思考和研究的變化。

　　要瞭解羅斯瑙關於複雜性的全球治理研究，對在中國的研究者來說，簡捷的途徑是參考上面提到的他的兩卷文集。把複雜性引入世界政治研究，代表著羅斯瑙本人和他希望的「範式轉變」——全球化世界政治研究（globalizing the study of world politics）。[8]在其第一卷，我們能看到羅斯瑙這樣的標題：「建構世界政治研究的新範式」（Building Blocks of a New

---

8　關於「範式轉變」，見阿丁利和羅斯瑙主編的《全球化、安全和民族國家——轉變中的範式》（*Globalization, Security, and the Nation-State: Paradigms in Transition*, edited by Ersel Aydinli and James N. Rosenau, State University of New York Press, 2005）。

Paradigm for Studying World Politics）、「許多煩心事：複雜性理論和世界事物」（Many Damn Things Simultaneously-At Least for a While: Complexity Theory and World Affairs）。而在其第二卷，我們能看到如下一些標題：「許多個全球化（研究），一個國際關係學」（Many Globalizations, One International Relations）、「全球化的複雜性和矛盾性」（The Complexities and Contradictions of Globalization）、「全球治理的本體論」（Toward an Ontology for Global Governance）、「全球治理作爲分解的複雜性」（Global Governance as Disaggregated Complexity）、「變化、複雜性和治理」（Change, Complexity, and Governance in Globalized Space）。

　　羅斯瑙畢竟是全球治理研究的先驅，在他之後，「複雜性」全面進入全球治理研究中。以下是筆者對於複雜性進入全球治理研究以後的一個初步觀察。

　　在這次全球治理研究的後期，安明博（Amitav Acharya）等國際關係研究者也介入全球治理研究中。安明博提出「在複合世界中的全球治理」（global governance in a multiplex world）。他在2017年發表的一篇工作論文就是以此爲題。[9]2017年12月8日，中國盤古智庫和印度金德爾全球大學法學院（Jindal Global Law School-JGLS）在北京共同主辦了「全球治理：理論與實踐」研討會，安明博參加了這個會議，而其在會議上的主要觀點就是介紹「在複合世界中的全球治理」。到了2019年，他與英國的布贊（Barry Buzan）合著的《全球國際關係理論：國際關係理論百年來的起源、進化》（*The Making of Global International Relations: Origins and Evolution of IR at its Centenary*）厚作出版，震動全球國際關係學界，包括研究全球治理的學者。該書的第九章題爲「後西方的世界秩序：深入的多元性」（The Post-Western World Order: Deep Pluralism）。[10]

　　奧蘭・揚（Oran Young）等本來也是國際問題專家，後來因爲研究世界

9　Amitav Acharya, "Global Governance in a Multiplex World," *SSRN Electronic Journal*, 2017.

10　Amitav Acharya and Barry Buzan, *The Making of Global International Relations: Origins and Evolution of IR at its Centenary*, Cambridge University Press, 2019.

環境、星球生態等問題，似乎距離原教旨的國際關係研究愈來愈遠。他認為世界由多個複雜系統構成。2019年12月9日，上海國際問題研究院主辦了揚的《多個複合系統》一書中文版的發布暨「全球治理的新議程和新挑戰」研討會。揚參加了這次會議。他在該書中文版序言指出：「今天在全球範圍內，一場根本性的多層面的變化正在發生。這些變化將使當下地緣政治學和地緣經濟學的主流思想在未來20、30年內過時。地球已經成為一個由人類主導的、日益複雜的系統。可以預見到，在多種力量（包括富裕人口的成長、資訊技術和生物技術的進步、第四次工業革命的啟動以及氣候變化等大規模環境變化造成的破壞）的共同推動下，這一發展將在全球尺度上重新安排政治經濟事務，這種重新安排將使當今許多核心問題都不再處於主流位置。」[11]除了注意和重視揚指出的「複合系統」（注意：其所用的是複數的「複合系統」，就是好多個、各種的「複合系統」），本文順便一提的是，揚關於地緣問題的斷言對筆者印象最深、對他的這個觀點分享最大。不過，具有諷刺意味的是，目前的全球治理在複合世界倒退的危機，正是因為「地緣政治的某種回歸」。[12]但筆者認為，這種「回歸」並無太多的新意，歷史上地緣政治一次次地「回歸」（包括「歇斯底里」），並不意味著「地緣政治」將再次主導未來的世界（全球）政治。

　　除了「複雜性」全球治理研究外，值得重視的是「多頭性」（polycentricity）的全球治理研究。「多頭性」即「多中心性」，就是「多個山頭」嘛！確實，字面上直接理解就是如此。根據這種理論，我們生活在一個具有多頭性的世界（a polycentric world）。由於「多頭性」，治理就是多中

---

[11]　奧蘭・揚著，楊劍、孫凱譯，《複合系統：人類世的全球治理》，上海人民出版社，2019年8月版。不過，如果要筆者翻譯該書的題目，則是《治理各種複合系統：為深受人類活動影響的世界提供社會資本》。筆者在會上認為，「the Anthropocene」一詞目前國內翻譯為「人類世」，可能容易使說中文的讀者難解或者誤解。揚該書的實際意思就是，我們生活的世界已經並非原來那樣的自然的世界，而幾百年來受到人類活動巨大而深刻的改變，這種改變是地質學意義上的，所以才叫做「the Anthropocene」。現在，我們除了在本體論上確認、承認這個世界外，就是如何治理這樣的世界。揚提出的治理方案是「社會資本」。

[12]　Jean Pisani-Ferry, "Should We Give Up on Global Governance?" https://bruegel.org/wp-content/uploads/2018/10/PC-17-2018.pdf.

心（各中心）之間的複合互動，在某一個領域或者特定議題上，尤其是在氣候、生態、資源、環境、衛生（健康）等「公域」（the commons）議題上，各「山頭」（中心）透過互動制定（形成）規則和試圖貫徹（落實）規則。多頭治理（polycentric governance）模式，代表著全球治理研究的一個前沿。

　　筆者不認為複雜性和多頭性是一對新的二分法，[13]而是認為，多頭性是一種複雜性。而多頭治理則是早期的學者，如羅斯瑙強調複雜性的問題後提出的解決問題方案。從實踐到理論，從理論到實踐，是多頭治理理論的特點，即具體實踐中使用抽象一般理論，然後再把一般理論使用到實踐（治理）中。

　　就多頭治理的一般理論而言，傑出的政治學家、已故諾貝爾經濟學獎得主奧斯特羅姆（Elinor Ostrom）的貢獻是歷史性的。她的研究一開始是純科學地在微觀層面上的抽象的社會實驗，但這樣的研究卻取得了巨大的成功，提出了解決「公域」問題的一般理論。奧斯特羅姆的理論在實踐上是可行的。[14]奧斯特羅姆在其生命的最後時刻，將其研究從純理論轉向具體的氣候變化治理，[15]認為多頭治理是對全球氣候治理進行分析的「有用工具」。[16]

　　羅斯瑙、揚和奧斯特羅姆等並不是侷限在所謂「國際關係」學科的一批人。本文沒有研究這些學者彼此之間的知識關係，卻把他們的思想和貢獻聯繫起來。

　　如同奧斯特羅姆指出的，真實的世界不是，也不可能是「簡要世界」，而是「複合世界」。[17]複合世界也不是僅有「一個複合世界」，複合

---

[13] Rakhyun E. Kim, "Is Global Governance Fragmented, Polycentric, or Complex? The State of the Art of the Network Approach," *International Studies Review*, viz052, https://doi.org/10.1093/isr/viz052.

[14] 見維基百科，https://en.wikipedia.org/wiki/Elinor_Ostrom。

[15] 奧斯特羅姆的諾貝爾講座「超越各種市場和各國：各種複合經濟體系的多頭治理」（Beyond Markets and States: Polycentric Governance of Complex Economic Systems），2019年，https://www.nobelprize.org/prizes/economic-sciences/2009/ostrom/lecture/。

[16] Marcel J. Dorsch and Christian Flachsland, "A Polycentric Approach to Global Climate Governance," *Global Environmental Politics*, 2017, 17 (2): 45-64.

[17] 奧斯特羅姆的諾貝爾講座「超越各種市場和各國：各種複合經濟體系的多頭治理」（Beyond

世界本身是複合的。在每個複合世界，是「多方相關者」（multi-stakehold-ers）組成的。近幾年，人們對「多方相關者」十分關注。弗洛琳娜（Ann Florinia）提出了「多方相關者主義」（multistakeholderism），這可看做是一種全球治理的前沿理論。在冷戰結束以後的國際關係研究中，與時俱進者不敢忽視「非政府或者非國家行動者」（non-state actors）的存在。多方行動者是各種相關者，若要解決問題（即治理），就是各種相關者之間談判（博弈）的事情了。多方相關主義理論可能代表了一種下一代（具有生命力）的全球治理的理論與實踐。[18]

必須一提的是，「相關方」這個概念在中國受到普遍注意起於2005年，當時美國常務副國務卿佐利克（Robert Zoellick）提出了「負責的相關方」，[19]作爲對中國當時提出的「和平崛起」或者「和平（的）發展」（從「和平與發展」演變而來）的某種回應。[20]

總結上面關於複雜性的全球治理研究，筆者使用「多」字來描述和指出全球治理研究之學科的方向：第一，「多」（multiplexity或者multi-poly-centricity），即我們需要在本體論意義上認識世界的「多」；第二，認識到「多」是第一步，接下來是治理「多」（governing the multiplexity or multi-polycentricity）；第三，是「多」的治理（multi-multplex governances）。「多」治，顯示治理的複雜性。在羅斯瑙在世時，他就意識到全球化不是只有一種全球化，而是許多個全球化。[21]2004年8月18日至21日，筆者擔任過訪問研究員的英國華威大學全球化與區域化研究中心（Centre for the Study of Globalisation and Regionalisation University of Warwick）主辦了第一屆

Markets and States: Polycentric Governance of Complex Economic Systems），2019年，https://www.nobelprize.org/prizes/economic-sciences/2009/ostrom/lecture/。

[18]　2018年5月，國際研究協會組織了一場題爲「走向第三代全球治理研究」的圓桌討論，有關這次論壇的發言，見www.ucl.ac.uk/global-governance/news/2018/may/towards-third-generation-global-governance-scholarship。

[19]　中文最初翻譯爲「負責的攸關方」。

[20]　https://www.ncuscr.org/sites/default/files/migration/Zoellick_remarks_notes06_winter_spring.pdf.

[21]　James N. Rosenau, "Many Globalizations, One International Relations," *Globalizations*, 2004, 1 (1): 7-14, doi: 10.1080/14747730420000252110.

「全球化研究網絡」年會（Inaugural Conference of the Globalization Studies Network）。筆者受邀參加，在會上首次見到羅斯瑙。記得他當時用的「複雜性」和「全球化」已經是複數的了。作爲全球治理研究的知識領袖，在開幕的主題演講中，羅斯瑙提出「更加全球的世界的複雜性和轉變」（the complexities and transformations of a more global world）。[22]但是，當時羅斯瑙並沒有說全球治理也是如此。他去世前是否也認爲全球治理是多個全球治理的複合（即複數的全球治理），筆者沒有來得及考證。

三、對國際研究和全球治理研究的一種比較

做一項特別的比較研究，即比較全球治理研究中的「多」和國際（關係）研究中的「多」，筆者發現，出身於國際研究的全球治理研究已經與國際研究拉開相當的距離。事實上，在過去30年，生活在「國際」中的學者和生活在「全球」或者「世界」的學者，使國際研究和全球治理研究變成了兩大學科。國際關係學科指的「多」，主要是兩個，一個是已經提出40多年的「複合相互依存」（complex interdependence）。這是一個標誌性或突破性的成果，研究者的難能可貴是因爲指出了「複合性」。不過，在1970年代末，研究者的重心還不可能在「複合性」，而在「相互依存（性）」，而且還僅僅是國與國之間的相互依存。實際上，「複合相互依存」既然是「複合相互依存」，就不僅是國與國之間的。後來，歷經很長一段時間，直到今天，使用「相互依存」概念或原理者，如果是「國際關係學者」，往往也忽視了「複合相互依存」前面的「複合」。這種忽略在某些研究者以及學習這個學科的學生中，不自覺地降低了「複合相互依存」的眞正理論價值。

在這方面，英國的「非正統」學者斯特蘭奇（Susan Strange）就不一

---

22 https://warwick.ac.uk/fac/soc/pais/research/researchcentres/csgr/csgr-events/conferences/confreport.pdf.

樣，在冷戰後的「全球化」初期，儘管生命沒能「跨世紀」，她的學術卻走得最遠，揭示了直到今天在根本上仍然成立的規律——「國家權力的後撤」。[23]原教旨主義的國際關係學者往往對「非國家行爲體」不以爲然，強調非國家行動者是國際關係（尤其是在「世界政治」和「IPE」領域，在中國，作爲學科或者專業的「世界政治」早已爲「國際政治」或者「國際關係」取代而幾乎消失）的一個巨大的知識進步，但是，其「限高」（maximum height）也是明確的，那就是在國家中心主義下考慮「非國家」。

上面提到安明博和布贊的「全球的國際關係」（Global IR），是國際關係學科走向複雜性學科的最新進展。國際關係的全球性，即在複合世界中的國際關係（以及國際關係理論）也是複合的，甚至可以是高度複合的。根據這一點，他們注意到國際關係正在走向多元化（pluralism）。

布贊等是太熟悉多元主義代表的複合性了。早在2003年，布贊與北歐的維夫（Ole Wæver）就聯合提出「地區安全複合」（regional security complex）的概念。繼奈伊和基歐漢在「冷戰」條件下的「複合相互依存」後，在「冷戰後」的條件下，「複合」一詞成就了一種國際關係理論——「哥本哈根學派」。

「英國學派」（English School）不僅是「國際關係理論」的代表之一，而且也是全球治理研究中最重要的一個學派。[24]「英國學派」的一些重要國際關係學者，如筆者熟悉的哈里爾（Andrew Hurrell）等，[25]都高度重視全球治理研究。哈里爾本身是研究區域問題（拉美問題）起家的，其《論全球秩序》[26]是國際研究協會（International Studies Association）2009年最

23　斯特蘭奇著，肖宏宇、耿協峰等譯，《權力流散：世界經濟中的國家與非國家權威》，北京大學出版社，2005年。

24　Tim Dunne, "Global Governance: An English School Perspective," in *Contending Perspectives on Global Governance: Coherence, Contestation and World Order*, edited by Alice D. Ba and Matthew J. Hoffmann, London, U.K.: Routledge, pp. 72-87, 2005.

25　哈里爾在2008年2月邀請筆者到他擔任主任的牛津大學國際研究中心演講。2011年至2015年，筆者與哈里爾等一起參加了本文提到的德國法蘭克福和平研究所的「21世紀的國際（大國）協奏」國際合作研究專案。

26　Andrew Hurrell, On *Global Order*. Power, Values, and the Constitution of International Society.

佳學術著作獎得獎者，是從「國際社會」角度研究全球治理的權威之作。

「（國際關係理論的）英國學派」是對複雜性研究的先驅。在筆者看來，這個理論有兩點相互聯繫的貢獻：第一，「英國學派」主動、嚴格區分了「國際社會」（international society）和國際系統（international system）。這個區分是理解「英國學派」的關鍵；第二，相應地，「英國學派」區分了兩種情況，一種是「團結主義」的國際社會，一種是「多元主義」的國際體系。

長期在新加坡國立大學政治學系工作的貝恩（William Bain），對「多元主義和團結主義之間的爭論」（the pluralist-solidarist debate in the English School）做了權威的概括。[27]

在冷戰結束後的全球化條件下，獲得巨大的新的活力的「英國學派」，更加討論「國際社會的擴展」（the expansion of international society）這一根本議題。[28]冷戰結束後，在全球化的條件下，其「擴展」的目標不再是傳統的「國際社會」，而是「全球社會」（global society）。「國際社會的擴展」從一開始或者始終就存在「多元主義」的問題，「團結主義」受到挑戰，擴展到「全球社會」，則更是遇到了多元主義的問題。於是，「多元主義和團結主義的爭論」再次復活。

布贊在其《國際社會到全球社會》一書中討論了「重建多元主義和團結主義的爭論」（reconstructing the pluralist-solidarist debate）。[29]「英國學派」的一個重要代表人物魏納特（Matthew S. Weinert）則「重框多元主義與團結主義的爭論」（reframing the pluralist-solidarist debate）。[30]

---

[27] William Bain, "The Pluralist-Solidarist Debate in the English School," Chapter 10, in *Guide to the English School in International Studies*, edited by Cornelia Navari, Daniel Green, Wiley-Blackwell, 2014.

[28] Hedley Bull and Adam Watson, *The Expansion of International Society*, Clarendon, 1985.

[29] Barry Buzan, *From International to World Society? English School Theory and the Social Structure of Globalization*, Cambridge University Press, 2014.

[30] Matthew S. Weinert, "Reframing the Pluralist-Solidarist Debate," *Millennium-Journal of International Studies*, 2011, 40 (1): 21-41, doi: 10.1177/0305829811406036.

　　「英國學派」的「多元主義和團結主義的爭論」是在研究「國際社會的拓展」這一具有使命的課題中提出的核心問題。也就是說，要做到「國際社會」，尤其是在全球層次具有「國際社會」，就必須應對（解決）「多元主義」的挑戰。

　　現實是，「英國學派」指出的「國際社會」，包括「全球的國際社會」，尚未真正出現，但是「全球系統」卻是現實的。全球系統並非是單數，而是複數，即複合的全球系統。在「國際社會」走向「全球社會」有限，甚至反而倒退，而「全球系統」卻存在的條件下，「英國學派」有關「多元主義和團結主義的爭論」在「全球系統」下的爭辯更加激烈。

　　從趨勢上看，各種「勢力（力量）」、「行動者」或者「相關方」，試圖將複雜的「國際系統」或者「全球系統」變為社會團結意義上的「國際社會」或者「全球社會」。但不幸的是，種種努力常常是失敗的，而且努力的結果是使國際系統或者全球系統更加複雜，而不是更加「社會」或者「團結」。

　　1945年聯合國成立初期，創始成員組成了一個在「英國學派」看來典型的國際社會（《聯合國憲章》：「我聯合國人民」），但是，聯合國成立不久就發生了蘇美冷戰和中華人民共和國的成立，以及「誕生」一大批新興的「民族民主國家」，聯合國儘管仍然號稱「國際社會」（不是「英國學派」意義上的「國際社會」，而是「國際社區」），但卻是國際系統。聯合國各種專門機構（尤其是國際經濟組織）形成了聯合國系統（The UN System）。各個國際組織，如世界衛生組織，本身也是一個國際系統。

　　在聯合國安理會和聯合國體系外，冷戰結束前就存在著大量的聯合國之外的國際組織或者非正式的論壇，包括北約（NATO）和G7。冷戰結束後，聯合國之外但聯合國參與（部分或者全部）的國際組織和全球論壇繼續增長，例如G20和金磚國家（BRICS）。中國發起成立了以北京為總部的亞洲基礎設施投資銀行（AIIB）和以上海為總部的新發展銀行（NDB）。美國和日本等沒有參加這些新興的全球機構。而在各種「區域」間的各種區域合作組織繼續出現（如東協走向「東協共同體」）。

　　一般人們討論的（批評的或者抱怨的）全球治理「碎片化」（fragmentation），指的就是這種情況。其實，「碎片化」不過是沒有認識到、不願意面對世界的多元性、多樣性、多方性等的複合性。所謂「碎片化」，實則是對世界的複合安排，反映了複合的全球治理。

　　G7在其創始的1970年代，是高度符合「英國學派」的「國際社會」標準（包括「文明」和成員國之間的政治體制等），是冷戰框架下的「西方」的具體體現。冷戰結束後，G7吸收俄羅斯成爲G8（1998年），但是，好景不常，G8並沒有變成「擴大的國際社會」，而是愈來愈成爲一個「擴大的國際系統」，俄羅斯與其他G7（包括歐盟）之間的差異，並沒有因爲G8而化合（融合）。烏克蘭與俄羅斯衝突後，包括歐盟在內的G7宣布「中止」（suspended）俄羅斯的會員（2014年），G8實際上已終結。但G8的終結並沒有導致G7回到昔日的那種「國際社會」，而是具有了「愈來愈少的西方性」（Westlessness）。[31]

　　近30多年，隨著中國參加、介入、進入全球的國際系統，愈來愈多的「西方」國際關係學者認爲中國等的作用並沒有導致「全球社會」，反而全球系統愈來愈多元化（pluralization）。這一點被叫做是「西方」面對的核心「中國挑戰」（the China challenge）之一，目前的「自由秩序」的危機也被認爲源於此。長期以來，「英國學派」等「西方」國際關係理論討論的「多元主義」研究對象，正是由於中國等的介入而變得多元化的國際系統。也就是說，中國「複雜化」了國際系統，「即將到來的全球治理的多元主義」，[32]使「國際社會」受到挑戰。

　　澳大利亞迪肯大學（Deakin University）國際關係教授何包鋼在擔任新加坡南洋理工大學（NTU）教授時，研究了「全球治理的多元化」（pluralizing global governance）問題。他的思考是，「新興力量」和多極化、中國

---

[31] *The Munich Security Report 2020*, https://securityconference.org/assets/user_upload/MunichSecurity-Report2020.pdf.

[32] Matteo Dian and Silvia Menegazzi, *New Regional Initiatives in China's Foreign Policy: The Incoming Pluralism of Global Governance*, Palgrave Macmillan, 2018.

在全球治理中的崛起和全球生產鏈條的變化，也影響到全球治理的變化。金磚國家就是這種變化的重要指標，意味著全球治理的多元化。不僅如此，何包鋼設計了一個研究任務，即「全球治理的多元化」。為此，他在南洋理工大學召集了一個題為「多元化全球治理：中國、金磚國家和全球治理」的國際會議。根據何包鋼所述，本來全球治理已經是關於複合體系的治理，如果再人為「多元化」之，全球治理將更加複雜。[33]

四、面對全球治理中的多元性（governing pluralism）的挑戰

　　實際上，國際系統中任何成員都面對著多元性的挑戰，當前的世界衛生組織（WHO）及其面對的挑戰，是在全球層次治理世界複合性的一個典型例子。

　　2020年3月11日，世界衛生組織宣布新冠病毒為全球大流行（global pandemic）。同年5月18日，第七十三屆世界衛生大會（WHA）舉行，美國總統川普（Donal Trump）拒絕出席之，只派了其衛生部部長阿札爾（Alex M. Azar II）在大會上批評WHO。[34]5月29日，美國政府宣布「切斷」與WHO的關係。2020年7月6日，美國川普政府宣布將於2021年7月6日正式退出WHO（前提是川普政府連任）。新冠病毒大流行期間，美國有人主張川普政府發起建立一個新的國際衛生組織。[35]就政府而言，美國政府是WHO最大的單一捐贈國（donor）。2019年，美國政府提供高達4億美元的WHO

---

[33] Conference, "Pluralising Global Governance: China, BRICS and Global Governance," Singapore: Nanyang Technological University, February 15, 2016, https://gpn.nus.edu.sg/images/event/HSS-GPN@NUS-RSIS%20Workshop.pdf.

[34] https://www.hhs.gov/about/leadership/secretary/speeches/2020-speeches/secretary-azar-plenary-remarks-at-world-health-assembly.html.

[35] https://www.politico.com/news/2020/04/10/trump-aides-debate-demands-who-179291.

資金，約占WHO年度預算的15%。

與美國於2018年退出2015年達成的聯合國應對氣候變化的《巴黎協定》一樣，退出WHO的是美國政府，並不是整個美國。美國的相當一部分，仍然在氣候變化進程中。比爾蓋茲和梅琳達基金會（The Bill and Melinda Gates Foundation）繼續對WHO的支持表明，美國的社會部門或者私人行動者，如比爾蓋茲和梅琳達基金會，並沒有退出WHO。

在2018年及2019年中，對WHO排名第三的資金提供者比爾蓋茲和梅琳達基金會，不是公共部門，其對WHO的投入，占WHO年度預算9.8%。比爾蓋茲和梅琳達基金會嚴肅批評了川普的決定，認為「現在，世界比以往任何時候都更需要WHO」，同時追加了1.5億美元捐款，用於WHO應對新冠病毒在全球的大流行。[36]而在2020年及2021年兩年中，WHO的前20大捐贈者，除了世界上最大的幾個經濟體以及歐洲聯盟外，也包括比爾蓋茲和梅琳達基金會等非政府組織。[37]

美國今天對待WHO的複雜態度早有「前科」和「伏筆」。2003年，由於美國發動伊拉克戰爭缺少聯合國安理會的授權，歐盟一些成員，如法國不支持美國的伊拉克戰爭，美國一些學者如福山（F. Fukuyama）就認為，美國應該形成與聯合國並列的多邊主義，或者「多的多邊主義」（Multi-Multilateralism），以解決美國在全球安全治理中的正當性問題。[38]「多的多邊主義」這個提法是關於美國在全球治理中，事實上另起爐灶（尋求符合美國需要的替代性全球治理安排）的理論。這個理論並不是關於全球治理的複合性，也與川普政府抵制和反對全球治理不同，但是今天看來，「多的多邊主義」卻可以為全球治理的複合性提供一個注腳，即美國等國家顛覆性地對待全球治理的態度和政策，是全球治理趨於複雜化的最重要的國家行動

---

[36] https://www.foxnews.com/tech/gates-foundation-adds-150m-coronavirus-calling-for-unprecedented-international-cooperation.

[37] 見世界衛生組織官網，https://www.who.int/about/funding/contributors。

[38] Francis Fukuyama, "The Paradox of International Action," *The American Interest*, https://www.the-american-interest.com/2006/03/01/the-paradox-of-international-action/.

者。

　　許多人們一度認爲國際系統（國際體系）是單數的，即世界上只有一個國際系統，但實際上，複數的「國際系統」[39]逐漸被注意和使用，只是中文敘述中仍然沒有這樣的自覺或者反映。

　　在「西方興起」前的近代世界，無論國際秩序還是世界秩序，都是複數，即世界上存在諸種世界秩序（多個世界秩序），世界歷史就是多個世界秩序之間的關係（包括戰爭）形成的。[40]二戰後，戰勝國建立了聯合國，但聯合國因爲冷戰而作用下降。冷戰後，聯合國的作用上升，全球治理興起，人們再次以爲世界只有一個秩序，所以，在寫秩序時，一般是單數，而不是複數。而且，複數的秩序，是許多人想避免的。歷史上，戰爭發生在不同秩序之間。但如今，在寫國際秩序時，複數（international orders）的使用再次大量出現。不過，今日複數的國際秩序與歷史上非常不同：即「非西方」的中國等，或者諸個「新興大國」被認爲在塑造著另一些世界秩序。在21世紀，將上演不同秩序之間的衝突。但是，衝突是否演化爲發生「秩序戰爭」（order wars）？[41]

　　事實上，聯合國可能面對著大分裂（a great fracture），而大分裂不過反映了眞實世界的分裂。聯合國秘書長古特雷斯（Antonio Guterres）在2019年9月24日開幕的第七十四屆聯合國大會上終於公開談論大分裂：「我擔心世界大分裂的可能性：我們的世界正在分化爲兩個，星球上的兩大經濟，正在分立，成爲相互競爭的兩個世界，擁有各自的互聯網、主導貨幣、貿易和金融規則，以及制定自身的零和地緣政治和軍事戰略。我們一定要竭

---

[39] Andrew Philips, "International Systems," in *The Globalization of International Society*, edited by Tim Dunne and Christian Reus-Smit, Oxford University Press, pp. 43-62, 2017.

[40] Shogo Suzuki, Yongjin Zhang, and Joel Quirk, *International Orders in the Early Modern World: Before the Rise of the West*, Routledge, 2013.

[41] Andrew Phillips and J. C. Sharman, "International Order in Diversity: War, Trade and Rule in the Indian Ocean," edited by Christian Reus-Smit and Nicholas J. Wheeler, Cambridge, United Kingdom: Cambridge University Press, 2015, doi: 10.1017/CBO9781316027011; Andreas Herberg-Rothe, *Order Wars and Floating Balance. How the Rising Powers are Reshaping Our Worldview in the Twenty-first Century*, Routledge, 2018.

盡所能阻止此種大分裂，維持全球同一的體系 —— 只有一個世界經濟，尊重
國際法，不怕多極世界只要有多邊制度。」[42]

現在，除了認識到真實的世界原來不是所謂「一個世界」而是複合世界
外，最重要的是如何治理複合的多頭的多元世界？未來的全球治理研究應該
也必須建立在這樣的本體論基礎上。

多頭世界的治理之道與單一世界的治理之道在本質上是異曲同工的，那
就是協同（in concert）。只是不是一種協同，而是多種協同（multi-concerts
of parties or actors），不同的協同應對不同的問題。

關於協同或者協奏（concert of powers, COP），筆者現在將其中的
「powers」也用「parties」取代。這裡「parties」包括非國家行動者等相關
方（stakeholders）。

關於19世紀的歐洲協奏在今天的相關性，這裡絕對無法展開討論，但
可以指出兩點：第一，被認為是今天的具有現代性的國際關係的起源。布
贊和勞森（George Lawson）等在《全球之轉型：歷史、現代性和國際關
係的締造》中認為，1776年至1914年之間是「長的19世紀」（Long 19th
Century），期間的政治、經濟、軍事和文化革命重構了國內和國際社會。
已有的國際史和國際關係研究並沒有說這段時期是「全球大轉型」（global
transformation），但是，正是這段時期的多重革命的後果，為現代國際關
係提供了物質和觀念的基礎；[43]第二，進一步地，歐洲協奏被認為是「全球
治理在19世紀的起源」。[44]

這就是在歐洲被津津樂道或者念念不忘的「Concert of Europe」。這個
詞，在中國的權威的「國際關係史」中翻譯為「歐洲協調」。當然，也有人

---

[42] https://www.un.org/sg/en/content/sg/speeches/2019-09-24/address-74th-general-assembly.

[43] Barry Buzan and George Lawson, "The Global Transformation: History, Modernity and the Making of
International Relations," *Cambridge Studies in International Relations*, Cambridge University Press,
Cambridge, UK., 2015.

[44] Jennifer Mitzen, *Power in Concert: The Nineteenth-Century Origins of Global Governance*, Chicago
University Press, 2013.

對Concert of Europe不以為然，且批評Concert of Europe的人也不少。[45]

　　2011年至2015年之間，筆者參加了德國法蘭克福和平研究所關於21世紀全球協奏的國際合作研究專案。二戰後，和平研究（和平學）在歐洲普遍興起和發展。歐洲的一些著名國際問題研究機構都是和平研究機構，如瑞典斯德哥爾摩和平研究所（SIPRI）。北歐國家瑞典和挪威頒發著名的諾貝爾和平獎也可歸入和平研究範疇。就規模而言，法蘭克福和平研究所是歐洲最大的一個。法蘭克福和平研究所的這個專案是關於如何透過復興Concert of Powers解決21世紀的大國之間的衝突，這是一個非常及時而重要的研究專案。該國際合作研究產生了兩份研究成果：一份是公共外交政策報告《21世紀的國際協和（大國）協奏》，於2014年在瑞士洛迦諾首發；[46]一份是學術論文集《強國多邊主義和預防大戰：爭論21世紀的國際協奏》，[47]均受到廣泛關注，包括在中國受到介紹。[48]

　　澳大利亞學者較早主張在亞太地區的大國協奏。在美國歐巴馬政府時期，《澳大利亞防務白皮書2000》的主要起草者、澳大利亞國立大學（國際）戰略學教授懷特（Hugh White）的《對華抉擇：為什麼美國要分權》，率先提出了美國要與中國進行協奏的重大建議。[49]

　　在美國，著名的戰略研究智庫蘭德公司和美國老牌外交政策研究智庫外交關係協會（CFR）在這方面也做了一些重要研究。值得注意的是，美國外交關係協會會長哈斯（Richard Haass）力主用新的「協奏」，應對冷戰後美國主導的世界秩序的可能崩潰帶來的挑戰。[50]

---

[45] 對「Concert of Europe」進行系統探討的一篇綜合性著作，最近由美國蘭德公司發表，見 Kyle Lascurettes, *The Concert of Europe and Great-Power Governance Today: What Can the Order of 19th-Century Europe Teach Policymakers About International Order in the 21st Century?* Santa Monica, CA: RAND Corporation, 2017, https://www.rand.org/pubs/perspectives/PE226.html。

[46] https://www.hsfk.de/en/research/projects/a-twenty-first-century-concert-of-powers/.

[47] https://www.taylorfrancis.com/books/e/9781315206790.

[48] 見（德）哈拉爾德·米勒、卡斯滕·勞赫著，李亞麗譯，〈管控權力轉移：面向21世紀的大國協調機制〉，《國際安全研究》，2016年第4期。

[49] Hugh White, *The China Choice: Why America Should Share Power*, Black Inc., 2012,

[50] Kyle Lascurettes, *The Concert of Europe and Great-Power Governance Today: What Can the Order of 19th-Century Europe Teach Policymakers About International Order in the 21st Century?* Santa

　　COP是聯合國氣候變化大會（UNFCCC）的最高決策機構（the supreme decision-making body）。[51]COP是Conference of the Parties的縮寫，直譯就是締約各方（各國）參加的世界大會。2019年智利承辦的第二十五次締約方大會（COP 25），因為國內局勢而無法舉辦，由西班牙協助智利在馬德里開了COP 25（2019年12月3日至13日）。大不列顛聯合王國（英國）承辦2020年的聯合國氣候變化大會（COP 26），由於新冠疫情，COP 26已經延期到2021年舉行。其他全球治理進程也有這樣的最高決策機構。聯合國生物多樣性公約（United Nations Convention on Biological Diversity, CBD）締約方會議也是採取COP模式，而原定在中國昆明舉辦CBD的COP 15（2020年）也已經推遲到2021年舉行。

　　COP與英文的「克難」（cope）發音接近，採用COP，象徵著治理全球問題。如此多的COP，實際上構成了全球治理中複雜的COP系統，即COP也是複數的。

　　行文到此，本文提到了兩個極其重要的COP，一個是權力（國家）之間（尤其是相互衝突的權力）的協作（對立國、競爭者，甚至敵國之間更需要這種協作，朋友或者盟友之間反倒不需要這種協作），一個是各方之間為了解決共同問題的大會。其實，concert和conference在意思和實質上差不多，是手段、是制度、是平臺，更代表著內容和實質上的理想目標——治理、和平與秩序。參與各方或者相關方（parties）、各種權力（powers）即各國，透過COP這一「分享」的國際機制（國際安排），對全球問題（如氣候變化）進行了治理：根據不同的議題，在和平和安全問題上，是參與方之間的分權（power sharing），在其他公共問題領域則是分責（responsibility sharing），而在發展問題上，是經濟體之間的繁榮之共用（prosperity sharing）。

Monica, CA: RAND Corporation, 2017, https://www.rand.org/pubs/perspectives/PE226.html. 而長期研究「大國協奏」的美國外交關係協會現任會長哈斯大使，在2017年出版了《失序的世界》一書，認為治理這樣一個世界要回到大國之間的協奏範式，見Richard Haass, *A World in Disarray*, Penguin Press, 2017。

[51]　https://unfccc.int/process/bodies/supreme-bodies/conference-of-the-parties-cop.

五、結語

　　全球治理是為如此的「多」走向和平、發展（永續發展）、公平、正義、秩序等，這是一個解決共同的困境、挑戰、問題的高度複雜過程。全球治理是各相關方（各行動者）避免非協同（disconcert）甚至失序（disorder），而選擇（有時是別無選擇）協同或者協奏（in concert）。在複雜系統，甚至是複雜的複雜系統做到協同、協奏高度不易，存在全球治理失敗的可能性。本文從評論全球治理對複雜性的關切、研究入手，從一個側面展示了全球治理研究的演化，以及當前的迫切研究問題：如何在全球層面治理本來就是多元性、多樣性、多頭性（多中心性）的世界複合問題？本文認為，在形式和內容上，COP是一個治理「多」——複雜性的途徑。這裡的C，既是concert，又是conference；這裡的P，既是powers，又是parties。國際會議十分重要，其永續性更加重要。國際會議就是全球治理。國際會議的永續就是全球治理的永續。筆者建議可以不拘一格，不管國際（全球）會議是否取得了協定（如氣候變化治理《巴黎協定》）以及貫徹了協定，即使失敗的國際會議也比沒有國際會議好。要鼓勵和容忍各種多樣的COP。COP這麼多，COP之間也要COP，如氣候變化的COP和生物多樣性的COP之間的協作，以在解決特定的全球議題時，意識到各種全球問題（全球議題）之間的相互作用。

　　「多」、治「多」與「多」治。本文展示了一些「多」，如果拉一個清單，這個「多」可能比本文提到的要長多了。現在要治理各種作為全球問題的「多」。在複合的世界，世界的多樣性需要各式各樣的治理。

第三章　《聯合國海洋法公約》的全球治理意義

一、導言

　　國際治理和全球治理本來是存在界分的，但現在全球治理如雷貫耳，人們似乎忽略了國際治理的存在。實際上，全球治理是從國際治理演變而來的。在海洋領域，也是分為國際海洋治理和全球海洋治理。本文充分意識到國際海洋治理和全球海洋治理之間的歷史性區別，力圖避免把這二者混為一談，也試圖提醒人們，在世界政治經濟仍然是由主權國家及其構成的國際體系主導的情況下，實際上解決（管理、控制）全球性問題仍然以國際治理為主。繼續興起的全球治理是世界治理的未來，卻尚未取代國際治理。以海洋問題為例，從1982年《聯合國海洋法公約》（*United Nations Convention on the Law of the Sea*, UNCLOS，以下簡稱《公約》）誕生以來，國際海洋治理和全球海洋治理並存，全球海洋治理並未取代國際海洋治理，不過，全球海洋治理是世界海洋治理的根本方向。

　　1982年4月30日聯合國海洋法會議通過的《公約》，是國際海洋治理的總代表或化身。2022年4月30日是《公約》通過40週年。聯合國為此在紐約總部舉行了紀念大會。[1]40週年是一個回顧《公約》、反思《公約》、強調全球海洋治理的時刻，也是我們研究從國際海洋治理到全球海洋治理轉型的時刻。[2]

　　《公約》不僅代表著當代世界在海洋領域的國際治理，而且標誌著全球

1　United Nations, https://www.un.org/pga/76/wp-content/uploads/sites/101/2022/04/PGA-letter_UN-CLOS-40-programme.pdf, April 14, 2022.

2　曾擔任聯合國第三次海洋法會議主席的新加坡國立大學榮休教授許通美（Tommy Koh）巡迴大使展望2022年指出，2022年是《公約》通過40週年，從1973年開始，歷經九年艱苦國際談判，目前已經有167個國家加入歐盟，總共168方參加了《公約》。見Celebrating the Year's Three Anniversaries by Prof Tommy Koh (nus.edu.sg), 2022。

海洋治理的現當代起源。如果說《公約》代表了第二次世界大戰結束以來，聯合國主導的現代海洋秩序，尤其是海洋的國際法律秩序，那麼，基於《公約》的全球海洋治理則是更新的21世紀的全球海洋秩序。全球海洋治理來自國際海洋治理，是國際海洋治理的新方向，但在一些問題上，與國際海洋治理存在顯著差別，甚至存在衝突。本文建議，國際海洋治理和全球海洋治理之間的聯繫和差別，應該作為一個重要課題加以深入研究。

　　什麼是全球海洋？全球海洋指的是我們的星球——地球的作為一個整體的海洋。世界上「只有一個海洋」，即同一個星球，同一個海洋。2022年2月9日至12日，歐盟輪值主席國法國，在聯合國支持下，於法國西北部海濱城市布雷斯特（Brest）舉辦了「一個海洋峰會」（One Ocean Summit）。保護和恢復海洋生態系統、促進永續漁業發展、抗擊污染、應對氣候變化以及加強國際海洋治理，是這次峰會的主題。請注意，這個峰會使用了歐盟一直使用的「國際海洋治理」（international ocean governance）一詞。[3]「一個海洋峰會」聲明是2022年在中國昆明舉行的聯合國《生物多樣性公約》第十五次締約方大會（COP 15）第二階段會議，以及在葡萄牙舉行的聯合國海洋大會（UN Ocean Conference）等相關聯合國涉海會議的前奏。聯合國秘書長和法國總統參加了這次峰會。[4]但是，世界海洋又被分成一個個的大海（seas）和大洋（oceans）。「只有一個海洋」和「很多海洋」構成一個深刻的世界悖論。[5]

　　真正的全球海洋治理，指的是包括多種攸關方的治理海洋存在的全球問題的複合過程。涉及或者捲入海洋問題的是各種（多）攸關方（multi-stakeholders），他們不僅是國家或者政府行動者（state actors），而且是各種跨國的非國家行動者（non-state actors）。

3　Europen Commission, "International Ocean Governance," https://ec.europa.eu/oceans-and-fisheries/ocean/international-ocean-governance_en.

4　One Planet Summit, https://www.oneplanetsummit.fr/en/events-16/one-ocean-summit-221, February 11, 2022.

5　UNEP, BBNJ-"Common Heritage of Mankind," https://www.unep.org/cep/news/blogpost/bbnj-common-heritage-mankind, July 22, 2019.

　　根據這一重大區別，以《公約》爲中心，本文首先討論和評估現存的國際海洋治理，然後討論眞正的全球海洋治理是什麼以及其趨勢。

二、從國際治理到全球治理的演化

　　把國際治理和全球治理加以區別是全球治理研究最爲重要的一個學術貢獻。[6]爲何今日要重提國際治理到全球治理之間的區別？因爲我們一開始講的全球治理不是太簡單、太抽象，就是太理想、太一廂情願。不同的人講的全球治理確實有著不同的含義：有人講的全球治理其實就是國際治理，而有人希望全球治理取代國際治理。

　　今日世界，許多超越一個國家、一個地方的問題、挑戰和危機，尤其是環境問題，幾乎無一例外，都是全球性的。問題是相互聯繫、相互影響的，任何單一的領土國家或者地方（如中心城市）都不願意也無力單獨行動以解決問題。1945年以來，由民族國家組成的國際體系，即聯合國爲中心的國際體制一直在回應、應對層出不窮的全球性問題。聯合國在應對全球問題上確實做了大量事情，主導、領導了一系列全球的國際治理進程。在海洋領域，聯合國於1958年和1960年在日內瓦舉行了聯合國海洋法會議，開始談判建立20世紀的現代國際海洋秩序。

　　本文把國際體制，尤其是聯合國和聯合國體系（The UN system）包括的主要國際組織（the main international organizations），在解決全球問題上發揮的不可替代的作用叫做國際治理，而聯合國等國際行動者（international actors），包括政府和非政府兩大類國際行動者，在一定的國際安排、國際平臺、國際過程中，在解決全球問題上的全球集體行動，就是我們知道的

6　以下文章是一篇被廣泛引用的觀點，說明國際治理和全球治理之間的差異：Tanja Brühl and Volker Rittberger, "From International to Global Governance: Actors, Collective Decision-making, and the United Nations in the World of the Twenty-first Century," in Volke Rittberger (ed.), *Global Governance and the United Nations System*, New York: UN University Press, 2001。

實踐中的全球治理。

　　治理（governance）指的是一群（可以視爲一個「集體」）相關者、攸關者、關切者、參加者、涉及者，在一個體系（如大會／論壇、安排／平臺、組織、公約）中的「集體」協同，是類似音樂會（the concert）那樣的協奏（in concert）。協奏成功，就是獲得了治理；協奏失敗，就是治理失敗。協奏最重要的是要有指揮家，指揮家就是領導，不管是國際領導、全球領導、區域領導還是一個個的國內領導。在全球層次上的協奏就是全球治理，協奏是目標、過程、結果，而這就是治理。治理不僅是一個政治學和國際關係學等學科的概念，治理是綜合（全面）的，治理更是一個經濟學概念，不符合經濟規律（尤其是市場規律）的治理，往往最終沒有解決問題，反而惡化問題之形勢，帶來新的問題。

　　冷戰結束後的初期，人們普遍感到以聯合國爲中心的國際治理不足以解決日益複雜、日益嚴峻、日益多樣的全球性問題。當時，一些人和機構迫不及待地提出了全球治理的任務和目標。這當然不是要離開或者弱化聯合國及其體系，而是爲了加強聯合國及其體系，使聯合國及其體系能夠應對全球化的挑戰。今天看來，一個標誌就是1992年由28位世界各地的「名人」組成的國際委員會——全球治理委員會（Commission on Global Governance）。該委員會在1995年發表了他們的全球治理意見——《天涯成比鄰》（*Our Global Neighborhood*）報告，[7] 該報告等於爲冷戰後的世界提供了一個不同於當時已經提出並熱烈爭議的「文明衝突」、「歷史終結」、「單極世界」的新選擇，爲聯合國和各種國際組織在冷戰後的改革提供了根本方向，其歷史意義非凡。該報告在「保護地球環境」部分，提到了保護作爲全球公域（global commons）之一的海洋。[8]

　　而在國際學術界，自全球治理委員會的報告發表後，全球治理研究在全

7　Ingvar Carlsson and Shridath Ramphal, *Our Global Neighborhood, The Report of the Commission on Global Governance*, Oxford University Press, 1995, p. 410。該書中譯本題爲《天涯成比鄰：全球治理委員會的報告》，中國對外翻譯出版公司。

8　*Ibid.*, pp. 144-149.

球化的世界持續興起。[9]《沒有政府的治理》一書標誌著全球治理研究在國際關係學科的誕生，早於《天涯成比鄰》。儘管當時人們談論的全球化還十分模糊，卻試圖明確定義不同於國際治理的全球治理。這本著作在中國的翻譯出版，讓人們首先知道了傑出的世界政治研究和全球治理研究的開創者羅斯瑙（James Rosenau）的大名。但是，該書還有另一位編輯陳丕爾（Ernst-Otto Czempiel），在歐美也是一位重量級學者。遺憾的是，直到今天，他在中文世界仍然沒有名氣。陳丕爾是德國法蘭克福大學（歌德大學）國際關係教授，長期擔任歐洲最大的和平研究所（PRI）的法蘭克福和平研究所（HSFK/PRIF）所長。法蘭克福和平研究所設有以他名字命名的博士後獎學金（The Ernst-Otto Czempiel Award）。筆者是在法蘭克福和平研究所做「21世紀的大國多邊主義（大國協奏）」研究時（2011-2014年）才知道陳丕爾的。正是羅斯瑙和陳丕爾的這本論文集首開全球治理的概念化，這也是世界上第一本從世界政治（包括國際關係）學科角度研究全球治理的專著。在政治學和國際關係學術界，真正想走出「國際」的世界，擁抱「全球」的世界的人，如羅斯瑙和陳丕爾，在1990年代還是不少的。

過去30年，全球治理及其研究之興起一度轟轟烈烈。但是，在21世紀第三個10年，甚至以後是否存在全球治理及其研究衰退的可能？邏輯上，任何事物都有其興衰，全球治理也不例外。不過，有人對此的擔心主要是認為在21世紀，全球治理遭遇到一些深層的結構性阻力，例如民粹主義（民族主義）和地緣政治。[10]

當然，必須承認，能有國際體制應對全球問題，比沒有國際體制應對全球問題，已經好多了。最壞的情況是，問題是全球的，而且愈來愈是全球的，卻缺少全球的國際體制提供方案和行動。從這個角度看，聯合國等國際組織以全球治理之名義進行的國際治理，已經功高志偉。

---

[9] 龐中英，〈全球治理研究的未來〉，《學術月刊》，2020年第12期。

[10] Jean Pisani-Ferry, "Should We Give Up on Global Governance?" *Policy Contribution*, October 17, 2018.

三、國際海洋治理

　　以下的討論說明，在應對海洋領域的共同問題時，國際治理仍然是主要的。

　　第二次世界大戰後，自從1958年和1960年，尤其是1970年第二十五屆聯合國大會通過第2749號決議以來，聯合國第三次海洋法會議展開關於《公約》的談判。這一談判耗時近10年。其中的中小國家或者開發中國家，尤其是來自拉美、東南亞的國家發揮了關鍵作用。1982年12月10日，《公約》通過並開放給各國簽字、批准和加入。按照該《公約》規定，《公約》應在60份批准書或加入書交存之後一年生效。從太平洋島國斐濟第一個批准該《公約》，到1993年11月16日蓋亞那交付批准書止，已有60個國家批准《公約》。該《公約》於1994年11月16日正式生效。中國於1996年5月15日批准《公約》，是世界上第93個批准該《公約》的國家。

　　聯合國代表的國際共同體（international community）廣泛認定，《公約》是世界上第一部現代意義的「海洋憲章」（a Constitution for the Oceans），是處理海洋問題的現代國際法律條約。[11]參加《公約》談判的主體是第二次世界大戰後主權獨立的各國政府，非政府的國際行動者儘管對《公約》的最後形成是有重要影響的，但是，各國的非政府組織和個人對《公約》形成過程的影響是差異很大的。最終決定這項協定（公約）的不是形形色色的海洋領域非國家行為體，而是作為聯合國成員的各個主權政府。

　　《公約》的形成過程很好地說明了什麼是國際海洋治理。當我們要理解什麼是國際海洋治理時，我們首先要去研究《公約》這個複雜而長期且一直持續到今天的過程。

---

[11]　《公約》作為「海洋憲章」，最早是新加坡大使許通美教授提出的。這是許通美教授對國際海洋治理的傑出貢獻。見Tommy Koh, *A Constitution for the Oceans*, Remarks of the President of the Third United Nations Conference on the Law of the Sea at the Conference at Montego Bay, December, 1982. See koh_english.pdf (un.org)。

　　爲了研究這個過程，筆者在中國海洋大學工作期間，確定了一個研究日程，即研究第三次聯合國海洋法會議主席許通美教授。許通美來自新加坡共和國，生於1937年，是著名國際法學家和新加坡外交家。《公約》永久地與他的名字不可分。根據許通美所述，《公約》是「革命性條約」，主要特點是：（一）領海寬度；（二）用於國際航行的海峽；（三）群島國家；（四）專屬經濟區；（五）人類共同繼承財產；（六）海洋環境保護等。[12]在筆者看來，許通美認爲的《公約》這六大內容，前四個主要是國際海洋治理，代表了劃分、分割世界海洋，而後兩個則具有全球海洋治理的意義，代表了保護、養護海洋。許通美在上述聯合國舉辦的《公約》40週年紀念大會上認爲，至少有「八大理由」值得珍惜《公約》。[13]

　　《公約》的「私人手稿」（private papers）收藏已經惠贈在新加坡尤素夫伊薩東南亞研究院（以下簡稱ISEAS）圖書館。該館說明：「An e-catalogue of Tommy Koh Private Papers on the Law of the Sea was completed listing private papers relating to The Third United Nations Convention on the Law of The Sea (UNCLOS III). This collection consists of UN sessional reports, academic journal articles, research papers, seminar papers, newsprint articles and books on UNCLOS III and the Law of the Sea from the early 1970s to the 1990s. There are also newsletters of the Southeast Asian Project on Ocean Law, Policy and Management (SEAPOL) and seminar papers presented at SEAPOL workshops from the 1980s to the 1990s available in this collection.」[14]

12　許通美，〈公約：一項革命性條約〉，《聯合早報》，2019年5月13日。

13　許通美教授的基調演講，珍惜《公約》的八大理由，https://www.mfa.gov.sg/Newsroom/Press-Statements-Transcripts-and-Photos/2022/04/20220430-min-ny。

14　ISEAS-Yusof Ishak Institute, https://www.iseas.edu.sg/library/introduction/annual-review/fy2018/.

圖1-3-1　新加坡尤素夫伊薩東南亞研究院（ISEAS）圖書館關於許通美捐贈的私人手稿海報

　　ISEAS圖書館根據許通美教授的要求，規定讀者只能在館裡閱讀，不外借。2020年1月至5月，筆者受邀訪問ISEAS，身分是訪問高級研究員，在ISEAS有訪問學者的辦公室，確定了主要研究任務是拜讀許通美教授的這些「私人手稿」。但是，由於新冠疫情突發，ISEAS圖書館在新加坡政府於4月初宣布應對新冠疫情的「封城」措施前就閉館了。筆者不得不中斷閱讀許通美「私人手稿」的進程。疫後時代，筆者真的想完成個人的研究日程「許通美與《公約》」，深切希望能有返回ISEAS圖書館再讀許通美手稿的機會。

　　除了研究許通美與《公約》，作為已經側重歷史研究的國際關係和區域研究學者，筆者對中國與《公約》之間的關係、中國對《公約》的研究等

議題也十分有興趣。近幾年，中國對《公約》的眞正學術研究開展起來。由廈門大學南海研究院、大連海事大學海法研究院、香港理工大學董浩雲國際海事研究中心、澳門大學法學院和臺灣師範大學政治學研究所等合辦的《中華海洋法學評論》，介紹了目前國際學術界編撰的兩套關於《公約》的「評注」（commentaries）：「一套是由維吉尼亞大學法學院海洋法律與政策中心編纂、由該中心Myron H. Nordquist教授擔任主編、由聯合國原負責海洋法事務的副秘書長、國際海底管理局原秘書長Satya N. Nandan大使擔任總編的《1982年〈公約〉評注》（*United Nations Convention on the Law of the Sea 1982: A Commentary*），共七卷，於1985年至2011年陸續出版；另一套是由時任德國特里爾大學法學院院長Alexander Proelss教授主編的《〈公約〉評注》（*United Nations Convention on the Law of the Sea: A Commentary*），於2017年出版。其中，維吉尼亞大學版《〈公約〉評注》系列叢書已由我國自然資源部的中國大洋礦產資源研究開發協會、第二海洋研究所、海洋發展戰略研究所和國際合作司組織編譯爲中文本，由呂文正研究員和毛彬研究員等主編，由焦永科資深翻譯家等翻譯，自2009年起陸續出版。爲了幫助對海洋法學感興趣的國內師生更好地學習《公約》及其評注的內容，更深入地瞭解第三次聯合國海洋法會議的歷史，以及在起草過程中和在歷次會議上對《公約》每一條款及相關附件和文件的爭論焦點和協商結果，追根溯源釐清認識，爲我國海洋法學研究和教學工作提供參考，《中華海洋法學評論》編輯部取得相關授權後，分期、逐條摘錄推送維吉尼亞大學版《〈公約〉評注》中譯版。」這是《中華海洋法學評論》的一大貢獻。[15]

　　（原）國家海洋局，（現）自然資源部海洋發展戰略研究所編輯出版了《公約：漢英對照》（根據聯合國提供的中文版），[16]這是筆者所見僅有的《公約》中文版本。但不清楚的是，研究《公約》者是否使用該《漢英對照》，因爲在聯合國官網上有《公約》的各種具有國際法效力的文本，包括

---

[15] 見《中華海洋法學評論》微信公眾號。
[16] 《聯合國海洋法公約》，海洋出版社，1983年第一版，2013第二版。

中文版。

聯合國在《公約》確立「海洋環境保護」的後續行動包括聯合國海洋永續發展目標的確立。在2000年「千禧年發展目標」（MDGs）到期後，聯合國大會於2015年通過了《2030年永續發展議程》（以下簡稱《2030議程》），確立了17項全球永續發展目標（SDGs），其中第十四項目標是「保護和永續利用海洋和海洋資源以促進永續發展」。《2030議程》第十四項目標是國際治理的重要文件，貫徹了《公約》的海洋永續發展原則。「《公約》體現了永續發展的三大支柱，即社會、經濟和環境，同時為海洋的永續發展確立了法律框架。」「有效執行《公約》及其執行協定，是實現目標14和相關永續發展目標的必要基礎。」

為了落實第十四項目標，聯合國設立了海洋大會。首屆聯合國海洋大會於2017年6月5日至9日在聯合國總部召開，這個日期是一年一度的世界海洋日。第二屆聯合國海洋大會本來預計2020年6月在葡萄牙里斯本舉行，但是，由於新冠疫情，先是推遲到2021年6月，後來又推遲到2022年6月27日至7月2日在葡萄牙里斯本舉行。第二屆聯合國海洋大會由葡萄牙和肯亞共同主辦，多國政要、商界領袖、科學家、民間團體以及數千名年輕人參與。為落實2030年海洋永續發展目標，此次會議是繼聯合國秘書長安東尼奧·古特雷斯啟動「永續發展目標行動十年」後的第一個里程碑。

聯合國氣候變化大會（UNFCCC）是主要的國際治理／全球治理進程。海洋是最大的全球氣候變化調節者，是氣候變化最主要的「基於自然的解決方案」（nature-based solutions）。所以，全球氣候和海洋治理之間的關係（the ocean-climate nexus）或者「氣候與海洋治理」（climate and ocean governance）是關鍵的中心問題，愈來愈受到各攸關方的關注。從這個角度看，聯合國氣候變化大會也是國際海洋治理的一部分。

最後，我們提到歐盟。因為作為全球治理和全球海洋治理的發源地，歐盟有時使用國際海洋治理，而不是全球海洋治理，[17]這一細微的差異可能意

---

[17] *supra* note 3.

味深長。

　　比之其他領域的國際治理，海洋國際治理還是遲到的，這反映了海洋問題的國際治理原來的邊緣化地位。

　　1982年《公約》尚未有明確的海洋永續發展的概念，在《公約》通過五年後，即1987年，首先提出「永續發展」概念的《布蘭特倫報告》（*Brundtland Report*）發表。《布蘭特倫報告》發現，海洋部門（marine sector）的聲音根本沒有其他部門來得大。該報告把海洋（公海）視為幾大全球公域之一，在《經管公域》的「海洋：生命的平衡」（*Managing The Commons* I. Oceans: The Balance of Life）一節認為，在海洋領域也應該追求永續發展，倡議建立全球第一個「世界海洋日」。2008年12月5日第六十三屆聯合國大會通過第111號決議，決定自2009年起，每年的6月8日定為「世界海洋日」。

　　聯合國「千禧年發展目標」的第七項目標是關於環境永續性（Goal 7: Ensure Environmental Sustainability），其具體目標有捕魚和水資源利用（7.4 Proportion of fish stocks within safe biological limits、7.5 Proportion of total water resources used），卻沒有直指海洋，即根本沒有海洋永續發展目標，反映了海洋永續發展問題在「千禧年發展目標」中尚未被單獨提上議事日程。只是過了15年後，海洋永續發展目標才在《2030議程》成為擴大了永續發展目標中位列第十四項目標。

　　聯合國氣候變化大會，基於海洋的全球氣候變化治理一直非常不足，這應該是聯合國氣候變化治理的一大缺陷。雖然1992年聯合國氣候變化大會正式承認海洋生態系統在治理溫室氣體中的作用，但是，大洋、海洋、海岸生態系統不在其後的COP談判中。《巴黎協定》帶來了一個轉捩點，使海洋問題進入氣候變化談判中，大量的海洋科學家和海洋非政府組織介入談判過程，由22方簽署了《因為海洋》宣言（*Because the Ocean*）。進一步地，與沒有提到海洋系統（複數）的1997年《京都議定書》（*Kyoto Protocol*），

《巴黎協定》在其前言明確提到海洋。[18]

四、全球海洋治理

全球海洋治理的興起有很多原因，本文強調以下兩點：

第一，全球海洋治理是國際海洋治理的根本轉向。如上所述，從1982年《公約》開始，國際海洋治理實際上已經在傾向、趨向、走向全球海洋治理，因為要真正解決海洋問題，全球治理是必要的和必然的，就是遲到了，也是到了。進入21世紀，由於全球化的加速，以及氣候變化成為全球氣候危機，國際海洋治理的重心不再是20世紀的海洋主權和海洋權益劃分等海洋國際秩序問題，而是海洋氣候變化、海洋環境保護、生物多樣性養護、資源的永續利用（開發）等全球問題。上面許通美概括的《公約》的前幾個內容，在20世紀聯合國體制下透過許多具體國際安排已經大致解決了，儘管在有的國與國之間、世界、地區仍然還將存在許多國家間的海洋權益和海洋主權的爭端，[19]但是，海洋主權和權益劃分的國際制度已經基本形成，而許通美概括的後面兩個方面，變成海洋治理的主要任務。

概言之，《公約》的「分」的這個任務──在二戰後民族國家獨立、開發中國家崛起，作為「國際經濟新秩序」的一部分的海洋秩序，總體告一段落，但是，「合」的部分，即認識到儘管海洋分成四大洋或者五大洋，各國的領海和專屬經濟區、群島國家，以及內陸國家的海洋權益等根據《公約》是明確的，但是，世界只有「一個海洋」，必須從「全球海洋」的角度解決海洋領域的全球問題、全球挑戰和全球危機。

---

[18] N. Gallo, D. Victor, and L. Levin, "Ocean Commitments under the Paris Agreement," *Nature Climate Change*, 2017, 7: 833-838.

[19] 例如，英國脫離歐盟後，英國與一些歐盟國家之間產生了海洋權益爭端，主要是法國漁民需要獲得更多的英國捕魚許可，才能在英國專屬經濟區從業（post-Brexit fishing rights for French fishermen）。

　　第二，理解「全球海洋」這個概念是理解全球海洋治理的關鍵。「全球海洋」，就是「一個星球，一個海洋」（one planet, one ocean）。聯合國教科文組織（UNESCO）為此概念做出了歷史性的開創性永續貢獻。[20]聯合國教科文組織設有政府間海洋學委員會（Intergovernmental Oceanographic Commission, IOC）。IOC起源上是國際關係的，是政府間組織的構成部分，如同其名字代表的那樣，但是，卻逐步轉變成一個關於全球海洋治理的科學組織。2021年6月3日，IOC公布了「聯合國海洋科學促進永續發展十年」（The Ocean Decade-The Science We Need for the Ocean We Want）。「海洋十年」計畫由世界科學界、各國政府、公民社會、聯合國機構、私營部門、慈善機構和其他國際組織牽頭，其口號是「十年，十大挑戰，一個海洋」（10 Years, 10 Challenges, 1 Ocean）。[21]

　　2020年，中國輪值《生物多樣性公約》締約方大會第十五次會議（CBD COP15）主席國。由於新冠疫情，這次會議不得不推遲到2021年舉行。2021年10月13日，CBD COP 15第一階段會議通過《昆明宣言》。歐盟成員的法國總統馬克宏在COP 15開幕式上簡短致辭：「生物多樣性和氣候之間的這種互補性也證明了加強保護人類共同資產——海洋的迫切性。因此，在聯合國建議下，法國決定在2022年初主辦『一個海洋』峰會，以凝聚公共部門和私營部門富有雄心的所有行動方的努力，促進推出具體倡議。」「保護區是生物多樣性保護的基石之一，所以我希望本次締約方大會使我們能夠就保護百分之三十的陸地和海洋區域的這一共同目標達成一致。最後，該保護目標應同時伴隨將已退化生態系統至少恢復百分之三十的明確目標。」[22]目前，不僅國家行為體如法國政府在推動保護30%的海洋，而且

---

[20] UNESCO, https://www.unesco.org/en/ocean.

[21] Unites Nations, The Ocean Decade-The Science We Need for the Ocean We Want, https://www.ocean-decade.org. UNESCO，《聯合國海洋科學促進永續發展國際十年意義何在》，https://zh.unesco.org/news/lian-he-guo-hai-yang-ke-xue-cu-jin-ke-chi-xu-fa-zhan-guo-ji-shi-nian-yi-yi-he-zai。

[22] 中國綠發會，〈法國總統馬克龍閣下聯合國生物多樣性大會開幕式致辭〉，《澎湃新聞》，2021年10月4日。

非國家行為體，如牛津大學和綠色和平組織也在推動這一目標。[23]

從《公約》的劃分海洋，確定主權及其「專屬經濟區」的邊界，到「一個海洋」，讓我們不僅發現和體會了從國際海洋治理到全球海洋治理的大轉化，而且也發現了兩者之間的差異，這些差異可能為大多數研究國際海洋治理或者全球海洋治理的人所不注意、忽略或者忽視。《公約》是一項「革命性的條約」，[24] 全球海洋治理更是一場根本性的大轉變（a great transformation）。

這主要是因為長期不斷增加的巨大的人類活動，所導致的累積起來的複合海洋問題。吳立新認為，「今天的全球海洋至少有三件事要注意：一個是增暖，第二是酸化，第三是缺氧。」[25] 而揚等研究「人類世」（the Anthropocene）的社會科學者認為，海洋進入了「人類世」。[26]

《經濟學人》集團是非國家的國際行為體，屬於非國家部門，卻從2012年起發起了「世界海洋峰會」（World Ocean Summit）。這一會議進程比聯合國《2030議程》的第十四項目標設定早了三年。該機構從事的海洋治理行動，不能認為是傳統的國際（國家政府之間）的海洋治理，而只能歸類到全球海洋治理範疇下。《經濟學人》發表的〈公海治理：在水深處〉[27]一文，在世界上影響很大。筆者認為，該文把公海裡的海洋問題寫得十分清

---

[23] "For several years, Greenpeace has been campaigning for a new Global Ocean Treaty to replace our broken system of global ocean governance. This would pave the way for 30% of our oceans being fully protected by 2030," See Green Peace, A Blueprint for Ocean Protection-How We Can Protect 30% of Our Oceans by 2030, https://www.greenpeace.org/static/planet4-international-stateless/2019/03/479c73c5-30x30_blueprint_report_exec_summary_web.pdf.

[24] Tommy Koh, The UN Convention On The Law Of The Sea: A Revolutionary Treaty, April 30, 2019, https://tembusu.nus.edu.sg/news/2019/the-un-convention-on-the-law-of-the-sea.

[25] 吳立新院士講得很透徹，今天的全球海洋至少要注意三件事，見〈從「深藍大腦」到「透明海洋」能給我們帶來什麼？〉，《搜狐網》，https://www.sohu.com/a/281823411_726570。

[26] Oran Young認為，星球進入了「複合性時代」（the age of complexity），人類活動對星球的改變是根本性的，是星球改變的主要原因，增加了社會性的生態系統的複合性，見Governing Complex Systems: Social Capital for the Anthropocene, Introduction, The MIT Press, 2017。有關「人類世」的說明，見人類世，百度百科。

[27] 見《經濟學人》發布於2014年2月22日的社論，http://www.economist.com/news/international/21596990-humans-are-damaging-high-seas-now-oceans-are-doing-harm-back-deep-water，陳冀俍譯。

楚。以下，從國際海洋治理和全球海洋治理之間的差異性的角度，引用該文幾段論述：

「海洋是『公地悲劇』的典型例子：個體使用者的過度使用導致共有資產退化，從而使個體使用者自身的長期利益受損。」

「有時候可以通過分配私有產權來保護公地，因為這樣可以讓使用者更加在意這塊區域的長期健康。這在沿岸國和島國的專屬經濟區得到了嘗試。但是這沒有在公海得到應用。根據國際法，公海的漁業是對所有人開放的，而礦產資源則屬於『人類共同繼承財產』。在這裡，國際規則和機構的大雜燴決定著這些公共水域的情況。」

「公海並不是毫無治理。幾乎所有國家都批准了《公約》。其為從軍事行動、領土爭議到航運、深海礦業和漁業活動制定了規則，雖然其僅僅在1994年才正式生效，但是其包含了幾世紀以來的海關法，其中包括海上自由，也就是說公海對所有人開放。公約花費了幾十年的談判，現在是神聖不可侵犯的。即使美國拒絕簽署此項公約，它也遵守其條款。」

「但是《公約》有嚴重的缺陷：它對於養護和環境的條款很弱。因為它是在1970年代談判的，在那個時代這樣的議題幾乎沒有獲得關注。而且它也沒有執行或懲罰的效力。美國的拒簽讓問題更加糟糕：雖然它自己的行為遵照海洋法公約，但是它很難去推動別的國家來效法它。」

「為了監督條約的一些部分一些專業的機構被建立起來。例如規制公海採礦的國際海底管理局。但是《公約》很大程度上還是依靠各成員國和現有的組織來進行監督和執行。結果就是『九龍治水』，高層遊說組織全球海洋委員會稱之為『有組織的災難』。」

「個別機構的工作開展得還不錯。規範全球航運的國際海事組織有一個註冊系統，商船和客輪在上面都有獨一的身分識別號碼。這導致這個行業在全球還算比較有序。同時它也對於另一個少見的成功故事居功至偉：船隻的常規和意外排放的標準。即便如此，德國智庫先進永續性研究所把它評為最不透明的國際組織。而且它一直是由內部人士主導的：貢獻和影響力都是以噸位來衡量的。」

「其他紙面上挺光鮮的機構實際上還沒有經歷過什麼考驗。管理海底的機構就是這樣一個例子。它擬定了比世界上任何國家的採礦規則都要與時俱進的深海礦業制度。這是有史以來第一次各國在開展活動前制定了規則，而不是像漁業那樣等問題發生再想辦法解決。」

「目前的問題是政治性而非規制性的：採礦業的收入應該如何分配？深海的礦產資源理應是『人類共同繼承財產』，這是否意味著人人都應該有一份？應該如何分享呢？」

「最大的失敗還是在漁業的管制上。過度捕撈給海洋帶來的傷害比其他所有的人類活動加在一起都大。理論上，公海的漁業是在一系列區域性的機構的管制下，其中一些是針對個別物種的，例如國際大西洋吞拿魚養護委員會（ICCAT有時也被戲稱為「全球撈光吞拿魚的大陰謀」）；有些則覆蓋特定的區域，例如東北大西洋或者南太平洋。他們決定一片海域哪些漁具可以使用，設置捕撈限額，作業船隻限額等等諸如此類。」

「根據2009年諾貝爾經濟學獎獲得者埃莉諾・奧斯特羅姆的理論，為了避免『公地悲劇』，需要給所有有權利使用的人在運營上有發言權，在有權利和無權利的人之間劃清界限，指定受使用者信任的監督者，並且使用直接的手段來解決衝突。而目前的情況時，公海的治理沒能滿足上述任何一個條件。」

「公海管理再怎麼改變對兩個最糟糕的問題也產生不了所用，這兩個問題的源頭都是陸地：海洋酸化和污染。即便如此，這也是目前最好的、可能也是僅有的希望來改善半個地球表面的處境。」

筆者研究了「國際體制（international system）的成敗」這一歷史和理論議題。[28] 以「國際體制成敗」論，如果我們把許通美對《公約》作為治理海洋問題的國際體制的成功，和上述《經濟學人》的文章等對《公約》作為國際體制存在失敗的情況兩者結合起來，現存的國際海洋治理，成敗得失需要我們建立起能夠被接受的方法論進行全面評估。全球海洋治理的成功也同

28　龐中英、馬偲雨，〈國際體制的成敗〉，《社會科學》，2022年第1期。

樣是不確定的,之所以要進行全球海洋治理,而不僅是開展國際海洋治理,不僅是因為現在海洋領域面對的全球問題形勢僅靠國際治理已經不足應對,而且國際海洋治理本身要靠全球海洋治理來支撐。《公約》確定的「人類共同繼承財產」和「海洋生態環境保護」等目標和價值的實現,要透過全球體制而不僅是國際體制。

五、結語

第一,國際海洋治理和全球海洋治理是不同的,在理論上和政策上區別國際海洋治理和全球海洋治理具有重要意義。國際治理就是依靠國際體制解決全球問題,這聽起來有點奇怪,但現實世界就是如此。這是現實世界的侷限甚至悖論,全球海洋治理也是克服國際海洋治理的侷限和悖論的方案。不過,從國際海洋治理到全球海洋治理的轉變,並不意味著國際海洋治理被全球海洋治理完全取代。只要民族國家組成的國際體系存在,如果要和平地、按照共同接受的國際規則和國際法來解決海洋問題,國際海洋治理就一直存在。不過,國際海洋治理和全球海洋治理之間的差異和衝突,並非一定是壞事。此種差異和衝突反而使全球社會認識到全球海洋治理終究是符合各國的根本利益的。

第二,主張和推進全球海洋治理是正確的方向。全球氣候變化治理和實現永續發展複合目標兩大全球任務表明,全球海洋治理具有必要性、迫切性、長期性。2022年聯合國紀念《公約》成立40週年的重要活動再次表明,目前全球治理的重要任務已經不是各民族國家依據《公約》分割、劃分有關的海洋區域,而是永續地利用海洋資源,保護作為「一個海洋」的「人類共同繼承財產」。

圖1-3-2 龐中英出席「第五屆中國—新加坡論壇」

說明：應中國人民外交學會的邀請，2010年9月16日至17日，龐中英參加了中國人民外交學會和新加坡國立大學東亞研究所聯合舉辦的「第五屆中國—新加坡論壇」。會議的地點在新加坡香格里拉飯店。中國人民外交學會會長楊文昌大使，新加坡巡迴大使、被讚譽為新加坡「最有聲望的外交家」、新加坡國際法中心主席許通美教授（Tommy Koh），新加坡著名歷史學家王賡武教授等分別主持了會議。時任新加坡國立大學東亞研究所所長鄭永年教授和中國負責東協事務的大使佟曉玲發言。17日下午，新加坡外交部部長楊榮文博士在新加坡外交部接見了中國人民外交學會代表團全體成員。圖為龐中英與許通美教授在會議休息時的留念式合影。

一、導言

在科技、經濟和社會上，儘管目前全球化遭遇到了重大的結構性障礙因素，主要是中美之間的「戰略競爭」，尤其是大國之間經濟關係的「脫鉤」，以及「後疫情」時代的到來，21世紀仍然將繼續是人類歷史上的一個真正的全球化時代。

全球金融危機、氣候變化、經濟社會不平等、公共健康危機等全球性危機，使我們已經全球化的世界，距離聯合國設定的永續發展目標更遠而不是更近了。聯合國在1990年代末在冷戰結束的條件下，設定了首個不叫永續發展的永續發展目標，即「千禧年發展目標」（MDGs）。該目標在2015年到期，而聯合國在2015年，即成立70週年時，宣布世界達成了千禧年發展目標，開始追求下一個15年的「永續發展目標」（SDGs），即《2030議程》。

在21世紀，全球危機能否全球治理？若是在克服全球危機上獲得成功，21世紀有可能成為第一個真正意義上的全球治理世紀。即在21世紀，全球問題，包括永續發展問題，得以在全球層面獲得解決。2015年是走向真正的全球治理的新起點。這一年，在聯合國主導下，除上述《2030議程》，各國達成了關於治理全球氣候變化的《巴黎協定》等空前的全球的國際協議。

但是，今天，如同100多年前的20世紀這個時候，全球治理本身也是全球危機的一部分，真正的全球治理危機也許才剛剛開始。21世紀第二個10年是第一次世界大戰爆發和結束百年的時刻，世界從全球挑戰的角度，深刻反思

＊　本文原載《學術前沿》（北京），2022年8月上。

一戰歷史和教訓的活動也很多。本文也提到，一戰結束後，參戰國舉行了巴黎和會，建立了預防戰爭再次爆發的國際聯盟（The League of Nations），並著手解決當時面對的世界性問題，但是，國際聯盟最終並未發揮作用，而是失敗了。從1920年代初到第二次世界大戰爆發的1930年代末，有的歷史學家叫做「二十年危機」。[1]今天，筆者注意到世界一些關鍵人物對於聯合國作為全球性主導國際組織的作用有著很不同的看法。俄羅斯總統普亭認為，「應該堅持國家的邊界，而非推崇國際組織和跨國公司的作用」，「在我們所處的世界中，單一國家或國家集團將更加獨立地進行活動，傳統的國際組織將失去其重要性。」[2]普亭的演說讓筆者想到前美國總統川普認為的「全球主義（讀作：全球化或者全球治理）威脅美國主權」論調。川普擔任美國總統的四年（2017-2021年），在聯大的致辭充斥了明確的對「全球主義」（globalism）的否定，認為「全球治理威脅美國主權」。[3]另一種看法是認為，「2008年的金融和經濟危機、2015年尋求避難的人都清楚地展現了我們有多麼依賴不侷限於國家疆域的國際合作，也展現了國際組織和多邊機構在戰勝這個年代諸如氣候變化數位化、移民和難民等重大挑戰之時有多麼不可替代。」[4]

　　從全球永續發展目標的設定和執行，聯合國的作用不是可有可無的，而是絕對不可缺少的。不過，在世界對聯合國等國際組織和他們代表與推動的全球治理充斥不同看法的情況下，《巴黎協定》和《2030議程》等全球性協議的執行前景令人擔憂。

　　本文的主要目的是深入理解和再認識全球治理中的永續發展治理，尤其

---

[1] 愛德華・卡爾著，秦亞青譯，《二十年危機1919-1939：國際關係研究導論》，初版於1964年，世界知識出版社，2005年。

[2] 見俄羅斯聯邦總統普亭2021年10月21日在瓦爾代國際辯論俱樂部全會上的演講。弗拉基米爾・普亭在瓦爾代辯論俱樂部第十七屆年會上的演講全文。

[3] 龐中英，〈「全球治理威脅主權」擁躉不少，WTO改革前景如何〉，《澎湃新聞》，2018年11月23日。

[4] 見德國總理默克爾在德國聯邦國防軍2021年12月2日於柏林為她隆重舉行的軍樂告別儀式上的演講，2021年12月2日。

是全球海洋永續發展治理的意義。

二、在永續發展概念誕生35年後，反思永續發展

　　必須指出，早在1980年代以前，世界上的永續發展思想、主張，以及實踐就呈現成長趨勢。羅馬俱樂部（Club of Rome）在1960年代至1970年代對全球問題的研究和對解決全球問題的建議，被公認為是先驅的大貢獻。羅馬俱樂部於1972年發表的第一個研究報告《成長的極限》（*The Limits to Growth*），[5]預言經濟成長不可能無限持續下去，因為石油等自然資源的供給是有限的。《成長的極限》等影響巨大，催生了永續發展的概念。

　　1980年代一開始，在諸多利好因素下，世界經濟迎來一次大繁榮。然而，全球性的資源和環境問題卻更加明顯。聯合國在1987年發表了世界環境與發展委員會（WCED）的報告《我們想要的未來》，簡稱《布蘭特倫報告》，這一報告引起巨大的全球反響。今天，一般認為，該報告標誌著聯合國首次接受和主張「永續發展」概念：「永續發展是這樣的發展，即滿足當代的人類需求卻並不以未來世代的人類需要為代價的發展。」[6]該報告直接導致了在冷戰剛結束的世界歷史條件下的聯合國，在1992年6月於巴西里約熱內盧（Rio de Janeiro）舉行首次地球高峰會（The Earth Summit）。地球高峰會是一大聯合國成就，開啓了聯合國氣候變化大會等一系列全球治理進程的大幕，包括對永續發展問題的全球治理。[7]2022年是首屆地球高峰會30週年的時刻。這就是本文為什麼首先提到《布蘭特倫報告》和首屆地球高峰會的理由。

　　布蘭特倫（Gro Harlem Brundtland），生於1939年的奧斯陸。自1981年

5　https://www.clubofrome.org/publication/the-limits-to-growth/.

6　Our Common Future: Report of the World Commission on Environment and Development (un.org).

7　Our Global Neighborhood Our Global Neighborhood Report of the Commission on Global Governance, Oxford University Press, 1995.

起到1996年，作爲挪威工黨領袖，三次出任挪威首相。由於《布倫特蘭報告》的成功，她在國際上被稱爲「永續發展之母」（Mother of Sustainable Development）。1998年至2003年，布倫特蘭任世界衛生組織（WHO）總幹事。

自《布蘭特倫報告》發表至今，35年過去了。在聯合國主導下，永續發展治理是主要的全球治理進程之一。但是，世界永續發展的總體形勢和前景存在重大不確定性，永續發展危機是當今世界主要的全球危機之一。

出生於1954年的美國世界著名經濟學家薩克斯（Jeffrey D. Sachs），在2020年出版的《全球化的七大世紀》（*The Ages of Globalization*）一書中，用了很多篇幅、在多處專門討論永續發展問題。他肯定了《布蘭特倫報告》首先提出永續發展概念的歷史貢獻。在「永續發展的挑戰」一節，薩克斯指出，之所以永續發展不但沒有根本解決問題，而且危機重重，是因爲持續惡化的全球性的不平等、環境危機以及和平的脆弱性。[8]他認爲，永續發展應該是「指導21世紀的全球化」即「全球化的數位時代」（the digital age of globalization）的首要原則。在21世紀，與以往的「全球化世紀」不一樣，不能僅追求財富，而要把繁榮經濟、降低不平等性、追求環境的永續性等結合起來。「經濟、社會和環境之間的三位一體」是底線。[9]

薩克斯說的「全球化的數位時代」對判斷我們所處的時代具有重要價值。《全球化的七大世紀》的第六章是關於1500年至1800年的「全球化的海洋時代」（the ocean age of globalization），即天然的海洋強國利用海洋從歐洲走向全球的時代。在這300多年的海洋紀元，「誕生了全球資本主義」。很明顯地，在那個海洋的全球化時代，不存在當代這樣的海洋永續發

---

8 薩克斯的前六個超長全球化時期分別是The Paleolithic Age（70,000-10,000 BCE）、The Neolithic Age（10,000-3000 BCE）、The Equestrian Age（3000-1000 BCE）、The Classical Age（1000 BCE-1500 CE）、The Ocean Age（1500-1800）以及The Industrial Age（1800-2000）。而進入21世紀以來的全球化時期他稱爲數位全球時期。數位全球化時期將持續多長，他當然也無法預見。Jeffrey D. Sachs, *The Ages of Globalization*, New York: Columbia University Press, 2020, pp. 326-329.

9 同注釋2，第347頁。

展問題，對於當時的殖民主義者和帝國主義者，以及他們在世界各地的後代子孫來說，海洋資源似乎是取之不竭用之不盡的。

薩克斯關於全球化的歷史分期和當代全球化是數位全球化的看法，對我們有很大啓發，在全球化的數位時代，永續發展的全球危機能否獲得根本緩解甚至解決？

在數位的全球化到來前，20世紀末，世界發生了發展的全球悖論，一方面是發展的空前大繁榮，另一方面是愈加明顯的舊式發展的不永續性。缺少永續發展性的發展行爲體，無論在世界上哪個地方或者哪個行業，實際上已經或者事實上缺乏生命力。《布蘭特倫報告》等於在「全球化的數位時代」或者「資訊時代」全面到來之前，宣布了傳統發展模式的不可持續性。

全球化的數位時代，包括數位經濟、數位國際關係，有可能產生解決不可持續的發展危機的全球治理方案。當然，也不一定，我們對此不能過分樂觀。21世紀有21世紀的問題，任何解決方案都是在解決問題的同時也在產生問題。聯合國《2030議程》誕生在數位時代，但針對的卻是數位時代前19世紀和20世紀累積起來的永續問題。其設定的目標如果能夠在2030年前大致實現，並開啓下一個15年的永續發展目標（後2030議程），則發展的不可持續性將在21世紀中葉獲得重大的全球治理，21世紀後半葉才有可能是第一個眞正的永續發展時代。

《2030議程》的海洋永續發展的概念也是源自《布蘭特倫報告》。該報告首先提到了海洋領域面對的永續發展挑戰，認爲比之其他部門，海洋領域在永續發展方面上的聲音本來就不大，呼籲海洋部門發出更大的永續發展聲音。1992年6月8日是事實上的第一個世界海洋日（World Oceans Day），且是直接來自《布蘭特倫報告》等的推動。

三、全球永續發展的目標設定和目標實現

在全球治理中，為特定的全球問題的解決而確立目標（goals），即目標設定（goal settings），廣泛被認為是一種有效的治理策略（治理路徑）。聯合國為主的全球治理進程，幾乎無一不是使用目標設定策略推進的。

來自美國的著名全球環境生態系統治理研究學者揚（Oran Young），以聯合國「永續發展目標」的形成和確立為例，專門研究了全球治理中的目標設定。[10]揚是國際學術界研究目標設定的代表學者之一。聯合國現任秘書長古特雷斯（António Guterres）指出：「2030年全球日程是我們的路線圖，其設定的目標和具體目標是到達目的地的工具」。[11]國內有學者把全球治理中的目標設定理解為一種「基於目標的全球治理」。[12]

今天我們在深刻反思《2030議程》時，有一些大問題需要未雨綢繆地提出來。例如：第一，關於《2030議程》的永續性，即調整《2030議程》和規劃「2030後」的發展議程，遭遇許多新情況，至少從中國和亞洲的角度，《2030議程》已經有調整或者修改的必要，但我們不清楚聯合國是否將在全球集體進行調整或修改。我們總是能聽到「2030後」，或者「後2030」（post-2030）之類的全球聲音，但我們不清楚聯合國何時開始這一全球談判。我們關心的是，新的「後2030議程」（The post-2030 Agenda）是否汲取了《2030議程》的經驗教訓？在雄心勃勃的同時，是否對未來的挑戰有足夠的預估？

第二，關於《2030議程》的貫徹落實。以下是《2030議程》的「執行

---

[10] 見Oran R. Young, *Governing Complex Systems: Social Capital for the Anthropocene*, Cambridge, MA: The MIT Press, 2017，第三部分，第五章「目標設定作為一種治理策略」（Goal-Setting as a Governance Strategy）。

[11] Remarks to Economic and Social Council Operational Activities for Development Segment | United Nations Secretary-General.

[12] 朱璇，〈可持續發展系列峰會對海洋治理的若干影響〉，《中國海洋大學學報》，2020年第4期，第64頁。

手段和全球夥伴關係」部分：

「第60條：我們再次堅定承諾全面執行這一新議程。我們認識到，如果不加強全球夥伴關係並恢復它的活力，如果沒有相對具有雄心的執行手段，就無法實現我們的宏大目標和具體目標。恢復全球夥伴關係的活力有助於讓國際社會深度參與，把各國政府、民間社會、私營部門、聯合國系統和其他參與者召集在一起，調動現有的一切資源，協助執行各項目標和具體目標。」

「第61條：本議程的目標和具體目標論及實現我們的共同遠大目標所需要的手段。上文提到的每個永續發展目標下的執行手段和目標十七，是實現議程的關鍵，與其他目標和具體目標同樣重要。我們在執行工作中和在監督進展的全球指標框架中，應同樣予以優先重視《議程》規定了方法或者路徑，實際上是路線圖。」

在其「後續落實和評估」部分：

「第72條：我們承諾將系統地落實和評估本議程今後十五年的執行情況。一個積極、自願、有效、普遍參與和透明的綜合後續落實和評估框架三十四將大大有助於執行工作，幫助各國最大限度地推動和追蹤本議程執行工作的進展，絕不讓任何一個人掉隊。」

「第73條：該框架在國家、區域和全球各個層面開展工作，推動我們對公民負責，協助開展有效的國際合作以實現本議程，促進交流最佳做法和相互學習。它調動各方共同應對挑戰，找出新問題和正在出現的問題。由於這是一個全球議程，各國之間的相互信任和理解非常重要。」

《2030議程》的路線圖或者實現方法沒有充分考慮到重大的不確定性。新冠疫情突發持續對聯合國永續發展進程構成了最嚴重影響，由於疫情的嚴重衝擊，現在看來，永續發展目標在從現在起到2030年的餘下時間，如期實現是困難的。

根據上述後續「評估」的要求，「永續發展高階政治論壇」（High-Level Political Forum on Sustainable Development, HLPF）於2021年7月6日至15日在紐約聯合國總部召開。聯合國負責經濟與社會事務的副秘書長

劉振民主持發布了《聯合國秘書長永續發展目標進展報告》。報告評估了《2030議程》涵蓋的17項永續發展目標的進展情況，結果顯示，實現永續發展目標的努力受到新冠疫情的不同程度衝擊，某些領域數年來的進步化為烏有。[13]而經濟及社會理事會2021年屆會高階部分和由理事會主持召開的2021年永續發展高階政治論壇部長宣言，其主題為「以永續、有復原力的方式從2019冠狀病毒病大流行中恢復，促進永續發展的經濟、社會和環境方面：在採取行動實現永續發展十年背景下為落實《2030議程》開闢一條包容、有效的途徑」。[14]

　　「永續發展目標」作為21世紀的國際規則或者國際規範「內化」（internalizing）進入一些國家的國內治理進程，這是當今全球治理為什麼叫做全球治理而不僅是國際治理的原因之一。全球治理總是充滿悖論的。說是全球治理，但因為聯合國不是世界政府，全球治理主要依靠成員國的「自願」或者自主（陳述和貢獻）。為了實現全球治理，聯合國希望或者要求成員國將永續發展目標充分「內化」到各成員的國內治理中。[15]但是，到底如何知道各成員是否真正內化了，即「合規」了這樣的全球規則？

　　不得不指出的是，僅有上述經社理事會的《評估》和聯合國秘書長的《進展報告》是完全不夠的。聯合國及其成員國需要全面評估《2030議程》在執行過程中遭遇的重大困難和結構性障礙，以便重新規劃即調整「路線圖」。我們相信，聯合國秘書處及其聯合國體系所屬專門國際組織，將在後疫情時代聚焦這件事情。

　　全球永續發展目標的實現的關鍵問題之一是融資。疫情爆發前的2019

---

[13]　〈聯合國報告，新冠疫情抹去十年全球發展成果〉，《澎湃國際，澎湃新聞》。

[14]　E/HLS/2021/1-C-E/HLS/2021/1-Desktop (undocs.org).

[15]　有關「內化」的文獻，可見，例如，David Tremblay, Sabine Gowsy, Olivier Riffon, Jean-François Boucher, Samuel Dubé, and Claude Villeneuve, "A Systemic Approach for Sustainability Implementation Planning at the Local Level by SDG Target Prioritization: The Case of Quebec City," *Sustainability*, 2021, 13 (5): 2520, https://doi.org/10.3390/su13052520；Å. Persson, N. Weitz, and M. Nilsson, "Follow-up and Review of the Sustainable Development Goals: Alignment vs. Internalization," *RECIEL*, 2016, 25: 59-68, https://doi.org/10.1111/reel.12150。

年9月底開始的第七十三屆聯合國大會，落實《2030議程》是其重點，具體來說是「為永續發展目標融資」（financing for the sustainable development goals）。永續發展融資是實現永續發展目標的關鍵環節，當時的聯合國大會主席埃斯皮諾薩（María Fernanda Espinosa）表示，聯合國大會將著重「對永續發展目標的實施進展進行評估」，以「建設一個更加平等和自由、更加永續、更加尊重自然、更加包容和相互扶持的世界」。[16]聯合國秘書處隨後發表了《秘書長永續發展議程融資的2019-2021路線圖》（*United Nations Secretary-General's Roadmap for Financing the 2030 Agenda for Sustainable Development 2019-2021*）。[17]

　　幾乎所有由聯合國發起的或者主導的全球計畫或者專案都面臨融資問題，尤其落實《巴黎協定》和《2030議程》的資金缺口巨大。

四、海洋領域的全球永續發展目標

　　「千禧年發展目標」沒有明確的海洋永續發展目標，只是在其環境目標中含糊地包括或者涉及海洋永續發展目標。《2030議程》則進了一大步，是聯合國首次設立與整個全球永續發展息息相關的海洋永續發展目標。第十四項永續發展目標叫做「保護和永續利用海洋和海洋資源」（Conserve and sustainably use the oceans, seas and marine resources for sustainable development）。為貫徹落實第十四項目標，聯合國設立了「海洋大會」（UN Ocean Conference）。首屆聯合國「海洋大會」於2017年6月初在美國紐約隆重舉行，就海洋污染、海洋生態保護、海水酸化、永續漁業、海洋科研能力等議題舉行了系列對話會。但是，第二屆聯合國海洋大會由於新冠疫情影響，從2020年推遲到2021年，又從2021年推遲到2022年6月底在葡萄牙首都

---

[16] 龐中英，〈最要緊的是發展的可持續性〉，《華夏時報》，2019年9月25日。

[17] UN-SG-Roadmap-Financing-the-SDGs-July-2019.pdf.

里斯本舉行，並由非洲國家肯亞協辦。

有必要完整引用第十四項目標和其10項具體目標：

《2030議程》的第十四項目標爲：「**保護和永續利用海洋和海洋資源以促進永續發展**。海洋驅動著多個全球系統，讓地球變得適宜人類居住。我們的雨水、飲用水、天氣、氣候、海岸線、多種糧食，甚至連空氣中供我們呼吸的氧氣，從本質上講都是由海洋提供和調控的。妥善管理這一重要的全球資源，對建設永續的未來至關重要。但是當前，沿海水域由於污染而持續惡化，海洋酸化對生態系統功能和生物多樣性造成不利影響。這對小型漁業也產生了負面影響。我們必須始終優先考慮拯救海洋。海洋生物多樣性對人類和地球的健康至關重要。海洋保護區需要進行有效管理並且配備充足資源，同時需要建立相關法律規定，以減少過度捕撈，減輕海洋污染和海洋酸化。」[18]

第十四項目標包括以下10項具體目標：

14.1 到2025年，預防和大幅減少各類海洋污染，特別是陸上活動造成的污染，包括海洋廢棄物污染和營養鹽污染。

14.2 到2020年，透過加強抵禦災害能力等方式，永續管理和保護海洋和沿海生態系統，以免產生重大負面影響，並採取行動幫助它們恢復原狀，使海洋保持健康，物產豐富。

14.3 透過在各層級加強科學合作等方式，減少和應對海洋酸化的影響。

14.4 到2020年，有效規範捕撈活動，終止過度捕撈、非法、未報告和無管制的捕撈活動以及破壞性捕撈做法，執行科學的管理計畫，以便在盡可能短的時間內，使魚群量至少恢復到其生態特徵

---

[18] United Nations General Assembly, Transforming Our World: The 2030 Agenda for Sustainable Development. Draft resolution referred to the United Nations summit for the adoption of the post 2015 development agenda by the General Assembly at its sixtyninth session. UN Doc. A/70/L.1 of 18 September 2015.

允許的能產生最高永續產量的水準。

14.5 到2020年，根據國內和國際法，並基於現有的最佳科學資料，保護至少10%的沿海和海洋區域。

14.6 到2020年，禁止某些助長過剩產能和過度捕撈的漁業補貼，取消助長非法、未報告和無管制捕撈活動的補貼，避免出臺新的這類補貼，同時承認給予開發中國家和未開發國家合理、有效的特殊和差別待遇，應是世界貿易組織漁業補貼談判的一個不可或缺的組成部分。

14.7 到2030年，增加小島嶼開發中國家和未開發國家透過永續利用海洋資源獲得的經濟收益，包括永續地管理漁業、水產養殖業和旅遊業。

14.A 根據政府間海洋學委員會《海洋技術轉讓標準和準則》，增加科學知識，培養研究能力和轉讓海洋技術，以便改善海洋的健康，增加海洋生物多樣性對開發中國家，特別是小島嶼開發中國家和未開發國家發展的貢獻。

14.B 向小規模個體漁民提供獲取海洋資源和市場准入機會。

14.C 按照《我們想要的未來》（*The Future We Want*）第158段所述，根據《聯合國海洋法公約》所規定的保護和永續利用海洋及其資源的國際法律框架，加強海洋和海洋資源的保護和永續利用。

〔來源：目標14：保護和永續利用海洋和海洋資源以促進永續發展——永續發展（un.org）〕

　　如同其他聯合國主導的全球治理進程（如氣候變化大會），在主權國家為主的國際體制（國際體系）中，聯合國永續發展目標的落實主要依靠各成員國。上述2021年聯合國經社理事會會議指出，聯合國已有42個成員國執

行自願的國家評估（VNRs），以評估他們落實《2030議程》的情況，[19]然42個成員國只占聯合國所有成員的五分之一。

中國分別在2016年發布了《中國落實2030年可持續發展議程國別方案》[20]、2021年發布了《中國落實2030年可持續發展議程進展報告》。[21]這些文件包括中國貫徹落實第十四項目標及其具體目標的方案和落實情況。

現在，考慮到變化了的重大情況，我們應該如何看待全球海洋永續發展目標及其具體目標和未來？

第一，永續發展是綜合性的或者系統性的。如同其他目標及其具體目標，第十四項目標及其具體目標存在著模糊性，即原初的目標設立存在問題。比之「千禧年發展目標」，海洋永續發展目標首次被提出，且與SDG的其他16個目標放到了一起，但海洋永續發展目標與其他發展目標之間的相互聯繫還是不夠清晰。海洋永續發展問題與其他問題高度相關，海洋領域的問題又加劇了其他領域的問題。由於世界人口多數居住在各國沿海，尤其是居住在各國沿海城市，SDGs第十一項目標「建設包容、安全、有抵禦災害能力和永續的城市和人類住區」與第十四項目標最為相關。聯合國在協調SDGs 17個目標之間的連動方面到底做得如何？

永續發展是海洋全球治理體系的主要內容之一。1982年通過、1994年生效的《聯合國海洋法公約》（UNCLOS，以下簡稱《公約》）是海洋永續發展的「根本大法」。[22]公海（深海）生物資源的發現，促使聯合國2018年在《公約》下根據公海是「人類共同繼承財產」的大原則（the principle of common heritages of mankind），正式啟動了「國家管轄以外區域海洋

---

[19] High-Level Political Forum 2021 (HLPF 2021): Sustainable Development Knowledge Platform (un.org).

[20] 中文本，P020210912807677470894.pdf。

[21] 中文本，P020211019126076276210.pdf。

[22] 包括中國在內，截止目前為止，共有186個聯合國成員參加了《公約》。《公約》被公認為海洋領域的「根本大法」（Constitution for the oceans），見https://sustainabledevelopment.un.org/topics/oceans/UNCLOS#:~:text=United%20Nations%20Convention%20on%20the%20Law%20of%20the,must%20be%20carried%20out.%20It%20established%20three%20institutions%3A。

生物多樣性（BBNJ）的養護和永續利用」問題的國際談判，以在未來設立一個新的條約來治理公海生物多樣性的保護和利用。[23]目前，BBNJ深受全球矚目，一旦達成協議，新的協議都將成為《公約》在21世紀承前啟後的重大進展。但是，很顯然地，BBNJ的談判進程註定將是長期而複雜的。而《2030議程》規定了在政府間國際組織層面，聯合國和聯合國體系包括的各大國際組織在落實《2030議程》中不可缺少的作用。從2015年以來，各大國際組織不斷推進第十四項目標及其10個具體目標的貫徹落實。例如，世界貿易組織（WTO）談判建立全球多邊統一的漁業補貼規則，以規範世界各國海洋捕撈行為。再如，2017年第七十二屆聯合國大會通過決議，宣布2021年至2030年為「海洋科學促進永續發展十年」，並授權聯合國教科文組織政府間海洋學委員會牽頭制定實施計畫。再如，糧農組織（FAO）努力地保持漁業和海洋生物種群永續發展，包括制定國際責任行為守則，來阻止非法捕魚和諸如「運轉」等非法行為。

　　第二，原有永續發展目標定得太低。低的目標，其全球意義也低，因為全球，尤其海洋，是一個系統，即「全球只有一個海洋」（the one ocean）。第十四項目標規定保護10%的全球海洋。在《2030議程》通過六年多的今天，國際社會有不少行動者（各國和非政府組織）要求在2030年保護30%的海洋（即「3030目標」）。有的國家顯然接受不了「3030目標」，各國之間在全球海洋保護上的目標發生了重大差異。目前，國際社會關於「3030目標」的爭論激烈。有的國家在2021年10月於昆明舉行的聯合國《生物多樣性公約》第十五次締約方大會（CBD COP 15）上呼籲達成30%的海洋保護。法國總統在COP 15上的演說認為，「保護區是生物多樣性保護的基石之一，所以我希望本次締約方大會使我們能夠就保護30%的陸地和海洋區域的這一共同目標達成一致」，宣布為「加強保護人類共同資產——海洋的迫切性」，在聯合國建議下，法國決定在2022年初主辦

23　許通美，〈聯合國海洋法公約：一項革命性條約〉，《聯合早報》，2019年5月13日。

「世界只有一個海洋」峰會。[24]綠色和平組織等全球著名的非政府組織，主張談判全球海洋公約（Global Ocean Treaty），以儘早保護全球至少30%的海洋。[25]爲了達成全球海洋保護的新目標，需要國際社會在共同的聯合國體制下的大妥協。若各方大體一致，聯合國可以在《公約》和《2030議程》第十四項目標之下展開關於3030問題的磋商和談判，而「後2030」發展議程，不管是否爲30%，完全可以擴大海洋保護區（MPA）的體積。

第三，星球，包括海洋，是深受人類活動影響的複合系統（complex systems）。美國著名全球環境治理專家揚認爲，《2030議程》對「人類世」考慮不夠，[26]「人類世」的概念仍然充滿學術上的爭議。但是，作爲「新的地質時代」（a new geological epoch），[27]「人類世」概念將爲未來的永續發展提供更加堅實的正當性（legitimacy）。

五、G20與全球永續發展治理

G20是國際體系回應21世紀的全球金融危機的產物。在研究全球永續發展目標的貫徹落實時，本文發現了G20在全球永續發展治理體系中的中心作用。這不僅是因爲G20從一開始就強調永續發展，而且是因爲G20在2009年就宣稱自己是「國際經濟合作的首要論壇」，並一直堅持這樣的自我定位，獲得了愈來愈大的國際正當性。[28]G20的這一中心性，也被稱爲「G20

---

[24] 見法國總統在聯合國《生物多樣性公約》第十五次締約方大會開幕式上致辭，2021年10月13日，昆明。

[25] 見https://www.greenpeace.org/international/publication/21604/30x30-a-blueprint-for-ocean-protection/。

[26] Oran Young, p. 138.

[27] Dahlia Simangan, "Where is the Anthropocene? IR in a New Geological Epoch," *International Affairs*, January 2020, 96 (1): 211-224, https://doi.org/10.1093/ia/iiz248.

[28] G20在2009年於美國匹茲堡舉行的峰會上達成了一致，定義了G20在全球治理中的作用爲「國際經濟合作的首要論壇」。這一定位儘管是G20自封的，但是，確立了G20這樣的全球進程存在的意義。見《匹茲堡峰會宣言》。G20 Leaders Statement: The Pittsburgh Summit。

治理」（G20 Governance）。不過，截至目前為止，G20尚未使用中心性（G20 centrality）這個概念。本文的一個重大政策建議是，國際社會在未來要確立全球治理的G20中心性。

事實上的G20中心性已經確立起來了。世界上經濟規模最大的二十大經濟體（包括歐盟）在永續發展問題上達成共識，是全球永續發展目標實現的最重要部分，會帶動其他國家和國家集團實現永續發展目標。

2015年以來，G20歷年峰會《宣言》均強調了落實《2030議程》的重要性。[29]不過，G20與《2030議程》之間的聯繫仍然需要加強。

2019年日本輪值G20，提出了「海洋倡議」，[30]並發表了以治理海洋塑膠污染為主要目標的《大阪藍色願景》（*Osaka Blue Ocean Vision*）。這是G20進程首次專門就海洋永續發展問題和海洋治理問題發表的又一份集體文件，目標是簽署《全球塑膠公約》（*Global Plastics Agreement*），在2050年前，「使全人類丟棄到海洋的塑膠垃圾數量將降低到零」。不過，2021年4月13日，日本政府卻通過向海洋排放仍然帶有放射性的核廢水的決定，構成對全球海洋永續發展的一大挑戰。日本福島核電廠事件在2011發生後，在過去10年已經對日本本身和太平洋地區其他國家，尤其是相鄰的中韓等，以及全球的海洋永續發展產生消極的長遠影響。日本在海洋永續發展問題上的言行是否一致成為問題，國際社會如何克服諸如放射性核廢水排入大海大洋的永續發展全球挑戰呢？

2021年4月7日，2021年G20輪值主席義大利主持召開G20財長與央行行長視訊會議，討論全球經濟形勢，會議肯定了永續金融對實現綠色發展的重要作用，同意將G20永續金融研究小組升級為工作組，通過了永續金融工作計畫，即制定G20永續金融的總體路線圖，並在重點推動加強資訊揭露、完善永續投資的識別，並促進國際金融機構支持應對氣候變化。[31]

29　歷年G20領導人《宣言》，見多倫多大學G20中心，G20 Information Centre。

30　Japan's "MARINE Initiative" toward Realization of the Osaka Blue Ocean Vision | Ministry of Foreign Affairs of Japan.

31　〈人民銀行行長易綱線上出席二十國集團財長和央行行長會議〉，《人民銀行_新浪財經_新浪網》。

　　從2022年起連續三年，G20將由開發中大國印尼、印度和巴西輪值。由於開發中國家在《2030議程》的制定中是中流砥柱的全球力量，開發中大國相繼輪值G20有助於在G20進程中強調永續發展。[32]

六、中國與全球海洋永續發展治理

　　中國是世界上最大的開發中國家，是世界最大的新興經濟體，更是全球海洋大國。中國高度重視聯合國主導的全球永續發展進程，如同「千禧年發展目標」，2030年永續發展目標及其具體目標也在逐步「內化」到中國的國家永續發展日程中，這包括聯合國海洋永續發展目標「內化」到中國的國內海洋永續發展目標中。

　　中國在2015年加入聯合國《2030議程》，此後，陸續發起建立亞投行（AIIB）和「一帶一路」倡議（BRI）。這些中國的國際行動並非「另起爐灶」，而是在聯合國為中心的框架下進行的。中國認為，「一帶一路」與《2030議程》高度契合。[33]中國領導人多次重申，「一帶一路」「不是另起爐灶，推倒重來」。

　　2017年6月，在首屆聯合國海洋（永續發展）大會上，中國政府正式提出「構建藍色夥伴關係」的倡議，提出與聯合國和聯合國體系等國際組織合作，應對全球海洋面臨的挑戰。[34]

　　2021年10月12日，中國輪值的聯合國《生物多樣性公約》第十五次締約方大會（COP 15）領導人峰會在中國昆明舉行。習近平在COP 15上的演說主旨為，「強調秉持生態文明理念，共同構建地球生命共同體，開啓人類

---

[32] 龐中英，〈G20羅馬峰會及其之後〉，中共中央對外聯絡部《當代世界》，2021年第12期。

[33] 羅照輝，「一帶一路」與聯合國2030年可持續發展議程高度契合。

[34] 朱璘、賈宇，〈全球海洋治理背景下對藍色夥伴關係的思考〉，《太平洋學報》，2019年第1期，第50-59頁。

高質量發展新征程」。[35]

　　中國的又一個重大全球行動是在疫情仍然肆虐全球之際，於2021年聯合國大會上正式提出「全球發展倡議」。該倡議與《2030議程》的原則和目標是全面一致的。2021年9月21日，國家主席習近平在北京以視訊方式出席第七十六屆聯合國大會一般性辯論並發表重要演講。習近平要求，「共同推動全球發展邁向平衡協調包容新階段」，「加快落實聯合國2030年永續發展議程」。[36]

　　2021年10月22日，在中華人民共和國恢復在聯合國的合法席位50週年（1971年10月25日）前夕，外交部發布《中國聯合國合作立場文件》：「習近平主席在第七十六屆聯大一般性辯論期間提出全球發展倡議，推動國際社會加快落實2030年永續發展議程，實現更加強勁、綠色、健康的全球發展。倡議秉持以人民為中心的核心理念，將增進人民福祉、實現人的全面發展作為出發點和落腳點，把各國人民對美好生活的嚮往作為努力目標，緊緊抓住發展這個解決一切問題的總鑰匙，全力破解發展難題、創造更多發展機遇，努力實現不讓任何一國、任何一人掉隊的目標。倡議遵循務實合作的行動指南，把握全球發展脈搏和迫切需求，把減貧、糧食安全、抗疫和疫苗、發展籌資、氣候變化和綠色發展、工業化、數位經濟、互聯互通等作為重點合作領域，提出合作設想和方案，將發展共識轉化為務實行動。全球發展倡議是中國為國際社會提供的重要公共產品和合作平臺。」

　　這一立場文件指出：「中國將繼續做全球發展的貢獻者。中國將與各國一道，推動落實全球發展倡議，堅持發展優先，堅持以人民為中心，堅持普惠包容，堅持創新驅動，堅持人與自然和諧共生，堅持行動導向，推動多邊發展合作協同增效，構建全球發展命運共同體。中國將繼續在南南合作框架內，積極為其他開發中國家落實2030年永續發展議程提供力所能及的幫助。」「中國將繼續推進共建『一帶一路』同2030年永續發展議程有效對

35　http://www.gov.cn/xinwen/2021-10/12/content_5642065.htm.

36　習近平在第七十六屆聯合國大會一般性辯論上的演講（全文），中華人民共和國外交部。

接、協同增效，並結合抗疫、減貧、發展合作、氣候變化等重點工作，探討
共建健康絲綢之路、綠色絲綢之路、數位絲綢之路、創新絲綢之路，同各方
一道實現合作共贏的美好未來。」[37]

從這裡可以看出，中國努力推動聯合國永續發展目標在新的全球形勢下
的改革、創新、落實。

中國國家主席習近平在2019年4月23日於青島中國人民解放軍海軍成立
70週年儀式上，正式提出「海洋命運共同體」原則。這裡值得提出的一個
重要研究任務是，「海洋命運共同體」作為新的國際規範能否「外化」進入
全球海洋永續發展目標？這是未來聯合國主導的全球海洋永續發展治理應該
面對的一個學術課題。

本文認為，「海洋命運共同體」是中國在21世紀提出的一個治理海洋
問題的策略、路徑。不過，這個策略和路徑要轉變為全球海洋治理的策略和
路徑，需要很多條件和過程。其中之一是，中國要在聯合國永續發展目標的
實現進程中強調「海洋命運共同體」原則、規範、規則。

首先，中國要在主權管轄海洋內的永續發展中全面貫徹「海洋命運共同
體」原則，然後在公海領域追求實踐「海洋命運共同體」原則，以「海洋命
運共同體」指導《2030議程》在中國和世界的落實，塑造新的全球海洋永
續發展進程。

七、結語

永續發展目標是21世紀的全球的國際協議，是全球的國際規範。當今
世界，《2030議程》已經成為其他國際協議引用的國際法。例如，2020年
6月12日由新加坡、智利和紐西蘭三國線上簽署的《數位經濟夥伴關係協
定》（*Digital Economy Partnership Agreement*, DEPA），在其序言「提到

---

[37] 中國聯合國合作立場文件（全文），《新華網》。

《2030議程》，尤其是第八項和第九項目標」。[38]2021年10月30日，在G20羅馬峰會上，習近平主席宣布中國決定申請加入DEPA，體現了中國透過《數位經濟夥伴關係協定》等平臺推進全球永續發展目標的落實。如今，在新冠疫情爆發三年後的今天，在國內和國際上，中國在全球永續發展治理中的作用更加重要。永續發展目標的永續性、進步與世界最大的20個經濟體的集體行動的成功與否息息相關。聯合國及其所有成員國要同舟共濟，克服重大的全球不確定性，如期落實永續發展目標。不僅如此，聯合國及其成員國和有關國際組織，應該早日系統性地考慮下一代全球永續發展目標。

中國發起的「一帶一路」等「全球發展倡議」，與聯合國《2030議程》的繼續全面對接是十分關鍵的。

聯合國海洋全球永續發展第十四項目標及其具體目標如期在2030年實現並不容易，聯合國及其成員將面對新的困難、不確定性，而第十四項目標亦需要改進或者調整。若世界形成並追求下一代全球海洋永續發展目標，更大範圍的世界海洋將獲得保護。

---

[38] https://www.mfat.govt.nz/assets/Trade-agreements/DEPA/DEPA-Signing-Text-11-June-2020-GMT-v3.pdf.

第五章 中國的「海洋強國」對全球海洋治理、世界海洋和平意味著什麼？*

一、導言：透過國際協奏來治理海洋領域的現在和潛在國際衝突

就概念或者術語而言，今天我們稱呼的全球治理（global governance）在冷戰終結時才出現。[1] 不過，當代全球治理起源自19世紀的歐洲。19世紀的歐洲已經具有當代全球治理的最為實質的內容和形式。筆者將拿破崙被打敗到第一次世界大戰爆發為止的整整100年（1815-1914年）稱為全球治理之前的時期，並為之起了一個術語叫做「前全球治理」（pre-global governance）。在以歐洲為中心的世界史、全球史、外交史或者國際史上，這100年有一個著名的名字——「百年和平」（Hundred Years' Peace）。正是在「百年和平」這一時期誕生了今天的全球治理的最重要形式——國際會議進程（包括政府首腦舉行的多邊峰會）。在歐洲，國際會議進程曾叫做「強國之間的協奏」（concert of powers），即「歐洲協奏」（European Concerts or Concert of Europe）。[2] 為什麼會有「百年和平」？是因為有強國之間的協奏。也就是說，強國之間的協奏就是治理，列強透過協奏解決了歐洲國家之間的戰爭與

---

* 本文原載《中國海洋大學學報》（青島），2020年第5期頭條。

1 著名的「全球治理委員會」（www.britannica.com/topic/Commission-on-Global-Governance）成立於1992年，隨後該委員會出版其轟動一時的《天涯成比鄰》（*Global Governance: Our Global Neighborhood*, The Report of the Commission on Global Governance, Oxford University Press, 1995）。

2 國內長期把「國際協奏」叫做「大國協調」。這是一種錯誤的，或者至少說是不準確的解讀。不過，有一些人把「concert of powers」翻譯為「大國協同」，這是最接近「大國協奏」的，但「協同」還是沒有「和平」的直接表達。「歐洲協奏」當然是當時的歐洲大國（強國）主導，但是，參與「協奏」的其他國家，也十分重要。尊重歷史事實，不宜把「協奏」只理解為「大國協奏」。

和平問題，產生了許多歐洲思想家希望的、構思的「持久和平」。[3]歐洲協奏被認爲是全球治理的19世紀起源。[4]

本文強烈主張的觀點是，在我們思考和研究世界和平的時候，治理（governance or the governing）比起其他變得十分關鍵和有意義。冷戰結束後世界社會科學的最重要成果之一是對治理的各種研究，認爲治理與傳統的統治或者政府不同。和平與治理之間的關係是一個極其重要的命題，認爲治理不涉及或者很少涉及和平問題，是一個嚴重的誤解，或者嚴重的忽視。無論在哪個層次，不管是國內還是國際，和平是治理的結果，沒有治理，就沒有和平。

在第一次世界大戰爆發的第一百年，即2014年，和第一次世界大戰「終戰」（The Armistice）的第一百年，即2018年，歐洲都有重要的紀念活動，包括外交活動和學術活動。其中，有些對一戰的反思是深刻的和建設性的。一戰的爆發是因爲「歐洲協奏」的逐漸失效到了大崩潰的地步，這爲今天的全球治理（對大國之間衝突的治理）提供了最重要的一個歷史經驗。

1919年標誌著作爲學科的國際關係（international relations）在歐洲誕生，到2019年，國際關係學科誕生正好滿100年。在寫這篇論文時，筆者認爲，國際關係學科之所以在1919年誕生，首先是因爲學者和大學對「國際協奏」的研究。百年來，「國際協奏」等是歷史、政治、經濟、國際關係、外交、國際法等社會科學領域不衰的話題，吸引著一代又一代的研究者，對「國際協奏」的獨鍾已成歐洲國際關係學界的長久傳統，也是歐洲的歷史研究、國際關係研究仍然可以向21世紀的全球和平提供的一個值得驕傲的解決方案。波蘭尼（Karl Polanyi）的偉大著作《大轉型：我們時代（指近代以來到第二次世界大戰期間的西歐）的政治與經濟起源》的第一章之題目是「百年和平」。德國法蘭克福和平研究所原所長、法蘭克福大學國際關

3　康德（Immanuel Kant）在1795年發表了《論永久和平》（*Perpetual Peace*）。

4　Jennifer Mitzen, *Power in Concert: The Nineteenth-Century Origins of Global Governance*, University of Chicago Press, 2015.

係教授米勒（Harald Müller）率領的研究團隊，試圖發現「大國多邊主義」的21世紀價值——在全球層次上的協奏。他主持的《21世紀的大國協奏：大國之間的多邊主義和預防戰爭》研究專案，在2011年入列由歐洲三大著名的私人基金會[5]在2009年發起的「歐洲和全球挑戰」（Europe and Global Challenges）研究計畫，成為「歐洲和全球挑戰」十大國際研究專案之一，並於2015年成功結束研究，其公共政策報告發表於2014年，其學術論文集在2018年出版。[6]受米勒之邀請，筆者作為主要研究員之一參加了這一國際協作研究。美國學術界也重視「國際協奏」研究，蘭德公司的一份由歐洲青年學者拉斯寇萊特（Kyle Lascurettes）完成的研究報告也在討論上述法蘭克福和平研究所專案相同的主題。[7]這些關於「國際協奏」的當下研究說明，為了治理當代世界和平面對的挑戰，「國際協奏」的重要性再次受到重視。

　　亞洲不同於歐洲，但是，亞洲也有不少關於國際協奏的學術討論。不過，這些討論多數都打上了東南亞或者東協的烙印。[8]也許這是因為冷戰結束後，在缺少全地區多邊安全安排卻有著豐富的區域多邊安排的亞太地區，東協這一次區域的地區治理在亞太地區的衝突治理上發揮了「中心」的作用。[9]東協一直聲稱其在地區合作，尤其是在東協與其「對話夥伴國」之間的合作中具有「中心性」（ASEAN's centrality），即東協處在「駕駛員的位置」（ASEAN in a driving seat）。

---

[5]　他們分別是德國的Volkswagen Foundation、義大利的Compagnia di San Paolo和瑞典的Riksbankens Jubileumsfond。

[6]　The 21st Century Concert Study Group, *A Twenty-First Century Concert of Powers-Promoting Great Power Multilateralism for the Post-Transatlantic Era*, Peace Research Institute Frankfurt, Frankfurt/M., 2014; Harald Müller and Carsten Rauch (eds.), *Great Power Multilateralism and the Prevention of War*, Debating a 21st Century Concert of Powers, Abingdon: Routledge, 2018.

[7]　Kyle Lascurettes, *The Concert of Europe and Great-Power Governance Today: What Can the Order of 19th-Century Europe Teach Policymakers About International Order in the 21st Century?* Santa Monica, CA: RAND Corporation, 2017, https://www.rand.org/pubs/perspectives/PE226.html. Also available in print form.

[8]　Amitav Acharya, "A Concert of Asia?" *Survival*, 1999, 41 (3): 84-101, doi: 10.1080/00396339912331342933.

[9]　Baogang He, "Symposium: Power Shif: A Concert of Powers and Hybrid Regionalism in Asia," *Australian Journal of Political Science*, 2012, 47 (4): 677-690, doi: 10.1080/10361146.2012.732208.

二、海洋治理與海洋和平

　　在國際上，海洋治理有兩個層次，一個是全球層次，一個是地區層次。在全球層次，海洋治理是由聯合國主導的。1958年2月24日至4月27日，聯合國在日內瓦召開第一次海洋法會議。1960年聯合國繼續召開第二次海洋法會議。「1973年聯合國在紐約再度召開會議，預備提出一全新條約以涵蓋早前的幾項公約。1982年斷續而漫長的會議，終於以各國代表達成共識，決議出一本整合性的海洋法公約。公約在1993年11月16日蓋亞那作為第60個國家批准了《聯合國海洋法公約》後，於1994年11月16日正式生效。該公約對有關『群島』定義、專屬經濟區、大陸架、海床資源歸屬、海洋科研以及爭端仲裁等都做了規定。」[10]

　　儘管各成員國各有其保留，與其他聯合國主導的全球治理一樣，面對著改革的任務，但是，《聯合國海洋法公約》（UNCLOS，以下簡稱《公約》）仍然是全球海洋治理的「根本大法」。[11]在維持世界海洋和平中，《公約》的作用仍然是中心的。1980年至1982年期間擔任第三屆聯合國海洋法會議主席的新加坡許通美（Tommy Koh）認為，《公約》「從三方面促進海洋和平。首先，為海洋建立一個全新、公平與公正的國際秩序；第二，提倡法治；第三，鼓勵以和平方式解決糾紛。公約一個獨特的地方是，解決紛爭是強制性的，沒有選擇的餘地。也就是說，一個國家不能選擇不參與公約的解決爭端機制」。許通美認為，如下一些行為威脅海洋和平：第一，海盜和其他針對航運的國際犯罪行為；第二，歪曲解讀和不當使用《公約》；第三，不遵守《公約》的強制性爭端解決機制，訴諸武力或單方面行動來達到目的；第四，非法、未報告和不受管制的捕魚（IUU）。[12]

10　維基百科，https://zh.wikipedia.org/wiki/%E8%81%AF%E5%90%88%E5%9C%8B%E6%B5%B7%E6%B4%8B%E6%B3%95%E5%85%AC%E7%B4%84。

11　Tommy Koh, *A Constitution of the Oceans*, https://www.un.org/Depts/los/convention_agreements/texts/koh_english.pdf.

12　許通美，〈維持海洋和平〉，《聯合早報》言論版，2017年5月15日，或者Tommy Koh, "Peace

　　海洋是人類（無論處在哪個國家或者地區）經濟和社會發展的大自然基礎之一，但是，利用海洋而獲得的人類發展（海洋發展）如果以過度的海洋自然生態爲代價，這樣的「海洋發展」遲早是不可持續的。海洋與永續發展（sustainable development）之間的關係一直是聯合國以及聯合國體系高度重視的全球議題。聯合國發展系統確定的和聯合國大會2015年通過的《2030年永續發展議程》的第十四項目標（Goal 14）是「保護和永續利用海洋和海洋資源」。[13]2017年6月，爲落實永續發展的第十四項目標，聯合國舉行了首次海洋大會，就海洋污染、海洋生態保護、海水酸化、永續漁業、海洋科研能力等議題舉行了系列對話會，與會各方促成了一系列成果性條約，各國也紛紛爲扭轉海洋衰退的趨勢做出了自願承諾，並通過了一項「行動呼籲」。[14]聯合國於2020年6月在歐盟國家葡萄牙首都里斯本舉行第二次海洋大會，進一步推進永續發展第十四項目標的落實，[15]並宣布「聯合國海洋科學促進永續發展十年（2021-2030）專案」。[16]

　　在地區層次，有的海洋治理是有很大進展的，而有的海洋治理則尙任重道遠，這裡指的是北極地區（北冰洋地區）和南中國海兩大海洋地區的治理。我們知道，「北極治理」（Arctic governance）受到北極地區和全球的關注，取得了相當的進展，至少保證了北極地區的和平。目前，「加強北極治理」的主張仍然持續。[17]在多邊體制上，「北極治理」主要由北極理事會（Arctic Council）代表。截至目前爲止，世界上已有13個北極「域外」國家主要以「北極治理」的名義參加了北極理事會。愈來愈多的「非北極國家」（Non-Arctic States）參加北極理事會，顯示北極治理是全球治理的一

---

at Sea," *Singapore: Straits Times*, June 3, 2016.

[13] https://www.un.org/sustainabledevelopment/zh/development-agenda/.

[14] https://www.un.org/development/desa/zh/news/sustainable/ocean-conference-concludes.html.

[15] https://oceanconference.un.org/.

[16] https://zh.unesco.org/events/zou-xiang-wo-men-xu-yao-hai-yang-hai-yang-shi-nian-mai-xiang-li-si-ben-2020.

[17] 如世界經濟論壇（WEF）的主張，https://www.weforum.org/agenda/2018/10/why-we-need-stronger-arctic-governance/。

個更加重要的獨特領域。有學者認爲可以把北極理事會的模式引入南中國海治理。從世界海洋和平的角度看，這一南海治理意見具有建設性。高之國認爲，東南亞國家聯盟等現存的地區機制「存在明顯缺陷，缺乏實質性合作與正式有效機制。中國南海與北極存在很多相似，可借鑑北極理事會的模式與經驗，建立南海合作理事會，如非洲地區、加勒比海區以及歐洲區域的法庭。爭端解決機制在全球取得了很大進步，而東亞地區尚有很大發展空間。」[18] 查道炯認爲，「我們應該把態勢引回到進一步推動在劃界爭議的前提下的海域和空域的安全使用合作。再把北極理事會這種模式移植到東海和南海。北極理事會是由加拿大、丹麥、芬蘭、冰島、挪威、瑞典、俄羅斯和美國等八個北極沿岸國組成的政府間論壇。亞洲的中國、日本、韓國、新加坡、南亞的印度，還有歐洲的義大利是正式的觀察員國。中方應宣導成立一個南海、東海理事會，不排除美國在東海和南海發揮作用，但它的資格和地位不是他們自身決定的。就像中國參與北極的治理一樣，離得遠中國就是觀察員，不是正式成員，我們的權益就要受到一些限制。」[19]

三、「修昔底德陷阱」等討論的21世紀海洋領域大國之間的衝突

這些年來，美國學術界（包括智庫）密集討論是否繼續40年來（1979年1月1日，美利堅合眾國與中華人民共和國建交）與中國的合作（engagement with China），且認爲與中國的合作失敗論調甚囂塵上。[20] 未來的中美

18　「法治與改革」國際高端論壇（2018年）第五單元第一會場主題發言，浙江大學法學院，http://www.ghls.zju.edu.cn/ghlscn/2018/1113/c13708a1142801/page.htm。

19　查道炯，《亞洲海洋秩序與中美關係》，http://www.ccg.org.cn/Expert/View.aspx?Id=9302。

20　在這方面，較早的一篇報告是：Robert D. Blackwill and Ashley Tellis, "Revising U.S. Grand Strategy Toward China," *Council on Foreign Relations Press*, March 2015；在媒體方面，John Pomfret, "Engagement with China is Failing. Time for 'Constructive' Vigilance," *Washington Post*, November 28, 2018。

關係向何處去？在當前的中美關係惡化中，美國不少重量級學者提出和討論與中國的戰爭這一可能，當然，此前美國就不乏與中國之間的戰爭的論述。

　　在與中國的戰爭的討論中，無疑，艾利森（Graham Allison）的「修昔底德陷阱」是最重要的一個中美衝突範式：「中美將走向戰爭嗎？」[21]在研究和回答他的「修昔底德陷阱」之問中，艾利森提到英國歷史上的德國問題專家克羅維（Eyre Crowe）和仍然健在的美國的基辛格（Henry Kissinger）關於「政治霸權和海權興起」（political hegemony and maritime ascendancy）對大國衝突意味著什麼。[22]

　　而蘭德公司的一份研究報告《與中國開戰：不可思議之議》（蘭德公司自己的中文標題，非筆者的翻譯）認為，「美方應做好與中方打一場長期高強度戰爭的準備」「分析了中美之間爆發戰爭的可選路徑，雙方遭受的損失和其他影響，美方應採取的預備措施，以及美國在戰爭目的與代價問題上的平衡策略」。該報告並認為，一旦中美爆發戰爭，「西太平洋大部分地區會淪為『戰區』」「從黃海到中國南海的西太平洋大部分地區，對海上和空中商業運輸來說將變成危險地帶」。[23]

　　中國在2013年提出和推行「一帶一路」（需要指出的是，一開始中國把「一帶一路」英文翻譯為OBOR，後來中國又改為BRI，這一改變是一個重要的改進，意義非常重要。與此同時，人們要問，為什麼中國把OBOR改為BRI？這不僅是字面的調整，也並非是因為後者強調「一帶一路」的「國際倡議」性質，而是為了不要引起世界誤解「一帶一路」的和平發展「初心」）。在中國「一帶一路」倡議之前，是美國歐巴馬政府持續的「轉

---

[21] Graham Allison, *Destined for War: Can America and China Escape Thucydides's Trap?* Houghton Mifflin Harcourt, 2017.

[22] Graham Allison, "The Thucydides Trap: Are the U.S. and China Headed for War?" *The Atlantic*, September 24, 2015.

[23] David C. Gompert, Astrid Stuth Cevallos, and Cristina L. Garafola, *War with China: Thinking Through the Unthinkable*, Santa Monica, CA: RAND Corporation, 2016, https://www.rand.org/pubs/research_reports/RR1140.html.該報告的官方中文摘要見：https://www.rand.org/pubs/research_reports/RR1140.html。

向亞洲」（Pivot to Asia）。歐巴馬正式宣布「轉向亞洲」是在2011年11月於夏威夷首府檀香山舉行的APEC峰會。[24]「轉向亞洲」引發中國的「西進」，[25]而「西進」正是「一帶一路」的前奏、前置或者起源。而川普政府在2017年1月上臺後，取代「轉向亞洲」的歐巴馬政策難以倖免，卻由「印太」（The Indo-Pacific）戰略填補。有意思的是，口口聲聲不同於歐巴馬的川普，也選擇於2017年在越南舉行的APEC峰會上宣布其「印太」戰略。[26]「印太」戰略至少在形式上是顛覆性的，就是顛覆了柯林頓首先提出、歐巴馬升級的美國的「亞太」。「印太」戰略的全稱是「自由和開放的印太」（Free and Open Indo-Pacific）。這一戰略在形式上是清晰的海洋重心的。

　　自從川普政府宣布「印太」，在國際上，關於「印太」是針對「一帶一路」的政府和非政府說法非常多，幾乎形成了「一帶一路」與「印太」之間的對抗、競爭、衝突這樣的國際話語效果。中國已經多次、不斷公開否定「一帶一路」是戰略，尤其是，分別於北京舉行的兩次「一帶一路國際合作高峰論壇」上，中國清楚地傳達了「一帶一路」不具有「地緣戰略」意義的國際信號。不過，與「一帶一路」同時推進的是中國前所未有的「海洋強國」戰略。所以，美國等的「印太」戰略針對的並非「一帶一路」，而是中國的「海洋強國」。

　　中國面對的不僅是與所謂「守成」（established power）或者「占據統治地位」（ruling power）的大國——美國的衝突，還需面對與其他亞洲區域的老牌海洋強國（如日本）和「新興大國」（emerging or rising power），尤其是與同在亞洲、互為鄰國的印度之間的衝突。值得注意的是，擅長地緣政治研究的多位印度重要作者使用了「中國的海洋霸權」（Chinese maritime hegemony）這樣的術語，而認為美國正在阻止中國實現海洋霸

---

[24] Kenneth G. Lieberthal, "The American Pivot to Asia," *Brookings Institution*, December 21, 2011, https://www.brookings.edu/articles/the-american-pivot-to-asia/.

[25] Jisi Wang, "China's Search for a Grand Strategy: A Rising Great Power Finds Its Way," *Foreign Affairs*, 90 (2) (March/April 2011).

[26] https://www.whitehouse.gov/briefings-statements/remarks-president-trump-apec-ceo-summit-da-nang-vietnam/.

權。[27]

存在於太平洋和印度洋中間的南海（South China Sea）是各大國在海洋領域衝突的持續焦點。由倫敦爲基地的國際戰略研究所（IISS）主辦的香格里拉論壇（Shangri-La Dialogue），號稱是亞洲地區最重要的國際安全會議。從2002年到現在，該論壇持續不變的聚焦之一正是南海問題。美國認爲，其海軍的「自由航行行動」（FONOPs）在南海遭遇中國的挑戰，所以，不斷地在南海執行「自由航行（以及自由飛越）」。[28]美國的「航行自由」受到包括印度等海洋國家的支持，這造成了一個印象，好像中國是「航行自由」的主要障礙。實際上，中國多次指出，中國並沒有阻止南海的「航行自由」，只是反對美國藉口「航行自由」而在南海遏制中國。美國不僅在南海要求「航行自由」，而且在北極地區等也發出同樣的信號。美國和中國、俄羅斯等在南中國海和北極地區圍繞著「自由航行行動」的衝突，屬於海洋領域的「冷戰」，又並非「冷戰」，在未來還將持續下去。我們知道，中國並不反對「航行自由」，熱切地認爲海洋自由也是中國的權利。2018年1月26日發表的《中國的北極政策》（白皮書）指出：「依據《聯合國海洋法公約》等國際條約和一般國際法」，中國「在北冰洋公海等海域享有科研、航行、飛越、捕魚、鋪設海底電纜和管道等權利，在國際海底區域享有資源勘探和開發等權利」。根據《斯匹次卑爾根群島條約》，中國作爲「締約國有權自由進出北極特定區域，並依法在該特定區域內平等享有開展科研以及從事生產和商業活動的權利，包括狩獵、捕魚、採礦等」。

27　Brahma Chellaney, "US Struggles to Counter Chinese Maritime Hegemony," *Asia Times*, June 14, 2018, http://www.atimes.com/us-struggles-to-counter-chinese-maritime-hegemony/.

28　Eleanor Freund, "Freedom of Navigation in the South China Sea: A Practical Guide," *Belfer Center for Science and International Affairs, Harvard Kennedy School*, June 2017.

四、實踐走在理論前面的中國海洋協奏

　　爲了解決南海爭端，中國和東協（ASEAN）於2002年11月4日在柬埔寨首都金邊簽署發表了《南海各方行爲宣言》（以下簡稱DOC）。[29] 而在2018年，《南海行爲準則》（以下簡稱COC）磋商取得重要進展，各方共同形成了「單一磋商文本」。[30] 中國答應與東協在未來三年（2018年起）完成COC磋商（談判）。[31] 無論是DOC還是COC，都是中國與東協之間的磋商（談判）。在中國和東協之間有關南海問題的協奏進程中，東協的背後有著一系列的「域外國家」，他們主要是全球或者「印太」的海洋強國。中國反對「域外國家」介入南海問題及其解決方式COC談判，但是，權力爲基礎的南海地緣政治對目前中國和東協之間談判的影響是重大的。

　　如上所述，本文把從DOC到COC磋商之類的多邊外交實踐視作一種新型的國際協奏，儘管這一協奏與傳統的大國協奏有重大差別，因爲東協本身不是國家，更不是大國，而只是國家之間在地區（東南亞）框架下的合作，但是，東協是正在走向地區共同體——東協共同體（ASEAN Community）的，並且已經是受到承認的國際行爲體。中國等「域外」國家，主要是東協的對話夥伴國，視東協爲如同歐盟（EU）這樣的國際行爲體，發生特殊的外交承認。中國在2009年設立駐東協大使一職，在2012年設立常駐東協代表團。東協的國際權力主要是規範性的（normative power）。從DOC到COC，東協是主導的，實踐了東協自我定位的在處理與其之外的國際行動者（主要是國家）的關係時的中心性。在南海問題上，中國在COC中的作用表明，中國也是一個國際規範性力量。但是，在與東協的關係中，中國不僅接受，而且支持東協的中心性。整體來看，中國和東協是不對稱的相互社

29　《南海各方行爲宣言》中文版見：https://www.mfa.gov.cn/nanhai/chn/zcfg/t4553.htm；英文版見：https://asean.org/?static_post=declaration-on-the-conduct-of-parties-in-the-south-china-sea-2。

30　《南海行爲準則》單一磋商文本的英文表達：The ASEAN-China Single Draft Negotiating Text for a Code of Conduct for the *South China Sea-COC*。

31　中國外交部發言人，https://www.fmprc.gov.cn/web/fyrbt_673021/t1613819.shtml。

會化（mutual socialization），即東協主動，而中國則主動地被動，但中國與東協之間關係的規範方面，正在發生趨於雙邊更加均衡的變化。[32]

中國共產黨第十八大以來，中國實踐「中國特色的大國外交」的理論，但是，尚未提出這樣的大國推動的國際協奏理論，這也許是因爲有關國際協奏以及如何進行國際協奏，在中國尚未受到足夠的研究。中國不是歐洲國家，沒有歐洲那樣的大國協奏的歷史經驗和知識傳統。不過，在實踐上，1949年以前，中國是國聯（LN）的成員；1945年，中國是聯合國（UN）及其安理會（UNSC）的創始成員。1949年以來，新中國一直參與國際協奏。主要的例子包括：1950年代，中國參加了由亞洲和非洲國家發起的亞非會議，在形成「新興獨立國家」之間的「和平共處」原則上發揮了重要作用。中國也支持和參加了「七十七國集團」（The Group of 77 and China），但不是「七十七國集團」的正式成員。冷戰結束後以來，中國積極參加各種多邊進程，這些多邊進程就是當代的國際協奏。在亞洲地區層次，除了參與東協主導的多邊合作，中國在上海合作組織（Shanghai Cooperation Organization）的形成中發揮了領導作用；中國主辦了關於治理朝鮮半島核武問題的「六方會談」；中國也召開了亞信會議；中國也探索中日韓三國協調。在跨地區層次上，中國參與了亞洲經濟合作組織（APEC）和亞歐會議（Asia-Europe Meeting）；在全球層次上，中國是G20的發起國。[33]G20不僅是關於全球金融治理和全球經濟治理的，而且也是關於全球永續發展的組織。

一句話，在國際協奏上，中國是有大量實踐但缺少理論。在未來，中國的國際協奏理論將從中國自覺的作爲大戰略的國際協奏實踐中產生。本文的

---

[32] Alice D. Ba, "Who's Socializing Whom? Complex Engagement in Sino-ASEAN Relations," *The Pacific Review*, 2006, 19 (2): 157-179, doi: 10.1080/09512740500473163; David Guo Xiong Han, "China's Normative Power in Managing South China Sea Disputes," *The Chinese Journal of International Politics*, Autumn 2017, 10 (3): 269-297, https://doi.org/10.1093/cjip/pox002.

[33] G20具有成爲一個綜合性的全球協奏的潛力，Pang Zhongying, "G20 Set to Become a Global Concert of Powers," *China Daily*, August 24, 2016; Thomas Fues and Dirk Messner, "G20: Concert of Great Powers or Guardian of Global Well-being?" *Briefing Paper*, September 2016, https://www.die-gdi.de/en/briefing-paper/article/g20-concert-of-great-powers-or-guardian-of-global-well-being/。

一個目的是指出這個情況和提出這一研究任務，中國的國際關係學者可以提出基於全球的亞洲、基於全球海洋的中國經驗的國際協奏理論。

五、中國主動構建海洋協奏

進入21世紀，中國持續推進「海洋強國」，即志在成為一個新興的世界海洋國家（a quest for a new sea power in the world）。美國、日本、印度等已有世界海洋強國，對中國的「海洋強國」做出了各種強烈的反應和回應，試圖平衡甚至反制、遏制中國的「海洋強國」。中國的「海洋強國」行動和別國對中國的反應正好構成了一個典型的國際關係困境：愈是發展海洋力量，中國與其他海洋國家之間的關係愈是複雜、緊張而衝突。中國有權利維護廣泛的海洋利益，更有權利在世界上永續地開發海洋資源的海洋權力。中共十九大明確了中國的「陸海統籌」國策，推進海洋經濟成長在中國經濟成長中的地位，歷史性地極大提高到系統重要性。海洋發展的天性就是國際的或者全球的。「陸海統籌」加強中國與全球經濟之間的進一步一體化，不過，中國的「海洋強國」若要在一個永續和平的全球環境下進行，同時避免與其他海洋國家之間的系統性衝突（包括冷戰），則必須進行基於亞洲的、非西方的、全球站位的新興世界大國的海洋外交，即在由海洋利益攸關國家之間進行的海洋協奏中發揮中國的作用。

進入21世紀，尤其是2009年以來，中國對全球治理的態度愈來愈積極。[34] 目前，根據十九大報告，中國在國際上主張「共商共建共用」的「全球治理觀」，以「構築人類命運共同體」。為此，中國「積極參與全球治理

---

[34] 中國政府首次使用「全球治理」是在2009年在義大利舉行的G8+5峰會上。中國對待全球治理的態度經歷了一個轉變的過程。見龐中英，〈中國作為國家在全球治理中的一個案例——兼論中國官方對待「全球治理」的態度轉變〉，收錄於高奇琦主編，《全球治理轉型與新興國家——比較政治與全球治理》第一卷，上海人民出版社，2016年。

體系的改革和建設，不斷貢獻中國智慧、中國方案和中國力量」。[35] 從全球範圍看，全球治理一方面處在危機四伏之中，一方面又處在不得不有所作為之中。[36] 中國對全球治理的大力支持發生在美國川普政府相繼「退出」一系列全球治理進程（尤其是氣候變化治理）之時，[37] 有助於全球治理克服危機、深化全球治理。

全球治理第一或者主要的對象是戰爭或者衝突，爭取的首先是世界和平及其永續性。中國積極參與全球治理對於世界和平具有系統重要性，而美國退出全球治理則無助於世界和平。

全球治理的一個重要方面是在全球層次治理海洋問題，即全球海洋治理。全球海洋治理不僅僅是對海洋領域存在的一些全球問題，例如海洋生態環境惡化、生物多樣性受到威脅、氣候變化等的解決，更加重要的和優先對待的是海洋和平。當然，不管是何種海洋問題，如非法、未報告和不受管制的捕魚（IUU），或者缺少國際治理的海權增長產生的國際困境（包括國際安全困境），如果長期存在且得不到治理，都將對世界和平構成隱患、風險和危機。

在爭取海洋和平方面，在中日關係、中國和東協之間的關係中，中國提出了「和平之海」的概念。但是，如何形成「和平之海」？海洋協奏，即全球海洋治理是走向「和平之海」的主要途徑。為了解決中國與亞洲及亞洲之

35　陳鳳英，〈十九大報告詮釋全球治理之中國方案——中國對全球治理的貢獻與作用〉，《當代世界》，2017年第12期；秦亞青、魏玲，〈新型全球治理觀與「一帶一路」合作實踐〉，《外交評論（外交學院學報）》，2018年第2期。

36　Michael Zurn, *A Theory of Global Governance: Authority, Legitimacy, and Contestation*, Oxford University Press, 2018. 該書在多處論述全球治理的下行（decline of global governance）和全球治理的深化（deepening of global governance）。

37　Miles Kahler, "President Trump and the Future of Global Governance," *Council on Foreign Relations*, January 31, 2017, https://www.cfr.org/blog/president-trump-and-future-global-governance. 川普總統2018年9月25日在第七十三屆聯合國大會的演講指出："America will always choose independence and cooperation over global governance, control, and domination;" "We will never surrender America's sovereignty to an unelected, unaccountable, global bureaucracy;" "Around the world, responsible nations must defend against threats to sovereignty not just from global governance, but also from other, new forms of coercion and domination," https://www.whitehouse.gov/briefings-statements/remarks-president-trump-73rd-session-united-nations-general-assembly-new-york-ny/。

外的海洋國家之間的衝突，中國需要構築基於《聯合國憲章》、《公約》，以及中國與一系列地區性和全球性的國際組織之間已有安排形成的海洋協奏體系——地區海洋治理和全球海洋治理。

六、「海洋命運共同體」能否實現海洋協奏？

海洋是一個和平系統與安全系統。2019年4月，在中國海軍建軍70年慶典時，國家主席習近平在會見參加慶祝活動的外國海軍代表團這個國際場合上，正式向國際社會倡議「海洋命運共同體」。在理解「海洋命運共同體」時，這一背景很重要。對「海洋命運共同體」的理解，首先要從世界和平與國際安全的角度進行。中國真正投向海洋的力量，即中國海權（尤其是現代化的、具有同時期國際可比性的中國海軍）還是新事物。中國海權崛起是中國崛起的一部分，這一崛起不管現在處於何種階段、是否已經完成，都已經引起了其他世界海洋力量，尤其在亞太（Asia-Pacific）或者印太（Indo-Pacific）的其他海洋強國的各種強烈反應。「海洋命運共同體」意味著中國主動避免海洋領域的「冷戰」，著力強化海洋領域的相互依存，形成走向海洋和平的新型國際規範和新型國際制度。所以，筆者把中國領導人在海軍70年時提出的「海洋命運共同體」首先看做是中國的海洋協奏意願和行動。

在21世紀的今天，和平仍然是首要的。中國海權的進一步發展、中國海洋經濟的進一步成長、中國與世界海洋之間的深度相互依賴，所面對的國際阻力（這些阻力有「關係性的」，更有「結構性的」）可能更大更多。所以，中國主動與其他海洋領域的行動者或者攸關方之間的協奏十分必要。

如同歐洲共同體（歐盟的前身）是為了解決歐洲的和平問題一樣，「海洋命運共同體」要真正解決問題，應該是塑造或者構造安全共同體。二戰結束後，在全球層次和區域層次（尤其是在北大西洋）出現了本質是海權

之間的聯合的安全共同體。在設計和運作上，「海洋命運共同體」應該以構建新型的海洋安全共同體爲目標。如何成爲海洋安全共同體？這裡遇到的一個大問題是，中國與其他海洋強國之間在包括外交政策在內的體制上的差異，即提議中的「海洋命運共同體」不是諸如北約那樣的海洋安全共同體，而具有強烈的混合性（hybridity）。從1950年代起，中國一直主張和探索「不同政治、社會制度的國家」之間的「和平共處」。「和平共處」仍然很重要，但是，在「百年未有的大變局」下，中國與其他國家之間的「和平共處」顯然已經不夠，不同於北約那樣的，但一樣是安全共同體才是破解、解決中國與世界之間圍繞海洋展開的問題之解決方案。這樣的安全共同體如何建立起來？其實，上海合作組織、東協地區論壇、東亞峰會，都具有一定的混合安全共同體的意義，可以此爲基礎整合爲亞洲海洋安全共同體。總之，「海洋命運共同體」首先應該是混合性的海洋安全共同體。建立這樣的海洋安全共同體是前所未有的，沒有這樣的海洋安全共同體，中美和中國與其他世界海權之間的關係可能將繼續緊張。

其次，「海洋命運共同體」是發展共同體，即所有依賴海洋進行發展的國家要避免發展之間的衝突，遏止海洋發展的不可持續性的惡化勢頭，走向海洋永續發展之路。發展共同體的概念尙未提出，但是，中國已經提出「共同發展」的原則。2015年，聯合國已經通過以2030年爲目標的永續發展17個目標（SDGs），其中的第十四項目標是海洋領域的永續發展。爲此，聯合國於2017年首次舉辦了海洋永續發展會議。「海洋命運共同體」只能理解爲海洋永續發展的國際合作。在海洋永續發展方面，可以進一步構建「藍色夥伴關係」，即「共同發展」。已經進入新階段的「一帶一路」，要以「海洋命運共同體」爲其規範之一。「21世紀海上絲路」即21世紀的世界「海洋命運共同體」。

美國前摩根士丹利（Morgan Stanley）亞洲董事長、現耶魯大學（Yale University）教授、《失衡：中美相互依賴》（*Unbalanced: the Codependency of America and China*）一書的作者史蒂芬・羅奇（Stephen S. Roach）在《辛迪加專案》上發文認爲，「中國特色的永續發展道路：通過改變經濟

模式、轉變燃料來源、建立新的交通系統、擁抱生態友好型城鎮化，中國的永續發展戰略成爲了全球領導力的典範，並值得世界其他各國深思熟慮」；「在過往的十二年，中國的經濟結構已經從過度依賴粗獷型製造業，迅速轉向低碳型服務行業」。中國在利用非碳可再生能源方面，正處於世界領先地位，並且正在贏得一場更爲重要的永續發展之戰。[38]但是，在海洋領域方面，中國的永續發展是否也具有典型的「中國特色」？本文認爲，中國的海洋永續發展應該成爲在世界上獨樹一幟的重要內容。海洋是受到「人類活動的深刻影響的複合地質系統」（Anthropocene）之一；海洋面對的「公域悲劇」（oceans' tragedy of commons）包括和平問題、安全問題、氣候變化、生物多樣性的損失、過度和非法的不平衡利用海洋資源、資源的詛咒、發展的不可持續性等。《公約》是目前最有力的國際環境條約之一。「海洋命運共同體」意味著我們人類對於共同星球的海洋環境的更大責任，我們只有一個地球，我們只有一個「海洋命運」。「海洋命運共同體」更加突出了海洋對於解決諸如氣候變化等生態挑戰的重要性。我們知道，即使是在聯合國層次，關於氣候變化治理，也是最近才專門突出了治理海洋問題的關鍵性和中心性。聯合國政府間氣候變化專門委員會（IPCC）於2019年9月25日在摩納哥發表特別報告，[39]首次針對性瞭解海洋和冰凍圈（cryosphere）在氣候變化的情況，認爲溫室氣體排放量持續上升，地球將發生災難性後果，「目前的抉擇對海洋和冰凍圈的未來至關重要」。2019年由智利輪值的聯合國氣候大會（在馬德里舉行），是首次「藍色氣候大會」（Blue COP），[40]將氣候變化與海洋變化聯繫在一起考慮，並將氣候變化與治理海洋問題結合起來，海洋走入全球氣候變化治理的中心，這是在一個重大突破，此與2019年中國領導人提出的「海洋命運共同體」是一致的。

　　自由海洋孕育了自由貿易，自由貿易帶來了眞正的海洋發展。中國堅定

---

[38] https://www.project-syndicate.org/commentary/china-demonstrating-climate-leadership-by-stephen-s-roach-2019-09?barrier=accesspaylog.

[39] https://www.ipcc.ch/srocc/.

[40] https://unfccc.int/cop25.

地支持自由貿易和治理自由貿易的全球多邊貿易體制（WTO）。「海洋命運共同體」意味著中國對總體的全球海洋自由的積極態度。中國是世界第二大經濟體、第一大貿易大國，擁有全球前十大港口的八個（上海、寧波舟山與新加坡港幾乎並列全球第一）。正是因爲存在全球自由貿易和自由航行，才有「一帶一路」，而「一帶一路」則將全面鞏固世界的自由貿易和自由航行。

最後，「海洋命運共同體」是關於新的海洋秩序。海洋秩序是世界秩序最重要的組成部分之一，解決海洋問題的最好途徑是全球治理——全球海洋治理。海洋的主體仍然是、必須是公域（commons），即海洋，主要是公海、深海、遠海，必須是屬於全人類的財產，絕不能私有化。全球海洋治理的最大原則，就是要確保這一原則不折不扣地得到維持。任何自然資源民族主義宣稱瓜分世界海洋，帶來的只能是在世界海洋領域的無窮無盡的衝突和災難，故世界海洋的發展必須建立在共同的國際規則基礎上。

從全球海洋治理的角度來看，「海洋命運共同體」可豐富已有的海洋國際規範和國際規則。「海洋命運共同體」可以與其他海洋國際規範，如「航行自由」等並存，以在現存海洋國際秩序的改革中發揮作用。

「海洋命運共同體」的提出，顯示中國在全球海洋治理中發揮重要作用，換句話說，呼籲「海洋命運共同體」就是發揮中國的作用。

這裡的關鍵字是「共同體」。但是我們一定要意識和認識到，目前，在全球層次，第二次世界大戰後奠定的、在冷戰後得到實質性的大發展的全球治理——全球的世界秩序正在陷入大的危機，主要是因爲各國的民族主義和民粹主義、大國對抗等的再起；在區域層次，幾個一度成功的共同體，如歐盟（其前身是歐洲共同體）正在遭遇根本的挑戰（包括英國脫歐）。在海洋領域籌組「命運共同體」，可能對於支持世界的永續和平和永續發展至關重要。

七、結語

　　中國的「海洋強國」是「百年未有的大變局」的一個因素。中國需要主動提出海洋協奏的倡議，加強現有的包括從聯合國永續發展到氣候變化，再到東協組織的地區對話進程的多邊會議、多邊進程，以構造全球的海洋協奏，實現21世紀的海洋和平。中國提出的「海洋命運共同體」是走向海洋協奏的重大步驟，接下來，中國必須從世界和平的高度構建「海洋命運共同體」。近期，中國可以以提出「海洋命運共同體」的路線圖，在南海COC的談判中注入「海洋命運共同體」規範；而在全球層次，中國推動《公約》的改革，可以發起成立以全球海洋治理爲使命的世界海洋組織（World Oceans Organization, WOO）。

第六章　關於全球海洋治理的理論與實踐*

一、導言

　　關於海洋領域存在的嚴重問題，我們已經在最近幾年發表之受到廣泛關注的各種報告中再一次得到最好的瞭解，而這些報告幾乎都讓人聲淚俱下。最喚起人們危機感的是英國《經濟學人》的一篇評論：「人類正在摧毀大洋」、「海洋滋養人類，人類卻以怨報德」（The ocean nurtures humanity, humanity treats it with contempt）。[1]而由全球各界要人組成的全球海洋委員會（GOC）在其最終報告強調「全球海洋環境惡化」，呼籲根本性的「救助」措施：「占全球海洋64%的公海，如同一個失敗的國家一樣。法律缺失並處於無政府狀態，使得這片巨大的區域極易受到掠奪和忽視」；「海洋面臨的威脅仍然很急迫」；「海洋恢復的道路是漫長且困難重重的」。[2]

　　海洋（尤其是公海）問題的嚴重性已經被充分揭露。海洋問題無疑還在成長，例如氣候變化；非法、未報告和不受管制的捕魚（IUU）；公海的海洋生物多樣性養護和永續利用（BBNJ）；陸地向海洋排污等問題。

　　「全球問題，全球解決」（global problems, global solutions）。但是實際上，對全球問題的全球治理十分複雜而困難。在全球治理中行動的各個主體（不管是否為政府行動者）之間的關係，是一種全球政治關係。那些實質上並不是為了「全人類的根本利益」，而是為了狹隘的部門、行業、國家的利益的活動，也以全球治理的名義進行。參加全球治理的行動者並不一定是

---

* 本文原載《社會科學》（上海），2018年第9期頭條論文。

1　《經濟學人》的封面文章：〈海洋世界，深重危機〉，2017年5月27日。

2　http://www.some.ox.ac.uk/wp-content/uploads/2016/03/GOC_2016_Report_CHINESE_FINAL.pdf.

真正爲了全球治理，這就是全球治理的政治（the politics of global gover-nance），理解全球治理的政治是走向全球治理的方法之一。

關於全球海洋治理（海洋全球治理），一種研究思路是把全球治理通論（general global governance studies）運用到解決海洋問題。這確實是可行的，但是，全球治理通論往往相對忽略了海洋問題，而以安全、經濟（貿易、投資、金融）、社會、生態等領域的問題爲經驗基礎。在運用全球治理通論時，需要考慮到海洋領域與其他領域的不同。也就是，必須釐清全球治理通論到底在哪些方面可以在解決海洋問題上發揮作用。

全球治理是關於國際規範和國際制度的，是關於國際合作的。如果把這一點運用到海洋治理，聯合國等有關國際組織就是全球海洋治理的中心。聯合國等國際組織是最重要的全球治理機制，參與海洋治理的國家行動者和非國家行動者都是圍繞著聯合國等國際組織進行的。但是，全球治理機制中並不僅僅是聯合國等代表的正式性，非正式的國際論壇等變得更加重要。尤其是在公海，有關國家組成的海洋地區組織（如北極理事會）和諸如英國《經濟學人》集團等非國家行動者創辦的「世界海洋峰會」（World Ocean Sum-mit）等，是全球海洋治理的重要機制。

本文並非是爲了透過研究海洋問題的全球治理發展全球治理通論的，而是以已有的全球治理通論爲指導思想，來理解什麼是全球海洋治理以及如何進行全球海洋治理（在全球的各種層次上解決日益複雜而嚴重的海洋問題）。

本文緊扣國家管轄之外的公海的特性，從「公地悲劇」和「集體行動的邏輯」等全球治理的一般理論入手，討論以聯合國爲中心的全球海洋治理及其存在的問題，提出全球海洋治理研究的一個研究日程，同時向主要的海洋治理全球行動者提出一些政策建議。

二、「公地悲劇」與世界海洋

在當代世界，每一個行動者（actor），不管是個體的人還是集體的人，不管是國家還是非國家，都「貢獻」了全球問題——全球公共惡（global public bads），這如同每個人每天都產生垃圾一樣，經年累月的公共惡之積累最終導致了觸目驚心的「公地悲劇」（the tragedy of commons）。

關於公共善（public goods），[3] 多個學科，如經濟學、政治學和國際關係學，已經有很多研究了，但關於公共惡，則討論不多，甚至居然也不見於討論公共善的論文中。實際上，公共善與公共惡是同一個情況的兩個方面，全球治理就是增加公共善和減少公共惡的過程。

在海洋領域，1994年《聯合國海洋法公約》（UNCLOS，以下簡稱《公約》）生效以來，具有諷刺意味的是，「公地悲劇」卻一直呈現惡化的趨勢。「海納百川」，陸地的超級污染排放物終歸大海，海洋成為來自陸地和空中等各種源頭的垃圾桶，不堪重負。國家海洋局公布的陸源入海污染排查結果表明，中國共有接近1萬個陸源入海污染源，平均2公里海岸線就存在一個污染源，近岸海域污染整體上仍較嚴重。[4] 海洋為基礎的產業開發（海洋產業），包括日新月異的海洋科學技術，在促進開發（發展）海洋自然資源的同時，也帶來了新的海洋問題。

「海洋是『公地悲劇』的典型例子：個體使用者的過度使用導致共有資產退化，從而使個體使用者自身的長期利益受損。」「這種悲劇的顯著特點就是造成損害的人沒有承擔損害的全部成本。」[5]

3　「public goods」一般被翻譯為「公共財」。為與「公共惡」相對應，本文把「public goods」翻譯為「公共善」，而且建議今後「public goods」不要繼續翻譯為「公共財」。公共善與公共惡構成一組相互矛盾、相互衝突兩分（dichotomy）。

4　新華社，北京，2018年1月18日。

5　《經濟學人》專題：〈治理公海〉（Governing the High Seas），2014年2月24日，https://www.economist.com/news/international/21596990-humans-are-damaging-high-seas-now-oceans-are-doing-harm-back-deep-water。

　　如何保護公地，避免「公地悲劇」，如同「防病」，相關的理論與實踐已有不少。預防公地悲劇可以透過分配私有產權來保護公地，因為這樣可以讓使用者更加在意這塊區域的長期健康，這在沿岸國和島國的專屬經濟區得到了嘗試。因為治理公地問題而榮獲2009年諾貝爾經濟學獎的埃莉諾・奧斯特羅姆（Elinor Ostrom）認為，使用公地的人可能很好地管理著公地。[6]為了避免「公地悲劇」，她認為，需要給所有有權利使用的人在運營上有發言權，在有權利和無權利的人之間劃清界限，指定受使用者信任的監督者，並且使用直接的手段來解決衝突。而在目前的情況，公海的治理沒能滿足上述任何一個條件，[7]惟中國改革開放初期推行的聯產承包制度能夠支持奧斯特羅姆的這一思想。

　　但是，當「公地悲劇」已經發生且惡化情勢不減反增時，除了預防性的全球治理，更需要醫治性的全球治理。

三、從「國際治理」到「全球治理」

　　治理（governance）與統治（government）在很長時間是不被區別的，在冷戰結束以後出現的世界條件（如市場化和全球化）下，學術界才把「治理」與「統治」嚴格區分開來，這一區分具有重大的學科和政策意義。關於治理的研究（治理學）成為政治學（包括國際政治學）、經濟學、生態學、公共政策研究等社會科學及其應用研究中成長最快、成果最多的領域之一。[8]

---

[6] "Researcher for Virginia Tech Program Wins Nobel Prize," https://vtnews.vt.edu/articles/2009/10/2009-789.html.

[7] 《經濟學家》社論：〈公海治理〉，http://www.economist.com/news/international/21596990-humans-are-damaging-high-seas-now-oceans-are-doing-harm-back-deep-water。也可見創綠研究院，http://ghub.blog.caixin.com/archives/70680。

[8] 臧雷振，〈何謂治理：基於治理類型學的探討〉，收錄於郭蘇建、孫東國主編，《轉型中國：社會秩序建構的關鍵字辨析》，格致出版社，第88-107頁。

作為統治的延伸，國際治理（international governance）——指的是在無政府條件（anarchy）下政府間合作解決全球問題。不過，在實踐上，由於各種原因，國際治理——國際制度、國際協議（國際公約）等在解決全球問題上有的侷限性是存在的。

在正當性（合法性）上，不僅一些國家認為有關的國際組織代表性不足，非政府組織等社會力量更是認為現存國際組織的合法性不足。

儘管我們不能誇大非國家行動者（non-state actors）的作用，因為我們仍然生活在國家行動者（state actors）占據主體的時代，但是，我們必須認識到，愈來愈多的非國家行動者進入原來主要由政府參加的議題、日程、組織。非國家行動者也在推動著新的國際制度、國際規則、國際規範。在1990年代，正是由於非國家行動者的參與，國際治理才逐漸轉變為全球治理。全球治理是國際治理的升級，全球治理與國際治理最大的不同是，非國家行動者不僅進入，而且在解決問題的進程中發揮著重要作用。具有諷刺意味的是，由政府之間合作建立的、卻在存在中具有了一定的獨立性的國際組織率先接納了非政府組織（NGOs），與他們建立了合作性的契約關係。在聯合國及聯合國體系的活動中，政府仍然起著看似是主體性的作用，但是，非政府組織在其中的影響愈來愈大。過去25年（從1992年起），各種國際組織之所以號稱自己是全球機構（global institutions），從事的是全球治理，就是因為有來自世界各地的非政府組織的參與，而非政府組織則透過以各種方式介入政府間國際組織發起的全球治理議程。1992年成立了全球治理委員會（Commission on Global Governance），本質上是前政府高管要人成立的國際非政府組織。1995年該委員會發表了《我們的全球夥伴關係》（*Our Global Neighborhood*）著名報告，這一報告率先肯定了非政府組織在全球治理中的重要作用。今天看來，「全球」一詞帶來的不僅是國際治理轉型為全球治理，而且帶來了知識上和實踐上的創新。

四、全球治理和全球海洋治理處在十字路口

全球海洋治理的成敗與總體的全球治理前途息息相關。

目前，全球治理確實到了最爲危機的時刻，人們不斷呼籲「拯救全球治理」。[9]但是，這並非易事：第一，不得不承認，在冷戰結束後不久、在全球化（globalization）凱歌行進中的各國，在解決全球問題上曾經具有的相對一致性（團結）情勢目前已經消失，本來就存在的國際集體行動困境正在惡化；第二，人們一度認爲的非政府組織在全球崛起——各種政府權力向非政府組織轉移——非政府組織中的中堅積極力量——全球民間社會組織在形成全球政策、全球契約、促進全球一體化、解決棘手的全球問題方面的作用，目前整體退潮了，取而代之的是具有人們似曾相識的顛覆性地導致全球分裂和全球衝突的21世紀民粹主義和民族主義。在民粹主義和民族主義的強力推動下，全球化發生轉向，例如美國川普政府透過各種措施鼓勵美國國籍的企業「去全球化」（deglobalization），使資金回流美國。全球化已經深刻改變了一些國家的國內政治進程，現在包括「去全球化」在內的全球化的大變化，對各國國內政治的影響將是深刻的。被淡化的「政府作用」在許多國家不僅又回來了，而且被民粹主義和民族主義賦予其新的使命。美國在川普政府期間的減稅等舉措並不代表政府在治理中的作用退卻，川普政府根深蒂固的「經濟民族主義」（Economic Nationalism）和「美國第一」（America First），說明政府的作用正在加強；第三，全球治理主要是由全球性的國際組織（全球制度）進行的，但是，國際組織的改革（包括聯合國改革、國際金融組織改革、《公約》的改革等）並非如預期的那樣達到其設定的有限目標，頂多也只是取得某種妥協的進展（如國際貨幣基金組織和世界銀行增加中國等「新興國家」在其中的代表性）。一些改革被認爲已

9　Ian Bremmer, "After the G-Zero: Overcoming fragmentation," *Eurasia Group*, Fall 2016, https://www.eurasiagroup.net/siteFiles/Issues/After_The_G_Zero_.pdf#1609-28%20IMF3.indd%3A.23710%3A309.

經「死亡」，[10]至少面對預算等技術層面的行動困難，使多邊體制的危機加劇。[11]即使美國在多邊組織中的作用下降，中國等主張「真正的多邊主義」的力量也難以填補全球治理上的「國際領導力」（international leadership）和「全球公共善」（global public goods）的供給缺口。所以，關於現存國際秩序的「崩潰」或者「終結」等悲觀主義論調在世界範圍內甚囂塵上；[12]第四，新建的國際組織（如上海合作組織和亞洲基礎設施投資銀行）或者非正式的全球論壇（如G20和金磚國家），在替代已有的國際組織的全球治理功能上的作用仍然有限。對大多數國家來說，全球治理（解決全球問題）並非他們的優先。新型的全球治理論壇或者機制，仍然是欠發達的、脆弱的。一些「重要」成員是透過權宜之計的國際合作維護或者擴大其國家利益，以及協調他們之間複雜的地緣政治衝突。「免費搭車」或者逃避承擔解決全球問題的應盡責任等現象，在這些進程中都能輕易發現。

　　全球治理的上述不利形勢對在全球層次上解決海洋問題的集體行動，勢必產生消極影響。美國對待多邊主義和多邊體制的不作為政策，勢必影響該國在全球海洋治理中的角色。2017年，美國退出聯合國教科文組織直接導致該組織在全球治理（包括全球海洋治理）中的能力減少。一些全球性的著名論壇，如G20，除了一般性地關注全球永續發展和氣候變化治理等，海洋問題尚未成為其專門或者焦點議題。預計未來多年，G20等全球性的論壇不會把海洋問題列為其焦點議題。2017年擴大後的上海合作組織包括了印度洋國家印度、巴基斯坦和伊朗，使該組織涉及北冰洋、太平洋和印度洋等三大洋，但是，該組織即使涉及解決海洋問題上的集體行動，也不是關於海洋永續發展、海洋生態等「低級政治」問題，而是關於海洋的安全等傳統國際

10　Richard Gowan, "U.N. Security Council Reform Is Dead. That's Still a Problem," *World Politics Review*, November 27, 2017, https://www.worldpoliticsreview.com/articles/23677/u-n-security-council-reform-is-dead-that-s-still-a-problem.

11　德國艾伯特基金會舉行的「Tiergarten Conference 2017」就以「多邊體制的危機」為題。筆者參加了這次年會，並在會議上就全球治理的形勢發言，時間：2017年11月30日；地點：德國柏林。

12　馬丁·沃爾夫，〈西方分裂與世界失序〉，《FT中文網》，2018年1月4日。

問題。

　　對於強調全球海洋治理的利益攸關方和行動者來說，在全球治理的可能正在進入低潮階段，如何促進正式和非正式的國際組織更加重視海洋領域的全球治理，值得深思。

五、以聯合國爲中心的全球海洋治理及其存在的問題

　　1970年代以來，世界經濟，尤其是科學與技術進入新的高速發展時期。中國在冷戰的最後10年（1979-1989年）開啓「改革開放」，加快了全球化進程。中國是這次全球化（1989年以來）中最重要的因素，而海洋在這次全球化中的角色也是十分的重要。正是因爲參與全球化，海洋在中國等發展中的重要性極大地提升。與此同時，全球化也加劇了包括海洋問題在內的全球問題的嚴重性。在這一形勢下，先是產生了管理海洋領域國際關係的公約，尤其是《公約》在1994年生效，然後是在全球治理的趨勢下，海洋問題進一步納入以聯合國爲中心的全球治理。當然，可以說全球海洋治理的提出，是全球歷史的形勢所迫。

　　聯合國一直試圖鞏固和加強其在全球海洋治理中的中心性。海洋治理幫助聯合國避免其在劇烈變動的世界事務中被邊緣化，強化了聯合國在新的歷史條件下存在的正當性（legitimacy）。2008年12月5日第六十三屆聯合國大會通過第111號決議，決定自2009年起，每年的6月8日爲「世界海洋日」（World Oceans Day）。2015年，在聯合國成立70週年的時刻，《2030年永續發展議程》獲得通過，試圖用15年的時間在全球達成17個永續發展目標和169個具體的永續發展目標。《2030年永續發展議程》是繼1992年《21世紀議程》以來最具雄心與可行性的解決全球不可持續發展問題的全球協議。《21世紀議程》裡已經包括「保護大洋和各種海洋」的內容，而《2030年永續發展議程》則是關於發展領域的全球治理的里程牌。人類終於意識到

自19世紀以來，尤其是自第二次世界大戰以來的發展，面對著不可持續性的危機，試圖透過這一全球議程扭轉不可持續的發展。發展的不可持續性主要來自發展帶來的問題沒有得到有效的治理。在這一議程中，海洋問題得到重視，其第十四項目標是「保護和永續利用海洋和海洋資源以促進永續發展」。這一目標又分解為七個子目標，以及為此採取的三大措施。為落實永續發展第十四項目標，促進各式各樣的海洋治理集體行動，聯合國於2017年6月5日至9日，在聯合國總部舉行了第一屆海洋大會。[13]

聯合國氣候變化談判進程更是直接與全球海洋治理密切相關，或者說，全球氣候變化治理的一個中心內容是全球海洋治理。氣候變化是最大的全球問題。馬拉松式、困難重重的聯合國氣候變化大會（UNFCCC）談判進程，在2015年通過《巴黎協定》（*Paris Agreement*），並在2016年生效。這一協定是全球治理的最大進展，儘管這一國際協定幾乎很難直接找到「海洋」一詞，但其達成和生效也是全球海洋治理的歷史性突破，[14]為世界注入了樂觀和希望。

曾擔任第三屆聯合國海洋法大會主席（President of the Third United Nations Conference on the Law of the Sea, 1980-1982）、為《公約》的通過做出傑出貢獻的新加坡原駐聯合國大使許通美教授認為，《公約》是「世界大洋基本法」（Constitution of the Oceans）。[15]許通美的這一說法被廣泛引用，這是他對全球海洋治理的一大貢獻，而這一說法本身證明了聯合國在全球海洋治理中的中心地位。

13　https://oceanconference.un.org。除聯合國召開的這次世界性的海洋大會，最近幾年引人矚目，參與者眾的世界海洋大會之一是（英國）《經濟學人》集團自2012年起召集的「世界海洋峰會」，https://events.economist.com/events-conferences/americas/world-ocean-summit/?utm_source=TEEwebsite&utm_medium=redirect-from-2017-site&amp《經濟學人》集團組織的世界海洋峰會給出了非國家行動者在全球海洋治理中作用的例子。

14　《巴黎協定》全文，http://www.un.org/ga/search/view_doc.asp?symbol=FCCC/CP/2015/L.9/Rev.1&。

15　Tommy Koh, *A Constitution of the Oceans*, UNCLOS December 1982, [1] accessed May 20, 2017; A Constitution for the Oceans Tommy T. B. Koh, in *United Nations Convention on the Law of the Sea 1982, A Commentary Volume I*, edited by Myron H. Nordquist, Martinus Nijhoff Publishers, 2002, p. 11.

在今天，即使人們不得不面對《公約》的歷史侷限性（在海洋生態維護的條款上很微弱），但是，任何新的全球海洋治理動議、安排和談判，都是在《公約》框架之下進行的。即使是全球海洋治理上的修正主義（Revision-ism），也不敢公開違背《公約》。修正主義打的也是落實和維護《公約》的名義。即便新建的海洋領域國際規則和國際組織，也是根據《公約》，例如規制公海採礦的國際海底管理局（ISA）也是根據《公約》而設立的。[16]

引人注目的治理公海問題的全球多邊條約《海洋生物多樣性養護和永續利用的具有法律約束力的國際文書建議草案》（BBNJ）等的談判進程，代表著全球海洋治理的未來，而這一討論從2004年就開始了。第四次BBNJ問題預備委員會根據聯合國2015年6月19日通過的第69/292號決議要求，於2017年7月20日向聯合國大會提交了最終建議性文本。一旦BBNJ在聯合國開始政府間談判，大多數聯合國成員以及絕大多數公海利益攸關方將參加會議。BBNJ談判類似聯合國氣候變化框架公約談判，如果達成協議，將是海洋領域的《巴黎協定》。[17]

全球發展治理和氣候變化治理的實踐，為全球海洋治理提供了寶貴的經驗。全球海洋治理應該充分遵循全球永續發展目標，與全球氣候變化治理密切聯繫起來，尋求可行而有效的全球海洋治理之道。

聯合國體系（UN system）中包括的不少國際組織都與全球海洋治理有關。海洋科學研究及其進展是增加全球公共善的供給，在全球海洋治理中發揮著重要作用。聯合國教科文組織（UNESCO）等在組織和促進全球層次的海洋科學研究[18]上的作用功不可沒。教科文組織於1960年成立政府間海洋學委員會（Intergovernmental Oceanographic Commission），該組織除了協調聯合國各機構外，也負責長期監測世界海洋的情況，參與建立全球海洋觀

---

16 劉芳明、劉大海，〈國際海底區域的全球治理和中國參與策略〉，《海洋開發與管理》，2017年第12期。

17 https://zhuanlan.zhihu.com/p/28237719.

18 教科文組織在2017年首次發布的《全球海洋科學報告》中認為，海洋科學包括「社會科學」、「人文科學」和「有關人與海洋關係的多學科研究」，http://unesdoc.unesco.org/images/0024/002493/249373c.pdf。

測系統。

　　國際海事組織（IMO）在全球海洋環境治理中的作用十分顯著，其建立了特別敏感海域制度（PSSA），試圖以身作則，保護脆弱的海洋生態系統。PSSA指的是「需要通過IMO的行動進行特別保護的海洋區域，這些區域在生態、社會經濟或者科學等方面具有重要特性，且在受到國際航運活動的影響時十分脆弱」。[19]這個制度有可能對《公約》的海洋管理體制「進行合理修正」。[20]

　　上面列舉的並非是在行動中的全球海洋治理中的全部，實際上，全球海洋治理已經是一個全球治理體系。這樣的一個全球治理體系存在什麼問題呢？

　　當代世界的悖論，也可以說是全球治理的悖論是：高度相互聯繫、相互依存的全球化的世界，在治理上卻是各自為陣的（divided），或者碎片化（fragmentation）的，這導致了總體上的全球治理往往是失效的（failing）。[21]

　　構成全球海洋治理的各個部分之間是協同不夠的，甚至是相互競爭和衝突的。根據《公約》，在主權上，海洋分為各個區域；不僅如此，全球化的各行各業又分割了海洋，各行各業都有自己的海洋國際組織；各種海洋行動者，包括各國、國際組織和非政府組織，存在著不同的世界觀、價值觀和利益差別；各種區域性的海洋組織更是具有一定的排他性。所以，在現實中，多樣的、碎片化的全球海洋治理尚未形成真正意義上的全球海洋治理體系。「國際海洋法公約很大程度上還是依靠各成員國和現有的組織來進行監督和執行。結果就是『九龍治水』」，這是「有組織的災難」。[22]

19　轉引自馬進，〈特別敏感海域制度研究：兼論全球海洋環境治理問題〉，《清華法治論衡》，2015年第1期。

20　馬進，〈特別敏感海域制度研究：兼論全球海洋環境治理問題〉，《清華法治論衡》，2015年第1期。

21　Iwan Goldin, *Divided Nations: Why Global Governance is Failing, and What We Can Do about It*, Oxford University Press, 2013.

22　http://ghub.blog.caixin.com/archives/70680。

　　最後，前述國際秩序的總體危機也影響國際海洋秩序，加劇了看似在聯合國一統天下的全球海洋治理體系的進一步碎片化。

六、結語與建議

　　要醫治「非一日之寒」的海洋問題，就要診斷海洋問題的根源。根本上，海洋（不管是國家管轄內還是外）的問題來自陸地，海洋的問題當然也來自在「海上」和目前愈來愈在「海下」的經濟、科技和軍事等活動本身。所以，全球海洋治理要強調海洋問題的根源。

　　治理是一個政治概念和政治實踐。為什麼海洋問題需要全球治理？就是為了尋求海洋問題在政治上的根本解決之道。世界的現實仍然是在無政府的國際體系中尋求全球治理，[23]這就是全球治理的中心悖論。

　　全球海洋治理也有一個改革與發展的問題，對已經存在的全球海洋安排（尤其是《公約》代表的）實行改革是必要的和迫切的。關於《公約》的改革是聯合國改革的一部分，僅有《公約》等全球海洋安排是不足以在全球層次解決海洋問題（公地悲劇）的，需要新的聯合國主持國際海洋安排，建設新的全球安排（尤其是BBNJ代表的）。在國際合作的時代——全球公共善（global public goods）的供給[24]相對好的時期，尤其是主要的國家和非國家行為體更加願意合作和為全球公共善多做貢獻，「公地悲劇」的惡化勢頭就會降低，解決「公地悲劇」的前景就較為樂觀。但是，在國際衝突增加的情況下，尤其是目前的國際秩序危機（世界失序），全球公共善的供給減少，全球海洋治理及其前景就難以樂觀。

　　本文提出一些研究任務：

23　全球海洋委員會副主席和哥斯大黎加前總統José María Figueres，《無政府統治的海洋》，http://ghub.blog.caixin.com/archives/70868。

24　斯科特・巴雷特，《合作的動力：為何提供全球公共產品》，上海世紀出版集團，2012年。

（一）在海洋領域，如同其他領域，相對來說已經是舊的國際秩序（以《公約》爲代表的國際海洋秩序）是否也處在崩潰之中？

（二）已有的全球海洋治理（尤其是《公約》以及根據《公約》進行的全球性的海洋機制）到底如何改革？《公約》下的BBNJ、PSSA等如何超越《公約》？

（三）具有積極作用的非國家行動者以及非政府國際海洋組織，在全球海洋治理中的作用爲什麼是不可或缺的？

（四）在全球海洋治理的根本路徑上的創新。全球治理的起源是國家協奏（concert of powers）——國際會議。國際會議的結果是形成了國際公共權力（international public power），正是這種公共權力解決了國家之間存在的公共問題。[25]最早的國家協奏是19世紀的歐洲協奏體系（European concerts）。在21世紀，在海洋領域仍然沒有全球政府的情況下，協奏不同的利益（concert of interests）仍然是全球治理最現實主義的有效方法。《公約》和氣候變化全球治理之《巴黎協定》的形成和實施，都是全球協奏成功的當代案例。2017年舉行的第一次聯合國海洋大會，有助於在海洋領域形成應對21世紀的海洋全球挑戰的新的全球協奏。但是，聯合國海洋大會能否和如何成爲全球海洋治理——海洋全球協奏體系（global concerts of powers）？

（五）導致海洋「公地悲劇」的「舊發展」在世界上許多地方仍然在繼續，基於海洋的「發展」如何避免「舊發展」，成爲「新發展」。「新發展」無疑就是國際社會已經達成高度共識的「永續發展」（sustainable development）。聯合國《2030年永續發展議程》的第十四項目標是關於海洋永續發展的，如何眞正實現這一目標？

（六）國內海洋治理和全球海洋治理之間的關係。中國在國內管轄海域進行的一些海洋治理措施（如「灣長制」、「藍色海灣」、「陸源污染調

---

25 Jennifer Mitzen, *Power in Concert: The Nineteenth-Century Origins of Global Governance*, Chicago: University of Chicago Press, 2013.

查」、「海洋垃圾監測」、「生態紅線制度」）能否和如何進一步轉化爲全球海洋治理？

（七）如何形成多層次的全球海洋治理？多層治理最初來自歐盟，而多層治理非常適合於海洋治理。本文主要討論的是在全球層次上的海洋治理，但是，全球海洋治理的基層（如海灣）、地方層、國家層、地區層（如西太平洋、南太平洋、北冰洋、南冰洋等）也是一樣重要的。

（八）如何構築以聯合國爲中心的新的全球海洋治理體系？即形成至少相對統一的全球海洋治理體系？各種海洋問題的全球安排之間的關係如何協調？

（九）研究公海的責任、權利分配，形成海洋領域的新型利益協調（global concert of interests）。

（十）在國際規則缺乏和國際規則不足的領域（如深海底）的建章立制。

（十一）在全球層次把「海洋發展」與「海洋治理」有機地結合起來，驅動行動者積極參加全球海洋治理的利益及其激勵機制是什麼？

（十二）新興強國（日益依賴海洋發展的世界大國），如中國等在全球海洋治理中的價值、責任、利益、領導如何形成？

最後是政策建議：

（一）早日建立世界海洋組織。目前，一些世界性的組織，如世界貿易組織（WTO），面對著深刻的內外挑戰。在修改WTO已有規則方面，各成員國之間存在著不一致。歐洲（歐盟）國家更傾向於出臺新的規則，即「WTO+」，也就是「進攻性多邊主義」，但是，有的國家則主張維持現狀。[26]海洋領域缺乏諸如世界貿易組織的全球治理機構，需要透過談判創設這樣的全球治理機構。「德國官方智庫全球變化咨商委員會（Council on Global Change）支持建立世界海洋組織（World Oceans Organisation, WOO），來增強各國政府對於海洋的

26　縈基・拉伊迪，〈歐洲如何應對中國經濟崛起〉，《金融時報》，2018年2月2日。

管理失靈的認識，簡化和理順目前組織的錯綜糾結。」[27]這一政策建議應該得到全球各方的積極回應和大力支持。在聯合國主導下，全球海洋治理應該與全球氣候變化治理、全球金融治理、全球發展治理等置於同等地位。BBNJ不僅需要達成有約束力的全球協議，而且各國要批准和執行這一協議。G20包括G7、金磚國家（BRICS）和「中等大國」（middle powers）三大類國家集團，在全球協奏（concert of powers）方面發揮獨特作用。G20的絕大多數成員是「海洋國家」，應該在形成新的全球海洋治理中發揮重要作用。新建的國際金融（發展金融）組織，如金磚合作框架下的新發展銀行、已經超出亞洲的亞投行等，也應該在全球海洋治理中發揮重要的作用。

（二）中國政府需要高度重視全球海洋治理。除了在已有的全球海洋治理中發揮不可或缺的角色，建立世界海洋組織是發揮中國新興的國際領導作用的難得機會。中國要積極協調全球海洋治理體系中的差異與矛盾，推動國際體系形成務實而理想的，尤其是能得到合規（compliance）的一體化的全球海洋治理的新規則。在建立世界海洋組織中發揮重要作用，完全符合現在中國在「新時代」的對外政策原則——構建和實現「人類命運共同體」和積極參加全球治理。

（三）對海洋科學與技術共同體的建議。這裡的海洋科學是包括社會科學在內的海洋科學。應該從全球治理的角度調整海洋科技的目的、運作和方向，在促進海洋為基礎的人類進步與文明提升的同時，防止日新月異的技術對全球海洋環境的進一步破壞。海洋科學技術不僅要開發海洋，而且要治理海洋。也就是說，海洋科學技術不僅是為了海洋發展，也是為了海洋治理。

---

[27] http://ghub.blog.caixin.com/archives/70680.

第七章 關於「全球治理的中國方案」[*]

一、導言

中國已經提出了解決全球問題（全球治理）的中國方案的任務，[1]這是中國外交政策之重大轉變的一個重要方面。任何國家行動者都是全球問題的製造者，同時也是全球問題的解決者。問題的製造者未必願意成為問題解決者，或者，問題製造者在問題解決中往往逃避責任、減少責任、免除責任。中國決定在全球治理中發揮更大的作用，並積極提供「全球治理的中國方案」，表明中國願意承擔更大的解決全球問題的責任。

不僅如此，中國正在實踐這些中國方案，亞投行和「一帶一路」都是中國方案的概念與實踐的例子。但是，從提出任務到實踐任務，並不意味著關於中國方案的理論與實踐已經非常成熟。恰恰相反，關於中國方案的一系列重大問題尚未得到科學的回答。中國方案的性質為何？中國方案是什麼？中國方案的形成過程？誰在反對和抵制中國方案？中國方案能夠解決問題嗎？中國方案如何進入全球治理？中國提供的全球治理方案是否可行——是否有效解決全球問題（關於什麼是全球問題，人們的理解不一，這裡指國際系統面對的關係全人類存續的共同挑戰、問題、危機等。目前最大的全球問題不是別的，正是充滿爭議的全球化）？是否受到比較廣泛的接受、採納，以最低的國際反對聲音和最高的國際正當性（受歡迎程度）而導致很大範圍內的

---

[*] 本文原載《學術界》（合肥），2018年第1期「封面人物」論文。

[1] 2014年3月，習近平在德國科爾伯基金會的演講首次正式提出「中國方案」：「我們將從世界和平與發展的大義出發，貢獻處理當代國際關係的中國智慧，貢獻完善全球治理的中國方案，為人類社會應對21世紀的各種挑戰作出自己的貢獻。」此後，他又在一系列重大外交場合，不斷重申中國提供全球治理的方案。

解決全球共同問題的集體行動？中國帶頭（發揮國際領導作用）提出的方案是否有足夠的其他國家附和、追隨？中國提出的全球治理方案，與其他國家或者國際組織的全球治理方案之間的關係是什麼？中國如何協調在全球治理與世界秩序上的差異與衝突？對這些問題的研究是不夠的，儘管已經有了一些初步性質的思考。[2]

　　全球治理方案針對的是全球（有時是在全球的地區層次）的公共問題（全人類面對的共同挑戰，例如世界經濟的平衡和再平衡、核武器等大規模毀滅性武器的擴散、公海中的生物多樣性受到系統威脅、地球氣候系統的變化）。第二次世界大戰結束後，全球問題一直在增長，且一些全球問題呈現長期惡化的趨勢，但是解決全球問題的方案的有效國際供給一直不足。有人把這種局面稱爲「全球治理赤字」。[3]

　　很多全球治理方案是由國際體系中的「領導國家」提供的，這類方案可以叫做全球治理的國家方案，是在全球或者國際層面上最爲重要的公共善（public goods）的供給，是國家應盡的責任（義務）。

　　本文提出和討論關於全球治理的中國方案的兩個問題：第一，在哪些方面（議題、領域）上，中國可以提供「中國方案」？也就是說，中國能供給什麼樣的全球治理方案？第二，中國到底如何供給全球治理方案？

二、在哪些方面提供中國方案？

　　從客觀和長期看，中國在全球治理體系中有三大基本角色（作用）：改革者、創新者（建設者）和協調者。[4]在正式性上，中國是現存全球治理體

2　李稻葵主編的綜合性文集《中國方案1.0》（中國友誼出版公司，2017年）是以「中國方案」爲選題的第一本著作，該書認爲解決全球問題的「中國方案」仍然是很初期的——「中國方案1.0」。

3　龐中英，〈全球治理赤字及其解決〉，《社會科學》，2016年第12期。

4　有關中國的全球治理角色，見龐中英，《全球治理的中國角色》，人民出版社，2016年。

系的一部分，中國是聯合國及其國際組織（聯合國體系）的成員；在非正式性上，中國參加了主要的全球論壇，例如G20。中國是全球治理改革的行動者，在現有全球治理框架下，中國也持續創新，例如，中國發起成立了亞投行（AIIB）。展望未來，由於現有全球治理機構的改革乏力、進展有限，不排除中國在聯合國框架下發起成立更多類似亞投行的新興國際組織。在全球治理體系中，中國愈來愈發現自己處在「中間」地位，例如在「已開發國家集團」（由G7代表）和「開發中世界」（由G77代表）等之間；再如，在G20中，中國介於G7和金磚國家（BRICS）之間。中國的這種「中間性」使其在全球治理體系中更好地擔當協調者。

　　中國方案的供應，是由中國對待現存國際秩序的態度和政策決定的。本文認為，根據中國在全球治理的基本角色，中國方案至少可有如下類型：

（一）補充、修改、改進性質的中國方案

　　中國多次聲明不存在顛覆（推翻）、革命現存的國際制度（國際組織）和世界秩序的中國國家意圖、國家戰略和國家目標。中國不僅不顛覆現存國際制度和世界秩序，而且中國成為維護現存國際制度和世界秩序的主要力量。不過，與此同時，中國一直認為現存國際制度和世界秩序在公正性、代表性、合理性、有效性等方面是有問題的。所以，中國認為，現有的國際制度和世界秩序應該得到完善、改進、改革、修改。但是，從解決方案的角度，過去中國對如何完善、改進、改革、修改現有的國際制度和世界秩序做得並不夠。關於聯合國及其安理會的改革，中國的態度是審慎的，拿出的具體的聯合國改革方案是不夠的。2009年以來，在G20等框架下，中國在改革國際金融機構的態度上遠比改革聯合國的態度要積極和進取，也提出了一些引人注目的改革國際金融組織方案。當然，關於國際金融組織的改革並不是中國一個國家推動的，甚至也不是中國帶頭推動的。其實，國際金融組織的改革更多的是國際金融機構本身和美、英、歐盟等發揮他們的領導作用，為了調動中國等「新興經濟」參與解決全球金融危機的積極性而提供的一種新的國際安排。隨著中國愈來愈發揮國際領導作用，中國有必要提出新的完

善、改進、改革聯合國和國際金融機構的新方案。從聯合國和國際金融機構及其他成員的角度看，對中國提出的完善、改進、改革方案是有強大需求的，是有別的國家附和或者追隨的。

冷戰結束後，面對新的全球安全挑戰，有的國家提出和推動了以人為中心的「（全球）保護的責任」（以下簡稱R2P）。如今，儘管對R2P仍存異議，但是，R2P已為大多數國家接受和使用。不過，也有對R2P等新的全球安全規範批評的國家，但是，一些批評R2P的國家，不是否定這一規範，而是試圖協助完善這一規範。巴西提出了「責任保護」的倡議（The Responsibility While Protecting Initiative），對R2P進行了建設性的修改。巴西的修改在國際上產生了重要影響。追求國際領導權（發揮國際領導作用），在修改已有全球治理方案方面，巴西的經驗值得中國借鑑。

（二）把中國的國內治理方案轉化為全球治理方案

許多國家，尤其是歐盟等提供的全球治理方案，往往來自他們的國內治理或者區域（歐洲）解決方案，出口（輸出）國內方案或者歐盟（歐洲）方案一直是他們在做的。例如，政治上，歐洲國家向非洲等出口民主、善治等方案。中國剛剛開始把國內治理方案轉化為全球治理方案。即使中國這樣做了，中國與西方國家在這方面仍然不同，因為中國強調不謀求霸權、尊重他國的主權，不干涉別國內政，不強行要求其他國家採納「治國理政」的「中國模式」。但是，與中國以前的外交實踐不同的是，中國主張與其他國家分享中國的「發展經驗」。2015年9月，習近平出席聯合國成立70週年系列峰會就系統地說明了這一點，宣布「中國將設立國際發展知識中心，同各國一道研究和交流適合各自國情的發展理論和發展實踐」。中國國際發展知識中心是國務院發展研究中心的直屬事業單位，致力於研究和交流適應各國國情的發展知識，促進全球永續發展。「國際知識中心以『唯實求真、協作包容、互學互鑑』為價值理念，努力生產一批具有國際視野和水準、融匯中國發展理念和實踐的標誌性知識產品；提供一系列服務於我國發展戰略、促進全球共同發展的高質量諮詢報告；建設一支諳熟中國發展經驗、善於溝

通交流的複合型人才隊伍。」[5]這一中心的建立與運作說明，爲落實聯合國《2030年永續發展議程》等中國參加的國際協議，中國把國內治理方案轉化爲全球治理方案。

（三）替代方案

在全球治理中，不是已經存在的方案就完美無缺，不容變更。如果一個方案實施不下去，爲了解決問題，就需要替代方案（alternative solutions）。目前聯合國框架下的全球氣候變化治理的《巴黎協定》已經達成，但是，《巴黎協定》落實過程已經遇到阻力。[6]不過，從解決問題的角度，一方面，國際社會需要堅持已有的在全球層次進行氣候變化治理的共識和集體行動，並爭取達成預期的效果；另一方面，有關國家和組織更需要重新思考氣候治理的新路徑，並尋求更好、更可行的替代方案。

需要說明的是，尋求或者供給「替代方案」是全球治理中的普遍做法，與顛覆、革命現存的國際制度和世界秩序的「另起爐灶」有著嚴格的不同。在清楚地意識到已有全球治理方案的缺陷、弊病的情況下，全球治理體系中的國家行動者可以提出更可行的新方案。由於中國提供「替代方案」極其容易被誤解（被政治化）爲「顛覆」現有國際制度或者世界秩序，在提供任何「替代方案」時，中國要格外小心，並爲此做好耐心細緻的解決方案外交。

我們目前還找不到中國提供全球治理的替代方案的足夠例子，亞投行並非是世界銀行的替代。中國還需要研究其他國家提供全球治理的替代方案的經驗，並借鑑之。

---

[5] 高校人才網，中國國際發展知識中心2017年公開招聘啓事，http://www.gaoxiaojob.com/zhaopin/shiyedanwei/20170809/260466.html。

[6] 川普政府一上臺（2017年1月）就宣布美國退出《巴黎協定》。但是，美國這一決定直到川普政府下臺前的2020年11月4日才正式生效。接替川普政府的拜登政府在2021年1月宣布美國重返《巴黎協定》。所以，美國實際上退出《巴黎協定》的時間很短。

（四）折衷方案

可能既不是修改、補充，也非替代，而是折衷。折衷方案更易於爲在價值和利益方面具有衝突的各方面接受。折衷方案不是和稀泥，而是在各種方案的基礎上，對全球治理過程中的價值與利益衝突進行有效協調的方案。

折衷主義（Eclecticism）是一種重要的社會科學方法論。折衷主義導致了一系列新的社會科學理論的產生。在研究跨國公司的機理方面，英國經濟學家鄧寧（J. H. Dunning）提出國際生產折衷理論（Eclectic Theory of International Production）；在國際關係理論方面，美國學者魯德拉・希爾（Rudra Sil）和彼得・卡贊斯坦（Peter J. Katzenstein）共同提出了「分析折衷主義」（Analytic Eclecticism），試圖讓「三大主流範式」（現實主義、自由主義和建構主義）國際關係理論發生某種化學反應。

筆者主張和探討關於全球治理的折衷主義理論。中國可以根據全球治理折衷主義，在深入調查研究其他的全球治理方案的情況下，提出融會貫通的全球治理創新。儘管沒有克隆世界銀行（WB），也沒有複製亞洲開發銀行（ADB），[7]我們仍可以把亞投行看做是一種折衷主義的全球治理方案──對已有的開發（發展）金融（development finance）的經驗或者模式（世界銀行、亞洲開發銀行等）的折衷。

（五）新方案

新的全球問題需要新的全球治理，21世紀的全球問題需要21世紀的全球治理。在這方面，國內目前最感興趣的是在全球公域（global commons）治理方面的中國方案。與「舊的」全球治理領域（如金融）不同，全球公域缺少通用的國際規範、國際規則和國際制度。全球治理中的國家行動者，不管出於何種動機（無非是國家利益或者人類共同利益），均在治理全球公域方面提出不同的方案。中國要充分研究「公地悲劇」（the tragedy of

---

7 劉紅霞等，〈始終走好亞投行的「長征路」──專訪亞投行行長金立群〉，《新華全媒頭條》，2018年1月16日。

commons）及其治理原理，然後才能拿出中國方案。中國最近提出的「人類命運共同體」說，超越了國家利益，有助於全球公域問題的防範與解決。2017年1月18日在聯合國日內瓦總部召開的「共商共築人類命運共同體」高階會議上，中國國家主席習近平發表了題為「共同構建人類命運共同體」的主旨演講。他特別提到：「要秉持和平、主權、普惠、共治原則，把深海、極地、外空、互聯網等領域打造成各方合作的新疆域。」[8]在公海（包括極地和海底）、外空和網路，對全球治理新方案的需求很大。中國提出的新方案要爭取獲得國際體系其他參加者和利益攸關方的支持或相應。

三、全球治理的中國方案如何成立？

這可能是一個極其複雜的問題。並非提出的方案最終都會成立。

在內部，中國要努力協調自身作為全球問題的製造者和全球問題的解決者的內在矛盾。中國與其他國家（主要是歐美工業化、經濟先進國家）的差別，是在全球問題的形成上「貢獻」多少的歷史差別。但在歷史上對全球問題的「貢獻」少，並不是、也不應是否定中國是目前的全球問題的最大的「貢獻」者之一的理由。在全球氣候變化問題上，中國主張的氣候變化治理的規範是「共同但有區別的責任」（這一說法應該修改為「有區別的共同責任」）。由於中國已經成為全球最大的溫室氣體排放國、環境破壞嚴重、生態危機沒有得到根本扭轉，儘管中國比之工業化先驅國家（歐洲和美國）在歷史上廢氣排放很小，但中國已經無法過分地以歷史原因逃避在氣候變化治理上的責任。若不能克服這一內在的矛盾，中國可能陷入在全球治理問題上「葉公好龍」的尷尬處境中。歷史經驗是，一旦克服不了一個國家的內在矛盾，即使是美國，也會在全球治理上退步。美國小布希政府退出《京都議定書》和川普政府退出《巴黎協定》，是美國為了國內利益，不惜犧牲全球利

8　習近平，〈共同構建人類命運共同體〉，《人民日報》，2017年1月20日，第2版。

益。

　　中國在世界上的全球治理，看似好像在治理全球問題，但實際上是自身的國內治理的外部（在全球的）延伸或者擴展。中國參加的全球治理也包括在全球層面管理其在國外的「中資」企業、中國公民等——實際上是在全球範圍內進行「國內治理」。但是，在國外管理中資企業和中國護照持有者，也與原來的國內「統治」、「管轄」、「管理」等不同。在腐敗問題上，中國參與了G20等全球反腐敗機制。這意味著中國也介入了其他國家的腐敗問題的治理，但是，更多的是中國透過全球治理解決中國自身，或者源自中國但已經全球化的腐敗問題。

　　治理他者並非易事，中國的全球治理角色可能遇到相當的阻力。在世界許多地區，不僅是在美國等原來驅動和領導全球化的地方，經濟民族主義（Economic Nationalism）力量再次大興，抵制全球化的社會運動（民粹主義和民族主義）持久不退。這種「反全球化」或者「全球化」在本質上就是與「中國」（例如以來自中國的投資和移民等存在為「中國」的化身）的衝突。即使是「反對」這些「中國」標誌的全球化帶來的問題，也影響著與中國的關係。

　　中國方案要抓住重中之重。現在，世界面對的最根本的全球問題的解決方案是關於全球化的解決方案。在中國，許多人現在並不把全球化當作全球問題，這是一個嚴重的系統性的忽視，希望糾正這一忽視。全球化是我們時代（21世紀）的政治、經濟、社會最重要的挑戰。一度時間（冷戰結束時到2008年全球金融危機），在中國，全球化主要被當作「機會」加以利用。結果，全球化的陰暗面、全球化帶來的問題（如氣候變化、不可持續的開發、不斷擴大的社會不平等）被忽視或者被掩蓋起來了。中國是全球化中最重要的國家，卻沒有提出治理全球化（governing globalization）的任務，更缺少關於全球化的治理方案。

　　實際上，在世界其他地方，對全球化的研究主要不是因為全球化是「機會」，而是因為全球化是「挑戰」。

　　對全球化的挑戰性認識不足是一個深刻的理論與實踐的教訓。目前在

美歐等世界各地的「反全球化」（anti-globalization）和「去全球化」（de-globalization），對最需要全球化的持續和全球化的深入的「中國」構成莫大的根本挑戰。「反全球化」和「去全球化」實在是清醒劑，中國是到了認識治理全球化（包括治理去全球化）並提供有效的治理全球化的方案的時候了。[9]

在提供和推動中國方案時，下面幾點也許是最爲重要的：

第一，密切結合中國問題的解決討論全球問題的解決。過去近30年的全球化討論（1990年代初到現在），人們創造了一個描述全球與地方（包括國家）兩大層次之間關係的新詞——「全球的地方」或者「全地方」（glocal），即全球與地方的結合。中國與全球的關係就是一種地方與全球的結合。關於中國方案的認識論與方法論，最關鍵和最有意義的是區分與聯繫國內治理與全球治理。例如，在海洋治理上，任何對全球海洋（尤其是公海）治理有意義的國家方案，應該基於其國內海洋治理——國家管轄海區之內的治理。

第二，正是中國外交政策原則（外交政策的指導思想）的調整才爲中國方案創造了國內條件，而提供中國方案則進一步促進外交政策原則的變化。冷戰結束後，中國提出和實踐了一系列的「不」構成的外交政策原則，例如「不介入」、「不稱霸」、「不帶頭」、「不附加政治條件」等。正是這些由「不」開頭的話語構成了總體上的「韜光養晦」原則。[10]韜光養晦原則在特定的歷史時期有其合理性，但是，當中國更加需要全球治理並決定在全球治理中發揮更大作用時，這些「不」字開頭的外交政策原則已經成爲中國參與全球治理和提供全球治理的中國方案的消極因素。「不」字開頭的外交是一種不完全（自我設限）的外交，中國外交終歸是全面的外交。「人類命運共同體」目前正在成爲中國外交新的中心原則，這一新原則的確立有助於中

9　關於「治理去全球化」，見龐中英，〈在全球層次治理去全球化〉，《探索與爭鳴》，2018年第1期，第39-40頁。

10　龐中英，〈中國外交的「不」與「有」〉，《世界知識》，2015年第13期。

國供給全球治理方案。「人類命運共同體」能否具體化爲全球治理的國際規範、國際規則和國際制度，仍有待後續觀察。

第三，最後是全球治理的外交（global governance diplomacy）。[11]把全球治理與外交結合起來，在外交理論與實踐上是在20世紀後期開始的。外交愈來愈對付的議題居然是全球問題，這是傳統外交沒有料到的。外交在對付全球挑戰中當代化——全球治理成爲當代外交的主要內容之一。提供全球治理的中國方案是中國外交的新內容，在國際上推廣、談判中國方案是中國外交的新任務。提出中國方案（act）後，國際社會（尤其是其他國家）要對中國方案做出反應（react），接下來是中國與世界圍繞著中國方案展開的互動（interact）。經過這三個過程——行動、反應、互動後，中國方案才進入了全球治理進程中。從籌建到正式建立（2014-2016年），亞投行就經歷了這三個過程，是全球治理的中國方案富有價值的案例。

四、結語

筆者是最早主張中國提供全球治理的中國方案的學者之一。[12]現在我們終於看到了中國提供中國方案的行動——中國走到了爲全球問題的解決提供方案的歷史時刻。提供全球治理方案標誌著中國參與全球治理進入新階段，不過，研究者從提供全球治理方案這件事可以提出很多新的研究問題。但是，如同本文上面討論的那樣，對中國提供全球治理方案有關的理論與實踐問題的科學研究，只是結束了開始階段。

另外，中國方案不是孤立的，而是在全球解決進程中與其他全球治理中

---

[11] 加拿大學者Andrew Cooper等是研究「全球治理」與「外交」之間關係的先驅學者。Edited by Andrew F. Cooper, Brian Hocking, and William Maley, *Global Governance and Diplomacy: Worlds Apart?* Palgrave Macmillan, 2008。

[12] 龐中英，〈中國崛起必須向世界提供問題解決方案〉，《中國與世界觀察》，2011年第2期，http://www.ccwe.tsinghua.edu.cn/upload_files/file/20150614/1434245285069072628.pdf。

的國家行動者、國際系統和非國家行動者互動的結果。本文沒有討論中國方案面對其他國家行動者、非國家行動者的反應（interaction）。這種反應可能是其他國家行動者、非國家行動者的反對、異議、抵制、反制、競爭等衝突情形。以亞投行和「一帶一路」爲例，美國、日本、印度、澳大利亞等國家的反應，可以歸類到與中國衝突的類型。

第八章 關於國際領導作用的悖論

一、導言

　　中國終於開始追求國際領導（權力、地位、能力）。[1]這是中國外交政策在經歷了長達20多年（1991-2012年）的「絕不當頭」（不帶頭）[2]後再次在國際上「出頭」（中國至少在1950年代曾經「出頭」，[3]而在1960年代則向世界「輸出革命」），這無疑是中國外交政策最大的變化之一。

　　中國的國際領導行爲（確切地是對國際領導的探索）包括：加強在聯合國的存在和對聯合國的貢獻，「介入」（intervention）以前唯恐避之不及的一些領域（areas）的麻煩、危機和衝突。在聯合國氣候變化治理中擔當領導，儘管這一領導仍然是在「共同但有區別的責任」的規範下進行的，實質上是在多邊氣候治理體制中，以解決嚴重的國內氣候環境問題爲主而對全球氣候變化治理的貢獻。在聯合國主導的「全球發展」上擔當領導，因爲對廣大開發中國家來說，中國而不是原來的「已開發國家」成爲他們需要的「不附加政治條件」的「發展援助」的最大來源。但是，「不附加政治條件」的發展援助對現有的全球發展治理體系構成很大的衝擊。在一些沒有西方國

1　筆者是最早主張中國追求國際領導（地位、作用、權力）的研究者。見龐中英，〈效果不彰的多邊主義和國際領導赤字——兼論中國在國際集體行動中的領導責任〉，《世界經濟與政治》，2010年第10期。

2　鄧小平1990年12月強調指出：「我們千萬不要當頭，這是一個根本國策。這個頭我們當不起，自己力量也不夠。當了絕無好處，許多主動都失掉了。中國永遠站在第三世界一邊，中國永遠不稱霸，中國也永遠不當頭。」見中共中央文獻研究室編，《鄧小平年譜（1975-1997）》（下），中央文獻出版社，2004年7月初版，第1346頁。

3　「出頭」一詞引自何方，〈親歷中國外交政策的歷史轉折〉（上），《人物雜誌》，2011年第7期。

家，尤其是沒有全球霸權的地區組織中，例如正式的上海合作組織（SCO）和非正式的金磚國家（BRICS）中，中國擔當了領導。在不「另起爐灶」的情況下，卻前所未有地發起成立了新的不同於世界銀行（WB）和亞洲開發銀行（ADB）的國際金融機構。至於提出和推動「一帶一路」倡議，則更是史無前例的國際領導。

目前，中國的國際領導有兩個特徵：第一，中國試圖在國際規則的制定，尤其是在新領域的國際規則的制定中發揮「塑造」作用——規則的制定者；第二，中國的領導行為或者領導能力並不意味著中國已經占據了國際領導地位。目前，無論是在地區層次還是全球層次，中國尚未占據國際領導地位，最好的情況也許是在「接近」或者「靠近」這個領導地位。

在未來，中國是否主動追求國際領導地位？在走向國際領導地位的過程中，中國需要克服何種困難？內在矛盾（inherent contradictions）或者內在侷限（inherent constraints）並非中國獨有，其他國家，包括美國在內，在對外追求時都會遇到同樣的問題。在研究中國國際領導議題時，對中國存在的內在矛盾的深入分析是十分必要的。

二、中國對國際領導的追求是否將走向全面和領先？

在2006年至2017年期間，北韓進行了六次核子試驗。中國外交部相應地發表了六份譴責北韓核試的聲明。其中，在第一次聲明中，中國罕見地用了廣泛受到關注的「悍然」兩字。但此後的聲明，包括2017年9月3日的聲明，中國沒有再次使用「悍然」，從這個角度看，譴責北韓核子試驗的力度都沒有達到第一次那麼大。中國一直認為，儘管「中國當然也是解決半島核問題不可或缺的重要一方」，但是，中國一直堅持，北韓核武問題是北韓與美國之間的問題，「半島核問題的主要當事方是北韓與美國兩家」。[4] 儘

4　見中國外長王毅在第十二屆全國人大五次會議新聞中心舉行的「中國的外交政策和對外關係」

管中國是「六方會談」（Six Party Talks）的主席國，但中國僅是向其他五國，尤其是北韓與美國提供了「好場所」（good office），即協助──斡旋或者調解。北韓多次核子試驗，直接影響、侵害了中國（尤其是中國東北地區和環渤海地區）的國家利益和社會穩定，是中國東北經濟長期衰落和人口（人才）流失的最重要外部根源。但是，中國一直堅持不超過「斡旋」方的角色。[5]

我們必須承認，不管如何定義國際領導，擔當六方會談的唯一主席國是中國充當國際領導，這是中國國際領導的重要案例。不過，六方會談不能說是中國單獨發起（initiate）的，而是中國與美國等磋商，從三方會談逐步演變過來的。

中國在北韓核問題上的行為說明，在北韓獲得核武器的過去20多年，中國在事關全球核武（擴散）治理上擔當了不充分（不全面）的國際領導。

中國在與北韓核武問題同期的伊朗核問題，以聯合國安理會常任理事國的身分參與了有關協議的達成（《伊核協議》）。從這個意義上，中國是解決伊核問題上的一個國際領導。聯合國安理會常任理事國是中國最為重要的國際領導地位，但是，與北韓核問題一樣，中國一直認為伊核問題的主要當事方是伊朗和美國，在歐盟和德國於該問題上充當美國和伊朗之間的領導的時候，中國以及俄羅斯僅僅是這一協議的國際保證人（目擊者）而已。

中國不充當全面的領導可能是擔心國際領導的失敗及其後果。號稱是國際領導的美國，在解決北韓追求核武器和核國家地位上的國際領導，並不是成功的而是失敗的。[6]美國的失敗對中國不願意擔任充分的國際領導之間存在什麼關係？這一問題要透過實證研究回答。

記者會的發言，2017年3月8日，北京，http://www.xinhuanet.com/politics/2017lh/foreign/index.htm。

5　傅瑩回答了中國為什麼不能在「管住」北韓上負起更大責任，見其《朝鮮核武問題：過去、現在和未來》，布魯金斯學會，2017年4月30日，https://www.brookings.edu/wp-content/uploads/2017/04/north-korean-nuclear-issue-fu-ying.pdf。

6　見美國芝加哥大學歷史系教授布魯斯‧庫明斯（Bruce Cumings）在北京的講座：「美國的對朝政策：70年的失敗」，2017年9月13日，清華大學蘇世民學院。

　　國際領導意味著對全球（世界）的重大挑戰承擔主要責任（義務），是全面的領導。核安全和核不擴散是全球和平與全球安全上最重大、最緊迫的議題。在未來，中國是否將在應對這些重大全球挑戰方面發揮全面的和領先的領導作用？

三、從全球化的悖論到國際領導的悖論

　　以下，本文進一步討論中國存在的內在矛盾是如何制約了中國發揮國際領導（作用）以及中國追求國際領導地位，這是關於中國的國際領導議題的一個國內事務視角。

　　從1980年代（冷戰結束前夜）以來，中國對待全球化的態度、認識和政策經歷了複雜而曲折（反復）的演變。中國一開始並不是今天這樣的喜歡、擁抱、急需全球化的。在充分注意到世界範圍內全球化的「放慢」、「倒退」和「危機」的同時，中國開始支持全球化，甚至要推動「新全球化」，使用「一帶一路」等工具驅動「新全球化」。在全球化的世界，影響全球化的方向和結構是具有相當的國際領導能力的國家行動者（state actor）才可以做到的。中國目前談論的「引導全球化」、「實現全球化再平衡」、「糾偏全球化」就是在發揮國際領導作用。儘管中國尚未有明確的國家的全球政策（a state's global policy），但「一帶一路」等可以看做是中國的全球化政策（policy on globalization）。

　　在本體論上，中國談論的全球化主要是「經濟全球化」。在認識論上，中國不提、忽略中國自身也存在著其他國家的「反全球化」現象或者行動。儘管中國使用了「全球化」，但其含義實際上仍然等同於「國際化」。中國很少談國際上的「非國家行動者」（non-state actors），雖然中國在國內立法管理早已大量存在來自其他國家和地區的非政府組織（NGOs），但這樣關於全球化的本體論和認識論是否將有效阻止全球化的放緩、抵制其他

國家的「去全球化」（de-globalization）政策？是否有效對付全球化在全球
範圍的危機（globalization crisis）？

　　國際領導意味著非常負責、智慧和妥善地處理（協調、平衡）國家利
益的狹隘性和自私性與扮演國際領導（如提供更多的國際公共產品，同時控
制國家對全球公域的損害，甚至減少「貢獻」全球公害）之間的不一致和矛
盾。

　　在現實中，中國正在世界上處在這樣一個長期階段，即竭力維護中國的
主權利益（權益），與一系列中國的「周邊」國家，從日本到印度、從韓國
到印尼等發生了激烈的權益之爭，尤其是「海洋權益」之爭。

　　中國的對外貿易（仍然主要是貨物貿易）和對外直接投資（FDI）愈來
愈大，已經是世界上最大的通商國家（trading nation），中國更加需要貿易
和投資的全球自由化。但冷戰結束後，尤其是經過多次「波浪」的「民主
化」後形成的新的國際體系，恰恰構成對貿易和資本自由化的政治制約（儘
管這種政治制約還不足以制衡全球化在民主國家的負效應）。許多選民試圖
借助民主來應對（平衡）全球化帶來的挑戰、問題。即使對於一些威權主義
的國家，如新加坡，爲了應對全球化的挑戰，也不得不採納更進一步的民主
治理。當然，在民族國家框架下的民主（國內治理），需要有全球治理的密
切配合才能有效應對全球化帶來的問題。全球治理還不是「世界政府」、
「世界國家」或者「全球民主」（global democracy）。在一些美歐國家，
選民針對全球化帶來的問題，已經透過民主做出了一次次的回應，甚至發生
了一些令人不可思議的「黑天鵝事件」（如2016年英國舉行公投決定退出
歐盟和美國選出了普選票不足的川普爲美國總統，如同英美兩國當年領導全
球化一樣，今天他們領導全球化退潮）。

　　「全球化的悖論」（國內政治、國家主權和全球勢力──全球化之間
的折衷）[7]說明，在全球勢力和國內勢力之間的國家（這裡指民主國家）的

7　羅德里克（Dani Rodrik），《全球化的悖論：民主和世界經濟的未來》（*The Globalization
　Paradox: Democracy and the Future of the World Economy*, 2011）。

處境是十分微妙的。全球化的悖論並不僅僅存在於歐美等高度全球化的經濟中，在中國等高度全球化的「新興經濟」中一樣存在，只是這個問題尚未得到熟悉中國等「新興經濟」情況的全球化研究學者給以足夠研究。筆者的觀察是，在全球範圍，尤其是在政治經濟轉型的「新興經濟」，有的政府長期採取「親」全球化勢力的政策，即支持金融、企業（公司）的高度流動（全面「對外開放」），大大降低外資在本國的交易（包括運營）成本，與享受國民待遇的外資組成了事實上（相對）穩固的聯盟，改善外資的投資環境，而社會力量又很難有效透過政治過程監督和平衡這樣的聯盟，社會（包括勞動力及其家庭）承擔了過高的全球化代價（如環境），導致全球化在國內政治上也一樣發生問題；而如果採取「親」社會、「親」勞動力的政策，則可能得罪投資者等全球勢力而影響經濟成長甚至就業。

中國在過去30年採取了「親」全球投資者的政策，通過「低人權優勢」等，以及把生態環境的代價交由普通農民、市民承擔，構築了一個本國權勢者和全球勢力的同盟，這一同盟是過去30多年全球化的一個中心特徵。這一類型的全球化，以西方為基地的全球公司也是主要受益者。例如，中國積累起來的美元資本（外匯）又投資美國。借用蘇聯和中國等的計畫經濟時代的「貨幣回流」概念，全球的美元最終都「回流」美國。以前的美元回流美國是從中東如沙烏地阿拉伯和日本等國家回流，如今則是從中國等「回流」美國。利用中國價廉物美的勞動力和低環境標準等資源「（在）中國製造」（made in China）普惠在西方的消費者，本來以此穩定了西方的社會。但是，西方的「反全球化」者故意忽略了這一點，而是強調中國等導致了他們的失業等損失。中國的消費者面對著食品安全等問題，但是，透過國家之間的安排，「（在）中國製造」出口到其他國家的「（在）中國製造」並不存在食品安全等問題。中國國內的收入不平等問題普遍比歐美嚴重，受到全球化消極影響的中國普遍人民，卻難以透過國內政治和國際政治進程應對全球化的衝擊。

如今，「走出去」的中國國有資本要求全球化標準的運營環境（21世紀的「自由貿易」），卻遭到了西方以「國家安全」為理由，對這些中國國

家資本進行各種制約。

於是，「一帶一路」倡議就不得不避開以「國家安全」限制中國國家資本的美歐澳等，而是深入到了非西方的廣大地區，例如東南亞（新加坡是「一帶一路」最大受益者）、非洲、拉美、南太平洋等。但在有些非西方地區，例如與中國一樣的「新興大國」的印度，「一帶一路」進展並非順利，印度與中國圍繞著「一帶一路」發生了激烈的戰略衝突。

這一輪全球化中，中國不是領導（主導）者，領導（主導）全球化的是美國、英國以及歐盟，以及亞洲的日本、韓國，甚至香港和新加坡。如今，中國要做全球化的領導（主導）者，可能遭到來自原來的全球化領導國家的抵制。這是具有諷刺意味的歷史性轉變，這一點在中國發起設立新的國際金融組織亞投行和「一帶一路」中已經得到充分體現，除了英國和其他歐洲國家有條件支持並積極參加亞投行外，美日等仍然反對或者至少抵制亞投行和「一帶一路」。

中國支持和領導全球化遭遇的抵制反映了國際領導的悖論。「己欲立而立人，己欲達而達人」，中國追求國際領導不僅受到國際阻力，也遇到內部制約。

中國似乎十分強調，甚至過度強調自己的「發展需求」、「國家利益」、「戰略需求」、「安全需求」。根據羅德里克的「全球化的悖論」，對主權的強調本身不利於全球化，這一輪全球化要「化」的對象恰恰是主權。中國驅動或者推動的「新全球化」到底怎麼對待主權？在中國驅動下，全球化是否將與主權和平、協調地並存？主權是否可以有效地防止全球化帶來的問題？

全球化是當代最大的全球問題。我們需要從全球問題的角度理解全球化。全球化帶來問題，中國是全球問題的主要來源國家，即中國已經與美國一起成為全球問題的兩個最大製造者。在氣候變化領域，2015年中國參加聯合國氣候變化巴黎大會。與2009年中國參加聯合國氣候變化哥本哈根大會的最大不同是，中國在巴黎最終坦承自己是全球氣候變化的主要根源之一，並承諾為此採取措施（不過，其只是告訴世界，在氣候情況變好之

前，氣候形勢還將惡化，因為中國在2030年排放達到峰值後才開始減少排放），簽署並堅持了《巴黎協定》。但是，全球問題的製造者變成全球問題的解決（治理）者，並非易事。這一點在美國表現得淋漓盡致，中國難道是一個例外？中國在解決全球氣候問題（全球氣候治理）上到底是什麼樣的、什麼性質的國際領導？

中國確實在「深度參與全球治理」──甚至在其中發揮領導作用。但是，這樣的領導作用總是有其侷限性的，而且從長期看，此種侷限性並不會消失。第一，如上所述，中國參加全球治理成為其維權（權益）以及擴權（如追求海權）的方式，是無可厚非的。美國的經驗表明，由於以國際領導的名義追求了、實現了太多的國家私利，其國際領導地位慢慢地就不成立了，其國際合法性（international legitimacy）慢慢地就流失了，而其追隨者也就慢慢散去了。中國在參加全球治理時，說的是要以解決全球問題、提供「國際公共產品」（公共財產或者國際公益）為目的的，但是，實際上追求的是本國在國際權力結構中的地位（如在國際金融機構中「投票權」──「話語權」反映的地位）和實現其他國家利益（主權和安全），那麼，這樣的參與全球治理不是與中國的國際領導近了，而是遠了。即使中國在國際上擔當某種領導，也難以有真正的跟從者。

例如，在「新疆域」（這一新出現的中文話語就極其容易被誤解）議題上，在中國，人們把兩個問題混為一談。第一，認為「新疆域」是國家利益（國家安全）的拓展，強調的是在這些尚未形成足夠的、普遍接受的全球治理的規則、規範和制度的領域中，中國要參與規則、規範和制度的制定，以便實現國家利益或者國家安全的拓展（把對自己認為「有利」的東西「塑造」成為規則、規範），而不是強調「新疆域」的非國家主權和非排他性；第二是「新疆域」治理（包括在國家管轄範圍內的治理和國家管轄之外的治理），即全球的有關利益和道德（正義）等攸關方採取集體行動，避免「新疆域」的「公地悲劇」惡化。前者與後者是兩個問題，但目前在中國卻高度地混在一起。既然是中國國家利益（國家安全）的新拓展，自然就把原來的國內治理延伸到了「新疆域」，這就帶來了中國也參加了對「新疆域」的實

際爭奪，惡化了「新疆域」存在的「公地悲劇」。如同其他國家行動者，中國參加「新疆域」的全球治理也難以做到「大公無私」。「新疆域」確是中國追求國際領導的機會，但是，中國能抓住這個機會嗎？

中國能幫助減少「公地悲劇」？還是加劇「公地悲劇」？中國是否遵從「集體行動的邏輯」領導全球治理的參加者克服「公地悲劇」？還是中國「費力不討好」，根本不被尊重和承認為全球治理中的國際領導，因為中國發起的倡議事實上沒有有效的「集體行動」？

四、國際介入問題

從規範和道德的角度，國際領導意味著為匡扶秩序、主持正義等而進行的「國際介入」。中國並沒有放棄原來的「不干涉」原則，如同其他國家沒有放棄「不干涉」一樣。「不干涉」對中國仍然具有抵禦外國干涉中國內政的作用，堅持該原則就是維持現存國際秩序。不過，由於中國主張積極參加全球治理、推進建設「人類命運共同體」，以及保護「海外中國」的日益增大的利益，實質性的「介入」不可避免。美國以國際領導的身分透過軍事等強制力量（coercive）和非軍事的「軟實力」（soft power）等「介入」。美國「介入」是為了維持一些支持現有世界（國際）秩序的規範（國際規範是公共財），這些規範包括「保護的責任」（R2P）和「航行（飛行）自由」。在「保護的責任」上，美國介入了敘利亞衝突等，而在「航行自由」上，美國介入了南海爭端。中國借助已有的美國主張的這些國際規範介入全球問題上是困難的，這不僅是因為中國仍然批評美國等藉口「保護的責任」或者「航行自由」干涉其他國家的內政或者國際爭端，而且因為這樣的介入並不一定會獲得美國、新加坡（在南海問題上，新加坡批評中國介入一些東協國家的內部事務）等的諒解或者默許。但是，「保護的責任」和「航行自由」這些國際規範對中國實際上也利莫大也。在維護中國的全球存在時，從

理論上講，中國也應該使用已有存在正當性的國際規範。不過，中國要妥善使用已有國際規範進行國際介入，可能要對一些規範進行修改，而要修改，則要介入和發起有關國際過程。巴西等國家在「保護的責任」等上有其不滿的地方，但並未如中國那樣與美國發生激烈衝突。為了成為聯合國安理會常任理事國，巴西對西方主張和主導的「保護的責任」進行了建設性的修改，提出了「責任保護」倡議（The Responsibility While Protecting Initiative），該倡議在國際上產生了重要影響。領導國家是生產、組織、提供、維護國際規範等公共財的國家，其「介入」其他的事務的理由是維護國際規範。順便一提，創新的國際規範是非常不易的，但修改已有國際規範是相對容易的。無論是創造還是修改國際規範，都不是一般的國際行為，而是國際領導行為。

五、克服內在矛盾

實際上，即使是美國，也存在著其發揮國際領導中的內部制約。存在發揮國際領導的內部制約是正常的，關鍵的問題是：如何克服走向中國國際領導的內在矛盾？

第一，從長達接近40年的參與全球化（「全球化在中國」、「中國被全球化」、「中國對世界的全球化」等）經驗中，中國應該認識到上述羅德里克指出的那種「全球化的悖論」以及其他種類的全球化悖論。在沒有意圖和能力緩解「全球化的悖論」前，人們最好不要提出「中國驅動的全球化」或者「新全球化」。這樣的提法如果轉化為政策，非但不能做到國際領導，反而會引起兩大後果：一是引火焚身，成為「反全球化」或者「去全球化」更加明確的攻擊或者針對的對象；二是容易被誤解為「另起爐灶」，即被指責為中國矯枉過正，不是在現有世界秩序框架中解決全球化存在的問題，而是追求新的、替代性的國際安排，這種新型的國際安排與原有的全球治理之

間可能產生緊張和衝突。中國最好的提法是治理全球化（governing global-ization）和治理「去全球化」，即有針對性地解決全球化帶來的問題，例如全球化隱藏的強者的進攻性「經濟民族主義」、擴大的收入不平等、全球化對合理的國家主權的侵害與空洞化、全球化對民主的制約、全球化對腐敗、避稅提供的方便等。治理全球化要發揮政府的作用，但是，政府也要重視和鼓勵非政府力量（尤其是公民社會）的作用。中國政府應早日提出和實踐治理全球化的任務。

第二，在已有的規則上，中國如果不滿已有規則，則可以帶頭修改之。而在新的國際規則形成中，中國可不再被動參與，而是主動塑造。但中國在國際政策上，是否充分聲明了擁抱和支持「規則為基礎的開放的國際秩序」（rules-based open international order）？目前，規則為基礎的國際秩序（以各種多邊體制為標誌）陷入大危機中。支持規則為基礎的國際秩序是中國行使國際領導作用的機會，但在規則為基礎的國際秩序中的領導作用，主要不在於主導或者控制國際規則的形成（強加自認為「有利」的規則或者在領導作用中夾帶私利，遲早也是會傷及其領導地位的），而是在於尋求、支持具有正當性的普遍歡迎和普遍需求的國際規則。

第三，提供「全球治理的中國方案」就是發揮國際領導作用。但是，提供了方案（處方），並不自動意味著就能解決問題（全球治理）。從方案轉化為全球治理有很複雜的過程，比如「一帶一路」的成功取決於很多國家參加的集體行動（「共建」和「共用」）。「全球治理的中國方案」是一種結果，在尚未解決問題前，不能自我表揚為「全球治理的中國方案」。以全球治理為目的進行國際貢獻的國家方案，是受到國際社會歡迎的，但是，為實現國家利益（國家目標）的全球治理方案往往要受到質疑並進而在推進過程中遭遇很大的阻力。後者實際上達不到全球治理的目標，反而帶來新的全球問題。

第四，對於中國來說，仍然需要把全球治理中的規則、規範和制度等轉化為國內治理的規則、規範和制度，以確保國內治理的成功。在「改革開放」年代，中國轉化了很多的國際規則、國際規範和國際制度為國內治理的

規範、規則和制度，加速了中國國家治理的現代化。如今，中國開始治理世界了，但這並不意味著中國就停止了轉化全球治理中的規則、規範和制度為國內治理的規則、規範和制度。中國在全球治理中的領導作用，依靠的恰恰是國內治理的成功。

第五，作為國際領導，必然要國際介入，國際領導就是國際介入。國際介入可能有助於增加中國的國際領導能力和改善中國的國際領導地位，但是，要針對不同的領域（地區、國家）和議題區別對待國際介入議題。在東協等亞洲地區，「不干涉內政」仍然是基本的國際規範，但是，與以往不同的是，「不干涉內政」與「干涉」不再是相互排斥的，而是有條件並存的，甚至是積極互動的。

六、結語

國際領導是中國面對的外交政策挑戰之一。中國欲領導、中國能領導、中國行領導，但中國是否將獲得領導地位？

在有的領域，主要是經濟的、環境（氣候）的與（永續）發展（包括如何發展，如新的開發融資）的，由於中國目前擁有的比較優勢，中國完全可以擔當全球領導，也會獲得國際上的承認。但是，這取決於中國能否在全球化危機和世界秩序危機（至少是困難）時刻提出真正可被接受的有效的「中國方案」，並帶頭「最佳實踐」（best practices）之。[8] 中國是否已經按照充當國際領導的新外交政策目標，在這些領域探索和追求實際的國際領導？這是不確定的。不過，即使在這些可能的、可行的國際領導領域中，中國的國際領導也受到內外制約，面對著如同其他領導國家遭遇的國際領導悖論。

而在有的領域，主要仍然是安全的，例如在北韓核武問題上，中國要追

8　「最佳實踐」是新的國際金融機構，如亞投行設定的目標，這一目標比已有的世界銀行等的實踐更高。

求和充當國際領導主要面對著更大的制約。[9]不過，在聯合國維和，尤其是在非洲的和平與安全中，中國的國際領導地位因爲意願的堅定、能力的增加和持續的國際需求，以及幾乎毫無大的國際障礙而持續加強。

　　本文指出制約中國國際領導（作用或者角色）的幾個內在因素，對於理解發生中的中國國際領導和未來名副其實的中國國際領導是十分重要的。在強調中國在新的條件下發揮國際領導中的重要性時，不能誇大中國現在和未來的國際領導作用。畢竟，中國的國際領導經驗不足，尚未創造出不同於美國的國際領導的新國際領導模式。而且，中國一旦選擇追求國際領導，將引發美國、歐盟（歐洲國家），甚至印度、巴西等的不同反應以及反制。這些國際反應對中國國內政治的影響是什麼？中國是否因此在外交政策決策上是全面追求國際領導，還是只追求一種有限度的結構性但永續國際領導？

　　需要指出的是，在追求國際領導地位或者發揮國際領導作用時，並不是只有中國才受到內部侷限或者內在矛盾的制約。美國等的經驗表明，國際領導總是受到其內部侷限或者內在矛盾的制約，[10]這是國際領導之悖論最爲重要的方面。

9　John Pomfret, "The Real Reason China Won't Turn against North Korea," *Washington Post*, September 8, 2017, https://www.washingtonpost.com/news/global-opinions/wp/2017/09/08/the-real-reason-china-wont-turn-against-north-korea/?utm_term=.621d1c7286bf.

10　「軟實力」概念的首造者奈伊（Joseph S. Nye, Jr.）並不如「政治正確」者那樣避諱「美國衰落」，他在美國2003年開始伊拉克戰爭後，即認爲有必要面對美國「軟實力」也可能「衰落」（Joseph S. Nye, Jr., "The Decline of America's Soft Power," *Foreign Affairs*, May/June 2004, https://www.foreignaffairs.com/articles/2004-05-01/decline-americas-soft-power）。在這篇〈美國軟實力的衰落〉的文章中，他指出了制約美國以「軟實力」介入全球事務的美國國內因素。這是他後來提出「巧實力」（smart power）的主要理論依據，「巧」即在對外投射實力（包括軟實力）時要竭力克服國內制約。但「巧實力」屬於力量使用的策略或者藝術層面，在改變實力的趨勢方面是有用的，但也是有限的。

第九章　「去全球化」是長期趨勢還是暫時現象？

　　我們不僅需要嚴肅地看待去全球化（de-globalization），而且需要思考如何治理去全球化。

　　去全球化與全球化一樣，都是高度複雜的，是複雜性科學的研究對象。與理解全球化一樣，理解去全球化，也並非易事。開展對去全球化的科學研究，以理解和治理去全球化。

　　全球化是全球問題，去全球化也是全球問題。儘管仍然有不少人堅持認為，全球化是去除不了的，他們為全球化注入寶貴的信心：目前的全球化後退不會是全球化逆轉。但是，在現實中，在局部上，全球化正在被去除（de-globalzation）。問題是，「去全球化」是長期趨勢還是暫時現象？

　　這令人想起去殖民化（de-colonization）。去殖民化是從1945年後正式開始的，但是，去殖民化卻持續了很長一段時間。香港和澳門在1990年代末才在主權上回歸中國，從中國的角度，香港的去殖民化並未完成。而在非殖民化初期誕生的印尼，卻於1970年代在東帝汶進行新的殖民，即取代葡萄牙在東帝汶的殖民。東帝汶從印尼正式獨立是21世紀剛開始的故事（1999-2001年），而從心裡上去殖民化，則更是非常不易的。

　　回到去全球化的本文主題，在世界上一些地方，去全球化應該被判定為已經正式開始，典型的去全球化被認為是英國脫歐（Brexit）。[1]英國在1973年加入歐盟的前身歐洲共同體（EC），在1975年全民公投確認了英國成為歐共體成員。從柴契爾夫人執政（1979年）開始到脫歐（2016-2019年），英國從全球化的主要推動力量轉變為去全球化的帶頭力量。

1　例如，英格蘭銀行行長卡尼（Mark Carney）認為「英國脫歐就是去全球化」，https://www.ft.com/content/9b37cf6e-9c82-11e7-9a86-4d5a475ba4c5。

　　除了英國脫歐，在其他很重要的地方，去全球化也在進行著。在被廣泛認為全球化「最大受益者」的中國，對全球化的逆反，似乎並沒有歐美那麼顯著。一般都注意到中國在全球化中受益很大的事實，但卻常常忽略中國遭到的全球化挑戰和全球化帶給中國的問題。至於對全球化帶給中國的問題的研究則是一片空白。中國面對的氣候變化和中國的收入不平等，也許比美國等地方還嚴重。之所以美國等有而中國很少有不斷出現的「反全球化」運動，僅是因為中國政府投入巨大的「維穩」。在中國積極參加全球化或者全球都在參與在中國的全球化的時代，關於中國的民族主義（Nationalism）的研究成為國際中國學的「顯學」，中國民族主義被普遍認為上升了。全球資本認為中國投資環境惡化，「外資正在撤離中國」成為中國必須面對的大問題。民族主義和全球資本撤離是否為推動在中國「去全球化」的主要力量？在中國，如果執政黨和政府正在努力支持「全球化」的繼續，[2]那麼，又有什麼力量在驅動「去全球化」？

　　如同去殖民化，在某種意義上，去全球化也許應被理解為是有一定理由的、合理的、必要的。因為這40年的全球化已經積累起極其嚴重（從人類及其文明的存在的角度，有些問題可能是致命的）的問題，例如金融不穩定（financial instability）、氣候變化（climate change）和撕裂社會的不平等（inequality）以及發展的不平衡（uneven development）。

　　必須指出的是（這一點在嚴肅的研究中是忽略的），英國參加的歐盟（蘇聯解體後的第二年，即1993年，歐共體升級為歐盟）是對全球化的一種在地區（歐洲）層次上的回應、治理。從歐洲的角度，這一回應也許是不足的，但是，假如沒有歐盟，歐洲各國受到全球化的消極影響可能更大。而在世界其他地區，並沒有如歐盟這樣真正在地區層次對全球化治理的組織。

2　被廣泛讚揚的習近平在瑞士達沃斯世界經濟論壇（WEF）演講，https://www.weforum.org/agenda/2017/01/full-text-of-xi-jinping-keynote-at-the-world-economic-forum。而中國的「一帶一路」是支持「全球化」主要行動。Shang-Jin Wei, "Economic Case of China's Belt and Road," https://www.project-syndicate.org/commentary/china-belt-and-road-economic-case-by-shang-jin-wei-2017-10。

亞洲就一直缺少在地區層次上有效回應全球化的集體行動。當然，在金融等領域也存在一些地區合作，例如清邁貨幣合作（CMI），儘管亞洲金融合作不是日本一度希望建立的亞洲貨幣基金組織（AMF）。

英國或者其他歐盟國家去全球化必須首先去歐盟化（de-europeaniza-tion）。一個重大問題是，如同英國脫歐表明的那樣，在西方工業國家，去全球化是否是在國家層面透過政治、社會力量解決全球化帶來的問題（problems）的方式（途徑）？

假如去全球化被接受為解決全球化造成的問題的主要方法，那麼，過去40年的主題是全球化，未來40年世界的主題之一難道是去全球化？

人們廣泛希望和熱烈呼籲的與全球化配套的「全球治理」（global gov-ernance）沒有充分到位。「全球治理」是短缺的、無能的、衝突的（當然，在各行各業，存在著各式各樣可以叫做全球治理的東西，具體來說是各式各樣的國際安排、國際規則和國際慣例，但是，愈是增多的各式各樣全球治理，全球治理就愈是碎片化，即各個全球治理機制之間的協調與合作不夠，甚至失敗）。

全球化的內在悖論（globalization paradox）一直存在，[3]而且趨於惡化，對全球化悖論的認識是十分滯後的。正是全球化悖論，導致了目前的去全球化。

在國內治理方面，從1990年代初開始，在原有民主國家的基礎上，絕大多數國家進行了民主化（democratization），但是，不管是老民主（如美國）還是新民主，儘管其初衷之一都是為了更好地回應全球化的挑戰，但是，目前在各國的政治過程中發生的事情表明，民主和民主化尚未對全球化帶來的問題進行有力的制衡。英國離開歐盟的理由之一，是歐盟這一英國參

3　對「全球化悖論」做出最重要研究的學者中，羅德里克（Dani Rodrik）強調了「全球化的三重困境」（globalization trilemma），即「經濟全球化、政治民主化和民族國家」。見其〈歐洲的政治悖論〉，http://economistsview.typepad.com/economistsview/2010/05/europes-political-trilemma.html；〈英國退歐與全球化的三重困境〉，http://rodrik.typepad.com/dani_rodriks_we-blog/2016/06/brexit-and-the-globalization-trilemma.html。

加的體系，沒有很好地幫助那些投票支持英國脫歐的人面對全球化困境。

全球治理是介於民族國家及其組成的體系，與世界政府或者全球國家之間的東西。民族國家及其國際體系顯然不足以治理全球化，大多數人民與其國家又不願意建立世界（全球）政府，為了解決共同的全球問題，才發明出全球治理這個折衷但超越現存國內和國際政治的東西。

那些說全球化將繼續前行的人，顯然嚴重忽視了全球化的內在困境或者悖論，甚至一些堅信全球化將無往不勝的人，可能根本不知道全球化的內在困境。

具有諷刺意味的是，解決全球化的內在困境的力量不是別的，正是由導致川普等在美歐上臺的政治勢力（包括民粹主義、民族主義、保守主義等）。不過，此種解決方案，是否反而使情況更糟？[4]因為離開了正確的解決方法——在國內、區域和全球等層面治理全球化帶來的問題。

汲取對全球化沒有有效地與全球治理相匹配的教訓，在去全球化時期，國家和國家組成的國際體系（包括一系列的地區性聯盟，如歐盟、非盟、東協等），有必要思考和進行對去全球化在各個層次上的治理（governing deglobalization）。

本文提出了對去全球化進行全球治理——國際社會（不論是局部的、地區的，還是全局的、全球的）集體回應去全球化的任務，現在的全球治理要包括在全球層次治理去全球化。

今後的全球性機構（如聯合國、國際金融組織等）、正式和非正式的全球性論壇（如G7、G20和BRICS等），以及國際體系中具有系統重要性的國家（領導國家）與國家集團（如歐盟），需要就去全球化問題充分發表意見，並尋求在這個問題上的全球性解決方案。

4　拉赫曼，〈川普時代有可能演變為持久性危機〉，《FT中文網》，2017年10月11日，http://www.ftchinese.com/story/001074604。

第 ⑩ 章　關於「百年未有之大變局」*

一、導言

　　在做出「百年未有之大變局」的重大判斷後，最主要的問題是如何應對「百年未有之大變局」（以下簡稱「大變局」）。回溯歷史，以1945年二戰結束和聯合國等新生國際制度的創設爲時間界標，透過「協奏」共管世界事務的歷史，可以被宏觀地分成「前全球治理」和「全球治理」兩個階段；把眼光聚焦於現在和未來，當前「大變局」下的世界在應對共同事務方面，又正在進入到一種不同於前兩個階段內涵與特點的「後全球治理」（post global governance）時期。

　　在「前全球治理」時期，少數關鍵大國對事涉多國的共同事務發揮著決定性的作用，其他國家則缺少發言權或淪爲「被治理」對象；國際組織，特別是非政府組織，因其數量偏少、代表性和有效性不足等原因，尙未成爲治理的重要主體；由於大國完全主宰著世界政治，爭強權、求和平是「協奏」最重要，甚至唯一重要的主題。「前全球治理」時期由於兩次世界大戰的爆發走向崩潰，但留下了寶貴的經驗教訓。與之相比，在1945年以來，特別是冷戰結束以後逐步開啓的「全球治理」時期，聯合國等重要國際組織開始在世界事務治理中躋身主角之列；隨著全球化發展和全球性問題急劇增多，在政府間組織不斷增強代表性和拓展覆蓋面的同時，愈來愈多的非政府組織也開始在全球事務治理中發揮重要作用；雖然所謂的「全球治理」本質上仍然是以美國和西方管控世界的「霸權治理」爲基礎，但愈來愈多的新興國家，

---

*　本文原載《當代世界》（北京），2020年第3期，第二作者爲卜永光。

包括以中國爲代表的非西方國家，加入到了全球治理的主要制度體系之中，且不斷提升著影響力。

全球治理理論與實踐的動態演化從未停止。近年來，在「大變局」的推動下，「逆全球化」思潮暗流湧動、貿易保護主義和民粹主義擾亂世界、一些大國內顧傾向加劇不願繼續承擔國際責任等因素，推動當前的世界正在進入到一種懸而未決的「後全球治理」狀態。「後全球治理」的到來，意味著世界在推動共同治理方面面臨著更大的不確定性，具體表現爲：繼續推動全球治理的力量，與從全球治理「回縮」到「本國至上」的力量之間的角力顯著加劇；全球治理體系改革的緊迫性增強和障礙性因素增多兩種趨向同步發展，衝突空前嚴重；全球治理出現了局部倒退，甚至面臨被整體逆轉的風險。

歷史經驗表明，有效的國際合作是治理「大變局」最有效的途徑。問題是，現存的全球治理，尤其是最爲基礎的經濟（包括貿易、貨幣、金融、發展等）治理和氣候變化治理，正在遭到弱化，效果不彰甚至危機重重。「大變局」呼喚全球層面的共同應對，造成了「需求側」對全球治理的要求不斷提升和增多，這與實踐層面全球治理「供給側」存在的嚴重赤字，形成了一種日益明顯的張力和悖論。

二、透過全球治理應對「大變局」的歷史經驗

全球治理的實踐遠早於這一概念的正式提出，其經驗可以追溯至國際關係史上，國家間透過跨國協調解決關涉多方的共同問題的實踐。這些歷史經驗主要包括：19世紀「歐洲協奏」（European Concerts or Concert of Europe）所推動的國際治理及其帶來的「百年和平」；1945年後，在聯合國和國際經濟組織存在的情況下，國際治理升級爲全球治理，世界經歷了長期的和平發展。

　　19世紀的歐洲已經具有當代全球治理最爲實質的內容和形式。美國學者米特森（Jennifer Mitzen）認爲，全球治理是集體意圖的形成和維持，是各國對一起解決問題的共同承諾。「歐洲協奏」正是這樣一種安排，今天我們所談的全球治理，[1]其在19世紀的起源正是「歐洲協奏」。[2]

　　從拿破崙被打敗到第一次世界大戰爆發的100年（1815-1914年），是「全球治理」之前的關鍵時期，我們可以用「前全球治理」（pre-global governance）來稱呼。在這100年，歐洲各國之間，尤其是「列強」（powers）爲了解決關涉多方的共同問題而召開了許多國際會議，進行「面對面的外交」（face to face diplomacy）。這些國際會議被叫做「強國之間的協奏」（concert of big powers），即「歐洲協奏」。[3]

　　19世紀的歐洲面臨的最大挑戰是和平的不可持續性。1815年，一度橫掃歐洲大陸、撼動諸大國統治的拿破崙被打敗，但和平並未自動產生。站在當時的歷史節點看，「重建的世界」向何處去，仍然存在很大的不確定性，歐洲面對的是一個空前的「大變局」。不過，從1815年起的近100年，歐洲大體上是和平的，即所謂的「百年和平」。爲什麼從17世紀以來戰亂不止的歐洲，居然在19世紀享受了如此長時段的和平？研究者普遍把這一和平歸功於作爲國際制度或者國際秩序的「歐洲協奏」。

　　原匈牙利政治人物、後在第二次世界大戰期間在英美成爲傑出社會科學家的波蘭尼（Karl Polanyi），在考察19世紀歐洲這段歷史的基礎上強調，政府要「嵌入」市場活動中，也就是主張政治對經濟的介入。這是波蘭尼

---

[1]　1992年著名的「全球治理委員會」（Commission on Global Governance）的成立，可以視爲當今全球治理正式誕生的一項標誌。該委員會隨後出版了其轟動一時的報告《天涯成比鄰》（*Our Global Neighborhood*, The Report of the Commission on Global Governance, Oxford: Oxford University Press, 1995）。

[2]　Jennifer Mitzen, *Power in Concert: The Nineteenth-Century Origins of Global Governance*, Chicago: The University of Chicago Press, 2013, p. 280.

[3]　國內長期把「國際協奏」叫做「大國協調」。這是一種錯誤的，或者至少說是不準確的解讀。也有一些人把「concert of powers」（COP）翻譯爲「大國協同」，接近「大國協奏」，但「協同」還是沒有對「和平」這層意思的直接表達。「歐洲協奏」當然是當時的歐洲大國（強國）主導，但是，參與「協奏」的其他國家也十分重要。尊重歷史事實，不宜把「協奏」只理解爲「大國協奏」。

「大轉型」（Great Transformation）思想的核心。「百年和平」是波蘭尼的首要研究對象之一，他把歐洲國家之間的會議外交和當時的世界經濟結合起來分析，頗富洞見地闡釋了19世紀開始形成的「國際金融體系」，認爲「歐洲協奏」這種會議外交，實際上解決了當時國際經濟體系中存在的尖銳問題（尤其是列強爭奪勢力範圍和殖民地引起的衝突）。[4]這種觀點借用今天的全球治理話語體系來表述，就是「歐洲協奏」治理了（governing）歐洲列強之間的衝突。波蘭尼在其理論論述中也揭示了一種邏輯：治理衝突的過程即是和平進程，和平不過是治理的結果。

20世紀初，在19世紀曾經如此有效的「歐洲協奏」逐漸衰落。由於不再有「歐洲協奏」的治理，第一次世界大戰隨之爆發。1920年成立的國際聯盟（以下簡稱國聯），似乎是爲了汲取第一次世界大戰的教訓，但是國聯並非「歐洲協奏」的重建。正在崛起的美國介入了第一次世界大戰，戰後則發起成立了國聯，不過美國最終沒有參加國聯。如果說「歐洲協奏」是「前全球治理」最成功的例子，國聯則是「前全球治理」歷史時段中最失敗的例子。[5]

1945年以後，歐洲事實上局部重建了「協奏」。這種新的「協奏」從地理範圍上看限於西歐，在涉及的層面和所發揮的功能上卻極大地超越了19世紀的「歐洲協奏」。透過組建歐洲煤鋼共同體、歐洲經濟共同體、歐洲共同體，冷戰期間「歐洲一體化」（European Integration）獲得初步成功。到1980年代末、1990年代初，經過柏林圍牆倒塌、兩德統一、冷戰結束、蘇聯解體等一系列國際變局，歐洲共同體具備了升級爲歐洲聯盟的基礎。1993年歐盟正式起步，並試圖在加速邁向一個更緊密共同體的進程中，推進地區治理和全球治理。2012年，因爲把歐洲從「戰爭的大陸變成

---

[4]　Karl Polanyi, *The Great Transformation: The Political and Economic Origins of Our Time*, Boston: Beacon Press, 1944.

[5]　北京語言大學胡王雲認爲，「國聯的組織與實踐是一場失敗」，但卻是「具有開創性價值的全球治理試驗」。該觀點出自筆者對胡王雲的採訪（2019年12月12日）。

了和平的大陸」，歐盟獲得了諾貝爾和平獎。[6]這一巨大的積極成就，顯然大大超過了19世紀消極的「百年和平」。如果說「歐洲協奏」是全球治理的原初形式，那麼歐盟則是在一個地區層次上的全球治理的高級形式。然而，今天的歐洲人（包括英國人）不再以和平爲首要考慮，以爲和平是當然的，忘記了和平是如何得來的。爲此，盧森堡首相札維耶·貝特爾（Xavier Bettel）感嘆：「人們現在都已經忘記，歐盟成立之初的宗旨是爲了和平。現在人們（指英國人）衣食無憂，出行自如，把最重要的和平議題置之腦後。」[7]

「歐洲協奏」有很多陰暗面，例如各種不可告人的「祕密協議」，正是這些陰暗面導致了「歐洲協奏」的最終失敗。[8]在巴黎和會上，美國威爾遜政府揭露了「歐洲協奏」的陰暗面。[9]與之相比，1945年在世界大戰的廢墟中誕生的聯合國和國際經濟組織，植根於厚重的世界歷史（尤其是「歐洲協奏」）所提供的經驗和教訓。這些機構儘管不是「世界政府」，但卻是現代意義上在全球層面對超出一個國家範圍的問題與挑戰的集體治理或國際治理。它們在很大程度上克服了「歐洲協奏」的陰暗面，並在涉及範圍、涵蓋內容和對全球政治影響的深遠程度上，大大超越了19世紀的「歐洲協奏」。

然而，聯合國在長達40多年的美蘇冷戰中並沒有完全實現其設計的原初使命，在治理「冷戰」這樣的「大變局」上居然根本派不上用場，甚至在冷戰期間被邊緣化。根據《聯合國憲章》的宗旨和原則，防止或治理「冷

---

[6]　"European Union (EU) Facts," https://www.nobelprize.org/prizes/peace/2012/eu/facts.

[7]　何越，〈與倫敦政治經濟學院凱文·費瑟斯通教授談脫歐〉，http://www.ftchinese.com/story/001085480?page=1。

[8]　舒爾茲（Matthias Schulz）和巴迪（Bertrand Badie）等現在的歐洲資深學者對此有具體分析。參見本文作者之一龐中英參與撰寫的英文著作：Harald Müller and Carsten Rauch (eds.), *Great Power Multilateralism and the Prevention of War*, London: Routledge, 2017.

[9]　1917年4月6日，美國作爲同盟國參加第一次世界大戰，但美國參戰的目的不是爲了爭奪領土，而是「爲了終結所有的戰爭」。這集中地體現在威爾遜提出的「十四點原則」上。參見 Edward M. Coffman, *The War to End All Wars: The American Military Experience in World War I*, University Press of Kentucky, 2014。「十四點原則」代表了對「國際協奏」（COP）的一次實質性的超越。國聯與19世紀的「國際協奏」相比，已經帶有更多的全球治理元素。

戰」式的激烈國際對抗，既是聯合國的應有之責，也是其必須完成的使命。在這方面，聯合國事實上未能發揮有效的協奏作用，反而時常成為衝突的舞臺，甚至有時淪為大國對抗的工具。只是到了1990年代初，在冷戰結束的條件下，聯合國才開始「改革」。冷戰的開始及其終結，都分別孕育出了影響深遠的國際變局，與之相伴的聯合國誕生和改革，可以被視為兩次國際變局「時勢所造」的結果，但作為二戰結束後最重要國際治理機制的聯合國，卻未能起到過「造時勢」或從根本上治理「大變局」的作用。

站在冷戰結束的十字路口，有人主張和實踐「單極世界」，即由「唯一的超級大國」美國統治這個世界；有人主張「全球治理」。在國際層面，「統治」與「治理」也是不同的。「單極世界」與「全球治理」是兩種非常不同的世界秩序，我們一度忽視了冷戰後的「單極世界」與「全球治理」兩種世界秩序觀之間的巨大差異。這種或出自有意地混淆，或出自無意中模糊的忽視，使得不少人將美國在全球治理中占據特殊地位、發揮特殊作用，視作一種無可避免乃至天然合理的現象。

新興的「全球治理」理論與實踐幫助重塑和轉型了聯合國，聯合國獲得了冷戰後現代化（改革）其組織和增強其國際正當性的根本途徑。1994年，於1982年達成的《聯合國海洋法公約》（UNCLOS）在冷戰結束和「聯合國改革」的時代背景下生效。1995年，雄心勃勃致力於全球貿易治理的世界貿易組織（WTO）取代了關稅與貿易總協定（GATT）。與「單極世界」的發展幾乎同步，世界也在加速走向「全球治理」。不過，直到今天，在全球治理大旗下的「聯合國改革」仍然是未竟之業。

歷史常具極大的諷刺性，「單極世界」很快就被證明不過是「單極時刻」（unipolar moment）。2016年，美國誕生了川普政府，這個政府把自己嚴格區別於從老布希到歐巴馬的後冷戰時期的美國歷屆政府，號稱「讓美國再次偉大」，踐行「經濟民族主義」和「美國第一」，卻並不想繼續奉行後冷戰時期在美國主流價值觀主導下，以領導世界為核心的傳統外交政策，而是對其進行重大調整，包括接連退出一系列現有全球治理進程（尤其是具有約束力的國際協定）。

　　冷戰結束後，美國將其爲「單極世界」構建的世界秩序稱做「自由世界秩序」。在美國領導下，西方世界依託自身的「硬實力」和「軟實力」，致力於推廣其價值理念，並構建一個基於西方意識形態和利益的全球治理體系，成爲這種世界秩序的主要特徵。川普政府的外交政策未必等於「美國放棄了世界領導」，但可以確定的是，在川普政府統治下，「單極世界」幾乎完全不再。川普執政後，西方學術界普遍認爲「自由世界秩序」陷入了嚴重危機，甚至已經終結。

　　與此同時，強力崛起的保護主義和民族主義給全球治理實踐帶來了嚴重衝擊。作爲一種理論學說和行動主張的「全球治理」逐漸失去上升勢頭。2015年，在聯合國成立70週年的歷史時刻，全球治理在形式上似乎達到了高峰：在各國領導人參加的聯合國峰會上，以「改變我們的世界」爲訴求的《2030年永續發展議程》獲得通過；在聯合國氣候大會上，《巴黎協定》達成。但是，這些全球治理進展並沒有減輕人們對「全球治理的未來」的憂慮。2019年9月24日，聯合國秘書長古特雷斯（Antonio Guterres）在第七十四屆聯大演講中聲言：「我擔心世界大分裂（great fracture）的可能性：地球上兩個最大的經濟體，正在分化爲相互競爭的兩個世界，它們擁有各自的主導貨幣、貿易和金融規則、互聯網系統、人工智慧技術，以及各自制定的具有零和博弈性質的地緣政治和軍事戰略。我們一定要竭盡所能阻止這種大分裂，維繫一個以強有力的多邊制度爲支撐的多極世界。」古特雷斯還指出，「氣候變化」已經是一場「氣候危機」。[10] 2019年12月11日，世貿組織爭端解決機制上訴機構在運行了24年後正式停擺。2019年12月15日，由西班牙協助智利承辦的馬德里聯合國氣候大會（COP 25）在諸多談判目標（尤其是建立碳市場）上沒有達成協議。顯然，全球治理已陷入嚴重困境。

---

[10] António Guterres, "Address to the 74th Session of the UN General Assembly," https://www.un.org/sg/en/content/sg/speeches/2019-09-24/address-74th-general-assembly.

三、「協奏」的關鍵性受到研究界的再發現

　　19世紀大國協奏的經驗不僅受到歷史學家們的關注，也一直被國際政治領域的理論家們所重視。以基辛格為代表的現實主義國際政治理論的信奉者們，更是對這段歷史所蘊藏的經驗與啓示推崇備至。[11]國際政治理論中「英國學派」的代表人物赫德利・布爾（Hedley Bull）將國際協奏稱做推動國際體系變革的「基辛格模式」，認為「過去大國所採取的以協商取代對抗的措施雖然不甚徹底，但的確具有建設性」。[12]

　　傳統的闡釋主要是從大國權力平衡或「均勢」（balance of power）的特定視角來審視「歐洲協奏」的歷史經驗，尤其是在美蘇激烈「冷戰」、意識形態嚴重對峙的歷史時期，協奏更只是被視作大國在國際對抗中可供選擇的一種策略手段。換言之，「協奏」的價值是被置於大國權力鬥爭的維度來彰顯的。

　　面對包括中國崛起在內的全球「大變局」，西方一些有影響的研究者對「協奏」的歷史經驗和基於這樣的歷史經驗產生的國際理論，再次產生了濃厚興趣，認為「新協奏」可能是治理21世紀全球「大變局」的有效途徑。總體來看，當「協奏」受到研究界再發現並被置於全球治理的新語境中討論時，它在融入時代因素的過程中也實現了內涵更新：與「前全球治理」時期的協奏主要限於歐洲不同，新協奏的範圍擴大到了全球層面，而亞洲則成為學者們關注的國際協奏的新重心；由於更多的國家以及國際組織等非國家行為體捲入到全球事務中，使得新協奏的參與主體變得更加多元；全球性問題的爆炸性增長讓新協奏的議題領域大大拓展；國際關係民主化的發展對協

11　基辛格的博士學位論文就是以維也納和會之後基於歐洲協奏「重建的世界」作為主題。在其名著《大外交》中，他毫不掩飾對梅特涅、俾斯麥兩位19世紀歐洲秩序締造者的讚譽，並對他們推動歐洲協奏的方式、過程等有較為詳細的闡釋和評價。參見亨利・基辛格，《大外交》，顧淑馨譯，海南出版社，1998年。

12　赫德利・布爾，《無政府社會：世界政治秩序研究（第二版）》，張小明譯，世界知識出版社，2003年，第240-243頁。

奏的代表性與合法性提出了新要求，呼喚協奏從大國密謀、強權專斷，走向更大範圍內以至全球性的平等磋商，但大國所發揮的關鍵性作用仍然難以取代，而關於中美兩個大國之間協奏的問題，則成為了學界關注的焦點議題。

在亞洲和太平洋地區，澳大利亞學者較早主張21世紀的大國協奏。在歐巴馬執政時期，曾擔任澳大利亞國防白皮書主要起草者之一的澳大利亞國立大學戰略學教授懷特（Hugh White），在其著作《對華抉擇：為什麼美國要分權》中率先提出了美國要與中國進行協奏的重要建議，引發了國際學界對相關問題的討論。在懷特看來，面對中國的日益崛起，美國有三種應對策略：與之競爭、與其分權、放棄在亞洲的領導權。他在比較分析三者利弊後指出，與中國分權，構建亞洲協奏機制管控兩國可能的對抗，並在此基礎上推動兩國在地區和國際層面各領域的協奏，才是美國唯一明智的選擇。也惟其如此，人類在21世紀才能繼續享有和平與繁榮。[13]

在歐洲，德國著名國際關係學者米勒（Harald Müller）主持了題為「21世紀的國際（大國）協奏」的「歐洲專案」。該專案是由歐洲三大著名私人基金會資助的10個「歐洲與全球挑戰」重大專案之一，試圖構建基於「大國多邊主義」的「全球協奏」（Global Concert of Powers）。「歐洲專案」共產生兩個重要成果，一份是公共政策報告《21世紀的國際協奏》，於2014年在瑞士羅加諾首發；[14]一份是學術論文集《強國多邊主義和預防大戰：爭論21世紀的國際協奏》。[15]在米勒教授等人看來，國際體系中的權力更迭和轉移常與衝突相伴，在汲取19世紀歷史經驗的基礎上，應以更廣泛的大國合作框架取代權力轉移理論中的雙邊「決鬥」情勢，進而構建一套全新的非正式多邊安全機制。德國法蘭克福和平研究所的這一專案是全球同類研究中的一個傑出代表。其觀點受到廣泛關注，中國也對其進行了介紹。[16]

---

[13] Hugh White, *The China Choice: Why America should Share Power*, Carlton: Black Inc., 2012.

[14] "A Twenty-First Century Concert of Powers," https://www.hsfk.de/en/research/projects/a-twenty-first-century-concert-of-powers.

[15] Harald Müller and Carsten Rauch (eds.), *Great Power Multilateralism and the Prevention of War*, London: Routledge, 2017.

[16] 哈拉爾德‧米勒、卡斯滕‧勞赫，《管控權力轉移：面向21世紀的大國協調機制》，李亞麗譯，載《國際安全研究》，2016年第4期，第36-67頁。

筆者是法蘭克福「協奏」專案的七位主要參加者之一。

在美國，著名的戰略研究智庫蘭德公司和老牌智庫美國對外關係委員會等研究機構在這方面也做了一些重要研究。蘭德公司在其2017年發布的一份報告中，呼籲美國以19世紀的「歐洲協奏」經驗爲借鑑，在尊重既有規則和秩序的基礎上主動進行國際協奏，進而構建穩定、永續的世界新秩序。[17]長期擔任美國外交關係協會會長的著名學者哈斯（Richard Haass），將「歐洲協奏」視爲迄今爲止人們在建立和維繫國際秩序方面最成功的案例。哈斯指出，氣候變遷、貿易爭端和網路空間的衝突等全球性問題的發酵，使美國更加需要尋求他國的幫助。他力主用新的「協奏」應對當前美國主導下的世界秩序正在走向崩潰帶來的挑戰。哈斯還總結了19世紀中期克里米亞戰爭導致「歐洲協奏」崩潰的教訓，認爲當前世界正面臨著與19世紀中期相似的國際形勢，尤其需要汲取歷史教訓，在維繫國際協奏有效運轉的基礎上，避免系統性危機的發生。[18]

值得指出的是，在前述澳大利亞學者懷特於2012年提出美國與中國分權（協奏）的觀點之際，歐巴馬政府針對中國崛起所出臺的「亞太再平衡」戰略正處於實施的關鍵時刻，美國人根本聽不進去自盟友澳大利亞的創新性對華政策建議。

四、美國「退群」與全球治理的未來

川普上臺執政後，美國極力批評「全球治理」，並站在「全球治理」的

---

[17] Kyle Lascurettes, *The Concert of Europe and Great-Power Governance Today: What Can the Order of 19th-Century Europe Teach Policymakers About International Order in the 21st Century?* RAND National Defense Research Institute, 2017.

[18] 長期研究「大國協奏」的美國外交關係協會會長哈斯（Richard Haass）在2017年出版了《失序的世界》（*A World In Disarray*）一書，認爲治理這樣一個世界要回到強國之間的協奏範式，見Richard Haass, *A World In Disarray*, Penguin Press, 2017, p. 352。在2019年初，哈斯又在《外交》雜誌發表文章，再次強調在舊世界秩序走向終結之際加強國際協奏的重要性。Richard Haass, "How a World Order Ends: And What Comes in Its Wake," *Foreign Affairs*, 2019, 98 (1): 22-30.

對立面採取了一系列行動，包括退出了一些重要的國際組織（如聯合國教科文組織）和關鍵的多邊協議（如關於應對氣候變化的《巴黎協定》）。[19]在區域方面，美國退出了《跨太平洋夥伴關係協定》（TPP）等。川普政府在全球治理問題上的態度和行動，進一步印證了本文關於我們正在進入「後全球治理」時期的判斷。

實際上，「後全球治理」在川普政府上臺前就已露出端倪。由於世界貿易組織主導的全球多邊貿易談判長期無法取得突破，貿易領域的全球治理裹足不前。在這種情況下，歐巴馬執政時期的美國和亞太地區其他國家組成的十二方於2016年4月簽署《跨太平洋夥伴關係協定》，試圖「另起爐灶」繼續推進全球貿易治理。但是，川普政府在2017年上臺後，第一個退出的國際協定居然是歐巴馬政府精心打造的《跨太平洋夥伴關係協定》。

不過，需要正確認識川普執政後美國的「退群」行動，以避免在判斷美國與「全球治理」之間的關係時發生誤解。即便「退群」，美國因素實際上仍然滲透在當今大多數全球治理進程之中；那些美國退出或原本就不在其中的國際組織和多邊協議，美國與它們的關係仍然複雜。比如，美國並沒有參加《聯合國海洋法公約》，卻「承認該《公約》的大部分內容為習慣國際法。他儘量遵守該《公約》，也希望其他國家這樣做」。[20]在退出《巴黎協定》後，美國與《巴黎協定》之間的關係也類似於與《聯合國海洋法公約》的關係。

在上述案例中，美國在全球應對氣候變化談判進程中的複雜角色及其演化尤為值得關注。美國是全球第二大溫室氣體排放國。歐巴馬政府在《巴黎協定》的形成中發揮了關鍵作用，2016年9月3日，美國總統歐巴馬宣布美國正式加入《巴黎協定》。然而，川普政府完全逆轉了歐巴馬政府的氣候政策。2017年6月，川普政府宣布美國退出《巴黎協定》，聯合國氣候變化

---

19 龐中英，〈特朗普聯大演講背後：沒有美國的全球治理會到來嗎〉，https://www.thepaper.cn/newsDetail_forward_2486871。

20 許通美，〈維持海洋和平〉，《聯合早報》，2017年5月15日。

治理進程受到嚴重打擊。2019年11月4日，川普政府正式啓動退出《巴黎協定》的程序，預定在2020年11月4日完成。[21]

不過，2017年在川普宣布退出《巴黎協定》的同時，美國一些州長組成了美國氣候聯盟（United States Climate Alliance），[22]繼續支持《巴黎協定》。在政治上，美國國內民主、共和兩黨在氣候問題上針鋒相對，分化和對立嚴重。把氣候變化稱爲「當今生存威脅」的美國眾議院議長裴洛西（Nancy Pelosi），率領由參眾兩院15名民主黨議員組成的國會代表團列席了2019年12月在馬德里舉行的聯合國氣候變化大會，「重申美國人對抗氣候危機的決心」。

即便是決意退出《巴黎協定》的川普政府，也並沒有脫離聯合國氣候變化治理進程。在馬德里氣候大會舉行前夕，美國決定派出由負責海洋及國際環境與科學事務的國務院官員伯尼卡特（Marcia Bernicat）率領的政府代表團參加大會。[23]有人認爲，儘管川普政府改變了美國的氣候政策，但是美國仍然在全球氣候變化治理中發揮著某種領導角色。[24]

儘管如此，這些案例還是啓發人們思考這樣一個問題：能否形成沒有美國的全球治理？在多邊經貿合作領域中，以及在被美國置於被動處境後，一些國家和國際組織已經在積極探索這種可能性。日本和新加坡等國家在缺少美國的情況下，沒有放棄《跨太平洋夥伴關係協定》，而是以《跨太平洋夥伴全面進步協定》（CPTPP）的名義延續了TPP，成爲沒有美國參與的區域治理的一個突出案例。在全球層面，加拿大和歐盟於2019年7月25日共同宣布，建立一項臨時協定或者臨時機制，應對世界貿易組織上訴機構面臨

[21] Department of State, "On the U.S. Withdrawal from the Paris Agreement," https://www.state.gov/on-the-u-s-withdrawal-from-the-paris-agreement/.

[22] United States Climate Alliance, https://www.usclimatealliance.org.

[23] Department of State, "U.S. Delegation to the 25th Session of the Conference of the Parties to the UN Framework Convention on Climate Change," https://www.state.gov/u-s-delegation-to-the-25th-session-of-the-conference-of-the-parties-to-the-un-framework-convention-on-climate-change.

[24] John Allen, "American Climate Leadership Without American Government," https://www.brookings.edu/blog/planetpolicy/2018/12/14/american-climate-leadership-without-american-government.

的危機。加拿大和歐盟呼籲其他世界貿易組織成員加入這項開放的「臨時協定」。2019年12月11日，世界貿易組織上訴機構正式「停擺」。接下來，加拿大和歐盟帶頭的「臨時協定」能否發揮某種替代作用，值得繼續觀察。

在氣候治理問題上，由於美國退出《巴黎協定》，有關歐盟或者中國等發揮氣候領導作用的觀點相當多。在2019年馬德里氣候大會上，歐盟發布了《歐洲綠色協議》（*European Green Deal*），設立了在2050年實現「碳中和」（二氧化碳淨排放量降為零）的戰略目標。「歐盟在氣候治理方面的雄心抱負與國際社會的疲態形成鮮明對比」，其在全球氣候治理中正在重塑自身的領導作用。[25]

與美國川普政府在全球治理問題上的立場和政策完全不同，「全球治理」是中國在「新時代」外交政策的優先議程，中國正在「全球治理」中發揮更大作用。值得強調的是，中國發起的主要國際倡議或者多邊組織也沒有美國的參與。在籌辦和成立亞投行（AIIB）期間（2014-2015年），中國歡迎美國加入其中，但歐巴馬政府不僅沒有參加，而且還因為亞投行問題與中國發生了矛盾。川普政府也沒有參加亞投行。在「一帶一路」倡議方面，中國也歡迎美國參加，但美國卻一直或明或暗地加以反對。中國推進「一帶一路」建設，最大的阻力來自美國。[26]

五、結語

本文首次用「前全球治理」、「全球治理」、「後全球治理」三個概念對「全球治理」的歷史演化進行了概括。在「百年未有之大變局」下，世界的未來面臨著重大不確定性。「後全球治理」將發生什麼，現在仍然很難預測。

---

25 范一楊，〈聯合國氣候變化大會令人失望，歐盟能扛起氣候全球治理大旗？〉，https://www.thepaper.cn/newsDetail_forward_5260903。

26 顧清揚，〈「一帶一路」如何成為包容的全球合作平臺？〉，《聯合早報》，2019年12月16日。

　　本文涉及一項比較歷史研究，簡要梳理了19世紀的「歐洲協奏」和自1945年以來以聯合國為中心的全球治理蘊藏的歷史經驗及其不足。這項考察表明，19世紀的「百年和平」和1945年以來的世界和平，都與全球治理分不開。

　　歷史經驗也表明，世界「大變局」往往意味著在一種長期存在的世界秩序趨向終結、新秩序仍充滿不確定性之際，世界面臨著極端複雜而又十分危險的形勢。當此之際，如果對「大變局」缺少有效的集體治理，這種世界性危險很可能會不斷被放大並嚴重惡化，甚至引發歷史性的世界災難。全球治理危機，或者說缺少全球治理的局面愈是持續，紛爭、混亂和無序愈是可能導致更大的衝突，包括世界經濟體系的結構性大中斷。

　　鑑往方能知今，並為未來做好準備。面對「百年未有之大變局」和可能到來的「後全球治理」時期，我們需要高度重視從「前全球治理」到「全球治理」超過200年歷史進程提供的經驗教訓，並在此基礎上充分認識「全球治理」的極端重要性：汲取歷史上「全球治理」在應對「大變局」上的成功經驗，21世紀的「大變局」可以透過加強「全球治理」來應對。

　　這是一個最需要全球治理的時候，也是最缺乏全球治理的時候。2017年5月14日，習近平主席在首屆「一帶一路」國際合作高峰論壇開幕式的主旨演講中指出，世界存在著嚴重的「治理赤字」。[27]中國參與的二十國集團、金磚國家、上海合作組織、東協地區論壇等重大的新型國際合作，發起的「一帶一路」倡議和亞投行等多邊合作機制，都對彌補「全球治理赤字」具有重要意義。中國正在與國際社會其他同道國家「共同維護多邊主義、完善全球治理」。[28]如果能夠切實有效地維持和加強「全球治理」，21世紀的世界仍然可能享有長期的和平與繁榮。

27　習近平，〈攜手推進「一帶一路」建設〉，《人民日報》，2017年5月15日。
28　〈中華人民共和國和法蘭西共和國關於共同維護多邊主義、完善全球治理的聯合聲明〉，http://www.xinhuanet.com/politics/2019-03/26/c_1124286419.htm。

第十一章　關於中美關係的和平基礎*

一、導言

在紀念中美建交40年（1979-2019年）之際，在深刻反思中美關係的過程中，觀察者幾乎不約而同地認爲，中美關係的基礎發生了問題，有人認爲「中美關係中政治、經貿和人文三大支柱都趨於崩塌的邊緣」，[1]有人認爲中美關係的基礎已經「崩壞」。[2]美國前國防部助理部長傅立民（Charles Freeman）認爲中美關係正在從根本上變質，從不損害相互利益的「競爭」（rivalry）關係轉向雖不至於發展成戰爭，但是損害、削弱對方能力的「敵對對立」（adversarial antagonism）關係。[3]

大的、根本的、可持續的、造福於兩國人民和世界人民的和平是中美建立外交關係時的初心。在紀念中美建交40年和展望下一個40年的中美關係時，我們需要「不忘初心」。中美建交時的美方領導人是美國第三十九屆總統卡特（Jimmy Carter）。爲紀念中美建交40年，卡特在《華盛頓郵報》發文，指出：「1979年鄧小平與我都知道，我們正在推進的是和平事業。當今美中領導人面對不同世界，但和平仍同樣重要。面對新挑戰和機遇，要有新構想、勇氣和獨創性。他們還必須認可我們的信念，即美中需攜手建設未

---

* 本文原載《理論與評論》（福建），2019年第4期，第二作者爲龐中蘭。（上海）華東政法大學政治學研究院運營的《政治學家》公號在2020年5月24日全文轉發。

1　吳湘寧，〈2019：中美關係進一步冰封還是解凍？〉，《FT中文網》，2019年1月8日。
2　郭良平，〈再造中美關係的基礎〉，《聯合早報》，2019年1月10日。
3　前國防部助理部長傅立民，〈中美關係正從根本上變質〉，《日經中文網》，https://cn.nikkei.com，2019年1月11日。

來，爲自己，也爲全人類。」[4]

40多年的和平可以看成國際關係史上的長時段和平。爲什麼過去40多年中美是和平共處、和平發展的？這一長和平今後是持續還是爲戰爭所取代？針對這一系列問題，本文提出研究中美關係的和平基礎這一首要的和基本的任務，並建議從「貿易和平」、「發展和平」和「治理和平」這三個維度和角度討論中美和平的基礎的演化，以及呼籲重建中美和平的基礎。

二、中美關係的和平基礎

從1970年代到現在，中美兩國和平的基礎至少有三個：

（一）貿易和平

貿易和貿易產生的「相互依存」（interdependence）是中美關係的首要基礎。這裡的貿易是廣義的，包括具有交易（transactional）意義的中美經濟和社會關係的全部。在西方社會科學的一個大理論是「貿易和平」（trade peace）。上百年來，儘管這一理論受到各種質疑和批評，但是許多研究證實了「貿易和平」的有效性。中美之間40多年的和平正好爲「貿易和平」理論提供了最重要和最新的證據。

從1970年代開始到蘇聯解體之時，支撐這一時期中美和平的既不是強大的貿易也並非中國的發展，而是兩國面臨的共同安全威脅。那時的中美以共同對付蘇聯軍事擴張爲目標，看似牢固，卻缺乏正常的雙邊關係的基礎。因此，冷戰結束後，中美兩國都極力尋求兩國關係新的基礎。值得慶幸的是，中美兩國成功地塑造了兩國關係的新基礎，這就是雙邊貿易。在全球化條件下，中美和平隨著雙邊貿易的發展而逐漸鞏固，一度看上去是具有巨大

---

[4] Jimmy Carter, "How to Repair the U.S.-China Relationship and Prevent a Modern Cold War," *The Washington Post*, December 31, 2018.

潛能的、可持續的、前景光明的。

　　1993年11月20日，首屆亞太經濟合作會議（APEC）在美國西雅圖布萊克島（Blake Island）舉行，中美兩國同時舉行雙邊（江澤民主席和柯林頓總統之間的）峰會。1995年，世界貿易組織（WTO）成立，中國申請加入WTO。2001年，中國與包括美國在內的WTO創始成員之間的談判結束，正式成爲WTO的成員。從APEC到WTO，中國在地區（亞太）和全球兩個層次加入世界經濟體系，中美關係的貿易基礎發生大轉變。

　　2008年美國發生金融海嘯後，美國的大戰略家逐漸認識到，如此巨大的中美之間在貿易上的相互依存卻尚未得到治理，即缺少雙邊安排。[5]於是，他們提出了「兩國合作」（G2）等治理中美相互依存的方案。G2之類的方案自然有其不足、侷限性甚至不可行性，但是，今天當我們面對和經歷中美貿易戰等中美關係「下行」的勢頭，諸如G2等代表的探索中美關係新安排的努力是有價值的。[6]因爲這些被推薦的、被爭論的新安排，實際上意味著使中美關係的貿易基礎獲得某種雙邊的制度性保障。

　　值得注意的是，直到現在，在中美貿易爭端愈演愈烈的情況下，中國仍然堅持透過貿易維持與促進中美和平。[7]可見，在評估整個中美關係時，貿易對和平的主要貢獻不能被忽視。關於貿易是中美關係的和平基礎，中國對此的概括是十分生動形象的：「壓艙石」（ballast stone）。此隱喻深具「中國特色」，含義深刻，意義深遠。

---

[5]　這是G2理論的主張者之一布里辛斯基先生告訴筆者的。2009年7月1日，華盛頓，美國戰略與國際研究中心（CSIS）。

[6]　爲中美在1979年1月1日建交和鄧小平隨後的訪美做出巨大貢獻的已故美國戰略家布里辛斯基是G2的主要提出者之一，Zbigniew Brzezinski, "The Group of Two that Could Change the World," *Financial Times*, January 14, 2009.

[7]　中國國家副主席王岐山在「紀念中美建交四十週年招待會」上的致辭重申了中國「不斷尋找和擴大利益交匯點」的思路，強調中美之間的「巨大利益」清單，見《人民日報》，2019年1月10日。《紐約時報》認爲，「貿易和平之主動提出是不夠的」，"China Offers Trump a Trade Peace Deal. It May Not Be Enough," *New York Times*, January 10, 2019.

（二）發展和平

　　和平是發展的必要條件，而發展則是和平的有效保障。1980年代，中國把國家工作的中心轉到經濟建設上。當時和平的國際環境和中國爲了和平而從事的外交實踐都確保了中國的經濟發展。從那時到現在，「和平發展」一直是中國外交政策中的基本原則。雖然一般社會科學理論缺少認眞地研究關於發展與和平之間的關係，但是當我們現在回過頭來思考的時候，即把「和平發展」排列爲「發展和平」，就會發現中國在世界上率先提出了基於發展的和平理論。

　　發展與貿易緊密相連。正是中國從1980年代初開始了波瀾壯闊的發展，改變了世界上主要依據於西方和一些西方化的亞洲國家（如日本）的歷史經驗，促成了更廣泛的「貿易和平」。與此同時，發展也是中國與美國之間貿易和平的基礎。如果沒有中國的發展，中美之間的貿易和平是薄弱的和脆弱的，是極其容易被單方面破壞的。正是因爲發展，尤其是中國的發展，中美之間貿易的內容、形式發生了翻天覆地的變化，極大地支持、強化了中美之間的貿易和平，帶來了中美關係的大轉型。「美國是世界上最大的已開發國家，中國是世界上最大的開發中國家。」在中美關係中，中國曾經常對美國強調這一點。「已開發」和「開發中」的差別構成中美關係的發展基礎，也因此增強了中美之間的和平。

（三）秩序基礎

　　中美在過去40多年的和平還有一個大的基礎，這就是第二次世界大戰後奠定並在冷戰後擴大的世界秩序。中美都是第二次世界大戰的戰勝國和聯合國及其安理會的締造者。中美之間的「貿易和平」或者「發展和平」是在當代的世界秩序上產生和成長的，也就是說，當代的世界和平，包括中美和平，是因爲存在著普遍性的國際組織及其代表的和平發展、和平治理的國際秩序。

　　蘇聯解體後，作爲世界體系中最大的共產黨執政的社會主義國家，中國外交政策中的策略是眾所周知的「韜光養晦」。這一策略的核心原則就是中

國一再重申的一系列以「不」開頭的外交政策原則：「不干涉內政」、「不帶頭」、「不輸出政治意識形態或者治理模式」、「不挑戰」現存的國際秩序、在向開發中國家提供發展援助時「不附加政治條件」等。在世界秩序問題上，中國不僅「不挑戰」，而且積極參與以聯合國為代表的現存秩序中。

　　而冷戰結束後，聯合國獲得新生，但也面臨著改革的重任。與此同時，人們認識到，全球化在帶來世界經濟空前繁榮的同時，也帶來了前所未有的全球問題和全球挑戰。發展的永續性受到諸如不平等性的擴大和氣候變化的惡化等問題的挑戰，僅有聯合國和聯合國體系代表的國際治理（international governance）是無法解決全球的共同問題或者共同挑戰，全球治理（global governance）因此變得更加迫切。進入21世紀，中國的崛起勢不可擋，成為「世界第二大經濟體」。而在2016年以前，全球問題和全球治理極大地塑造著新的中美關係。例如，中國政府與美國歐巴馬政府在聯合國主導的全球氣候變化治理上的合作是卓有成效的。[8]

　　綜上所述，中美過去40多年的長和平，其基礎是不斷增長的雙邊貿易、兩國在差異性基礎上的共同發展，以及在全球化下中國與現有世界秩序的有機結合。這是我們在紀念中美建交40週年時，總結中美關係而得出的重要結論。對於中美和平基礎的這一理解，有助於我們探討中美兩國在新時期能否以及如何維持和平關係。

8　國際上，尤其是美國研究界，對中國的「韜光養晦」存在嚴重誤解。其實，筆者一再指出，如果用中國解釋中國，韜光養晦就是中國在冷戰後一再向國際社會重申和實踐的一系列「不」。龐中英，〈中國外交的「不」與「有」〉，《世界知識》，2015年第13期。

三、「脫鉤」與「退群」對中美和平基礎的威脅

　　最近一段時間，中美關係發生了一系列的重大變動。其中川普政府極力推動的兩國經貿以及科技的「脫鉤」（decoupling or disengagement）即「去全球化」（deglobalization）或者「去除相互依存」(de-interdependence）、美國政府對現有國際秩序的破壞，以及美國政府對於開發中國家進一步發展的打壓，都將使持續40多年的中美和平的三個基礎受到嚴峻挑戰。

（一）「脫鉤」威脅中美和平的貿易基礎

　　歷史上，「脫鉤」是作爲一種發展路徑，即擺脫歷史上形成的「依附」，開發中國家「脫鉤」已開發國家及其主導的世界經濟體系，而另謀發展。然今天講的「脫鉤」則正好相反，是仍然被普遍評估爲世界唯一的超級大國的美國與世界經濟成長最快的、世界最大的開發中國家的中國「脫鉤」。根據目前主張「脫鉤」的觀點和美國川普政府的實踐，脫鉤並非簡單地切斷在全球化中凝結而成的縱橫交錯的貿易往來，而是終止中美建交以來意義重大、日漸龐大的雙邊投資，停止雙方基於文化、體育和教育交流等在內的人員互訪。

　　脫鉤眞正的意義在於美國將依靠其對全球產業鏈和價值鏈的主導地位，依賴於二戰後穩定的同盟關係，邊緣化中國在其中的位置，而這正是中國融入全球經濟、實現經濟高速成長的根源所在。進一步來說，不同於中美建交的歷史性時刻，也不同於2001年中國加入世界貿易組織的里程碑式的全球化時代，今天國與國的競爭在根本上有賴於技術優勢之爭。也就是說，今天美國主張脫鉤的本質在於：在失去信任和信心的基礎上、在環環相扣的全球產業鏈和價值鏈的無限運轉中終止技術分享，或者說，開始技術脫鉤。[9]

9　吳湘寧，〈2019：中美關係進一步冰封還是解凍〉，《FT中文網》，2019年1月8日。

中美關係的「脫鉤」可以與英國「脫歐」（Brexit）比較。從2016年英國「全民公投」決定離開歐盟到2018年的兩年多時間，引起不列顛和北愛爾蘭王國的巨大國內政治動盪，為歐盟這一第二次世界大戰後出現的最大的國際關係進步的未來進步蒙上陰影。我們不認為中美在經濟和科技上能夠在三年左右的時間實現人為設計的「脫鉤」。限於篇幅，本文姑且不論這種違背全球化的世界經濟的內在規律的中美「脫鉤」能否成功，但假定這樣的「脫鉤」主張如同英國「脫歐」為英國政府執行那樣真的為美國政府實行，中美和平的貿易基礎將被抽掉、「壓艙石」將被搬掉，中美衝突甚至戰爭將更容易發生。也就是說，「壓艙石」的去除，開啟的並不是經濟民族主義者聲稱的各自的經濟和技術上的獨立自主，而是衝突和戰爭，這將是「相互依存」消退後的戰爭。

（二）美國對開發中國家的「打壓」削弱中美和平的「發展」基礎

川普政府對開發中國家的打壓集中體現在對於WTO的立場上，川普認為，WTO的規則不應該區分「已開發國家」和「開發中國家」，否則就是貿易領域的不公平。特別是，因為中國在WTO自稱是開發中國家，所以美國指責中國由此在WTO獲得不公平的規則帶來的好處。

第二次世界大戰後，從1950年代開始，在「發展」主題下，聯合國和布雷頓森林體系（國際金融組織）有「已開發」和「開發中」的區別。根據發展經濟學（development economics），開發中國家實際上是比已開發國家在各個方面都欠發展的，要以「發達」為發展的目標。「已開發國家」包括美國在內，為了解決「開發中國家」的問題，在第二次世界大戰後，確實做了許多有益的嘗試，即從事「國際發展合作」，幫助開發中國家取得發展（而不僅是經濟成長）。

而在WTO規則中，不存在對「開發中國家」的定義和標準，主要是WTO成員國各自聲稱然後被貿易夥件認定為開發中國家還是已開發國家。WTO確實特殊和差別對待開發中國家（special and differential treatment provisions），[10]這種特殊和差別待遇是包括美國在內的WTO已開發國家成員同意而且承諾願意做到的，這是WTO規則的支柱之一。我們知道，如果WTO沒有這一條，不僅中國和印度不會加入WTO，非洲、拉美、太平洋島國等，都會離開WTO。也就是說，WTO本質上不僅是關於世界市場的貿易規則，而且也是一個關於如何適度調整發展的不平衡、不平等的制度安排。如今，川普政府改革WTO的訴求之一是取消「已開發國家」和「開發中國家」的區別，這實際上是力圖在否認這兩者之間差異性，同時剝奪後者的發展權。

需要指出的是，在發展領域，自2001年中國加入WTO後，中美之間在全球經濟（貿易）中的相對地位等確實在發生改變。但是，中國的「開發中國家」的總體情況確實並沒有改變；儘管有在全球化競爭中的「輸家」（losers）、「生鏽的州」、一些曾經代表美國的大公司向全球化發展，美國仍然是全球最大的已開發國家（最大的富國）。川普政府是以「經濟民族主義」（economic nationalism）為意識形態制定美國的全球貿易政策，認為中國主導的產業政策等，是美國面對中國的「結構性問題」，而要求中國方面解決這些「結構性問題」。其實質就是透過否定中國的開發中國家地位，拒絕承認中美之間在發展程度上的巨大差異，從而否定中國在崛起過程中的進一步發展權。過去川普政府與中國政府之間的貿易談判已經集中到這些「結構性問題」，極大地影響到中美關係的「發展」基礎。

（三）「退群」威脅中美和平的秩序基礎

如前所述，中美和平的基礎之一是共用的國際體系和共存的國際秩序，而如今，美國對待現存國際體系和國際秩序的態度正在發生巨大的變化，中美之間對待國際體系和國際秩序的態度和政策之間的差異也正在擴大。

10　WTO官網，https://www.wto.org/english/tratop_e/devel_e/dev_special_differential_provisions_e.htm。

　　40年來，中國積極和堅持參加現存國際秩序，並在其中發揮的作用持續增加。[11]川普政府上臺後卻提出了令世界大跌眼鏡的針對國際秩序的倒退政策。美國一方面「退群」，即減少對現有國際組織的責任（具體是會費），另一方面卻圍繞著現有國際組織的改革與參與全球治理的其他行為體，尤其是與中國等發生了嚴重分歧。[12]這表明，多年來有助於調節中美之間分歧和爭端的多邊體制（尤其是多邊貿易體制）之基礎，已經和將要受到重大的弱化。而2018年發生了中美之間在WTO和圍繞WTO展開的爭論，則特別反映了中美兩國對待現存世界秩序的立場和政策之間的衝突。

　　中國政府在2018年首次發表《中國與世界貿易組織》的白皮書：「以世貿組織為核心的多邊貿易體制是國際貿易的基石，是全球貿易健康有序發展的支柱。中國堅定遵守和維護世貿組織規則，支持開放、透明、包容、非歧視的多邊貿易體制，全面參與世貿組織工作，為共同完善全球經濟治理發出中國聲音、提出中國方案，是多邊貿易體制的積極參與者、堅定維護者和重要貢獻者。」[13]在《第二十次中國歐盟領導人會晤聯合聲明》中，中國與歐盟「雙方堅定致力於打造開放型世界經濟，提高貿易投資自由化便利化，抵制保護主義與單邊主義，推動更加開放、平衡、包容和普惠的全球化。雙方堅定支持以世貿組織為核心，以規則為基礎，透明、非歧視、開放和包容的多邊貿易體制並承諾遵守現行世貿規則。雙方還承諾就世貿組織改革開展合作，以迎接新挑戰，並為此建立世貿組織改革副部級聯合工作組」。[14]2018年11月22日，中國、歐盟、印度等成員向WTO提交關於WTO爭端解

11　聯合國大會通過了2019年至2021年（成員國）會費和維和攤款比額決議，中國成為聯合國第二大會費國和維和攤款國。龐中英，〈中國成為聯合國第二大會費國意味著什麼〉，《澎湃新聞》，2018年12月27日。2016年1月27日，國際貨幣基金組織（IMF）份額改革正式生效，中國成為僅次於美國和日本的第三大份額國。中國本來應該是第二大份額國，但是，這一份額的變化是2010年確定的，當時，日本還是世界第二大經濟體。

12　美國國務卿蓬佩奧於2018年12月4日在比利時發表了題為「恢復民族國家在國際秩序中的作用」的演講，標誌著美國政府繼續退出現存的國際組織（退群），同時重建一個新的世界秩序。

13　國務院新聞辦，《中國與世界貿易組織》，2018年6月28日。

14　《第二十次中國歐盟領導人會晤聯合聲明》，北京，2018年7月18日。

決機制（Dispute Settlement Body）的聯合提案。2018年12月12日，包括中國、歐盟、加拿大等在內的數十個WTO成員，在WTO總理事會會議上發表聯合聲明，敦促儘快啓動WTO上訴機構（Appellate Body）成員遴選程序，中方並提出了「對世貿組織的改革中方提出三個基本原則和五點主張」。[15]

在以中國爲首的開發中國家和歐洲已開發國家透過支持WTO及其改革而捍衛自由貿易、反對貿易保護主義的同時，美國政府卻站在了全球多邊自貿易體制的對立面。2017年川普政府上臺後，美國阻止任命WTO上訴機構新法官。2018年11月22日，在WTO爭端解決機制例會上，墨西哥代表71個成員再次提出倡議，建立上訴機構新法官甄選委員會，但這一倡議再次被美國以目前機制未能解決系統性關切等四個理由否決。[16]川普總統本人以及川普政府的內閣成員甚至多次威脅，美國退出WTO也不是沒有可能的。

15　見商務部召開世貿組織改革有關問題新聞吹風會（2018年11月24日）。「三個基本原則：一是世貿組織的改革應該維護多邊貿易體制的核心價值，非歧視和開放是多邊貿易體制最重要的核心價值，也是世貿組織成員在多邊規則框架下處理與其他成員經貿關係的一個根本的遵循，改革應加強多邊貿易體制的核心價值，推動世貿組織在全球經濟治理中發揮更大的作用。二是世貿組織改革應該保障開發中成員的發展利益，發展是世貿組織工作的一個核心，改革應該解決開發中成員在融入經濟全球化方面的困難，賦予開發中成員實現其經濟發展所需要的靈活性和政策空間，幫助實現聯合國2030年永續發展的目標，縮小南北差距。三是世貿組織改革應該遵循協商一致的決策機制。改革關係到多邊貿易體制的未來，改革的議題選擇和最終結果應該透過協商一致做出決策，改革的進程應該保證廣大成員特別是開發中成員的共同的參與，而不要出現由少數成員說了算，也不要搞『小圈子』。」「五點主張：一是應維護多邊貿易體制的主管道地位。改革應該維護多邊貿易體制在全球貿易自由化、便利化進程中的主管道地位，不能夠以所謂的新概念、新表述混淆並否定多邊貿易體制的權威性，不能『另起爐灶』。二是我們主張應該優先處理危及世貿組織生存的關鍵問題。改革應該將單邊主義和保護主義的做法關進制度的籠子，應該儘快解決上訴機構成員明顯受阻這些緊迫的問題，確保世貿組織各項功能的正常運轉。三是應解決規則的公平問題，並且回應時代的需要。改革應該解決一些已開發成員過度農業補貼，對國際農產品貿易造成的長期的、嚴重的扭曲，應糾正貿易救濟措施的濫用，特別是在反傾銷調查中的替代國做法，這一做法對正常的國際貿易秩序造成了嚴重的干擾，同時改革應該推動世貿組織規則與時俱進，能夠回應21世紀經濟現實的需要。四是應保證開發中成員的特殊與差別待遇。中國是世界上最大的開發中國家，我們願意在世貿組織中承擔與我們自身發展水準和能力相適應的義務，我們不允許其他成員來剝奪中國理應享受的開發中成員的特殊與差別待遇。五是世貿組織改革應該尊重成員各自的發展模式。改革應該取消一些成員在投資安全審查和反壟斷審查中對特定國家企業的歧視，要糾正一些已開發成員濫用出口管制措施，阻撓正常的技術合作的做法。中方也反對一些成員否認發展模式的多樣性和對不同發展模式的歧視，不贊同將發展模式問題納入到世界組織改革，不同意將沒有事實依據的指責作爲世貿組織改革的議題。」http://www.mofcom.gov.cn/article/i/jyjl/l/201811/20181102810560.shtml。

16　《觀察者網》，https://www.guancha.cn/internation/2018_12_01_481739.shtml。

　　值得注意的是，從政策和對策層面來說，美國對待WTO的態度與政策，爲中國在維護WTO代表的現存世界貿易秩序和全球貿易治理上提供了重大機會。澳大利亞前總理陸克文（Kevin Rudd）指出：「中國可能不僅向美國，也向世界貿易組織所有成員國，做出在一段時間內將關稅降至零的重大承諾。這將是中國捍衛全球自由貿易、遏制保護主義趨勢的一個幾乎不可抗拒的機遇。」[17]

四、中美和平基礎的重建

　　從以上分析可以看出，中美關係在經歷了長達40年的和平之後，其和平的三大基礎都遇到了大的挑戰。而這些挑戰，部分原因來自於美國對外政策的巨大轉變，部分原因則來自於國際體系的變化。今後要繼續維持和鞏固中美和平，就必須妥善地應對這三大方面的挑戰，從而在新的歷史時期繼續夯實中美和平的基礎。

　　值得注意的是，中西方學界和政界都對威脅中美關係和平基礎的負面因素做出了嚴肅而認眞的反思，並遵循大致相同的思路得出了一致的結論。美國前國家安全顧問和國務卿基辛格（Henry Kissinger）在美中關係全國委員會（National Committee on United States-China Relations）的2018年會上說：「根本問題在於這兩個偉大的國家能否在一個國際政治的新世界中共同生存。」基辛格用了「國際政治的新世界」這個說法，指的是「新的國際體系」，以及提出了一個重大問題，即能否在這個「新世界」兩國「共存」。[18]我們知道，基辛格長期感興趣於19世紀的歐洲「均勢」（balance of powers）以及產生這一均勢的「大國協奏」（concert of powers）。上述發

17　陸克文，〈2019年中美關係展望〉，《聯合早報》，2019年1月2日。
18　2019年1月2日新加坡《聯合早報》報導，〈稱貿易糾紛並非關鍵，基辛格：美中關係在於如何在新局共存〉。

言表明基辛格認為21世紀需要一個新的全球協調體系來容納中美關係。這一點具有極其重大的建設性意義。

此外，也有西方政治家試圖從全球治理的角度來應對美國對外政策轉變對世界和平的挑戰，這也提供了重建中美和平基礎的有益思路。例如，在紀念第一次世界大戰終戰100週年的2018年11月，法國總統馬克宏（Emmanuel Macron）發起了巴黎和平論壇（Paris Peace Forum），這一論壇是截止目前為止世界最大規模的和平論壇。[19]這一論壇把和平與全球治理聯繫在一起，呼籲「所有全球治理行動者」深刻反思導致第一次世界大戰和第二次世界大戰的原因。我們知道，19世紀的歐洲協奏（European Concerts）一般被認為是今天全球治理的起源。[20]巴黎和平論壇把和平與全球治理結合在一起，體現了歐洲的傳統和向全球和平提供了歐洲的和平經驗。在美國「退群」和全球治理的危機下，法國總統馬克宏試圖發現新的路徑重建規則為基礎的世界秩序。需要指出的是，美國總統川普也前往巴黎參加了法國組織的世界領導人紀念第一次世界大戰終戰100週年的紀念儀式，這體現出美國政府對於世界和平也抱有積極態度。

而在研究界，既提出了類似基辛格的觀點，也有和馬克宏相似的建議。在2011年至2015年期間，德國法蘭克福和平研究所組織完成了一項國際合作研究專案《21世紀的國際（大國）協奏》。這一重大研究專案的主要結論是發現了19世紀（1815-1914年）之間的「大國協奏」，在解決21世紀的全球和平的挑戰中的價值、呼籲建立基於大國協奏——21世紀的大國多邊主義的全球治理以預防世界大戰（包括中美衝突）。[21]如果說19世紀初到20世紀初的「百年和平」根植於歐洲協奏，那麼在21世紀，全球治理才是世界和平的途徑。一句話，全球治理本來就是走向世界和平之路。治理中

---

[19] 巴黎和平論壇的官網，https://parispeaceforum.org/。

[20] Jennifer Mitzen, *Power in Concert: The Nineteenth-Century Origins of Global Governance*, Chicago: The University of Chicago Press, 2013.

[21] Harald Müller and Carsten Rauch, eds., *Great Power Multilateralism and the Prevention of War: Debating a 21st Century Concert of Powers*, Routledge, 2017. 筆者是該法蘭克福國際研究專案的主要成員之一，並為該書提供了第十二章（合作者毛維准）。

美衝突，全球治理不可或缺。中國和美國各自如何在全球治理中避免戰爭、和平共處、和平發展，是接下來中美關係的根本而中心的課題。

五、結語

必須看到的是，當前中美關係的尖銳問題都最終指向了中美和平的基礎問題。基礎最重要，「基礎不牢，地動山搖」，影響的不僅是中美雙邊，而且事關全球秩序、世界和平的未來。治理中美關係要從基礎上做起，目前的中美「貿易戰」說明，沒有得到良好治理的中美貿易，不僅不能成為和平的基礎，反而因為貿易爭端威脅中美和平。與川普政府之間的貿易摩擦並非是壞事，這是奠定規範性的《中美貿易協定》的必經之路。如果能夠汲取兩國關係40年的歷史教訓，以中美貿易談判為契機，中美兩國將為未來的中美關係，在21世紀的世界條件下進入良性迴圈，奠定「貿易和平」的強大基礎。不僅如此，中美需要在重建全球治理中尋求共識和合作，奠定中美關係在21世紀的世界秩序基礎。

第十二章　G20羅馬峰會及其之後*

一、導言

　　G20是「國際經濟合作的首要論壇」。義大利輪值的2021年G20進程，隨著羅馬峰會在同年10月31日的結束而完成。G20《羅馬宣言》是自2008年以來G20宣言中最長的一個條約，一共61條，近20頁。《羅馬宣言》反映了G20各成員之間的外交溝通、妥協和合作，是一份上乘的國際條約。

　　該宣言第1條和第2條最為重要。在第1條，《羅馬宣言》指出G20領導人在新冠疫情爆發後首次以線下與會為主開會，「以強調當今世界最迫切的全球性挑戰」，「匯聚共同努力從新冠疫情中復甦，以使我們的各國和整個世界可持續與包容地增長」。尤為值得注意的和不應忽略的是，這份宣言重申了G20的「主要的國際經濟合作論壇」地位。依據這一地位，《羅馬宣言》強調了G20在解決世界問題中的「多邊主義的關鍵作用」，一致同意加強G20的全面作用。

　　該宣言的內容確實是全面和豐富的，涉及當今全球治理的所有最重要議題和G20的集體決定，且又是重點高度突出的。《羅馬宣言》的發表，標誌著G20在全球氣候變化治理上分歧猶存的情況下，原則達成了世界最大的20個經濟體的現實的一致立場，「敦促採取有意義且有效的」行動遏止全球暖化，儘管關於氣候變化的羅馬聲明確實仍然缺少具體承諾，卻仍為在G20會後即開幕的聯合國氣候變化格拉斯哥大會的成功，諸如G20國家的集體意

---

* 本文原載《當代世界》（北京），2021年第12期（《當代世界》在2021年改版，編輯部要求略去注釋）。

志。《羅馬宣言》指出了全球最低企業稅協議，承諾為開發中國家提供更多的疫苗。

在最後，《羅馬宣言》第60條支持了2022年北京冬季奧運會：「我們期待北京2022年冬奧會和冬殘奧會。這是來自世界各國的運動員競技的重要機會，也是人類韌性的象徵。」2020年東京奧運會因全球新冠疫情爆發而推遲，而2021年舉行的2020年東京夏季奧運會展示了「人類韌性」，為世界，尤其是G20成員，集體支持北京冬季奧運會提供了有力的先例。

按慣例，該宣言附錄了義大利輪值G20期間20個部長宣言和公報，以及29個工作組和其他共同文件，顯示了完整的2021年G20進程及其成果。

如同以往G20峰會發表的宣言，《羅馬宣言》在最後一條宣布了未來三年的輪值主席：印尼輪值2022年、印度輪值2023年、巴西輪值2024年G20主席，顯示G20進程仍在持續。

以下，本文簡評這次義大利的G20主席和羅馬峰會。這一評論主要不是就事敘事和就事論事，而是發現和評論一些可能被忽略的，但卻是G20進程的要義，以展望G20的趨勢或者未來。

二、從羅馬到格拉斯哥：G20在全球治理中的首要作用

作為「國際經濟合作的首要論壇」，第十六屆G20峰會達成的共同宣言，最終還是要交由各成員以及一系列主要的全球治理進程來落實。例如G20關於宏觀經濟政策的協調結果，不管程度如何，都要在主要的國際經濟組織，包括國際金融機構（國際貨幣基金組織和世界銀行，以及金融穩定委員會）和世界貿易組織、國際勞工組織等獲得落實。而G20關於氣候變化的決定，對聯合國氣候變化大會（UNFCCC）是至關重要的。在G20達成的氣候變化共識，幾乎決定性地影響接下來召開的聯合國氣候變化大會。2015年土耳其輪值G20，法國則輪值聯合國氣候變化大會（COP 21）。土耳其

和法國，在G20領導機制「三駕馬車」（澳大利亞、土耳其和中國）之間就COP 21進行了有效協調。G20《安塔利亞宣言》就達成氣候變化的《巴黎協定》發出了影響重大的共識：「G20領導人承諾共同致力於一個成功的COP 21」（2015年11月15日）。而有197個談判方參加的巴黎聯合國氣候大會，歷經千辛萬苦最終達成了《巴黎協定》（2015年12月12日）。

　　義大利輪值的G20主題是三個英文詞的縮寫，即「人民」（people）、「星球」（planet）和「繁榮」（prosperity）（3P）。在這三個P代表2021年G20的「優先」目標。其第二個P，即星球，具體就是格拉斯哥氣候變化大會要達致的目標，也是義大利輪值主席的最優先目標。

　　在格拉斯哥COP 26會議中，人們不應忽略的是，G20輪值主席國義大利在COP 26的身分爲「格拉斯哥大會的協辦者」，也就是說，是兩個歐洲國家，英國與義大利，聯合舉辦COP 26。這就意味著英國對義大利G20進程的特別和深度介入。英國的明顯意圖是使義大利G20能有助於格拉斯哥大會的成功。

　　就外交能力的體現和外交安排的銜接等，如同安塔利亞峰會和巴黎大會，羅馬峰會和格拉斯哥大會確實也是對接得很好。這是G20在全球治理中發揮關鍵作用的最好說明。

三、G20進程：從歐洲到亞洲

　　G20歐洲成員一共四個，分別是英國（2021年1月31日正式脫離歐盟，不再是歐盟成員）、法國、德國和義大利。從2009年到現在，這四國都輪值了G20（德國，2017，漢堡；法國，2011，坎城；英國，2009，倫敦）。歐盟是G20的正式成員，但不清楚歐盟在未來是否將輪值G20。在G20歐洲成員輪值G20的過程中，擁有「共同外交和安全政策」（CFSP）的歐盟也在其中發揮著作用。西班牙等歐盟國家不是G20正式成員，卻受邀爲G20的

「永久客人」（permanent quest）。由此可知，歐洲國家和歐盟在G20中的影響力是具有系統重要性的。

關於歐盟在其成員輪值G20期間的作用，是一個需要提出並建議仔細研究的議題。例如，這次義大利輪值G20，與歐盟一起於5月21日在羅馬召開了全球衛生峰會（Global Health Summit），「以早日終結當前的新冠全球健康危機」。這場全球衛生峰會是全球衛生治理的大事。中國國家主席習近平應邀在北京以視訊方式出席全球衛生峰會，並發表了題為「攜手共建人類衛生健康共同體」的重要演講。

G20中的英國和歐盟的法國、德國、義大利均是G7成員，而歐盟也是G7的正式成員，不過，歐盟參加G7卻不要求G7改名（non-enumerated）。這次義大利輪值的G20，我們能發現G7在其中的作用。G7於2021年6月11日至13日在英國康沃爾郡卡比斯灣（Carbis Bay, Cornwall）舉行峰會，達成「歷史性的全球稅收改革」協議。G20《羅馬宣言》歡迎這一全球稅收治理的突破。中國、俄羅斯、印度等全球140多個國家陸續參加了該項全球稅收協定。

在2019年6月29日舉行的G20日本《大阪宣言》中，首次宣布印度輪值2022年。但是，2020年11月21日發表的沙特《利雅德宣言》卻改為印尼輪值。由於印尼在2023年輪值東協峰會（包括東協與其對話夥伴的系列峰會），兩「印」協商交換G20主辦權，改為印尼輪值2022年、印度輪值2023年。這次羅馬峰會，重申了印尼、印度和巴西在未來三年主辦G20，但沒有提到哪個成員國家將舉辦2025年的G20。

歐洲或者歐盟國家主辦G20，反映了G20組成中的歐洲和西方成分，那麼，印尼、印度和巴西主辦G20，則反映了G20組成中的亞洲和非西方成分。

兩個「印」先後主辦G20，標誌著G20從歐洲再次回到亞洲。對亞洲和中國而言，印尼和印度將輪值G20，其意義重大。我們知道，中國（2016年）、日本（2019年）和韓國（2010年）等G20亞洲成員國都已經輪值過G20主席。亞洲是全球經濟中與美歐平起平坐的三大中心之一，印尼、印度

分別輪值G20主席，顯示亞洲在新的全球治理中的作用將更加重要。

由於G20是「國際經濟合作的首要論壇」，未來兩年，G20密集的各部長會議和工作組會議將在亞洲展開，亞洲將再次成為全球治理的中心。中國如何在印尼和印度輪值G20期間加強亞洲國家之間的合作，是一個迫切課題。

印尼是東協的最大經濟體，雅加達是東協秘書處所在地。東協在進入21世紀後，穩步走向「東協共同體」，在對外合作中，發揮著「東協中心性」。如同義大利輪值G20時歐盟的作用，印尼輪值G20，東協也要在G20中發揮獨特作用。過去，G20輪值主席國，如中國和日本，作為慣例都會邀請東協輪值主席國代表東協參加G20進程。

印度、巴西都是「金磚國家」（BRICS）。與G20不同，金磚合作機制中沒有歐美國家，其完全是一種由「新興經濟體」組成的新型全球治理安排。2009年來，金磚合作在G20進程中起步和形成。每年的G20進程，金磚國家都要在G20框架中參與協調。未來的印度和巴西分別輪值G20，是提升或者加強金磚合作的機會。

這次羅馬峰會前，10月26日至29日，東協輪值主席汶萊，舉行了東協峰會和東協與其「對話夥伴」的系列峰會，包括東亞峰會。川普時期，美國缺席東協峰會四年。拜登政府則首次「回到」東協峰會，於10月26日與東協舉行了峰會，拜登發表線上演說。羅馬峰會期間，拜登在羅馬組織了「全球供應鏈韌性峰會」（Global Summit on Supply Chain Resilience），邀請了至少14個國家參加，主要是G20成員和與會的非G20成員，而不包括中國。這次峰會中表明，美國拜登政府推動全球供應鏈轉型、轉向的戰略意圖十分明顯。拜登上臺以來，一直重視供應鏈問題。2021年2月24日，拜登簽署供應鏈行政令，啟動為期100天的美國供應鏈審查專案，涉及半導體晶片、電動汽車的大容量電池、稀土礦物和藥品等關鍵產品，明確要求提升美國供應鏈的自主性，降低對他國的依賴性。

印尼和印度輪值G20期間，美國和歐盟將更加重視印尼和印度，因為這兩個國家關係著美國推動的全球供應鏈多樣化的企圖。

　　不僅是全球供應鏈的轉型和轉向，由於美國拜登政府持續推進「印太戰略」，兩「印」輪值G20，為美國在未來兩年利用G20進一步提升其「印太戰略」提供了機會。

　　歐盟成員重視印尼和印度的傾向也十分明顯。歐洲國家在羅馬峰會期間紛紛與印尼領導人舉行邊會。法國總統馬克宏和印尼總統佐科威在羅馬會晤（2021年10月30日），誓言合作。法國總統府就此發表的《聲明》提到：佐科威和馬克宏討論了「印太」地區與日俱增的經濟影響力，「決定在印太地區建立真正的戰略夥伴關係」，「涵蓋生態轉型、支持印尼的就業和增長以及後冠病時代的復甦」。

　　歐盟（歐委會）於2021年9月16日正式發表了《歐盟印太合作戰略》。此前，2019年，法國發文首推其「印太政策」。荷蘭和德國也於2020年先後發布各自的「印太政策」。值得指出的是，歐盟的「印太戰略」與美國和四方安全對話（QUAD）等強調的「印太競爭」不同，其強調「印太合作」，尤其是在氣候變化和能源等非傳統全球問題上尋求與「印太」國家合作。

　　印度總理莫迪在羅馬峰會期間非常活躍，他接受印度媒體採訪時評價羅馬峰會「富有成果」。2021年5月8日，歐盟和印度領導人舉行峰會，歐盟和印度的關係深化，確定了歐盟和印度戰略夥伴關係到2025年的路線圖（The India-EU Strategic Partnership: A Roadmap to 2025）。

四、G20的未來：「向後看更好」還是「向前看更好」？

　　我們知道，美國拜登政府上臺後推行的內外政策的指導思想之一，是所謂「向後看更好」（Build Back Better），簡稱B3。注意到國內有人把「Bbuild Back Better」翻譯為「回到過去更好」或者「重建美好未來」。這種翻譯不符合拜登競選和執政後說的「Build Back Better World」（簡稱

B3W）的原意。一般認為，拜登B3的雛形是在2019年7月11日於紐約城市大學發表的首場總統競選演說。在那場演講中，美國總統候選人拜登要求回到川普以前的內外政策。也就是說，B3是有著明確的針對性。

事實上，拜登上臺以來，有一些是回到了過去，如有選擇地「回到多邊主義」，但是在一些內外政策上，相當程度和方式上仍繼續了川普的政策。

這次參加G20和隨後的格拉斯哥氣候變化大會，是拜登上臺後第二次訪問歐洲。拜登第一次訪問歐洲是在2021年6月，參加了五場峰會，分別是：美英峰會（6月10日）、G7峰會（6月11日至13日）、北約峰會（6月14日）、美國歐盟峰會（6月15日）、與俄羅斯總統普亭的峰會（6月16日）。在這些峰會中，拜登向美國的歐洲和北約盟友推銷他的「向後看更好」的外交政策。

在2021年G7峰會上，拜登與G7其他領導人一起提出了與中國的「一帶一路」倡議「競爭」的龐大的（40萬億美元）「替代性」全球基礎設施投資計畫，簡稱B3W。不過，B3W提出後，在當前和未來全球經濟條件下，到底如何實施，存在很大的不確定性。拜登政府在美國國內也推出了龐大的基礎設施投資計畫。拜登政府如何把其國內和國際基礎設施投資計畫結合起來？事實上，這兩者無法分開，美國國內的基礎設施投資離不開全球經濟。

出於國內政治的考慮，拜登政府多次表達了不會重返或者加入諸如「跨太平洋夥伴全面進步協定」（CPTPP）那樣的區域貿易協定，但與此同時，又力推在區域甚至全球層次上的數位經濟協定。

就在拜登的「向後看更好」還在不遺餘力地被推行之際，這次G20羅馬峰會卻出來一個與B3世界觀不同的，甚至幾乎與B3有點「對著幹」意味的新詞，即「建設未來更好」或者「向前看更好」（Build Forward Better）。

羅馬峰會開幕後的首場邊會是「支持中小企業和婦女所有的企業以建設更好的未來」（G20 Leaders' Side-Event "Supporting SMEs and women-owned businesses to build forward better"），峰會東道主義大利總理德拉吉出席這場邊會。不知是否故意設計的，這場邊會的關鍵字「Build Forward Better」在G20羅馬新會議中心（La Nuvola）和G20日程中十分引人注目。

《羅馬宣言》並未使用「向後看更好」或者「向前看更好」，而是這兩個意思的某種巧妙結合，以「面向未來」爲主：其第一段有「爲了更好地復甦」（to recover better），而其第二段有「爲全球復甦開闢道路」（pave the way for a global recover）等「向前看」的字句。

本文的看法是，G20羅馬峰會實際上在部分意義上提出了一個非常有意思的問題，是「向後看更好」還是「向前看更好」？還是兩者結合起來更好？

五、結語：到底什麼是G20？爲什麼是G20？

G20創始於1999年，是對「亞洲金融危機」的初步全球回應。一開始，G20只是集中處理短期和中長期的全球金融穩定與否的問題，以預防下一場區域性的金融危機。但是，2008年全球金融危機爆發，束手無策的美歐聯合中國等其他「新興經濟體」，升級G20爲領導人會議。

從2008年到羅馬峰會，G20舉行了16場峰會。從2011年以來，峰會是最後一場G20會議，每一年的各種G20會議大概在50場左右，形形色色的G20會議加上最後的峰會，形成了複合的「G20進程」（the G20 process），這一進程確實發揮了作用。如同世界上所有的多邊進程，G20也存在這樣或者那樣的問題、不足、缺陷，但是，截至目前爲止，不管世界形勢如何風雲變幻，G20進程並未失敗。

到底如何解釋G20的有效性？本文認爲G20進程實際上是一種21世紀的全球「協奏」（global concert of parties），即世界上最重要的19個大國加上歐盟，再加上其他攸關方（如東協、非盟等地區組織）、不是G20成員卻重要的國家，以及主要國際組織等，構成一個盡可能包容的攸關方的首要論壇，即首要的全球治理進程中的全球治理進程。這一進程的形成和持續，意味著其已經具有了一種可持續的全球（國際）公共權威，這一全球（國際）

公共權威是參與其中的攸關方「協奏」的結果。然後，這一結果又作用於各攸關方，進而在全球層次發揮了治理（解決）問題、挑戰和危機的作用。

　　G20進程讓我們認識到，在21世紀一種有效的全球治理到底是什麼樣子的和如何運作的。G20進程和G20治理已經形成，其存在和未來取決於其能否有進一步的制度創新，其參加者的進退對G20進程的影響反倒是其次。在2017年到2021年的四年期間，強烈反對「全球主義」和「去全球化」的美國川普政府，退出了一系列重大的全球治理進程（如《巴黎協定》）。不過，川普政府仍繼續參加G20，只是不重視G20的作用，也不配合落實G20達成的共識。承受住川普政府帶來的衝擊，G20存在了下來。拜登政府有選擇地「回到」包括G20在內的全球多邊安排，主要還是因為G20等全球治理進程的功效，迫使美國不能長期置身於這些全球（國際）公共權威之外。

　　由於有亞洲和其他非西方成員，G20是真正全球的，不同於G7那樣的西方為主的論壇。在這個意義上，G20和G7有著本質的不同。在G20是全球各種力量複合互動的平臺，這種互動如果是「協奏」，就會產生全球治理的力量。

　　未來兩年，G20是否進一步轉型？G20是否帶上了更多的亞洲（印尼和印度）特色？本文建議，中國要密切關注印尼、印度以及巴西輪值G20，與印尼、印度、巴西三大世界經濟中的新興經濟體就2022年、2023年和2024年的G20系列會議和峰會充分合作，確保G20進程在全球治理中的首要作用。

一、導言

　　冷戰結束後，兩極格局瓦解，全球治理興起。經歷過去20多年的發展演變，當今的全球治理體系正在發生自冷戰結束以來最爲深刻的變化。客觀和全面地看，這些變化既有令人憂心的危機，也有積極的改進。有些國家，如川普執政後的美國，宣布退出一些全球治理機構；而有些國家，如中國，則不僅繼續參與全球治理，而且正努力尋求爲全球治理注入新的活力。目前國際社會對全球治理的需要仍然是強大的，即使是那些批評全球治理並選擇「退群」的國家，也仍然在使用現有的全球治理體系（例如，美國對世界貿易組織上訴機構當前的危機負有直接責任，但與此同時卻繼續利用世界貿易組織上訴機構處理與其他國家的貿易糾紛）。聯合國主導的主要全球治理進程，如維護和平、永續發展、氣候治理等，仍在困難中繼續前行。有的國家確實在尋求替代性的全球治理，但是有的國家，包括中國，仍然承諾不「另起爐灶」，強調繼續維持第二次世界大戰後建立起來的全球治理具有重要性。儘管各國的認識、立場和政策不同，但對現有全球治理體系進行改革，卻是基本共識。爲應對新出現的全球挑戰，在一些國家的領導下湧現出了一些新的全球治理機制（如亞洲基礎設施投資銀行），雖然這些新的全球治理的未來發展前景註定存在不確定性，但是與傳統的國際制度（如世界銀行）相比，卻因其制度創新而展現出初步的活力。

　　全球治理中的一些根本問題，如在國際公共財的提供和維持方面的「金

* 本文原載《當代世界》（北京），2019年第4期。

德爾伯格陷阱」（Kindleberger Trap）儘管仍然是尚未解決的根本難題，卻也存在克服這一重大挑戰的可能，一些國家如中國等貢獻了影響深遠的可能對克服「金德爾伯格陷阱」有重大意義的，諸如「一帶一路」倡議等的新型國際公共財。[1]本文主要探討全球治理體系正在發生的深刻變化，並對全球治理的未來進行展望。

二、全球治理體系更加複合

全球治理就是超越民族國家以及民族國家組成的地區一體化機構，以諸如聯合國等全球性的國際公共財（global public goods）為平臺，以國際規則、國際規範和國際制度為基礎解決或者克服全球挑戰、全球問題、全球危機的集體行動或者國際合作過程。顯然，在解決全球問題的過程中，全球治理具有和平的、政治的、規範的、多邊的、協商的性質。全球治理的存在並不意味著國際社會存在的所有問題都有了「以規則（規範、制度）為基礎」的解決途徑。全球治理是與非全球治理並存的，即便參加了全球治理，有的國家行為體有時也並不依靠全球治理解決問題。例如，有的國家並不依靠聯合國安理會（UNSC）解決國內或者國際暴力衝突，或者在對衝突武力介入時缺少聯合國安理會的授權；有的國家並不依靠世界貿易組織解決與他國之間的貿易爭端，甚至把國內法延伸到國外，如目前美國的司法「長臂管轄」（Long Arm Jurisdiction）等就不符合公認的國際法。

21世紀的世界不同於以往世界的主要特徵和邏輯之一，就是同時存在全球化、全球問題和全球治理。當前的全球治理體系無疑是一個高度的複合體系（complex system）和多元體系（pluralized system）。[2]這個體系中不

---

1 有關「金德爾伯格陷阱」的討論是目前的熱點，Joseph Nye, "The Kindleberger Trap," *Project Syndicate*, January 7, 2017, https://www.project-syndicate.org/commentary/trump-china-kindleberger-trap-by-joseph-s--nye-2017-01?barrier=accesspaylog。

2 關於「全球治理體系」這一概念的最新討論，Michael Zurn, *A Theory of Global Governance: Authority, Legitimacy, and Contestation*, London: Oxford University Press, 2018, pp. 6-8。

僅有在實力等方面差異很大的國家，也有各種非國家行爲體。

　　1990年代初，冷戰在全球格局中的終結在加速全球化的同時，爲解決持續增長的全球問題提供了機會，而在解決全球問題的過程中，加強了冷戰後的世界和平。全球治理在冷戰後的興起至少有兩大標誌：一是非西方國家行爲體，主要是中國，加快了參與和融入1945年以後形成的國際制度（國際組織）的進程。正是因爲中國等國家全面參與全球治理，才使包括聯合國在內的國際組織更加體現出包容性和代表性；二是各種非國家行爲體愈來愈多地參與到全球治理進程中，或者其中的一些非國家行爲體，他們本身就在全球治理進程中（不管是作爲全球問題的一部分還是作爲全球治理的一部分）。在非西方國家和非國家行爲體日益成爲新的全球治理體系的重要甚至主要組成部分後，可以看到，原來的全球治理體系正逐步轉型爲新的全球治理體系。新的全球治理體系是多方行動者或者利益攸關者在包括權力、市場（包括貿易與金融）、生態（包括氣候）、知識（包括技術）等的全球結構中互動（包括交易與博弈）形成的。

　　在全球層次，國家，尤其是舉足輕重的國家，其選擇和行爲對全球治理體系影響差別很大。有的國家是超級大國（如美國）。川普執政後，對其自己國家長期以來實行的全球治理政策極爲不滿，對現存的全球治理體系更是牢騷滿腹，因此決定退出一些全球治理機構或者協定（即「退群」）。美國的「退群」弱化了全球治理體系，甚至惡化了全球治理體系存在的問題，因此引發了全球治理體系的動盪。而有的國家，例如中國，是冷戰結束後在和平發展的世界環境下崛起的新興大國。正好與美國相反，他們不僅繼續參與現有的全球治理，而且爲全球治理注入了新的活力。全球治理體系由於中國等新興大國的作用而得到持續和加強。

　　在地區層次上的全球治理行爲體，尤其是具有國際行動能力的地區一體化機構（如歐盟），使全球治理體系更加複合。2017年3月29日，英國啓動了退出歐盟（Brexit）的過程，這是歐盟歷史上第一次有成員根據歐盟《里斯本條約》第50條（the article 50 of the *Lisbon Treaty*）退出歐盟。不過，截至目前，英國「脫歐」對歐盟在全球治理中的作用並未構成直接打擊。在英

國「脫歐」的陰影下，歐盟仍然擴大並加強其在全球治理中的作用。歐盟在全球治理體系中的作用是由其共同外交與安全政策（CFSP）規定的。在新形勢下，歐盟依然積極參與包括七國集團（G7）、二十國集團（G20）、聯合國等在內的各種複合的全球治理進程。歐盟自稱是全球安全，尤其是全球海洋安全的最大提供者。[3]需要指出的是，歐盟在全球治理中的作用仍然是一個重大的全球議題，在歐盟內外對此議題存在各種爭論。歐盟的「共同外交與安全政策」中，全球治理是主要內容之一。全球治理的其他行為體（世界其他國家和政府間國際組織以及主要的全球論壇）承認或接受歐盟在全球治理中的關鍵作用。歐盟與其他國際行為體（如中國），在全球治理中是高度相互作用的。目前，全球治理是中國與歐盟關係的基石之一，即中國和歐盟形成的關係是基於全球治理體系。

此外，除了歐盟，冷戰結束後，尤其是進入21世紀後，不僅諸如傳統的非盟（前身為非洲統一組織）和東協等區域組織，而且新興的地區或者跨地區機構如上海合作組織，甚至金磚合作機制等都發揮著加強而不是弱化全球治理體系的作用。

三、全球治理中的代表性和所有權結構得到改善

全球治理的代表性是一個非常重要的議題。長期以來，有很多國家和地區（如非洲）都一直表示，他們在全球治理中的代表性不足（under-representation）。代表性不足是國際秩序不公正的一個表現，不過，隨著全球治理體系的演變，全球治理的代表性正在得到改善。2008年開始的主要為治理全球金融危機的G20峰會，將主要在冷戰結束後才全面參與全球治理體系的幾乎所有的「新興經濟體」（emerging economies）都囊括進來。

3　歐盟對外行動署，https://eeas.europa.eu/topics/common-foreign-security-policy-cfsp/57283/eu-global-security-provider-%E2%80%93-working-india-maritime-security_en。

而且這些「新興經濟體」出人意料地在G20框架下聯合起來，以金磚國家（BRICS）的形式與G7等開展互動。G20為改進全球治理的代表性發揮了關鍵作用。在G20的推動下，中國等國家在國際金融組織中的代表性（話語權）因其貢獻不斷增大而有所提高。[4] 2019年，中國成為聯合國和聯合國維和預算的第二大會費國，這提高了開發中國家群體在聯合國主導的全球治理進程中的代表性。自1992年以來，聯合國一直都在進行改革。安理會改革是聯合國改革的中心，特別是在其成立60週年的2005年和70週年的2015年，聯合國改革勢頭不減。然而，聯合國改革並未取得令成員國滿意的進展。最近，在歐洲，德國建議法國放棄其在安理會中的常任理事國席位，並由歐盟取代，而法國駁回了德國的這一提議。[5]

在改進參與國家在全球治理體系中的代表性方面，目前談論較多的是成員國在全球治理體系中基於貢獻的「話語權」，具體體現為其「投票權」（即決策權），談論較少的是全球治理體系中的所有權（ownership）。所有權問題比「話語權」更加重要，因為所有權可以說明全球治理到底是誰的、為誰進行全球治理、誰來進行全球治理。[6]如同公司治理，全球治理體系中的主要行動者在全球治理進程中的所有權以及所有權結構，決定著全球治理的成敗。

全球治理體系中，非國家行為體的代表性存在的問題更加嚴重。冷戰後，非政府組織在全球治理中的作用受到高度重視。聯合國作為《聯合國憲章》規定的「我們聯合國人民」的國際組織，一直重視非國家行為體對聯合國的參與。在幾乎所有聯合國組織的重大全球治理進程中，非國家行為體都有顯著的參與。儘管如此，目前來看，非國家行為體在全球治理中的作用仍

4　有關IMF中的投票權情況，https://www.imf.org/external/np/sec/memdir/members.aspx。

5　https://www.france24.com/en/20181128-paris-france-german-proposal-un-eu-macron-merkel-security-council-nations。

6　有關全球治理中的所有權問題，Zhongying Pang and Mao Weizhun, "Ownership Matters in a 21st Century Concert of Powers," in *Great Power Multilateralism and the Prevention of War Debating a 21st Century Concert of Powers*, edited by Harald Müller and Carsten Rauch, Routledge, 2018, Chapter 12。

然需要再次強化。只有讓非國家行為體充分參與，人類才能從根本上治理全球問題。[7]

四、全球治理後退的危險性

有學者指出，全球治理確實在後退。[8]不過，問題在於，全球治理究竟要退到何處？全球治理體系需要改革，而必要的改革是為了進步。

冷戰結束後，一些全球治理實踐日益深化。今天看來很平常的國際集體行動，在冷戰結束之初卻是「充滿雄心」的。1995年成立的WTO標誌著超越舊關稅貿易總協定（GATT），並建立面向21世紀的全球經濟治理的遠大目標。與GATT不同，WTO最終實現了第二次世界大戰結束前夕人們關於構建真正的全球貿易組織的設想（GATT是在全球貿易組織無法建立起來的情況下退而其求次的結果）。WTO設立了前所未有的爭端解決機制（尤其是這一機制的核心——上訴機構），且WTO爭端仲裁對於所涉方面是具有約束力的。目前，在「逆全球化」、民粹主義、民族主義再次興起的背景下，WTO爭端解決機制飽受爭議。具有諷刺意味的是，提出爭議的不是別國，而是曾推動WTO建立爭端解決機制並使用最多次WTO上訴機構的美國。

WTO上訴機構只是眾多試圖走向有效的全球經濟治理中的一個機制。G20的「宏觀經濟政策合作」——相互評估過程（MAP），更是觸及各個經濟大國涉及主權的「國內經濟結構」。2009年舉行的G20匹茲堡峰會，將G20明確為「國際經濟合作的首要平臺」，倡議主要經濟大國之間加強「宏觀經濟政策合作」。這意味著面對全球性的金融危機，全球經濟治理得到進一步升級。當時參與G20進程的決策者，深知全球治理不進則退，並進而選

---

[7]　Peter Willets, "The Role of NGOs in Global Governance," *World Politics Review*, September 27, 2011, https://www.worldpoliticsreview.com/articles/10147/the-role-of-ngos-in-global-governance.

[8]　Jean Pisani-Ferry, "Should We Give Up on Global Governance," October 23, 2018, http://bruegel.org/2018/10/should-we-give-up-on-global-governance/.

擇了「進」。不過，需要注意的是，在近幾年的G20峰會中，G20在全球經濟治理中的中心地位並沒有受到強調。2010年6月，G20多倫多峰會建議對成員國的宏觀經濟政策進行評估；2010年11月，G20首爾峰會更提出根據指標性方針提高MAP。從2011年墨西哥主辦G20起，MAP不再是G20進程的主題。[9]

　　大多數現有的全球治理機構確實先天不足，存在設計缺陷，在運行中積累起諸多問題。所以，全球治理機構改革的必要性和迫切性已成為全球治理體系各參與者的共識。不過，到底如何改革全球治理，全球治理體系中各參與者的立場並不一致，甚至相互衝突。在WTO改革問題上，川普政府與中國政府之間存在分歧。[10]歐盟提出了WTO改革（尤其是上訴機構）方案，[11]並試圖打破與美國之間存在的分歧，[12]同時加強與中國的合作。[13]聯合國，特別是安理會的改革還將繼續，但在可預見的未來，難以取得突破性進展。國際金融組織的改革取得了一些進展，國際貨幣基金組織和世界銀行的資本都大幅成長。不過，2019年3月14日，世界銀行執行董事會確認，美國川普政府提名的馬爾帕斯（David Malpass）成為下屆世界銀行行長的唯一候選人。預計在這位來自美國的新行長領導下，世界銀行改革的方向和結構將有所變化，可能會大幅度縮減世界銀行對「新興經濟」如中國等國的貸款，以及「保證婦女實現在開發中經濟體的全面參與」。[14]

　　川普政府所要求的全球治理改革，是從美國國家利益的角度（即「全球治理威脅美國的主權」）進行的。[15]這樣的外交政策對已有的全球治理是

9　https://www.imf.org/en/About/Factsheets/Sheets/2016/07/27/15/48/G20-Mutual-Assessment-Process-MAP。

10　劉裴蒂，〈中國和WTO的「第二春」〉，《FT中文網》，2019年2月18日。

11　European Commission, "WTO Reform: EU Proposes Way forward on the Functioning of the Appellate Body," Brussels, November 26, 2018, http://trade.ec.europa.eu/doclib/press/index.cfm?id=1945.

12　https://www.reuters.com/article/us-usa-trade-wto-eu-idUSKCN1NV1CD.

13　《第二十次中國歐盟領導人會晤聯合聲明》，2018年7月18日，https://www.fmprc.gov.cn/ce/cebe/chn/ssht/zod20cldrhw/t1578374.htm。

14　https://share.america.gov/zh-hans/u-s-nominee-to-lead-world-bank-is-a-champion-of-reforms/.

15　2018年9月25日，美國總統川普在聯合國大會的演講公開批評全球治理，https://www.independent.co.uk/news/world/americas/us-politics/donald-trump-laughter-united-nations-general-assembly-

激進的和顛覆性的。2019年1月16日，美國向WTO總理事會提出《一個無差別的WTO——自我指定的發展狀態導致體制的邊緣化》的文件，之後又據此提出一份總理事會決定草案，要求取消一大批開發中成員享受特殊和差別待遇的權利。WTO的「特殊和差別待遇條款」源於GATT第18條，愈來愈多的開發中國家加入WTO正是因爲WTO有這一優待。中國加入WTO，也部分享受了差別條款帶來的一定好處，但是，目前美國等不再支持中國在WTO中的開發中國家地位。美國的「無差別」改革主張對WTO中眾多開發中國家不利。2019年2月15日，中國、印度、南非和委內瑞拉聯合向WTO提交了《惠及開發中成員的特殊和差別待遇對於促進發展和確保包容性的持續相關性》的分析文件。此後，又有六個開發中成員連署了該份文件。在2月28日WTO總理事會上，中國政府認爲，「開發中成員特殊和差別待遇原則不容否定」。[16]歐盟部分意義上附和美國的立場，最近，歐盟委員會發表因爲廣受關注的文件《歐中關係戰略前景》，認爲中國不再是開發中國家。[17]

　　需要指出的是，美國退出一些全球治理機制或者提出顛覆性的全球治理改革方案所產生的影響可能被誇大了。美國如果繼續提出這些可能影響到全球治理體系中大多數參與者（開發中國家是全球治理的主體）根本利益的行動方案，只會爲其進一步退出全球治理體系提供藉口。同樣地，退出歐盟以後的英國對現有全球治理體系的影響也不應被誇大。不是歐盟成員的英國，不再是歐盟共同外交和安全政策的一部分，因此會在全球治理體系中採取獨立立場。不過，英國與歐盟在全球治理方面的目標和方法總體上是一致的，他們在全球治理改革進程中仍然是密切的合作夥伴。沒有英國，歐盟在全球治理中的能力會有所下降，不過，這並不影響歐盟在全球治理中發揮規範作用。

　　假如「美國缺位」（沒有美國）是未來的情景，全球治理是否會繼

---

claim-iran-patriotism-un-a8554571.html。

[16] http://wto.mofcom.gov.cn/article/xwfb/201903/20190302839142.shtml.

[17] European Commission, "EU-China: A Strategic Outlook," March 12, 2019, https://ec.europa.eu/com-mission/news/eu-china-strategic-outlook-2019-mar-12_en.

續？當前，在美國退出一些全球治理機制後，「美國缺位」的全球治理進程仍然在繼續。不過，「美國缺位」的全球治理是什麼一種情況？也許情景分析（scenario analysis）可以回答這個問題。「美國缺位」可能僅僅意味著沒有美國政府，卻並不意味著真的沒有美國。在評價全球氣候治理進程中的美國角色時，布魯金斯學會會長約翰・艾倫（John R. Allen）認為，美國的全球治理戰略應該是「沒有美國政府的美國（國際）領導」，[18]這是一個非常耐人尋味的觀點。這個觀點提醒我們，在川普政府不斷「退群」的情況下，對美國在全球治理中的作用要正確看待。總之，英美的退出，並不意味著全球治理的終結。

五、正確理解替代性（另起爐灶）的全球治理安排

中國領導人在許多重要的國際場合一再指出，積極參與全球治理的中國不尋求另起爐灶。不另起爐灶的原則立場，意味著中國是現有全球治理體系的堅定支持者。中國的這一立場有助於穩定現有全球治理體系，這與全球治理體系中大多數參與者的立場和利益是一致的。

然而，中國不另起爐灶，並不等於其他國家不這樣做。包括美國在內的很多國家，除了討論全球治理體系改革，關於尋求替代性解決問題的安排一直都在進行。上述美國關於WTO的改革立場，實際上就是要用新方案替代現有的WTO。

問題是，這些替代即使是非常必要、意義重大的，也不能是單邊的，主要反映和代表的是單個國家的利益，而是需要經過全球治理體系中的行為體和攸關方的充分討論，以協調不同行為體之間在新的全球治理方案上的價值差異與利益衝突，避免新的全球治理缺少必要的、最低限度的正當性。

---

[18] https://www.brookings.edu/blog/planetpolicy/2018/12/14/american-climate-leadership-without-american-government/.

　　當前，全球問題的解決不是展現了新的「多邊化」前景，就是正在出現新的「多邊化」進程。例如，在全球安全方面，美國和蘇聯於1987年簽訂的《中導條約》確實存在先天不足。經歷了30多年的演變，《中導條約》的不足更是捉襟見肘。「美國政府已幾次表示，即使保全了《中導條約》，該條約也必須多邊化，至少得把中國包括進去」。[19]目前，中國不接受諸如《中導條約》的「多邊化」。但是，假如關於「中導問題」的多邊化進程啟動，中國可能不得不承受來自美俄雙邊的《中導條約》廢除後建立替代性的多邊《中導條約》的壓力。在全球發展金融領域，近幾年出現了一些與世界銀行和區域性的發展銀行平行的多邊機構，如亞洲基礎設施投資銀行（亞投行）。本質上，這些新建的多邊機構，尤其是亞投行，是對已有全球發展金融格局的必要補充，而不是挑戰現有的全球發展金融格局。儘管如此，美國一開始就堅決反對成立亞投行，直到現在都沒有支持亞投行。而在全球公域治理（governing the global commons）方面，尤其是在設計和塑造全球公域的治理規則上，一些世界大國在帶頭推動解決全球公域存在的全球問題的「多邊化」勢頭。[20]「國家管轄範圍以外區域海洋生物多樣性養護和永續利用」（BBNJ）已經形成向聯合國大會審議的「國際協定草案要素」。如果聯合國大會通過，類似氣候變化治理那樣的關於BBNJ的全球談判過程將正式啟動，這將是全球永續發展和全球海洋治理進程中的一件大事。

六、結語

　　自冷戰結束以來，全球化使全球問題更加多樣，全球治理體系愈來愈複

---

[19] 沈丁立，〈先天不足的「中導條約」何去何從〉，《上觀新聞》，2019年2月19日，https://web.shobserver.com/news/detail?id=133592。

[20] Keith Smith, "Innovating for the Global Commons: Multilateral Collaboration in a Polycentric World," *Oxford Review of Economic Policy*, January 1, 2017, 33 (1): 49-65, https://doi.org/10.1093/oxrep/grw039.

雜。透過全球治理體系應對全球問題，是當今世界的重要特徵之一。但是，全球治理體系面對重大挑戰。已有的全球性國際組織，在冷戰後的改革進程是曲折的，有的則陷入僵局。不進則退，問題成堆的全球性國際組織的改革或者現代化，如果在可預期的未來仍然達不到大多數的預期，則他們將更加失去在治理全球問題中的相關性。現有全球治理面對的重大挑戰也是全球治理重建的重大機會。世界大國肩負全球治理體系的改革的重大責任，但是，目前世界主要大國之間關於全球治理的改革存在立場、政策和行動的不一致甚至衝突。這就需要大國之間就全球治理的未來進行有意義的對話、協調與合作，首先要在避免全球治理發生大的倒退並有效推進全球治理上達成共識。

第十四章　中國與世貿組織（WTO）改革

一、全球貿易衝突背景下的世貿組織改革

　　世界貿易組織（WTO）是制定和實施全球層次貿易規則（global trade rules）的機構。沒有國際規則，也就沒有世界貿易，兩者是相輔相成的。以「規則爲基礎」（rules-based）也是國際貿易領域的全球規範（global norm）。這並不是西方的，而是全球的。

　　WTO是全球貿易治理的一個里程碑式的國際機構——其前身是關稅暨貿易總協定（GATT），在冷戰結束後於1995年成立。WTO被認爲是比其前身GATT更包容、更有利於貿易發展、更能夠解決國家之間貿易糾紛的機構，是以全球化爲基礎的全球經濟永續成長的最爲重要的條件之一，是「世界貿易的穩定性與可預見性的衛士」（the guardian of stability and predictability in world trade）。[1]

　　需要指出的是，WTO的改革並非是新話題。在成立以來的20多年中，尤其是在過去10年，WTO的改革始終是其成員國和相關著名智庫討論的中心話題。其中，「WTO的危機」、「WTO失效」等判斷或警示的提出，說明了WTO面對的挑戰的嚴重性。

　　WTO總幹事阿茲維多（Roberto Azevêdo）認爲WTO面臨迫切的改革任務。爲此，阿茲維多曾發起與成員國的「危機談話」（crisis talks）。在川普政府之前，美國和歐盟都曾提出過WTO的改革方案，這些方案要求取消被視

---

[1]　Uri Dadush, "WTO Reform: The Time to Start Is Now," *Carnegie Endowment for International Peace: Policy Brief*, No. 80, September 2009.

爲WTO基礎原則的「以共識爲基礎的決策」，認爲這樣可以提高WTO的效率，但這些方案卻可能使WTO的正當性（合法性）遭到打擊。[2]

2006年，WTO杜哈回合貿易談判因爲眾口難調，不得不中止。2013年12月7日，在印尼舉行的WTO第九屆部長級會議發布了《峇里部長宣言》，達成了WTO成立18年、杜哈回合談判啓動12年以來的第一份全球多邊貿易協定──《峇里一攬子協定》。但是，這一協定只是杜哈回合的一個縮水版協議，距離杜哈回合談判的全面完成仍然十分遙遠。杜哈回合談判的曲折折射出WTO的內在危機。

自2017年川普就任美國總統以來，尤其是進入2018年後美國對其最大的貿易夥伴（北美諸國、歐盟和中國）發動「貿易戰」，以WTO爲代表的世界貿易秩序的危機狀態更趨嚴重。川普政府不願依靠WTO等機構代表的世界貿易秩序來解決其與最大的貿易夥伴的貿易糾紛，而是試圖使用其全球的超強實力（霸權）迫使貿易夥伴讓步，這實際上等於美國利用霸權向全球徵稅。

在WTO依然存在的情況下，大國之間的「貿易戰」本身是對WTO或者當今世界貿易秩序的一大嘲諷。WTO的使命、原則和體制是爲了解決貿易爭端，尤其是大國之間的貿易爭端。如今，非但WTO管不了「貿易戰」，而且「貿易戰」正在摧毀WTO。

WTO是中美「貿易戰」的一部分。中美雙方都說自己在遵守WTO代表的全球競爭規則，同時都在指責對方違WTO代表的全球競爭規則。雙方代表在WTO脣槍舌劍、針鋒相對。當然，中美在WTO問題上的交鋒並非新現象，而是一直存在。美國借助WTO的貿易政策審議機制（TRM）審查中國在WTO的合規（compliance）情況（即中國是否兌現了加入WTO時的承諾）。

隨著中國經濟在「入世」後的高速成長，此前主導WTO的美國和歐

---

2   Emily Jones, "How Should the WTO Reform Itself?" *World Economic Forum*, October 24, 2014, https://www.weforum.org/agenda/2014/10/wto-trade-reform-veto-consensus/.

盟等愈來愈感受到來自中國的衝擊。美國和歐盟在WTO針對中國的立場與利益有共同的方面，川普政府在WTO「指責中國進行經濟侵略」，而歐盟「擔憂中國的情緒與美國是一樣的」。[3]如歐盟貿易專員塞西莉亞·馬爾姆斯特倫（Cecilia Malmstrom）指出：「我們該如何調和中國的國企模式與全球範圍內的公平競爭之間的矛盾？」[4]

中美歐三方在WTO中的爭論本身就是WTO面臨的一個中心問題，直接影響到WTO的未來。這一爭論引起了一些著名國際學者的關注，哈佛大學國際政治經濟學家、《全球化的悖論》的作者羅德里克（Dani Rodrik）認為：「美國和歐洲的政策制定者問了一個錯誤的問題。與其說問題出在中國的政策上，不如說問題出在世界貿易體制上。WTO以及之後的每一份貿易協定都建立在如下觀點的基礎之上：不同國家的經濟行為最終將會趨同。但這種情況並沒有發生，中國的例子已經充分證明了這一點。更重要的是，本來就沒有充分理由認為不同國家的經濟模式會趨同。」羅德里克的結論是：「如果WTO已經失靈，那是因為貿易規則的手已經伸得太長。一套公正的世界貿易體系會承認經濟模式多樣性的價值。它應該在這些模式中尋找一條妥協之道，而不是收緊規則。」[5]

WTO的確代表了更高的理想──世界經濟一體化。然而，理想和現實不一樣，現實中各國追求的仍然是各自的發展道路。一方面，中國與全球經濟的聯繫愈來愈緊密；另一方面，中國堅持自己的發展道路。美國川普政府出現，從另一個角度證明，即使是美國也要堅持自己的發展道路，也就是川普及其團隊不斷重申的美國「經濟民族主義」（economic nationalism）。

作為全球性組織，WTO已經進入各國的邊界（主權）內部，影響和制約著各國的國內政策，但對各國國內的情況卻關心不夠。正因為WTO走得

3　達尼·羅德里克，〈WTO失靈的真正原因〉，《FT中文網》，2018年8月7日，http://www.ftchinese.com/premium/001078823?archive。

4　達尼·羅德里克，〈WTO失靈的真正原因〉，《FT中文網》，2018年8月7日，http://www.ftchinese.com/premium/001078823?archive。

5　達尼·羅德里克，〈WTO失靈的真正原因〉，《FT中文網》，2018年8月7日，http://www.ftchinese.com/premium/001078823?archive。

太遠，所以該組織和其夥伴組織（主要是國際貨幣基金組織和世界銀行）在「反全球化」和「去全球化」中成為民族主義和民粹主義攻擊的主要對象。全球經濟一體化正在遭遇至少是暫時中斷或者放慢的現實，作為治理全球經濟一體化最重要機構的WTO陷入四面楚歌。

二、歐盟目前是WTO改革的領導者

與美國一樣，歐盟也是世界貿易規則的制定者和操控者。在WTO的改革中，歐盟發揮了領導作用。歐盟尋求中國對WTO改革的支持，2018年7月16日，《第二十次中國歐盟領導人會晤聯合聲明》（以下簡稱《中歐聲明》）在北京發表：「雙方堅定致力於打造開放型世界經濟，提高貿易投資自由化便利化，抵制保護主義與單邊主義，推動更加開放、平衡、包容和普惠的全球化。雙方堅定支持以世貿組織為核心、以規則為基礎、透明、非歧視、開放和包容的多邊貿易體制並承諾遵守現行世貿規則。雙方還承諾就世貿組織改革開展合作，以迎接新挑戰，並為此建立世貿組織改革副部級聯合工作組。」「雙方認可經貿高層對話在指導和促進中歐經貿關係中發揮的重要作用。歐盟注意到中國近期致力於改善市場准入和投資環境，加強知識產權保護，擴大進口，期待這些舉措得到全面落實並採取進一步的舉措。雙方致力於在雙邊貿易和投資領域確保公平和互利合作，並將合作解決各自企業面臨的市場准入問題。」[6]中國堅定地支持多邊貿易體制也是對歐盟的支持。

2018年7月25日，歐盟委員會主席容克在華盛頓與美國總統川普發表了《美歐聯合聲明》，宣布將致力於實現美歐之間「零關稅、零壁壘、零補

6　《第二十次中國歐盟領導人會晤聯合聲明》，北京，2018年7月18日，http://www.mfa.gov.cn/ce/cebe/chn/zozyzcwj/celdr/t1578374.htm。

貼」的自由貿易，共同推動WTO改革。[7]雖然《美歐聯合聲明》一般被認為是歐盟對美國的妥協，但是川普政府同意改革WTO則是歐盟對美國的一個勝利，避免川普政府在WTO之外尋求解決方案。[8]但如同《中歐聲明》一樣，容克和川普並沒有詳細說明美歐如何改革WTO，更沒有說明美歐在WTO改革上的分歧能否克服和如何克服。

事實上，歐盟和美國在如何改革WTO上存在不一致。與歐盟不同，川普政府的WTO改革方案意味著取消WTO中的開發中國家條款，意味著放棄WTO的「以共識爲基礎的決策」原則，這勢必引發WTO內部的大地震。然而，歐盟則考慮到了WTO的正當性和有效性，認爲只有在WTO正當性不受傷害的情況下才能修改「以共識爲基礎的決策」原則。

根據川普政府目前的作爲，美國將透過雙邊談判建立一個個新的雙邊貿易安排，但美國並沒有說明這些新的雙邊貿易安排是否有違WTO的原則（例如是否違反了WTO的非歧視原則），以及一旦與WTO原則衝突怎麼辦。即使不考慮WTO，這些雙邊貿易安排如果不能相互協調以避免相互衝突（如美歐貿易安排與美日貿易安排之間的衝突），也將給美國帶來新的貿易問題。

總體來看，在WTO改革問題上，即使不考慮歐盟如何在其內部取得一致（共同貿易政策），它如何協調與美國的不一致和與中國等這樣的既不是「富國」也非「窮國」的「新興經濟體」的差異，以及滿足廣大開發中國家成員維持和加強WTO包容性的要求也很困難，歐盟要想拿出得到大多數成員支持的WTO改革方案並不容易。

---

[7]　"President Donald J. Trump Launches a New Reciprocal Trade Relationship with the European Union," https://www.whitehouse.gov/briefings-statements/president-donald-j-trump-launches-new-reciprocal-trade-relationship-european-union/.

[8]　Simon Johnson, "Europe's Trade Victory in Washington," *Project Syndicate*, July 30, 2018.

三、中國與WTO改革

　　如上所述，在世界經濟體系中，剛加入WTO時的中國與今天的中國有很大的不同。20世紀最後幾年和21世紀初，「全球化」正高歌猛進，WTO需要擴大，尤其是需要接納中國。中國進入WTO不僅是中國想進，而且是美國和歐盟都想要中國進。最近有人把當年美國柯林頓政府如何歡迎中國入世和今天川普政府如何在WTO反對中國做了比較，這一有意思的比較反映了中美關係的巨大變化。但是，為什麼美國對待在WTO的中國有這麼大的變化？著名經濟學家、山東大學教授盛洪認為，2001年時「中國只是一個『小國』」，「當時中國的GDP占全球的比重只有4.1%」，「只是世界市場舞臺上的一個新生」。美國和歐盟對中國放寬某些條件，如允許中國有不對稱的關稅水準，明確規定了對作為開發中國家的某種優惠和照顧。「如一定程度上允許開發中國家政府對產業的補貼，允許這些國家對進口的數量進行限制，已開發國家單方面提供優惠關稅和降低壁壘等等。」「但在十五年後，中國已經不是小國了，而是世界舞臺上的龐然大物。經濟總量位列世界第二，占世界經濟的份額達到15%。」承受中國巨大競爭力的外國企業感到焦慮。「即使是美國這樣一個世界最大經濟體、技術領先的國家，也感到了不安。」美國人公然對「中國製造2025」提出質疑，要求中國取消這一政策，認為「中國製造2025」提出的對製造業技術升級進行政府補貼的做法，違反了公平的貿易原則。[9]

　　2018年6月28日，中國政府發表《中國與世界貿易組織》白皮書，引起全球矚目。這是自2001年中國加入WTO以來發表的首份關於WTO的白皮書，該白皮書系統性地回顧了17年來中國與WTO的關係，重申中國的基本立場：反對貿易保護主義，呼籲全球各國尊重WTO代表的國際貿易規則。不過，白皮書沒有觸及WTO改革這個話題。

9　盛洪，〈從中國製造到中國市場〉，《FT中文網》，2018年8月10日，http://www.ftchinese.com/story/001078876#adchannelID=1300。

WTO改革是中國面臨的大挑戰。不改革或者改革不成功，WTO都將註定失去存在的理由。中國需要理解並研究WTO的改革，並提出中國的WTO改革方案（至少提A方案和B方案）。中國首先要承認今日之中國與2001年入世時的中國是不同的。事實上，這種不同正是目前歐盟主導和美國同意的WTO改革的主要原因之一。

當下各方都聚焦於全球經濟的新規則，而WTO的改革就是制定新的全球貿易規則。剛加入WTO時，中國還不是世界貿易規則的制定者，而現在WTO的改革為中國在新的國際體系中參與全球貿易規則的制定提供了歷史性機會。經歷了目前的「貿易戰」，川普政府也許會意識到，「美國第一」與「以規則為基礎」的全球經濟並不矛盾。美國要在這個世界維持主導地位，即便按照川普的邏輯，規則也是很重要的，只是川普政府不要不利於美國的規則。川普政府之所以要推翻這類規則，就是因為在川普看來，它們對美國「不公」。川普所說的改革，就是要讓這些「不公」的規則，變得對美國「公平」起來。「貿易戰」緣起於全球經濟缺少與時俱進的規則，而「貿易戰」可能在新的有利於美國的全球經濟規則形成後終結。

如何看待目前關於「全球經濟新規則」的爭執和爭議？最近，金磚一詞的原創者、現任英國皇家國際問題研究所（Chatham House）主席吉米・奧尼爾（Jim O'Neill）在就新的全球經濟新規則接受採訪時就認為，隨著舊國際秩序愈來愈不適應新的全球經濟，全球經濟治理日益成為尖銳的挑戰。未來，全球經濟規則不可能由單一的經濟集團來制定。要真正治理新的全球經濟，各方都要參與全球經濟規則的形成。[10]

筆者大體贊同奧尼爾的看法。對中國有兩點建言：第一，在形成新的全球經濟規則方面，中國是不可或缺的，排除中國的全球經濟新規則是不可能的。中國能做很多大而關鍵的事情，其中最大的事情是，中國要力阻世界走向不以或者少以規則為基礎。已開發、先進之經濟體的經驗告訴我們，以規則為基礎的世界對繼續走向進步、現代化、高品質發展和更美好生活的中國

[10]　Jim O'Neill, "New Rules for the New Global Economy," *Project Syndicate*, July 27, 2018.

更加重要；第二，中國一定要求同存異，在政治方面力阻「新冷戰」發生，尋求與美歐日等世界主要經濟體在全球經濟的新規則方面達成最大共識和交集。

在全球經濟新規則爭論中觸及的根本問題，也是中國進一步深化改革和擴大對外開放要面對的問題。WTO的改革無疑將有助於中國國內的深化改革和開放，這是一個相輔相成的過程。

從與外部主要貿易夥伴的關係看，WTO仍然是解決雙邊挑戰（尤其是中美貿易衝突）的根本之道。中美貿易談判需在以下這點上達成一致：雙方都要回到WTO，WTO才是中美之爭的解決方案。中美雙方的任何解決方案若是與WTO的原則不一致，那麼在解決問題的同時也會製造新問題，最後還是要回到WTO。這是因為中美兩國都是全球化世界的主體，所謂雙邊的問題，其實本質上是多邊的。

四、結語

改革WTO是國際共識，在目前大國之間貿易關係緊張的情況下，WTO改革再次變得迫切。現在的主要問題是WTO改革的原則是什麼、目標是什麼，以及如何改革。總體來看，改革的根本原則仍然是要把正當性和有效性結合起來。在目標方面，大的、激進的目標很難實現，而小的、漸進的目標則不足以解決目前全球貿易關係的緊張，因此各國之間需要探索WTO的適度改革目標。而在目標確定後，WTO秘書處和主要成員國，尤其是中美歐，需要協調立場，提出改革的路線圖或者方案。

今天的世界經濟體系由三類國家組成，第一類是七國集團（G7）和經合組織（OECD）代表的已開發經濟體，包括美國和歐盟（富國）；第二類是廣大開發中國家（窮國）；第三類則是介於「窮國」和「富國」之間的，以中國、印度、巴西等為代表的「新興經濟體」。這三類國家反映了世界經

濟的多樣性。「一套公正的世界貿易體系會承認經濟模式多樣性的價值。它應該在這些模式中尋找一條妥協之道」，[11]但是，求取「公平」貿易的川普政府是否承認世界經濟的多樣性？是否如此走向貿易的公平？歐盟是否會接受世界經濟的多樣性，並以此改革WTO？如果WTO這樣改革，是否與原來的GATT差別不大？這樣的世界貿易治理是否能夠提供世界經濟競爭在21世紀需要的新規則？

　　中國和歐盟既然已經成立了WTO改革工作組，就需要儘快協調雙方立場，爭取提出共同改革方案。WTO應該儘快召開成員大會，討論WTO改革，決定WTO的命運。而2018年和之後舉行的二十國集團（G20）等全球經濟論壇，應該把WTO的改革列為主要議題。

11　達尼・羅德里克，〈WTO失靈的真正原因〉，《FT中文網》，2018年8月7日，http://www.ftchinese.com/premium/001078823?archive。

第十五章 關於印尼、印度、巴西、南非等輪值 G20——全球治理的「全球南方」時刻

一、導言

2008年以來的近15年，一方面，G20取得了大的成就，向著「國際經濟合作的首要論壇」的大目標曲折進展，在主要全球治理進程中發揮著關鍵作用；另一方面，金融危機之後的全球經濟經歷複雜的根本性的轉變，不確定性增加，G20在「同舟共濟」後愈來愈難以在宏觀政策上有效協調，甚至在一些重大問題上難以消除分歧。不過，G20畢竟是包容性的和全球的，其多半的成員來自「全球南方」。從2022年起到2025年，印尼、印度、巴西和南非等相繼輪值G20，G20將可能更具「全球南方」特色。這將是G20克服重重挑戰和危機、實現重大轉型和重建的機會。這些輪值的「全球南方」大國能否透過G20這個「共同框架」，在一系列緊迫的世界經濟和全球問題上最大限度地實現有效的全球協調？

二、在歷史的重大轉捩點上重新認識G20

G20幾乎是21世紀第一個真正意義上的全球治理安排，其構成不僅有最大的幾個已開發經濟體及其代表性集團的G7，而且有幾個最大的新興經濟體及其代表性集團金磚國家（BRICS），具有真正的全球代表性。在實際效果上，2008年以來，儘管金融危機的威脅在各個區域和全球層次都並未獲得根本解決，G20在治理全球金融危機上功不可沒。正是因為G20，全球金融治理體系透過一系列重要改革和新建獲得實質性的完善，增加了新興經濟體和開

發中國家在國際金融機構的代表性，實現了相對的全球金融穩定。在全球氣候變化問題上，儘管人們對全球幾個最大經濟體在落實2015年《巴黎協定》上的實際行動不盡滿意，全球氣候變化呈現惡化態勢，但是，正是G20代表的主要經濟體之間的氣候問題協調，大體維持了聯合國氣候變化治理進程。一句話，自2010年以來，G20極大地超越金融和其他經濟議題，全面擴展為世界上主要經濟體及其他攸關方關於全球經濟、全人類面對的最根本挑戰的「首要論壇」。G20的持續，代表了一種「真正的多邊主義」。

在聯合國主導的主要全球治理進程中，G20的作用和G20到底如何發揮作用，是值得深入探討的理論和現實問題。已有關於G20在主要全球治理進程中作用的研究，並沒有把其中的機理充分揭示出來，因此有必要進一步揭示G20輪值主席國，尤其是非西方的、「全球南方」的輪值主席國發揮的全球領導作用。《巴黎協定》達成以來，每年的G20峰會——G20年度進程的高潮——在聯合國氣候變化大會（UNFCCC）閉幕前舉行。在全球多邊外交上，為的是G20領導人在接下來參加聯合國氣候變化大會時，作為「國際經濟合作的首要論壇」集體發揮「臨門一腳」的作用。如果我們仔細研究2016年以來的G20進程和聯合國氣候變化大會進程，一定能發現G20總是發揮著這樣的關鍵作用。但是，在分歧嚴重的情況下，G20還能否繼續發展這樣的作用？G20峇里島峰會於2022年11月15日至16日舉行，而由埃及在紅海勝地沙姆沙伊赫主辦的聯合國氣候變化大會（COP 27）於2022年11月18日閉幕。印尼和埃及是分別來自亞非兩大洲的重要「全球南方」國家，G20和COP 27同時由「全球南方」國家主辦，突顯了「全球南方」國家肩負著更大的全球治理責任，即印尼和埃及能否讓G20和UNFCCC實現有效互動？

2030年聯合國永續發展目標（SDGs）在其通過後不到五年就遭遇了包括新冠疫情、氣候災難、供應鏈中斷、惡性通貨膨脹，甚至俄烏衝突等在內的複合全球危機的多重衝擊。距離2030年的時間愈來愈少，包括聯合國在內，各方普遍擔心2015年的17個永續發展大目標面對著落空的危險。2022年9月開幕的第七十七屆聯合國大會為此緊急呼籲國際社會集體努力、多方行動、「挽救永續發展目標」。這些年來，G20作為一個集體，為全球永續

發展目標的落實已經發揮了關鍵作用。2021年，在義大利主持下，G20舉行了首次發展問題部長級論壇。2022年，印尼組織了第二次發展問題部長級論壇的舉行。未來三年，在印度、巴西和南非輪值G20時，預計這一發展問題部長級論壇將持續下去，有助於「挽救永續發展目標」。

　　當今世界「百年未有的大變局」的一個突出表現，是在總體的和平發展大勢下卻發生了全球性的分裂、差異、衝突，原來對長期的世界和平和世界繁榮根本有利的經濟和社會相互依存，居然被一些國家和國際攸關方作為全球衝突的工具，即所謂「相互依存的武器化」。[1]與以往的G20不同，印尼輪值的G20，不僅是在世界經濟複雜困難，而且是在全球地緣政治包括全球戰略穩定遭受前所未有嚴峻挑戰下進行的。俄烏衝突爆發後，美國、歐盟等西方成員在全面制裁俄羅斯的情況下，多次要求將俄羅斯「逐出」G20。輪值主席國印尼面對著撤回對俄羅斯總統普亭出席峇里島峰會邀請的持續壓力，這是G20自1999年成立、2008年升級為峰會安排以來前所未有的事件，考驗著G20的包容性和永續性。印尼一直堅持召開G20原有全部領導人參加的「大家庭」式的峇里島峰會。峇里島峰會《聯合聲明》如果難產，印尼將替之以發表《輪值主席國聲明》，總結2022年的G20進程。

三、印尼輪值是「全球南方」重塑G20的開始

　　2021年12月從義大利手中接過G20輪值主席的印尼共和國，雄心勃勃地宣布了2022年G20的主題：「（全球）一起復甦，（我們全球）更加強勁地復甦」（Recover Together, Recover Stronger）。這一具有全球號召力、感召力的主題，得到了包括中國在內的所有G20成員和其他全球攸關方的一致贊

---

[1] 「相互依存的武器化」或者「武器化的相互依存」令人擔心，卻是目前國際學術的一個前沿課題。例如，Henry Farrell and Abraham L. Newman, "Weaponized Interdependence: How Global Economic Networks Shape State Coercion," *International Security*, 2019, 44 (1): 42-79。

同。

　　爲了辦好G20，印尼把上述主題細化爲三大議題：「（構建）全球健康架構」（Global Health Architecture）、「（向著全球）永續能源過渡」（Sustainable Energy Transition）和（實現）「數位轉型」（Digital Transformation）。這三大議題是相互聯繫的，並圍繞著一個中心議題，也就是全球轉型。全球轉型並非新使命和新任務，而是國際社會自冷戰結束以來一直在努力的大方向。然而，全球轉型步履維艱。當前，爲了應對複合或者疊加的全球危機，全球轉型更加必要和迫切。全球轉型中，構建全球健康架構、加強全球能源的永續性以及促進全球數位轉型，是重中之重。

　　全球智庫會議（T20）是G20進程的一部分。印尼輪值的G20，包括印尼學者在內，不少代表提出了「G20合作的全球南方時代到來了？」的有趣問題，[2]認爲從印尼輪值G20開始，儘管此前的G20也高度重視「全球南方」問題，然接下來的G20進程可能正在歷史性地開啓了G20的「全球南方化」（Global Southernisation）。

　　長期以來，印尼、印度、巴西、南非等大型開發中國家在全球問題和全球治理上的官方立場、觀點和政策相當接近，有共同性。這是他們的「全球南方」特性的體現。他們在重建世界秩序和改革全球治理體系上均有長期呼籲、雄心和目標。冷戰結束以來，隨著在經濟、科技、國際影響力等方面的崛起，印度和巴西追求在改革後的聯合國安理會擔任新的常任理事國的宏偉目標。除了參加金磚國家（BRICS）外，印度、巴西和南非相互之間還擁有一個正式的全球合作框架，即印度—巴西—南非三國論壇（IBSA）。在動盪不安、充滿不確定性和更加脆弱的世界體系，這些新興經濟體和開發中大國享有相對良好的全方位的全球關係，開展一些重要的全球合作，一方面，他們與中國、俄羅斯等非西方大國的關係是以合作性爲主的；另一方面，

2　Hellosumanjaya, "A New Era for the G20? Insights from the T20 Summit 2022 in Indonesia," https://blogs.idos-research.de/2022/09/14/a-new-era-for-the-g20-insights-from-the-t20-summit-2022-in-indonesia/.

他們與美國和歐盟等為主的西方的關係是建設性的。G7開會時往往邀請印度、南非、巴西等參加，當然具體邀請誰，取決於誰輪值G7。從「全球南方」國家而不是從G7的角度來看，參加G7意味著印度等非西方大國對G7影響是很大的。

印尼輪值G20的經驗，對其他「全球南方」大國輪值G20具有重要借鑑價值。

四、「全球南方」大國的「中間性」優勢

G20至少由三大集團構成：首先是G7國家，包括歐盟。歐盟在G7中「不要名分」，即G7不因歐盟的成員地位而改名。G7成立於1970年代中期，完全由西方經濟體構成，卻經常討論開發中國家或者「全球南方」的問題，且G7開會時總是邀請一些開發中國家以嘉賓方式參加；其次是金磚國家（BRICS）。2008年全球金融危機之後，不僅催生了G20峰會，而且誕生了金磚合作。金磚合作是一個理想而新型的全球架構，涉及亞歐、非洲、拉美的五大國，完全不包括任何西方成員；最後則是介於G7和BRICS之間的成員，其數量大約是G20的一半。這些介於G7和BRICS的成員也在不斷組合，形成新的集團。2010年韓國輪值G20時，正值李明博政府進行「中等強國外交」，韓國發起了G20中的「中等強國集團」。不過，回應這一韓國倡議的國家只有墨西哥、印尼、土耳其和澳大利亞等G20成員。這五國形成了G20中的米克塔集團（MIKTA），而其他「中等強國」，如加拿大、阿根廷等，儘管積極參加了韓國組織的關於G20中的「中等強國」的討論，但最後卻沒有參加之。截至目前為止，儘管在每年的G20進程中，米克塔集團試圖協調立場和政策，但其影響力遠不如G7和BRICS，G20中並沒有形成足以與G7和BRICS平分秋色的，叫做米克塔的第三股勢力。

截至目前為止，印尼、印度、巴西、南非等G20成員尚未在G20中組成

一個「全球南方」集團。但是，本文認爲，由於這四國相繼輪值G20，G20的「全球南方」集團形成之可能性不能排除。

印度和巴西是目前聯合國安理會的非常任理事國。本文把印尼、印度、巴西、南非等開發中世界的大國叫做享有重大的「全球中間性」的大國。「全球中間性」是一種重要的國際優勢，在重建世界秩序和改革全球治理中，「全球中間性」優勢明顯的國家，其發揮的作用是不應低估的。

目前，面對複合的全球挑戰和全球危機，人們反思、重溫「中間地帶」、「中等強國」等重要的歷史事件或者國際戰略概念。確實，「中間地帶」曾經的興起和擴大在冷戰終結中發揮了獨特作用。而今天，一個21世紀的「中間地帶」也許更具預防「新冷戰」的全球意義，不過，處在「全球中間」的一些國家卻未必屬於21世紀的「中間地帶」。再說，21世紀是否再現冷戰時期那樣的「中間地帶」？

冷戰時期，印度總體是「不結盟運動」（Non-Aligned Movement）的主力之一。「不結盟運動」主要介於當時的美蘇之間，吸引了愈來愈多的開發中國家參加。蘇聯解體後，作爲不斷崛起的全球「新興經濟」，印度不再固守「不結盟」的外交政策原則，而是在全球地緣政治中奉行戰略性的機會主義，既參加沒有西方成員的上海合作組織（SCO），又參加沒有中俄等非西方的「四方安全對話」（QUAD）。在俄烏衝突中，印度、巴西等的立場是「中立的」，在聯合國安理會和聯合國大會等國際組織的有關投票行爲則是「棄權」的。

在經濟上，印度繼續高速經濟成長，已經取代英國成爲全球第五大經濟體，提高了「全球南方」和開發中國家在G20中的重要性。值得注意的是，在全球價值鏈、產業鏈和供應鏈，印度經濟也是具有全球的「中間性」。美國、歐盟與印度相互之間沒有「脫鉤」，印度是美國發起的以重構全球價值鏈、產業鏈和供應鏈爲目標的「印太經濟框架」（IPEF）的關鍵成員。印度與中國等在價值鏈、產業鏈和供應鏈上繼續相互依賴，且印度和中國同爲金磚合作、亞投行和上海合作組織的成員。

印度等發揮的「全球中間」角色，與歷史性的「中間地帶」和「中等強

國」（middle power）等傳統地緣政治概念不能混爲一談。本文認爲，我們對於「全球中間」地位的理解和重視遠不如對「中等強國」。關於「中等強國」，國內外國際政治學術界已有豐富的各種研究，而關於「全球中間」，則沒有任何研究。印度、巴西等在21世紀的外交理論和實踐中，排除了他們是諸如韓國、印尼那樣的「中等強國」。在G20中，印度、巴西等甚至沒有興趣參加上述韓國等發起的「中等強國集團」。

本文的中心問題是，在「全球中間」的「全球南方」國家，會利用他們的「全球中間」優勢，鞏固他們在G20中的作用，推動與他們切身利益息息相關的永續發展及其相關的問題爲G20的優先嗎？

五、展望2023年印度輪值G20

印度本來是2022年輪值G20的，卻與印尼對調，改爲輪值2023年。印度輪值G20將有哪些看點呢？

作爲輪值主席國，印度在G20具有年度議程設置權，與G20其他成員，尤其是G20「三駕馬車」（印尼、印度、巴西）協商確定2023年的G20主題，「恢復性的、包容性的、永續的增長」將是中心議題。與印尼一樣，當前全球經濟困難和地緣政治緊張爲印度輪值G20增加了困難和挑戰，但是，印度也可以利用其「中間」優勢，在大國協調上發揮獨特作用。透過主辦具有印度特色的G20，將爲彌合全球分裂、促進全球發展發揮重要作用。印度也爲組織一次所有正式成員和攸關方都充分參加的年度G20進程做了準備。

2022年9月13日印度外交部宣布，印度政府將邀請一些國家以嘉賓國方式參加G20進程，包括參加各種G20部長級會議、各種G20論壇以及最後的G20領導人峰會等大大小小百多場會議。印度宣布的嘉賓國包括：孟加拉、埃及、模里西斯、荷蘭、奈及利亞、阿曼、新加坡、西班牙和阿聯等，他們多數是印度南亞鄰國或者亞非開發中國家。這些國家中的一些向來缺少

參加G20進程的機會，印度邀請他們前來，增加了G20的國際合法性。在國際組織方面，聯合國和主要國際組織，尤其是世界銀行、亞洲開發銀行等國際經濟組織將參與印度G20進程。印度按照慣例邀請開發中世界的主要區域組織與會，由這些區域組織的2023年輪值主席國代表。2023年是印尼輪值東協，所以印尼在2023年G20進程中具有雙重代表性，既代表印尼自己又代表東協。而非洲聯盟、非盟主導的非洲發展署與非洲發展新夥伴關係（AUDA-NEPAD）的輪值主席國亦將參加G20。東協和非盟是環印度洋地區最大的兩個區域組織，印度的G20在某種意義上是環印度洋論壇。有理由預期，印度輪值的G20，發展議題更加突出和聚焦。

　　印度之後，巴西將輪值2024年的G20。與印度一樣，目前的巴西，聯合南美另一個G20國家阿根廷，也希望維持甚至加強G20的包容性。下一屆巴西政府如何輪值G20，是值得關注的，可以確定的一點是，巴西也將重視全球永續發展等緊迫議題。

六、提升在G20框架下中國與「全球南方」的關係

　　這是一個非常重要的議題。美國等西方國家認為中國、巴西等已經不再是開發中國家的主張並沒有獲得「全球南方」的支持；「全球南方」認為中國仍然是開發中世界的一員。

　　長期支持全球的「南北對話」和持續踐行「南南合作」的中國，在新的全球歷史條件下探討與包括G20成員在內的開發中大國共建「人類命運共同體」的大方向，「打造開發中大國互利共贏的典範、共同發展的樣板、南南合作的先鋒」，[3]具有十分重要的意義。

　　在過去10年，繼以開發中國家為重心的「一帶一路」之後，現在中國不失時機地提出和發起了「全球發展倡議」和「全球安全倡議」。G20是落

3　《中華人民共和國和印尼共和國兩國元首會晤聯合新聞聲明》，北京，2022年7月27日。

實中國發起的「全球發展倡議」和「全球安全倡議」的重要平臺。一系列G20成員國，尤其是正在輪值G20的印尼，都歡迎中國發起的全球倡議，並希望在G20框架下協調落實「全球發展倡議」。[4]

中國應該繼續與印尼及其之後的G20輪值主席國、G20領導機構「三駕馬車」充分協調，使「全球發展倡議」和「全球安全倡議」在G20框架下可持續地落實。

七、結語

「全球南方」的概念在21世紀並未過時，仍然是認識當今世界政治經濟，尤其是認識全球化和全球治理的重要概念。本文結束前總結三點：第一，站在全球大轉型的十字路口，來自「全球南方」的主要新興市場和開發中大國，面對機遇與挑戰，肩負維持和加強G20的全球責任；第二，作為開發中國家和最大的新興市場，一系列「全球南方」國家主辦G20，是中國加強與G20中其他開發中大國協調與合作的難得機會；第三，值得指出的是，以往關於G20的研究，西方中心主義和「全球北方」關於「全球南方」的觀點很多，關於「全球南方」的研究多來自「全球北方」，必須以「全球南方」為根本的出發點和方法論研究「全球南方」。G20的「全球南方」時刻，是審視、反思1999年成立、2008年升級為領導人會議的G20和「全球南方」大國在全球治理中作用的重要時刻。

4　《中華人民共和國和印尼共和國兩國元首會晤聯合新聞聲明》，北京，2022年7月27日。

第十六章 關於G20的「危機應對」能力*

一、導言

作為一種獨特的國際合作形式，G20起源於預防金融危機，是應對金融危機的產物。G20的主要使命是基本應對、有效治理危機。從1999年成立，到2008年升級為領導人峰會，G20一直是一個應對全球危機的論壇。目前，G20正在應對新冠疫情以及促進全球經濟在疫後的重啟。

不管是2008年的全球金融危機還是2019年爆發的全球疫情，危機顯然不是單一的，而是複合危機。危機的複合性是明顯的，是幾重危機的結構性疊加、相互作用。氣候危機、地緣政治衝突等並沒有因為疫情的持續而淡出。令人擔心的是，「去全球化」以及世界失序加劇了危機。

危機的前所未有性要求對危機的應對也應是前所未有的。從2008年到2020年，G20應對了兩次大危機，在治理全球危機上發揮了G20的作用。本文比較G20的兩次危機應對，發現G20正是在危機應對中演化的。展望未來，利雅德峰會之後，G20應該加強其本來的「危機應對」能力。

二、前所未有的全球危機和前所未有的危機應對

2008年9月爆發的「全球金融危機」是世界經濟史上最為嚴重的金融危機。在危機爆發前一年多，2007年7月，美國爆發了「次貸金融危機」，次貸

---

* 本文原載《當代世界》（北京），2020年第12期，第二作者為卜永光。

危機歷經一年惡化爲全面的金融危機。

　　2008年是美國的大選年。小布希政府爲其第二任，爲共和黨政府。小布希本人不存在連選的壓力，但金融危機的爆發不利於共和黨，因此這次危機也導致共和黨在大選中失利。2008年11月，美國史上首位非洲裔總統歐巴馬當選。爲了應對金融危機，即將結束任期的小布希政府發起召開首屆G20峰會，G20突然從原來的財長和央行行長等經濟部長爲主的國際會議（1999年起），升級爲世界主要經濟體最高政治領導人的峰會。

　　根據G20進程，其前四屆峰會（2008-2010年）主要是爲了遏止「全球金融危機」的，是「危機應對」的緊急峰會。在美國，歐巴馬政府不但沒有否認小布希政府的G20政策，而且延續和加強對G20的重視，由此可見美國兩黨在應對金融危機上的政策和行動是空前一致的。

　　G20峰會發表的集體聲明《聯合公報》或者《聯合聲明》是我們今天理解和研究G20的重要文本，除2008年華盛頓峰會（2008年11月14日至15日）沒有使用「前所未有」一詞外，其他三份文件均用「前所未有」來形容「全球金融危機」的空前嚴峻性。

　　2009年倫敦峰會（2009年4月2日）標誌著英國和歐盟（尤其是歐洲中央銀行）全面加入和支持剛起步的G20峰會進程，主持倫敦峰會的是英國工黨政府。英國首相戈登・布朗（Gordon Brown）是原英國財政大臣，一直主張加強全球經濟合作。倫敦峰會的《聯合聲明》指出：「我們面對著對現代史上世界經濟最爲嚴重的挑戰（the greatest challenge）。」[1]

　　金融危機是剛上臺的歐巴馬政府面對的主要內外挑戰。在應對金融危機上，歐巴馬政府雄心勃勃，當然是試圖利用應對金融危機「兌現」他在史無前例的競選時「改變」美國內外政策的承諾。在華盛頓峰會和倫敦峰會後不久，歐巴馬政府旋即承辦了匹茲堡峰會（2009年9月24日至25日）。就危機管理而言，匹茲堡峰會十分關鍵。而在全球經濟治理上，其發表的《聯合聲明》是一份具有重大歷史價值的文件。這份聲明不僅再次確認了「全球金融

---

[1]　http://www.g20.utoronto.ca/2009/2009communique0402.html.

危機」是「我們這代人遭遇到的對世界經濟的最大挑戰」、世界有可能發生1930年代那樣的「大蕭條」的G20集體判斷，而且誓言採取更加前所未有的全球集體行動應對全球金融危機。[2]

我們知道，正是匹茲堡峰會決定了G20不僅是「危機應對機制」，而且要超越「危機應對」，讓G20上升爲全球經濟治理的「長效機制」。[3]匹茲堡峰會的《聯合聲明》首次定義了G20爲「國際經濟合作的首要論壇」（the premier forum）。這一定義一出，語驚四座，震動了美國所在的包括蘇聯解體後的俄羅斯的由原G7演化過來的G8。G8的許多成員國領導人以爲歐巴馬政府有意讓G20取代G8。不過，過去12年的歷史表明，一方面，G20的不可替代性在持續，尤其是在中國輪值G20主席國的2016年以前，G20的「首要論壇」地位突出，但是另一方面，從2017年開始，由於美國川普政府弱化甚至打擊多邊合作、在G20中不作爲，使得G20的「首要地位」受到持續衝擊。

2009年，包括巴西、中國、印度、俄羅斯在內的金磚國家（BRICS）誕生，此後的10年，在G20框架中持續得到鞏固。2014年，俄羅斯退出G8，G7「恢復」。2020年，美國輪值G7主席國，但沒有召集G7峰會，G7在應對全球疫情中的作用幾乎等於零。

加拿大在美國之後承辦了多倫多峰會（2010年6月27日），多倫多峰會《聯合宣言》中用了「（金融）危機仍然嚴重」。韓國是舉辦G20峰會的第一個亞洲國家，首爾峰會（2010年11月12日）的《聯合宣言》指出：「我們這代最嚴重的世界衰退」，爲「過去的四次峰會」做總結，以標誌「危機應對」告一段落，自我表揚G20集體採取了「前所未有的合作」，以阻止「全球經濟的急劇下滑」。[4]

「全球金融危機」爆發12年後的全球新冠疫情是人類歷史上第一次眞

2　http://www.g20.utoronto.ca/2009/2009communique0402.html.
3　朱傑進，《中國與全球經濟治理機制變革》，上海人民出版社，2020年，第43-44頁。
4　http://www.g20.utoronto.ca/2010/g20seoul.pdf.

正意義上的全球公共健康危機，導致全球經濟大中斷，嚴重影響了全球的互聯互通。聯合國秘書長古特雷斯在2020年4月24日認為新冠疫情是自第二次世界大戰以來「最嚴重的全球威脅」，[5]到了2020年9月22日，古特雷斯在歷史性的第七十五屆聯合國大會開幕時語氣更加凝重，認為：「我們面對著劃時代的健康危機（an epochal health crisis），自（1930年代）大蕭條以來最大的經濟災難和工作喪失（the biggest economic calamity and job losses since the Great Depression）。」[6]

為了應對「百年未有的」新冠疫情，已經是一種「長效治理機制」的G20沒有置身事外，而是試圖再次發揮應對全球危機的一種中心作用。2020年3月26日，G20輪值主席沙烏地阿拉伯緊急召開G20領導人應對新冠病毒「特別峰會」。「特別峰會」本身就代表了「危機應對」，其發表的《聯合聲明》在應對危機的全球合作上是空前的：「前所未有的新冠病毒大流行深刻表明全球的緊密聯繫及脆弱性」。[7]

中國國家主席習近平在這次「特別峰會」上發表題為「攜手抗疫、共克時艱」的重要演講，強烈「呼籲G20成員採取共同舉措」、「制定G20行動計畫，並就抗疫宏觀政策協調及時做出必要的機制性溝通和安排」。

前所未有的一點是，在過去12年，G20通過的集體《聲明》，都是要透過現存全球性的國際制度（國際組織）來落實的。G20的危機應對措施，一樣也要透過現存全球性機構得到落實。聯合國及其專門機構本身是G20體系的重要參加者，在全球衛生治理中具有中心地位的世界衛生組織（WHO），落實G20「特別峰會」召開衛生部長國際會議的要求。WHO總幹事譚德塞博士（Dr Tedros Adhanom Ghebreyesus）在2020年4月19日的G20衛生部長線上會議認為這是一場「前所未有的全球衛生危機」，需要全球共同應對，首先是G20各國要合作。他向G20國家發出了三大「緊急請

5　https://www.un.org/press/en/2020/sgsm20058.doc.htm.

6　https://www.un.org/sg/en/content/sg/statement/2020-09-22/secretary-generals-address-the-opening-of-the-general-debate-of-the-75th-session-of-the-general-assembly.

7　http://www.g20.utoronto.ca/2020/2020-g20-statement-0326.html.

求」：「首先，我們敦促你們各個國家繼續以科學和證據爲指導，堅定地與這次大流行作鬥爭。其次，我們期待二十國集團國家繼續支持全球應對2019冠狀病毒病的努力。我們贊同拉馬福薩總統代表非洲聯盟向二十國集團國家發出的呼籲，即通過一攬子刺激計畫和債務減免支持非洲國家。第三，我們呼籲二十國集團所有國家共同努力，增加基本物資的生產和公平分配，消除使衛生工作者和患者面臨風險的貿易壁壘。」[8]

在建設全球治理的「長效機制」10年後（2011-2020年），G20再次回到了以「應對危機」爲主，發揮了一定的關鍵作用。

沙烏地阿拉伯擔任G20主席的2020年，除了召集上述G20衛生部長會議，也完成了G20規定的所有政府間部長會議。這些G20部長會議，幾乎都是圍繞著應對新冠疫情的，爲走向以應對新冠疫情和重啓全球經濟的利雅德領導人峰會奠定了充分基礎。[9]尤其值得指出的是，G20財政和央行行長會議更加體現了其在G20進程中本來的中心作用，其「暫停償還債務倡議」（DSSI）等國際債務新安排，爲抗擊疫情做出了重大貢獻。

三、新冠疫後的G20將向何處去？

如同其他全球治理進程，面對前所未有的全球危機，G20也站在複雜的歷史十字路口。

對G20的兩次「危機應對」進行比較是非常必要的，這一比較有助於G20的永續性。實踐證明，G20是相對有效的，是一種全球合作的「同舟共濟」模式。目前，我們看到，由於種種因素，儘管不盡如人意，在應對新冠疫情中，G20幾乎是全球多邊的危機解決方案中最大的亮點。

G20的目標是「長效（全球）治理機制」。本來「長效機制」中就包

8　https://www.who.int/zh/dg/speeches/detail/g20-health-ministers-virtual-meeting-saudi-arabia.
9　http://www.g20.utoronto.ca/2020/2020-road.html.

括危機治理，即危機應對是長效機制的關鍵。新冠疫情考驗了G20，也檢驗了G20這一「長效治理機制」是否有效。如上所述，從沙烏地阿拉伯召集線上的「特別峰會」開始，說明世界有G20和沒有G20就是不一樣。G20這一「危機應對機制」在關鍵時刻確實發揮了重要作用。當然，我們現在看來，這個作用與G20本來應該具有的「首要論壇」的作用有差距。G20也陷入「集體行動的困境」，並沒有如救助金融危機那樣「同舟共濟」，儘管中國等成員的最高領導人在呼籲G20「同舟共濟」。

　　無論是「危機應對」還是「長效治理」，G20的有效性取決於位列世界前20的最大經濟體之間的宏觀政策的協調。隨著G20進程愈來愈綜合、愈來愈複雜、幾乎涉及全球治理的每一個主要方面，G20的宏觀協調這一核心功能往往為人們忽視。如果用宏觀經濟政策的實際協調這一標準衡量，G20在這次應對新冠疫情中的真正大國協調及其成果不多。新冠危機以來，「世界各國已經動用了15萬億美元的財政資金來支持經濟的穩定，來支持就業，來支持擺脫蕭條。但是現在的實際效果並不盡如人意。而在貨幣政策方面，主要經濟體實行負利率政策，歐央行-0.5%的利率，日本央行-0.1%的利率，美聯儲3月份以來把利率降到0，現在看十年期美元債券0.7%的收益率水準，扣除通脹率，實際上也處在負利率的水準，美聯儲還聲明在2023年之前不會回到利率正常化的進程，也就是不會改變0利率的政策。也缺少真正的國際協調」。[10]

　　G20本質上是前所未有的大國多邊主義（great power multilateralism），[11]也就是說，G20是由「老牌大國」和「新興大國」組成的獨一無二的前所未有的全球合作，這一合作高度賴於新老大國之間關係的相對健康或者良性迴

---

[10] 見中國財政部原副部長朱光耀於2020年11月11日至12日在全球化智庫（CCG）主辦的第六屆中國與全球化論壇上的發言。

[11] 有關「大國多邊主義」，見筆者參與的論文集《大國多邊主義：爭論21世紀的大國協調》（倫敦羅特來奇出版社，2018年）一書，該書由德國法蘭克福和平研究所（HSFK/PRIF）前所長、德國（歐盟）著名國際關係學者米勒（Harald Müller）主編，https://www.routledge.com/Great-Power-Multilateralism-and-the-Prevention-of-War-Debating-a-21st/Muller-Rauch/p/book/9781138634435。

圈。正是大國合作（有效的宏觀政策協調，並把協調的結果透過現有國際制度落實）是G20永續和「長效」運作的理由。然而，眾所周知，2017年以來美國的對外政策發生重大逆轉，川普政府針對多邊合作、全球治理的立場和政策與重視G20的歐巴馬政府截然不同，發生了180度的大轉變，G20於是一方面繼續是大國合作的場所，另一方面也居然在世界最需要全球治理的時候成了大國衝突的場所。在G20，不僅有中美衝突，而且還有川普政府與其他G20成員之間的分歧。川普政府在美國國內高調反對「全球主義」，在國際上「退群」弱化全球治理。川普政府退出了歐巴馬政府加入的聯合國氣候變化治理《巴黎協定》，甚至在新冠疫情肆虐期間退出了世界衛生組織，重創了現有全球治理體系。不過，有意思的是，川普政府沒有退出G20峰會進程。川普本人參加了四次G20峰會，分別是2017年G20漢堡峰會、2018年布宜諾斯艾利斯峰會、2019年大阪峰會和2020年的利雅德峰會。不過，與小布希和歐巴馬不同，川普參與G20峰會並不是來加強G20合作的，反而為G20峰會增添了危機和阻力、投下巨大不確定性，破壞了G20代表的空前的大國多邊主義。例如，川普首次參加的G20漢堡峰會，使G20變成了「19+1」，川普的美國在G20中空前孤立。川普政府選擇在布宜諾斯艾利斯峰會期間簽署《美國墨西哥加拿大貿易協定》（USMCA）以取代運作了24年的《北美自由貿易協定》（NAFTA），發出了在G20中挑戰以WTO為主體的全球貿易治理的強烈信號。川普政府在G20中不再支持WTO在解決成員國之間貿易爭端中的中心作用，違背WTO原則，發起了與美國的主要貿易夥伴的全面「貿易戰」。川普參加布宜諾斯艾利斯峰會的主要目的並非峰會本身，而是與中國國家主席習近平舉行會晤，就中美貿易衝突舉行談判。大阪峰會後，2019年12月，川普終於「一票否決」，使WTO爭端解決機制上訴機構在成功運作24年後（1995年開始），首次發生停擺的危機。川普簡短參加線上的利雅德峰會，卻心不在焉，匆匆離場，且繼續高談「美國第一」，不過是換上了「新冠疫苗美國第一」（Vaccinate America first），[12]

12　https://www.politico.eu/article/coronavirus-vaccinate-america-first-trump-tells-g20/.

與G20的全球合作精神背道而馳。

2020年與2008年有著驚人的相似，都爆發了全球危機，且都正好遭遇到了在歷史十字路口上的美國國內「政治週期」。美國國內局勢的變化已經使美國與世界的關係發生了前所未有的重大改變，考慮到美國在全球政治經濟和全球治理體系中的獨特地位，美國內政外交之前所未有之變，將繼續深刻影響未來的複合全球危機的全球應對。

G20利雅德峰會發表的《聲明》發出了G20重回「危機應對」的信號，這意味著2021年以後的G20進程，「危機應對」將繼續是主題。

G20要對其過去的21年（1999-2020年）、過去的12年（2008-2020年）和過去的四年（2017-2020年）做反思性的評估。本文不能展開這一評估工作，但是，在提議這一研究任務的同時，主要希望G20內外客觀而深入地評估G20的經驗和教訓。

義大利將擔任2021年的G20輪值主席國。在G20利雅德峰會上，印度和印尼對調，印尼將在2022年輪值G20主席國，而印度則將在2023年擔任主席國，這一G20未來安排也許是一個重大的好消息。義大利是歐盟成員，歐盟是G20的成員；印尼是東協成員，東協秘書處在雅加達。歐盟和東協都是地區一體化機構，東協正在致力於建設成「東協共同體」。過去的歷次G20峰會，東協及其代表也以各種方式參與其中。印尼輪值G20，將使東協這一地區合作更多地介入G20進程。另外，2020年金磚合作莫斯科峰會上宣布印度將在2021年輪值金磚合作主席國。[13]G20主席國再次由一個金磚國家擔任，意味著金磚國家體系在G20中的作用繼續上升。

值得注意的是，2021年以後，美國新政府將有可能重新重視G20的作用。原美國財長、現在哈佛大學教授薩默斯（Larry Summers）已經建議美國新政府與義大利政府充分協調，在2021年初召開緊急G20會議，以加強G20在應對新冠危機上的作用。[14]印度是金磚國家，印度輪值G20也意味著

---

[13]　《金磚國家領導人第十二次會晤莫斯科宣言》，俄羅斯莫斯科，2020年11月17日。
[14]　https://ca.finance.yahoo.com/news/biden-call-early-g20-meeting-190814124.html.

金磚國家在G20中的作用上升。

　　按照上次應對金融危機的經驗，G20應該明確把2021年和2022年進程也規定爲「危機應對」時期。

四、結語

　　世界仍然是全球化的世界，世界仍將是全球化的世界。當然，未來的全球化，與過去的全球化將有很大不同，全球化正在進入一個新階段。金融危機和全球疫情都是全球化中的全球問題，是「百年未有的大變局」的最好注釋。應對全球問題、應對全球危機，除了全球協同、全球合作和全球治理，並沒有別的更好的路徑。全球協同、全球合作和全球治理的根本邏輯，符合全人類的根本而長遠的利益，過去、現在和未來都有效。

　　面對要儘快而根本終結的新冠疫情，面對全球化世界包括氣候變化在內的其他危機，G20這一國際合作形式是崇高而重大的。各國應該倍加珍惜這一框架，加強這一框架，克服危機，推進世界的總體「和平發展」的永續。爲此，G20改革的首先要「不忘初心、牢記使命」，即不忘「危機應對」的原初使命。2008年至2010年，G20應對金融危機的經驗應該得到很好地總結和提升，以便爲2020年後的危機應對提供範式。

　　更重要的是，G20的「長效治理」目標不能繞開危機，「長效治理」的核心正是「危機應對」，「危機應對」應該「長效治理」化。

第二部分

「區域」、「區域研究」、
全球治理的「區域」路徑

一、提出問題

在21世紀第二個10年開始不久，世界上熟悉了冷戰結束後才出現的「亞太」（Asia-Pacific）一詞的人們，又愈來愈多地遇到一個新的術語，即「印太」（Indo-Pacific）。如同「亞太」，「印太」是又一個新的「世界地區」（world's region）嗎？

在現實世界，如同「亞太」，「印太」再次被誤認爲是一個「新的地區」。然而，如同「亞太」，「印太」並不是一個「新的地區」，而是一個新的「跨區」（trans-region），即由各種地區行爲體甚至全球行爲體（regional or global actors）跨越其所在的地區（如亞洲、非洲、美洲等）而形成的「跨區」。顯然，「跨區」是一個比「地區」更加複合的概念。把「跨區」誤以爲「地區」、對「跨區」缺少研究，是一個問題。

需要明確指出的是，這裡的「地區」不是含義寬泛的「區域」（area）。「地區」是「區域」的一種，「地區」不等於「區域」（這裡的「地區」不是任何國內的「地區」，而是國際的「地區」）。「跨區」往往被誤解或被簡化爲「地區」或者「區域」；「跨區主義」往往被誤解或誤稱是一種「新的地區主義」。冷戰結束後，爲了增加國際正當性（international legitimacy），有的「跨區」安排，曾被稱爲「新地區主義」（new regionalism）。「亞太」地區的各種安排，如亞太經濟合作組織（APEC），就被廣泛讚譽爲「新地區主義」。

「跨區」是主要介於「地區」和「全球」之間的一個世界層次。今天，需要明確地把「跨區」確認爲世界政治、全球經濟或國際政治經濟中的一個

層次。人們熟悉的概念是「地區」、「地區主義」、「地區化」（regional-ization）以及「地區性」，[1]但是，我們卻缺少「跨區」、「跨區主義」、「跨區化」和「跨區性」的概念。本文的根本目的是提出和強調「跨區」，以及「跨區主義」、「跨區化」和「跨區性」的「三位一體」。在研究方法上，從「跨區」層次看到、知道的世界，與從「地區」等層次看到、知道的世界是不一樣的。關於「跨區」的經濟和社會理論與實踐之「跨區主義」以及各種「跨區主義」之間的關係，尤其是「跨區主義」實踐或者「跨區」安排之間可能的某種「協奏」（concert of trans-regionalisms or trans-arrangements），[2]是本文接下來討論和創新的主要內容。

從APEC成立以來的「亞太化」已經30多年了。早期的、局部性的「亞太化」——如「太平洋經濟」的興起，實際上比APEC代表的「亞太化」更早。2010年代開始，尤其是2017年以來，部分地，「印太化」已經開始，然「印太化」並不一定取代「亞太化」。

不難理解「跨區化」。「跨區化」是世界存在的主要現實之一。「跨太平洋經濟夥伴關係」甚至「區域全面經濟夥伴關係」（RCEP）[3]等之類，是「跨區化」、「跨區主義」和「跨區性」的最新例證。在中文國際問題研究中，關於「跨區主義」、「跨區化」和「跨區性」的權威文獻稀缺。在歐洲，「歐洲地區主義」（European Regionalism）基礎上的歐盟（EU）一直與代表美歐關係的「跨大西洋關係」（the Trans-Atlantic relations）或者「跨大西洋主義」（Trans-Atlanticism）並存，儘管「跨大西洋主義」可能不是以歐洲而是以美國為中心的。這是第二次世界大戰結束以來在「北大西

1　「地區性」（regionness）一詞來自：Björn Hettne and Fredrik Söderbaum, "Theorising the Rise of Regionness," *New Political Economy*, 2000, 5 (3): 457-472, doi: 10.1080/713687778.

2　這裡更多地從實踐而非更多地從理論的角度理解「主義」，包括「地區主義」和「跨區主義」。

3　現實上，RCEP已經被翻譯為「區域全面經濟夥伴關係」，但這卻是一個不準確的翻譯。本文建議該詞條翻譯為「跨區全面經濟夥伴關係」，因為其英文本名RCEP中的「Regional」直譯就是中文的地區，而不是中文的區域，而實際意思指的是「跨區」。RCEP包括的15個國家，來自「亞太」這個「跨區」。

洋」長期存在的事實，且關於「跨大西洋關係」或者「跨大西洋主義」研究的文獻在美歐實在太多。在「亞太地區」，自冷戰結束後，逐步形成了新的「跨太平洋關係」（Trans-Pacific relations）甚至產生了新的「跨太平洋主義」（Trans-Pacificism）。關於「跨太平洋關係」，並非完全是冷戰結束後美國霸權（post-Cold War American hegemony）[4]的產物。霸權主導的「跨區主義」和「跨區化」以及形成的「跨區性」，只是「跨區主義」、「跨區化」和「跨區性」的一種。霸權，不管其處在哪個階段，沒有壟斷也不去壟斷「跨區化」、「跨區主義」和「跨區性」。進入21世紀後，「跨區主義」、「跨區化」和「跨區性」具有多樣性（plurality）、複雜性（complexity）和混合性（hybridity）。各種「跨區化」或者「跨區主義」之間的關係，包括他們之間的「協奏」（concert of trans-region-nesses or trans-regionalisms）的可能性與必要性，是本文末的附加問題。

　　在經濟方面，美歐之間的一個最新「跨區」安排是「美國—歐盟貿易和科技委員會」（TTC）。在2021年6月舉行的「走向新的跨大西洋夥伴關係」的美歐峰會上，拜登政府和歐盟委員會發起成立了TTC。[5]美國拜登政府同時推進「印太經濟框架」（IPEF）和TTC。

　　本文的重點不是關於美歐之間的「跨大西洋」區域代表的「跨區主義」、「跨區化」和「跨區性」，而是考察在過去30多年（1991年以來）在「亞太」、「亞歐」（歐亞）和「印太」出現的各種「跨區主義」、「跨區化」以及「跨區性」：APEC、TPP以及TPP的繼承CPTPP、RCEP、上海合作組織（SCO），中國在21世紀第二個10年發起與推動的「一帶一路」（BRI）、新一代國際組織亞投行（AIIB），以及2022年才發起和開始談判的「印太經濟框架」（IPEF）等。

4　「hegemony」一詞，最好不要翻譯為「霸權」。中文世界中能與「hegemony」接近的就是「王道」（王權）而非「霸道」（霸權）。
5　美國貿易代表辦公室，https://ustr.gov/useuttc。

二、從「亞太」到「印太」

　　1990年代，冷戰終結，美國變成「唯一超級大國」（the sole super-power），「全球化」（globalization）加快增長。在本來存在的「跨越太平洋」的市場和社會的聯繫，以及美國在冷戰期間構築的太平洋軍事和政治同盟體系的現實下，美國等發起了促進更加廣泛的「太平洋合作」的「跨區」安排，這個「跨區」安排體系的起點正是今天日趨衰落的APEC。

　　這裡有必要陳述一些歷史事實。APEC一開始就是「跨區」的，其概念最早來自澳大利亞前總理霍克（Bob Hawke）1989年1月31日在韓國首都漢城（Seoul在2005年改名「首爾」）的一次演講。1989年11月，澳大利亞、汶萊、加拿大、印尼、日本、韓國、馬來西亞、紐西蘭、菲律賓、新加坡、泰國和美國等12個國家在澳大利亞首都坎培拉成立了APEC。[6]其實，印尼、馬來西亞、澳大利亞等也是印度洋國家，但當時他們沒有、也不願突出其印度洋特性，因爲那時還不存在今天這樣的「印度崛起」。中華人民共和國並非APEC創始成員，而是與臺灣以及尚未主權回歸中國的香港在1991年一起參加了APEC。墨西哥和巴布亞紐幾內亞在1993年；智利在1994年；秘魯、俄羅斯和越南在1998年加入APEC，APEC成員目前多達21個。這樣的APEC大大超出了初期設計的「亞太經濟合作」，更超出了1970年代至1980年代日本等主張的「太平洋經濟合作」。[7]APEC的成員跨了多個「世界的地區」，來自亞洲（東北亞和東南亞）、大洋洲、北美、南美、歐亞等地區的國家經濟體或者非國家經濟體，而俄羅斯聯邦也是APEC成員。[8]APEC的初心是雄心的，1993年在美國西雅圖舉行了首次APEC「經濟領導人非正式會議」；1994年在印尼爪哇島茂物舉行第二次這樣的經濟峰會，並確定了

6　自APEC秘書處官網，https://www.apec.org/About-Us/About-APEC/History。

7　羅元錚主編，《太平洋經濟共同體》，中國財政經濟出版社，1981年。

8　APEC實際上還不是嚴格意義的「地區組織」，而一直是一個「地區」論壇，具有非正式性（informality），而不是正式性。因爲其年度「領導人會議」（峰會）一直叫做「非正式領導人會議」。「非正式性」恰恰在冷戰結束後的當今世界發揮著比正式性更重要的作用。

「茂物目標」：「自由和開放的貿易與投資」，工業化（已開發）經濟體在2010年、開發中經濟體在2020年達成這一目標。然而，這一目標公布不久，先是在「亞太」的西部一些經濟體爆發了後來影響深刻的「亞洲金融危機」（1997-1999年），然後在亞太的東部（美國西海岸的西雅圖），於WTO部長會議期間爆發了「抵制全球化」的首次大規模示威（1999年）。APEC對「亞洲金融危機」沒有做出任何積極反應，反而在APEC上有批評爆發金融危機的亞洲經濟體的聲音，導致APEC的東南亞成員和中日韓以「10+3」框架尋求「東亞合作」。APEC沒有在2010年如期實現茂物會議的目標，且APEC遲至2014年才在其北京會議時宣言要成立「亞太自貿區」（FTAAP）。[9]然而，這一共識來得太晚了，APEC成員一直沒有啓動FTAAP正式談判。

但是，在APEC內部，早有成員對APEC不滿意而另起爐灶了《跨太平洋戰略經濟夥伴關係協定》（*Trans-Pacific Strategic Economic Partnership Agreement*），即汶萊、智利、紐西蘭和新加坡在2006年達成的《四國協定》（P4）。《四國協定》顯示了「小國」（小型經濟體）的「跨區」能力。在中國，除了次要的新聞報導，把《四國協定》歸類到此起彼伏的令人眼花撩亂的「自貿協定」或者「自貿區」（FTA）外，當時幾乎沒有人估計、預判到《四國協定》包含的巨大「跨區」意義。澳大利亞、秘魯、美國、越南、馬來西亞在2010年加入《四國協定》，加拿大和墨西哥在2012年參加了《四國協定》，日本則遲至2013年才加入《四國協定》。至此，《四國協定》走向TPP，12個成員開始了複雜而漫長的談判。由於美日等世界最大的幾個經濟體的參加，TPP才引起全球矚目。2015年10月5日，TPP談判在美國亞特蘭大的喬治亞結束，並於同年11月5日公布TPP。2016年2月4日，在紐西蘭最大城市奧克蘭，12方簽署了TPP。但是，2017年1月20日上臺的美國川普政府，卻兌現了其競選承諾，在第一時間宣布退出TPP。2017年1月30日，川普政府正式通知TPP其他11個成員，美國將不會批准TPP。

9　https://www.apec.org/Press/News-Releases/2014/0508_fta.aspx.

TPP餘下成員突然面對如此巨大衝擊，一度使TPP前途未卜，不過，衝擊過後的餘下11個成員決定繼續TPP。

2017年越南輪值APEC主席，11月在峴港（Da Nang）舉行了「APEC經濟領導人會議」。這次峰會上有兩個關鍵，一是訪華結束首次參加APEC的美國總統川普在APEC峰會上大談「印太」，宣布美國的「印太戰略」（IPS）；二是11個TPP成員利用APEC會議舉行他們自己的會議，決定把TPP改名為《跨太平洋夥伴全面進步協定》（CPTPP），以「新協定」續「舊協定」，這一改名是性質性和象徵性的改變。CPTPP於2018年1月22日至23日在日本舉行了高官會議，最終達成了CPTPP協定。2018年3月8日，CPTPP各方在智利聖地牙哥簽署了這一協定。[10]

TPP或者後來的CPTPP，是在APEC等「亞太」平臺上孕育出來的。也就是說，CPTPP的成功，與APEC分不開。

在川普首次宣布美國的IPS前，澳大利亞和日本等原來積極推動「亞太合作」的國家就逐步轉向了「印太」，比美國早了好幾年。[11]美國從在APEC和TPP中擔當「領導」，到在「印太」中事實上受走在前頭的澳大利亞和日本的影響，是否代表著美國霸權的興衰則是另一個議題。

在全球化大背景下，APEC是一個充分包容以尋求充分合作的例子，APEC也差一點把印度都包括進來。在「亞太」繁榮的時代，印度欲成為APEC成員。不過，印度的APEC成員地位一直沒有申請成功。[12]

參加IPEF的各國宣稱IPEF不是「自貿區」。美國不再向參加IPEF的成員提供市場准入，而是探索新的公平貿易、互惠貿易等「區域夥伴關係」。截至2022年9月，參加IPEF的國家經濟體來自「印太」各個「地區」，首批達14個。[13]與APEC不同，IPEF並未宣稱是「包容的」，儘管各國的IPS都是

---

[10] Government of Canada, https://www.international.gc.ca.

[11] 龐中英、馬偲雨，〈關於「印太」問題的一項比較研究〉，《中國海洋大學學報》，2021年第6期。

[12] https://www.eastasiaforum.org/2012/09/17/india-and-apec-time-to-move-from-observer-to-member/.

[13] 美國白宮官網，https://www.whitehouse.gov/briefing-room/statements-releases/2022/05/23/statement-on-indo-pacific-economic-framework-for-prosperity/。

「自由和開放的」。不過，印度只參加IPEF的「經濟」部分，不參加IPEF的「貿易」部分。通過IPS和IPEF，印度從南亞印度洋「跨區」到太平洋。如果談判成功並生效，IPEF將是世界經濟中最大的「跨區」經濟體系。

三、東南亞國家和東協作爲「跨區」行動者

　　地理上，東南亞是亞洲的次地區。但是，在社會、經濟、歷史、國際關係等方面，甚至在不同文明之間的關係上，東南亞是世界上一個相對獨立的地區。

　　然而，東南亞一些國家（主要是「老東協」國家）以及1967年成立的東協（ASEAN），是一個具有「跨區」目標和能力的地區組織。東協對塑造「亞太」或者「印太」發揮著一種「中心」的作用，即《東協憲章》規定了東協在與其域外「對話夥伴」之間的合作中，發揮中心作用，這就是「東協中心性」（ASEAN Centrality）。[14]

　　理解「東協中心性」是理解東協的「跨區」作用的關鍵。冷戰結束以來，隨著東協擴大到包括了「所有東南亞國家」，東協的「跨區」目標日益清晰、「跨區」行動堅定而持續。欲借助「東協中心性」的非東協國家，不得不或者主動承認東協的國際領導地位──東協在「跨區」合作的規範性權力或者權威（normative power/authority）。[15]爲了對付金融危機，東協尋求東北亞國家中日韓的合作，但要求中日韓遵守以東協爲中心的合作原則。[16]東協視中日韓與澳大利亞、紐西蘭、印度、美國、俄羅斯等「對話

---

[14] 《東協憲章》第1款第15節（Article 1.15）。

[15] 中國也是地緣政治、經濟、社會、文明上的東南亞國家。但是，目前世界上的「東南亞國家」卻不包括中國。東協宣稱是所有東南亞國家的地區組織，排除了中國有朝一日成爲東協成員的可能。2003年，中國與東協簽署了《東南亞友好合作條約》（TAC），確認中國是東協的「東南亞域外」「夥伴國」之一。龐中英，〈東協的外交陷阱〉，《東方早報》，2012年5月16日。

[16] 1999年，「東協加中日韓」（10+3）啓動時，尚未有成文的《東協憲章》，但是，「10+3」是以東協爲中心的。

夥伴國」（dialogue partners）一樣。進入21世紀，東協逐步走向地區共同體，但是，「東亞合作」並未向著人們想像的「東亞共同體」方向演化。在東協主導下，「東亞合作」逐漸歸於平淡，一些在金融危機期間創設的「東亞合作」框架，如「東亞」貨幣合作《清邁協定》及其多邊化（CMIM），今天大體成爲擺設或者僅是地區研究機構。「東協與中日韓宏觀經濟研究辦公室」（AMRO）即發揮著某種「地區智庫」的作用。[17]1996年，東協與歐盟建立亞歐會議（Asia-Europe Meeting, ASEM），但無論東協還是歐盟，一直對亞歐會議的重視和投入都不夠，ASEM的影響力遠不如APEC。2005年，東協與包括美國等在內的太平洋國家一同召開東亞峰會（EAS）。與亞歐會議一樣，EAS只是「東亞」與美國等西方國家之間維持「接觸」（engagement）的又一個平臺而已。前述東協成員汶萊、新加坡、越南、馬來西亞是TPP／CPTPP的創始成員。當美日澳印等轉向「印太」時，東協不得不發表了回應性的《東協印太展望》，[18]並在美國發起「印太經濟框架」（IPEF）後，七個東協國家，包括汶萊、印尼、馬來西亞、菲律賓、新加坡、泰國和越南成爲首批IPEF談判方。2021年10月27日，美國總統拜登在EAS上宣布了構建和談判IPEF。

在貿易和投資領域，近幾年，東協「跨區」行動的最大表現是其組織了RCEP。也就是說，本文認爲RCEP並非如其自我聲稱的那樣是「地區」的，而是「跨區」的。RCEP成員來自兩大「地區」和三大「次地區」：亞洲和大洋洲；東南亞、東北亞、南亞。作爲RCEP創始成員的印度卻在最後拒絕簽署RCEP（2019年）。印度退出RCEP，可以與美國退出TPP類比，使東協沒有透過RCEP「跨區」到南亞。不過，不包括印度的RCEP倒是維持了RCEP的「亞太性」。

目前，CPTPP和RCEP都沒有美國和印度，美國拜登政府表明不會回到TPP或者加入CPTPP；印度有權隨時以創始成員返回RCEP，而IPEF則不包括中國。

---

[17] https://www.amro-asia.org/.

[18] https://cil.nus.edu.sg/wp-content/uploads/2019/09/2019-ASEANs-Outlook-on-the-Indo-Pacific.pdf.

四、歐盟的「印太」轉向、英國在「脫歐」後參加 CPTPP

　　基於「跨區主義」的「跨區化」本質上是「局部的全球化」（partial globalization），[19]「跨區化」恰恰是深入的「全球化」的一個特徵。一些歐洲國家，一直在世界上具有重要的「跨區」能力，參與了從「亞太」到「印太」的世界性轉變。在美日等轉向「印太」後，法國以及德國等，也在探索從「亞太」到「印太」。[20] 而作為擁有「共同外交和安全政策」（CFSP）的歐盟，其正式轉向「印太」是在2021年。歐盟委員會在2021年9月16日向歐洲議會和歐盟理事會提交了《歐盟的印太合作戰略》（*The EU Strategy for Cooperation in the Indo-Pacific*）。[21] 這一文件突出強調，歐盟在「印太」以尋求「合作」為主，以「與在『印太』的所有相關行動者一道，加強（全球）夥伴關係」，區別於美國在「印太」進行與中國的「戰略競爭」，顯示了歐盟外交和安全政策的「戰略自主性」。

　　英國「脫歐」（Brexit）後趨向「全球的不列顛」（Global Britain），具體的是「跨區」到「印太」。在「全球的不列顛」下，從歐盟收回貿易主權的英國強森政府（Boris Johnson）發現了CPTPP的價值，2021年1月，令人意外地正式申請加入CPTPP，[22] 而CPTPP成員則一致邀請英國加入。[23] 英國完成了與CPTPP創始成員的入會談判，於2023年6月加入CPTPP。由於英國的參加，CPTPP代表的區域是更加「跨區」了。英國參加CPTPP一事，

---

[19] 與中文把「globalization」翻譯為「全球化」不同，「globalization」並不一定是「全」的，實際上是「局部」的。「局部全球化」是全球化研究的一個重要結論，該詞最早來自基歐漢（Robert O. Keohane）在2000年擔任美國政治學會主席的演講，Robert O. Keohane, "Governance in a Partially Globalized World," *American Political Science Review*, 2001, 95: 1-13。

[20] 德國國際問題研究所（SWP）報告《從亞太到印太》，2020，https://www.swp-berlin.org/10.18449/2020RP09/。

[21] https://eeas.europa.eu/sites/default/files/jointcommunication_2021_24_1_en.pdf.

[22] https://www.gov.uk/government/news/uk-applies-to-join-huge-pacific-free-trade-area-cptpp.

[23] https://www.gov.uk/government/news/uk-welcomes-cptpp-nations-invitation-to-begin-accession.

提醒了中國研究者，CPTPP這樣的「跨區」安排很難再被叫做「新地區主義」，因爲CPTPP與傳統的「地區主義」（regionalism）無法掛鉤。參加CPTPP的國家來自不同的「世界地區」，CPTPP各方並不是爲了塑造一個共同的「新地區」、分享共同的「地區性」，而是爲了解決他們共同面對的全球經濟（貿易、科技等）挑戰。世界貿易組織（WTO）等冷戰結束後初期提出的激進的全球經濟治理體制，在今天不能全面治理多重的全球危機。[24]各種「跨區」安排，也許具有全球治理的意義，即爲未來的全球經濟治理提供路徑。CPTPP、RCEP等的序言，仍然「挾天子以令諸侯」，提到WTO、不忘WTO、遵守WTO，他們有可能「反哺」WTO，有助於WTO的改革。

　　轉向「印太」的歐盟，具有諷刺意味的是，密切關注著其前成員英國的CPTPP申請。英國一旦成爲CPTPP的成員，[25]CPTPP將是僅次於歐盟的世界上最大的貿易集團之一。歐盟成員國和歐盟今後將如何與CPTPP互動，值得注意。

　　中國不是TPP的創始成員。TPP轉變爲CPTPP後，在2020年11月APEC峰會上，習近平主席表示「將積極考慮加入《跨太平洋夥伴全面進步關係協定》」。[26]2021年9月16日，中國商務部部長王文濤就中國正式申請加入CPTPP，向CPTPP保存方紐西蘭貿易與出口成長部部長奧康納（Damien O'Connor）提交了書面信函，隨後兩國部長還就此事進行了電話會議，並就中國正式申請加入CPTPP的有關後續工作進行了溝通。[27]李克強總理表示：「中國對符合世貿組織原則的區域自由貿易安排，都持開放態度並樂見其成，將同有關各方共同推動RCEP儘早生效實施，積極推動加入CPTPP

24　美國財政部部長珍妮特・耶倫在2022年4月13日的演講（https://home.treasury.gov/news/press-releases/jy0714）和歐洲中央銀行行長克莉斯蒂娜・拉加德在2022年4月22日的演講（https://www.ecb.europa.eu/press/key/date/2022/html/ecb.sp220422~c43af3db20.en.html）都認爲，全球地緣戰略緊張，正在使二戰後形成的全球貿易體系（WTO）過時。

25　2020年10月，國際貨幣基金組織（IMF）在其《世界經濟展望》報告中認爲，印度已經取代英國成爲世界第五大經濟體。印度現在穩居世界第五大經濟體的地位。

26　https://china.caixin.com/2020-11-20/101630814.html.

27　中國商務部官網，http://www.mofcom.gov.cn/article/news/202109/20210903199707.shtml。

進程，商簽更多高標準自由貿易協定。」[28]與英國等申請者一樣，中國的CPTPP申請需要獲得CPTPP所有創始成員的一致同意和邀請，才能開啓雙邊和多邊談判。[29]

　　值得注意的，是一系列「跨區」安排之間的重疊和這種重疊提出的問題。雖然不是CPTPP的成員，但是，「中國已經與智利、秘魯、紐西蘭、新加坡與澳大利亞等五個CPTPP成員國簽署了雙邊自貿協議」，「除了加拿大、智利、墨西哥和秘魯等四國，其他CPTPP成員國均與中國共同簽署RCEP協定」。[30]參加IPEF的國家不是CPTPP成員，就是RCEP成員。「跨區主義」、「跨區化」和「跨區性」的重疊、交叉意味著全球合作的潛力，也意味著全球不一致甚至潛在或者直接的全球衝突。所以，各種「跨區」安排之間需要有一種「協奏」（in concert），以促進合作、避免衝突、解決衝突。

五、上海合作組織（SCO）代表的「跨區化」和「跨區性」

　　上海合作組織（SCO）的成立和運作，也同樣沒有締造一個「新地區」。參加SCO的國家不是爲了形成一個「新地區」，而是跨越他們各自所在的「地區」，在SCO這個共同平臺上進行諸邊合作。我們直到現在也找不到SCO是基於強烈的「新地區主義」[31]以形成一個「新地區」的有力證據。其成員各自的原有「地區性」，如伊朗的中東性、俄羅斯的歐亞性、中亞國

---

28 李克強總理在第一百三十屆中國進出口商品交易會暨珠江國際貿易論壇開幕式的演講，2021年10月14日，http://www.mofcom.gov.cn/article/syxwfb/202110/20211003207715.shtml。

29 龐中英，〈CPTPP：「英國加入模式」成爲今後「高標準」？〉，《世界知識》，2022年第21期。

30 餘虹，〈解讀中國申請參加CPTPP〉，《聯合早報》言論版，2021年10月7日。

31 龐中英於2002年呼籲過「SCO應該基於地區主義」，https://mil.news.sina.com.cn/2002-06-24/72060.html。20多年來的實踐，SCO實際上並未基於「地區主義」，因爲SCO並非一個「地區」。

家的中亞性、印度的南亞和印度洋性、中國的東亞和太平洋性等，都一起進入SCO。SCO如此混合，代表了一個真正的「跨區」。

因為俄羅斯是橫跨歐亞的，是SCO的發起國之一，所以，SCO從一開始就具有歐亞之「跨區性」。SCO不斷增加的成員都是廣義的亞洲國家，2018年，印度和巴基斯坦同時加入SCO；2021年伊朗加入SCO。但印度和巴基斯坦不僅是南亞，而且是印度洋國家；伊朗則是中東國家。中東橫跨了西亞和北非，如同東南亞，實際上是一個單獨的地區。所以，今天的SCO代表的不是「新地區」，而是「新跨區」。把SCO理解為「跨區」，發現其「跨區性」，可以更好地解釋SCO的複合性。

印度的SCO成員地位有助於印度在包括阿富汗在內的廣義中亞事務發揮更大作用。在參加SCO的同時，自2017年以來，與美國、日本、澳大利亞一起，印度也是「四國安全對話」（QUAD）的一方。可以說，在全球戰略和區域戰略上，印度左右逢源。

經濟合作逐步成為SCO日益增加的優先。SCO框架下的經濟合作一直是不夠的、低水準的，與世界上其他的「跨區」貿易安排不同，截至目前為止，SCO沒有談判建立自貿區。從經濟（市場）的邏輯，SCO經濟合作最終也不會是一個自貿區。

由於SCO擴大成員，可能步上APEC等的老路，即由於成員增加，組織內部的複合性增加，最後可能很難達成集體行動的目標，包括原初的區域安全合作和現在的區域經濟合作。

SCO的未來取決於是否真正具有基於「跨區主義」的「跨區化」，並形成SCO的「跨區性」。但SCO的「跨區主義」到底是什麼？這是不確定的，而且隨著區域和全球形勢的改變，導致SCO成立時的理由──在後蘇聯時代主要圍繞新的中亞地區的國際安全合作，未必在未來繼續成立。SCO需要重建其存在的合理性，以在與其他「跨區」安排，如「印太」的關係中具有一定的「議價能力」。

六、基於「地區主義」的「跨區主義」和缺少「地區主義」的「跨區主義」

　　在國際學術界，「一帶一路」國際倡議（BRI）被認為是一種中國發起的「在亞洲的地區主義」（regionalism in Asia）。[32] 從「地區主義」的角度研究「一帶一路」確實是一種重要理論和方法，因為「一帶一路」的實踐確實區分了「亞洲國家」和「非亞洲國家」。不過，這一區分恰恰也意味著「一帶一路」不僅是「亞洲」的，而且是「跨區」的，是新的「跨區主義」理論與實踐。

　　區分「地區」之內外是「地區主義」理論與實踐的重要內容。中國發起的亞投行（AIIB），在其章程中有「亞洲域內」和「亞洲域外」的區分。根據AIIB章程：「本協定中凡提及『亞洲』和『本區域』之處，除理事會另有規定外，均指根據聯合國定義所指的屬亞洲和大洋洲的地理區劃和組成。」[33]

　　就數量而言，BRI和AIIB的「亞洲域內」成員少於其「亞洲域外」成員。即使在「亞太」，「一帶一路」的成員也只占「一帶一路」總成員的不到四分之一。2021年6月23日，中國國務委員兼外長王毅在北京主持「『一帶一路』亞太區域國際合作高級別視頻會議」，包括哥倫比亞總統等南美國家在內，共有29個國家的代表參加了這次會議。

　　「一帶一路」以及亞投行區分亞洲「域內」和「域外」的實踐，說明亞洲地區主義和超越亞洲的「跨區主義」並存，並反映了區分「地區主義」與「跨區主義」的必要性，即「一帶一路」和亞投行依託於亞洲地區主義，又超越地區主義而指向全球主義。

---

[32] Tiang Boon Hoo and Jared Morgan Mckinney, eds., *Chinese Regionalism in Asia Beyond the Belt and Road Initiative*, Routledge, 2022. 龐中英是該書第九章的作者，題為「走向印太協奏與中國的作用」（Towards An Indo-Pacific Concert of Powers and China's Role in It）。

[33] 《亞洲基礎設施投資銀行》章程中文版，https://www.aiib.org/en/about-aiib/basic-documents/_download/articles-of-agreement/basic_document_chinese_bank_articles_of_agreement.pdf。

如前所述，作爲「跨區主義」的RCEP具有其「地區主義」基礎，即RCEP是以「東南亞地區主義」爲「中心」的。

與「一帶一路」、亞投行、RCEP不同，CPTPP、SCO以及目前的IPEF，很難說以哪個「地區主義」爲中心，而是數個具有「跨區」能力的國家行動者和地區組織在「區域」（印太）的集團化。而且，組成CPTPP、IPEF的各國，實際上弱化了「亞洲地區主義」，甚至抑制了「亞洲地區主義」的增長。這就是爲什麼東協及其成員面對一個悖論：一方面，東協堅持「東南亞地區主義」實踐的「東協中心」；另一方面，參加了CPTPP、IPEF等本質上是弱化「東南亞地區主義」和「東協中心」的「跨區」安排。

一般認爲美國透過「跨大西洋」安排爲二戰初期「歐洲地區主義」的成長提供了安全保證——北約（NATO），但是，當「歐洲地區主義」逐步成長——歐共同上升爲歐盟（1993年），「跨大西洋主義」與「歐洲地區主義」之間的關係就複雜化，前者有所抑制後者。不過，今天的美國在「跨大西洋」和「跨太平洋」是否仍然如昨天那樣既鼓勵又抑制「地區主義」？

七、結語：關於「跨區」的一個研究目標和研究框架

「亞太」、「印太」等均是基於「跨區主義」和「跨區化」的「跨區」，用原來的「地區主義」、「地區化」和「地區性」等舊框架不足以解釋新的「跨區性」。世界上新的「跨區」安排還有很多。「跨區」議題如此重要，應該受到單獨的重視和研究，爲了研究「跨區」問題，本文提出了「跨區主義、跨區化和跨區性」這一「三位一體」的研究目標和研究框架，希望將來能形成關於「跨區」的歷史和未來、理論和實踐的一個體系。

順帶一提，在關於「跨區」的研究上，還有一個十分重要的議題是，各種「跨區」之間的關係。

在全球治理領域，到底是如何應對（治理）「跨區」問題的？《聯合國憲章》（1945年）承認了「區域辦法」（regional arrangements）的現實和規定了如何應對「地區安排」，[34]卻沒有專列「跨區安排」（trans-regional arrangements）。二戰結束前，世界上的「跨區」除了「跨大西洋」，其他的「跨區」並不突出。在世界貿易組織協定（1994年）中，只有「地區貿易協定」（RTAs），並沒有指出和單列諸如TPP／CPTPP那樣的「跨區貿易協定」（TRTAs）。[35]在聯合國的未來改革中，是否將「跨區安排」與「地區安排」區分和並列？在WTO的未來改革中，是否將「跨區貿易安排」與「地區貿易安排」區分和並列？將值得留意。

聯合國和WTO仍然是應對不斷湧現的各種「跨區安排」的主要管道，在聯合國改革和WTO改革中，應該與時俱進，單列「跨區安排」。其他治理「跨區安排」的機制也很重要，東協是各種「跨區」安排之間相互接觸的一個相對理想和有效的「正式」國際制度。東協與歐盟之間的亞歐會議，包括美國等在內的東亞峰會，與上合組織的對話和合作機制，[36]使東協成為提供了一種世界的各種「跨區安排」之間的「協奏」。

歐洲各國在1815年至1914年的百年，締造了產生「19世紀文明」和「百年和平」的「歐洲協奏」（Concert of Europe）。關於19世紀的「歐洲協奏」為什麼成功，200年來，歐洲內外爭論不休。2014年至2018年是第一次世界大戰爆發和終戰的百年，關於「歐洲協奏」的國際史研究和國際理論發表了一些重要成果，這些新成果把關於「歐洲協奏」的爭論推到一個新的階段。例如，著名的德國法蘭克福和平研究所（HSFK/PRIF）主持的一項重大國際合作研究認為，「歐洲協奏」是19世紀的「大國多邊主義」，成功地處理了19世紀的「（國際）權力轉移」，21世紀的今天，世界再次

---

[34] 分別見《聯合國憲章》第八章的英文版（https://www.un.org/en/about-us/un-charter/chapter-8）和中文版（https://www.un.org/zh/about-us/un-charter/chapter-8）。

[35] https://www.wto.org/english/tratop_e/region_e/region_e.htm.

[36] 東協官網，https://asean.org/wp-content/uploads/2012/05/DONEOverview-of-ASEAN-SCO-as-of-Oct-17-fn.pdf。

面對著全球性的「權力轉移」，「歐洲協奏」的區域歷史經驗具有全球的世界意義，各國要努力締造「21世紀的大國協奏」，以預防大國之間的戰爭。[37]再如，米特森（Jennifer Mitzen）的《大國協奏：全球治理的19世紀歐洲起源》一書發現，19世紀五大強國合作，以非正式的國際協議，甚至以「協奏」（歌舞昇平）為形式管理強權間的衝突，是今天「全球治理」的起源。[38]

新加坡國立大學肯特崗校區週邊

說明：新加坡王美敬臺路（Heng Mui Keng Terrace）位於新加坡國立大學（NUS）肯特崗校區附近，毗鄰新加坡第二科技園區。新加坡前副總理吳慶瑞博士創辦的、後來以新加坡共和國第一任總統Yusof Ishak命名的尤素夫伊薩東南亞研究院（ISEAS）就在這條路上。這條路上有許多全球的、跨區的國際組織駐新加坡的辦事處，包括位於這條路35號的亞太經合組織（APEC）秘書處。秘書處大樓前，能看到智利總統2004年贈送APEC秘書處的雕像。2020年1月至5月，筆者在ISEAS擔任資深訪問研究員，每天下班路過APEC秘書處。

---

[37] Harald Müller and Carsten Rauch, eds., *Great Power Multilateralism and the Prevention of War: Debating a 21st Century Concert of Powers*, Routledge, 2018.

[38] Jennifer Mitzen, *Power in Concert: The Nineteenth-Century Origins of Global Governance*, Chicago: The University of Chicago Press, 2013（尤其是該書第61頁和第98頁）。

第十八章 從自由貿易區到區域（跨區）全面經濟夥伴關係：一項比較研究

一、導言

2020年11月15日，在第四次《跨區（區域）全面經濟夥伴協定》（RCEP）[1]峰會上，不包括印度的15個成員國簽署了《區域全面經濟夥伴協定》。[2]該協定規定，在六個東協成員國和至少三個非東協成員國批准該協定後60天，該協定生效。印度則在該協定達成的2019年11月退出談判。

2020年11月20日，中國國家主席習近平在亞太經合組織（APEC）第二十七次領導人非正式會議的演講中指出：「要繼續推進區域經濟一體化，早日建成亞太自由貿易區（FTAAP）。中方歡迎區域全面經濟夥伴關係協定（RCEP）完成簽署，將積極考慮加入跨太平洋夥伴全面進步關係協定（CPTPP）。」2021年9月16日，中國商務部部長王文濤向《跨太平洋夥伴全面進步協定》（CPTPP）保存方紐西蘭貿易與出口成長部部長奧康納提交了中國正式申請加入CPTPP的書面信函。兩國部長還舉行了電話會議，就中方正式申請加入的有關後續工作進行了溝通。[3]

2014年11月，APEC第二十二次領導人非正式會議在北京舉行，發表了《北京宣言》，強調APEC要成為「亞太自貿區」的目標，批准了《APEC

---

[1] 「RCEP」的英文全稱是「The Regional Comprehensive Economic Partnership」，中文把RCEP叫做《區域全面經濟夥伴協定》。不過，這裡的「區域」，包括了太平洋「地區」的15個國家。嚴格意義上，這裡的「Regional」應該翻譯為「跨區」。RCEP也是「亞太」框架下的成果。見龐中英等，〈21世紀的跨區主義〉，《探索與爭鳴》，2022年第1期。

[2] RCEP官網，https://rcepsec.org/wp-content/uploads/2020/11/RCEP-Summit-4-Joint-Leaders-Statement-Min-Dec-on-India-2.pdf。

[3] 中國商務部官網，http://www.mofcom.gov.cn/article/news/202109/20210903199707.shtml。

推動實現亞太自貿區（FTAAP）北京路線圖》。[4]不過，FTAAP在北京峰會後並未獲得集體推動，而亞太地區國家不是加入了CPTPP，就是加入了RCEP。[5]目前，仍然沒有FTAAP的亞太地區，存在著CTPTPP和RCEP兩個成員國家交叉、重疊的「全面經濟夥伴關係」。一些亞太地區國家，尤其是日本和美國，還在推動著叫做「印太」（The Indo-Pacific）的戰略轉向（pivot），並尋求全面的「印太經濟框架」（IPF）。[6]

2021年初，世界上兩個最大的經濟體中國和歐盟之間原則上達成了《中歐全面投資協定》（CAI），[7]儘管CAI因中歐政治關係發生的問題而沒有獲得批准和生效。

紐西蘭、新加坡和智利於2020年6月發起並簽署了《數位經濟夥伴關係協定》（*Digital Economy Partnership Agreement*, DEPA），旨在形成開放、非歧視性和全球化的互聯網環境，促進數據自由流動和電子商務，保護個人數據和線上消費者權益等，並致力於實現更大數位經濟包容性與參與度。紐西蘭、新加坡和智利均為CPTPP成員，他們的這一舉動帶動了CPTPP其他成員參加的積極性。2021年10月30日，中國領導人習近平以視訊方式出席G20第十六次峰會，宣布中國已經決定申請加入《數位經濟夥伴關係協定》，願與各方合力推動數位經濟健康有序發展。2021年11月1日，中國商務部部長王文濤致信紐西蘭貿易與出口成長部部長奧康納，代表中方向《數位經濟夥伴關係協定》保存方紐西蘭正式提出申請加入DEPA，以「進一步深化國內改革和擴大高水準對外開放」。[8]

4　《FTAAP北京路線圖》，見APEC官網，https://www.apec.org/Meeting-Papers/Leaders-Declara-tions/2014/2014_aelm/2014_aelm_annexa.aspx.。

5　RCEP中，東協成員汶萊、新加坡、馬來西亞、越南及非東協成員日本、澳大利亞和紐西蘭均是CPTPP的成員。這種重疊性，預示著未來也許存在CPTPP和RCEP整合的可能性。

6　2021年10月27日，美國總統拜登參加東亞峰會（EAS），宣布美國將與夥伴國探索一個印太經濟框架，該框架主要以貿易便捷化、數位經濟標準和技術、供應鏈韌性、脫碳化和清潔能源、基礎設施、勞工標準等為主。Readout of President Biden's Participation in the East Asia Summit, The White House。

7　見「原則上的」《中歐全面投資協定》全文，一共121頁，歐盟官網，https://trade.ec.europa.eu/doclib/press/index.cfm?id=2237。

8　全球數治｜中國申請加入《數位經濟夥伴關係協定》的多元影響（thepaper.cn）。

2022年1月1日，RCEP在中國生效。中國繼續推動FTAAP，申請加入CPTPP，與歐盟達成CAI，申請參加DEPA。這些國際行動表明，中國在新時期構築在世界經濟中最重要的「區域」的「全面經濟夥伴關係」體系。

需要指出的是，CPTPP、RCEP、CAI等中都有一個「C」字，C即「全面」（comprehensive），而[9]DEPA實際上也是「全面」的。

21世紀初，繼1994年北美自由貿易協定（NAFTA）生效後，「自由貿易協定」（FTAs）在亞太地區等繼續流行。但是，進入21世紀第二個10年（2010s）後，FTAs流行的勢頭有所退縮，同類協議幾乎大都改頭換面爲「經濟夥伴關係」（Economic Partnership Agreements, EPAs）。從這個角度看，FTAAP就名字而言即不合時宜。1994年1月1日生效的北美自由貿易協定在運作僅26年後，在川普政府時期，於2020年7月1日被《美墨加三國貿易協定》（USMCA）正式取代。[10]儘管USMCA仍然是自貿協定，但新協議不僅是名字的變更，而且是川普政府聲稱的「彌補了NAFTA的缺陷和錯誤」，以走向「更公平的（三國之間的）貿易」。[11]

當年的NAFTA對世界經濟中的區域安排影響巨大，USMCA對其他區域安排也一樣具有衝擊力。比之NAFTA，USMCA是三國的「全面夥伴關係」。[12]

實際上，無論從經濟研究，還是國際法的角度，「全面」一詞是非常複雜的，同時也是理解21世紀的國際（在「區域」或者「全球」，在雙邊或者多邊）貿易或者投資協議的關鍵。我們不能忽視「全面」，而是要對其進

---

[9]　我們注意到，國內大多數對本文提到的《全面協議》的媒體（新聞）報導（包括評論），多省略或者忽視「全面」一詞。比如，把《中歐全面投資協定》叫做《中國投資協定》，對《跨太平洋夥伴全面進步協定》錯誤地簡稱爲《跨太平洋夥伴協定》。實際上，《跨太平洋夥伴協定》是CPTPP的來源協定，即一度著名的TPP。由於美國在2017年1月宣布、2017年3月正式退出TPP，TPP在同年被CPTPP這一新協定取而代之，TPP走入歷史。嚴謹地，《跨太平洋夥伴全面進步協定》不能簡稱爲《跨太平洋夥伴協定》。

[10]　Agreement between the United States of America, the United Mexican States, and Canada 7/1/20 Text, United States Trade Representative (ustr.gov).

[11]　Remarks by President Trump at a USMCA Celebration with American Workers, Warren, MI-The White House (archives.gov).

[12]　United States-Mexico-Canada Agreement, United States Trade Representative (ustr.gov).

行深入的研究。

　　全球化和區域化的積極樂觀者以及對外開放的堅定支持者，因爲上述CEPS而看到了隧道盡頭的亮光。目前的抵制或者「去除全球化」（de-globalizaion）、保護主義（protectionism）等確實有其「黑暗面」，不過，我們對這些《全面協定》之深層含義的解讀不能到此爲止。我們應該對CEPs的來龍去脈有所把握。不再是人們熟悉的FTAs，CEPs意味深長，其對全球化、區域化（跨區化）等的影響是複雜的。

　　本文首先實證分析上述「夥伴全面關係協定」的「全面性」；其次，以CPTPP爲主分析這種「全面性」的產生，尤其是分析英國和中國等申請參加CPTPP的動因，認爲一個更加「全球的」CPTPP可能浮現；第三，比較分析美國退出原版TPP和印度退出RCEP，以及美國不回到TPP和印度不參加RCEP的前景；最後，本文引入波蘭尼的「嵌入」和「脫嵌」理論，解釋和理解究竟上述各種協定的「全面性」意味著什麼。這是21世紀的廣義社會（包括環境等「永續發展」）條件（條款）的再次的嵌入，改變了冷戰結束以來的以全球化和區域化爲標誌的「脫嵌」局面。

二、「區域」（跨區）國際貿易或者國際投資協定的「全面性」及其差異

　　「自由貿易協定」（FTAs）是1990年代在冷戰結束的國際條件下全球化（globalization）的產物。但是，進入21世紀以來，幾乎大多數FTAs逐步改頭換面，改爲「經濟夥伴關係」（CEP）。而新達成的貿易協定，幾乎無一例外，儘管仍然建立的是「自由貿易區」（free trade area），但名字不再叫「自貿協定」，而是冠冕堂皇的「經濟夥伴關係」，而且是全面的經濟夥伴關係（comprehensive CEPs）。

　　可以注意到RCEP、CPTPP和CAI等中均有「全面」（comprehensive，

簡稱「C」），但是，人們在對這些區域性經濟夥伴關係的認識時，忽視了「C」以及不同的CEPs之間的差異。RCEP、CPTPP和CAI都是「全面的」貿易或者投資協定，卻代表著由低到高的不同「水準」的「全面性」，這是三個存在差異性的「全面」協定。

　　先看一下RCEP的「C」。RCEP的「摘要」部分指出，RCEP參加國家占全球GDP和世界人口的比重都是30%。RCEP的目的是建立一個「現代的、全面的、高質量的和互利的經濟夥伴關係」，以促進地區貿易和投資的擴展，貢獻於全球經濟的成長。RCEP不僅是為了今天的，而且是為了明天的協定。考慮到了變化中的和正在浮現的貿易現實，包括電子商務、微小型企業、價值鏈、競爭的複合性等，有必要對世貿組織尚未覆蓋的這些領域進行補充。該協定對「全面」一詞提供了定義：「全面。在覆蓋範圍和承諾的深度方面，RCEP協定是全面的。在覆蓋範圍上，RCEP協定包括二十章，有許多領域是以前的東協加一（ASEAN plus One）之間的FTAs不包括的。協定有特定的條款覆蓋貨物貿易，包括原產地規則、海關程序和貿易便利、衛生檢疫、標準技術管控和一致評估程序，以及貿易救濟等。協定也包括服務貿易條款，特別是金融服務、通訊服務、專業服務，以及自然人的臨時移動。此外，還有關於投資、知識產權、電子商務、競爭、中小企業、經濟技術合作、政府採購和法律以及制度領域的數章，包括爭端解決機制。在市場准入上，RCEP協定達成了貨物和服務貿易的自由化，並延伸到投資領域。」[13]

　　然而，RCEP不包括對環境、氣候和勞工的承諾，也不包括對國有企業或補貼的承諾，從這個角度看，RCEP的「全面性」不夠。

　　與RCEP一樣，CPTPP更是「全面」打頭的。需要指出的是，在大型「跨區」貿易協定裡，CPTPP並非首開「C」的先河，CPTPP是不得不加上「C」的，而且在美國退出TPP後，為了強調其已經深刻汲取TPP的教訓，

---

[13] RCEP秘書處官網，https://rcepsec.org/wp-content/uploads/2020/11/Summary-of-the-RCEP-Agreement.pdf，均為筆者由英文原協定翻譯。

在「C」之後又加了一個「P」，即「進步」（progressive）。這幾乎是畫蛇添足，主要還是出於減少CPTPP在批准過程中的各國內部政治阻力。雖然美國不在CPTPP，但是CPTPP各方卻看著川普政府的一舉一動，成了驚弓之鳥，擔心不加「C」的TPP也會在其各自國內的批准過程中遇到麻煩。當然，後來CPTPP各國都沒有發生美國川普政府那樣的「退群」事件，加上「C」和「P」的TPP，是新瓶舊酒，被各方簽署（2018年3月8日，智利聖地牙哥）和批准。2022年1月1日RCEP正式生效。RCEP在「序言」中寫到：「本協定締約方，決心：締結一項促進經濟一體化的全面區域性協定，以推動貿易和投資自由化，促進經濟成長和社會福利，為工人和商業創造新機遇，從而有助於進一步提高生活水準，為消費者帶來利益，減少貧困並促進永續增長；增強締約方之間和其民眾之間友誼和合作的紐帶。」[14]

CPTPP的前身《跨太平洋夥伴協定》（TPP）也有「全面」一詞，出現在其「前言」的第一句話中，與上面的CPTPP的前言第一句話是一模一樣的。[15]但是，卻沒有出現在協定名稱中。在各國國內政治上，這是TPP的致命缺陷。說是致命，並非誇大，而確實是事實。

關於CPTPP和TPP之間的差異，曾是一個焦點問題。許多研究者在比較兩者的差異，就像比較NAFTA和USMCA之間的差異一樣。CPTPP的絕大多數條款與TPP一樣，有的條款一個字也沒有改動。但是，TPP中的22條條款一般認為有利於美國，其他TPP成員不同意。這樣的被認為「有利於美國」和受到TPP其他成員反對的條款，在美國退出後就被餘下11方集體拿掉了。例如，與知識產權有關的一些條款被凍結了（suspended provisions）。[16]從

---

14 中國商務部官網，《跨太平洋夥伴全面進步關係協定》（中英對照文本），http://www.mofcom.gov.cn/article/zwgk/bnjg/202101/20210103030014.shtml。

15 美國貿易代表辦公室官網，https://ustr.gov/sites/default/files/TPP-Final-Text-Preamble.pdf。

16 美國東協商會官網，https://www.usasean.org/regions/tpp/about#:~:text=Most%20provisions%20of%20the%20CPTPP%20are%20similar%20or,the%20removal%20of%20certain%20provisions%20regarding%20intellectual%20property。紐西蘭外交和貿易部網站提供了CPTPP和TPP之間差別的說明，https://www.mfat.govt.nz/tw/trade/free-trade-agreements/free-trade-agreements-in-force/comprehensive-and-progressive-agreement-for-trans-pacific-partnership-cptpp/understanding-cptpp/cptpp-vs-tpp/。

這個角度看，CPTPP比TPP變得更「不全面」了。

CPTPP總共有26個章節，涵蓋貿易和投資的所有領域，闡明了成員之間經濟交流的規則和程式，對國有企業、產業政策（包括補貼）以及勞工和環境標準的要求仍然很高。CPTPP是截至目前為止，世界上最為「全面」的貿易協定。

最後，我們看歐盟和中國之間「談判結束」卻尚未簽署、批准和生效的CAI。

中歐之間的投資協定（BIT）談判始於2012年2月舉行的第十四次中歐峰會上。中歐領導人確認儘早開啓雙邊投資條約談判。請注意，BIT這一英文縮寫的「T」代表「treaty」。[17]從歐洲或者西方外交實踐的角度，「treaty」是國際協定中具有最高約束力的。條約級別的協議，在簽署後，必須獲得各方立法機構（中國是全國人大常委會；歐盟是歐洲議會）的國內批准。例如，人們熟悉的「北大西洋公約組織」（NATO）的準確翻譯是「北大西洋條約組織」。2013年11月第十六次中歐峰會後，中歐BIT談判正式啓動。然而，隨著上述指出的西方範圍對待「自由貿易」、「全球化」態度的轉變，歐盟方面對狹義的投資協定不滿，提出了與中國之間的投資關係的「互惠性」（reciprocity）要求，以使歐洲投資被更好地（更公平、更互惠地）准入巨型的中國市場。2019年4月的第二十一次中歐峰會提出，中歐投資協定應提高目標，在2020年達成「高水準」協定。然而在2019年11月5日至8日舉行的第二十四輪談判後，中歐投資協定不再使用BIT，而是更名為《中歐全面投資協定》（*Comprehensive Investment Agreement*, CAI）。這裡，「條約」（treaty）一詞被「協定」（agreement）取代，卻在協定前加了「全面的」。

中國與現有（英國「脫歐」後）之27個歐盟成員國中的25個國家之間

---

[17] 關於「Bilateral Investment Treaties」，美國方面也使用這一名稱。美國與中國曾尋求達成BIT。美國目前生效和執行中的BITs，https://tcc.export.gov/Trade_Agreements/Bilateral_Invest-ment_Treaties/index.asp。

存在雙邊投資保護協定（Bilateral Investment Treaties, BITs）。歐盟方面認為這些與其成員之間的BITs是「過時的」，自2012年以來，中歐從各自的角度考慮，決定建立多邊性質的《中歐投資協定》（BIT），即超越一系列中國與歐盟成員之間雙邊投資協定的多邊投資協定，而並沒有要達成今天這樣的「全面的」投資協定。從根本上，許多與成員之間的BITs或者與歐盟的BIT，仍然是「傳統的」，並不是「全面的」。從BIT到CAI的轉變，代表了雙方為達成更「高水準」的共同目標，覆蓋中歐經濟關係中更加「全面」的內容。

但是，在中國，除了決策者和談判者，人們對《中歐投資協定》更名為「全面的」協定的過程和原因卻認識不足，對《中歐投資協定》（BIT）已經更名和升級為《中歐全面投資協定》（CAI）的討論不夠，甚至沒有討論。本文之所以強調這一點，為的主要是強調《中歐投資協定》進程中發生的這一大變化。

歐盟方面依據與外國達成的國際協定的「透明度」要求發表了CAI全文，其第一部分的題目是「各項目標和總的各種定義」（Section I: Objectives and General Definitions），其第1款第2點是：「中歐雙方重申在其各自領土範圍內為達致正當的政策目標而調控的權利，這些目標諸如公共健康的保護、社會服務、公共教育、社會安全，包括氣候變化在內的環境、公共道德、消費者保護、隱私和數據保護，以及對文化多樣性的增進和保護。」很明顯地，傳統投資協定主要是關於投資關係和經濟關係的促進與保護，而「全面的」投資協定則是把目前經濟全球化世界中的非經濟、非投資問題「全面」地「嵌入」（embedded）對投資關係的治理中。有關「嵌入」，本文將在最後一部分討論。

中歐全面投資協定的「全面性」突出體現在引領未來的「永續發展」（sustainable development）「首要原則」的深度，或者可叫做有機的「嵌入」。CAI的第四部分為「投資和永續發展」（Section IV: Investment and Sustainable Development），這部分的第1條是兩點「首要原則」（overarching principles）：「1.中歐雙方提到永續發展相關的國際文件，尤其是

《1992年關於環境和發展問題的21世紀議程》（*the Agenda 21 on Environment and Development of 1992*）、《2002年貫徹永續發展的約翰尼斯堡計畫》（*the Johannesburg Plan of Implementation on Sustainable Development of 2002*）、《聯合國經社理事會關於充分就業和體面工作的2006年部長宣言》（*the Ministerial Declaration of the UN Economic and Social Council on Full Employment and Decent Work of 2006*）、《國際勞工組織爲了更加公平的全球化的社會正義宣言》（*the International Labour Organisation (ILO) Declaration on Social Justice for a Fair Globalisation of 2008*）、《聯合國2012年永續發展會議成果報告》（*the Outcome Document of the UN Conference on Sustainable Development of 2012 entitled "The Future We Want"*）、《聯合國2030年永續發展議程及其永續發展目標》（*the UN 2030 Agenda for Sustainable Development and Its Sustainable Development Goals*），以及《國際勞工組織關於未來工作的百年宣言》（*the 2019 ILO Centenary Declaration for the Future of Work*），重申投資應有利於永續發展的承諾和爲了下一代的永續發展目標。2.中歐雙方承諾追求永續發展，承認經濟發展、社會發展和環境保護等三者是相互聯繫的和相互增進的。」[18]

「中國承諾在勞工和環境領域不降低保護標準以吸引投資，不爲保護主義目的使用勞工和環境標準，並遵守有關條約中的國際義務。中國將支持公司履行企業社會責任。重要的是，CAI還包括對環境和氣候的承諾，包括有效執行關於氣候的《巴黎協定》。」「中國還致力於爭取批准尚未批准的國際勞工組織基本公約，並對尚未批准的兩項國際勞工組織關於強迫勞動的基本公約做出具體承諾。」[19]

將「永續發展」作爲治理中歐之間的投資關係的「首要原則」，也許將對雙向的中歐經濟關係，甚至全球經濟治理，尤其是影響WTO下一步的改

---

[18] 歐盟委員會《歐中全面投資協定》原則文本，布魯塞爾，2021年1月22日，https://trade.ec.europa.eu/doclib/docs/2021/january/tradoc_159346.pdf。

[19] 中國社會科學院經濟研究所，《中歐全面投資協定的基本資訊》，2021年1月11日，http://ie.cass.cn/academics/economic_trends/202101/t20210111_5243669.html。

革進程帶來積極影響。

我們不妨說歐盟是奉行更高的社會標準的，而歐盟這樣的高社會標準，使得英國受不了而退出（2016-2021年）。中國是在與有著高社會標準的地區組織之間的討價還價，對雙方的投資關係進行治理，這是當今世界貿易和投資自由化中的一個主要特點。不過，由於中國和歐盟之間的諸多差異性，通過《全面投資協定》治理中歐經濟關係註定將是複雜和曲折的，因為「全面的」意味著介入中歐之間投資關係的各攸關方之間更加複雜的互動、博弈。

最後，我們看一下DEPA是如何規定「全面」的。與RCEP和CPTPP不同，DEPA沒有「C」字，卻在內容上有實質的「C」。DEPA在前言中，「憶及聯合國2030永續發展議程，尤其是其第八項和第九項目標」，「承認數位經濟在促進包容性經濟增長中的重要性」，「確認使社會的所有人從先進技術進步中受益」。DEPA前言部分還「強調公司的社會責任、文化認同和多樣性、環境保護和養護、性別平等、原住民族的權利、包容性貿易、永續發展、傳統知識等的重要性」。[20]

三、退出TPP後的美國貿易政策、退出RCEP後的印度貿易政策和英國申請加入CPTPP

上面提到了美國川普政府逆轉了歐巴馬政府甚至冷戰結束以後的所有美國政府的「自由貿易」立場和政策，以及雙邊和多邊（區域）安排，退出TPP並用USMCA取代NAFTA。但是，美國仍然與世界上至少20個重要經濟體存在「自貿協定」。[21]拜登政府上臺第一年（2021年），在總體外交政策上奉行「回到過去（川普之前）更好」（Build Back Better），如改善了

---

[20] DEPA text and resources, New Zealand Ministry of Foreign Affairs and Trade (mfat.govt.nz).

[21] 美國貿易代表辦公室，https://ustr.gov/trade-agreements/free-trade-agreements。

川普政府惡化的與歐盟之間的同盟關係，但是，在貿易政策上，出於美國國內政治的考慮，卻極其謹慎或者猶豫有餘，仍然在「評估」川普政府時期的貿易政策，包括川普政府對華貿易政策，尚未推出拜登政府的總體貿易政策。與川普政府一樣，在美國仍然存在強烈的「去全球化」（de-globalization）、「反對全球主義」（anti-globalism）、保護主義、認爲貿易協定對美國是「壞的」。爲了使民主黨在2022年的中期選舉獲勝，拜登政府明顯在國內討好美國「工人階級」（working class）或「中產階級」（middle class），暫時奉行不參加（包括「重入」）貿易協定的政策。不過，拜登政府總體上回到了多邊貿易體制（WTO），「全面」評估與中國的貿易關係，[22]在數位貿易（digital trade）等新興貿易領域推進「區域」或者雙邊協議。

印度是RCEP的創始成員。透過「東協加」即「東協中心性」（ASEAN centrality），東協成功地與印度建立了「對話夥伴關係」和「戰略夥伴關係」。考慮到東協和印度之間長期存在的各種歷史和現實聯繫，作爲巨型的「新興經濟體」，印度在RCEP中具有系統重要性。印度莫迪（Narendra Modi）政府從其國內政治角度考慮，不惜前功盡棄，在2019年宣布退出RCEP談判，在2020年宣布不簽署RCEP。

印度退出RCEP後，東協、日本、澳大利亞等RCEP參加方主張在RCEP協定中爲印度保留以後可以隨時加入的權利。RCEP簽署國各方貿易部長一致同意，發表了《聯合聲明》，認爲RCEP「對印度（未來）的參加是開放的」。[23]

退出RCEP後，印度國內的叫好聲是主要的，這一情況幾乎類似於美國退出TPP和重修NAFTA，[24]而這反映了美印等超級經濟體國內反對全球化的

---

[22] 美國貿易代表戴琦（Katherine Tai）大使的演講，https://ustr.gov/about-us/policy-offices/press-office/press-releases/2021/october/us-statement-trade-policy-review-china。

[23] 日本經濟產業省，2020年11月11日，https://www.meti.go.jp/press/2020/11/20201115001/20201115001-3.pdf。

[24] 《印度與RCEP》，https://iasbaba.com/2020/11/india-and-rcep/。

力量占上風的現實。

另外，綜合世界上各家媒體，尤其是印度的媒體，有一個數字耐人尋味，即中印美三邊關係此消彼長，印度商務部依據2018年至2019年期間的數據指出，「美國已經取代中國成印度最大貿易夥伴」，美國是印度順差的主要來源國家之一。[25]

接下來，本文討論英國參加CPTPP的事務。脫歐（Brexit）公投在2016年通過後，英國打出「全球的不列顛」（Global Britain）的旗號。[26]脫歐程序結束後，重新獲得貿易主權的英國急著在全球各地彌補退出歐盟的損失，也就不管有的「區域」貿易協定是否在大西洋或者歐洲。

2021年2月1日，英國國際貿易大臣特拉斯（Liz Truss）正式向2021年「CPTPP委員會」輪值主席日本和CPTPP協定保存國家紐西蘭提交了參加CPTPP的正式申請。2021年6月2日，CPTPP各國一致同意英國的申請，英國則答謝他們的談判邀請。2021年6月22日，英國與CPTPP各創始國之間的談判正式開始。[27]同時，英國國際貿易部發表了《英國參加CPTPP的戰略路徑》的聲明，使世界清楚英國的CPTPP考慮。[28]

2021年8月5日，英國正式成為東協的「對話夥伴」（dialogue partner）。「東協加」機制擴大到包括英國，這意味著英國將有機會與東協主導的RCEP建立某種商業夥伴關係。2021年12月13日，英國在利物浦舉辦七國集團（G7）外長會議。東協首次受邀參加G7會議，G7外長和東南亞十國外交部長舉行聯合會議。

按照國家排名，英國是世界第五大經濟體，僅次於日本。英國不再是歐盟成員後，英國和世界其他經濟體之間有必要重建雙邊貿易和投資關係。2020年10月，英國國際貿易部向英國議會提交了《英日全面經濟夥伴協

25　印度網站，https://www.helloscholar.in/us-becomes-indias-largest-trading-partner/。

26　英國國會圖書館，《全球的不列顛》，https://commonslibrary.parliament.uk/research-briefings/cdp-2021-0002/。

27　英國議會圖書館官網，https://commonslibrary.parliament.uk/research-briefings/cbp-9121/。

28　英國國際貿易部，https://assets.publishing.service.gov.uk/government/uploads/system/uploads/attachment_data/file/1027860/dit-cptpp-uk-accession-strategic-approach.pdf。

定》（*UK-Japan Agreement for a Comprehensive Economic Partnership*）；[29]
而《英紐自由貿易協定》也在2021年10月20日原則達成。[30]英國若完成參加
CPTPP的手續，CPTPP可能成爲僅次美墨加（北美自貿區）、歐盟之後的世
界第三大自貿區，而RCEP將可能退居第四。

　　英國成爲東協的最新「對話夥伴」，並於2023年6月正式成爲CPTPP
的成員。作爲世界最大的經濟體之一，英國將影響世界上的「全面經濟夥
伴」。

　　與歐盟第一次遭受成員國脫離的打擊和印度最終沒有參加RCEP不同，
CPTPP在美國退出後的今天，卻迎來了眾多申請者。除了英國和中國，
2021年9月22日，臺灣申請參加CPTPP；東協沒有參加CPTPP的六國──印
尼、泰國、菲律賓、緬甸、柬埔寨和寮國，都在考慮參加CPTPP，其中，印
尼、泰國、菲律賓是「老東協」國家，有可能率先加入CPTPP。在中國正式
申請參加CPTPP後，韓國在2021年10月31日正式申請加入CPTPP。

　　CPTPP在其「序言」中指出：「透過鼓勵其他國家或單獨關稅區加入，
擴大夥伴關係範圍，從而進一步加強區域經濟一體化，爲亞太自由貿易區
（FTAAP）奠定基礎。」[31]英國對CPTPP的興趣和申請，是一個意外的國際
事件。不過，CPTPP各方深知英國在太平洋的歷史聯繫和現實存在。

　　已有七個RCEP成員是CPTPP成員，若是所有的東協成員和中國參加了
CPTPP，RCEP還有存在的意義嗎？由於RCEP體現的是東協的中心性，而
東協的中心性不會在CPTPP中體現，東協也不可能要求CPTPP以東協爲中
心，所以，本文認爲，假如所有RCEP成員都參加了CPTPP，爲了堅持東協
中心性，RCEP形式上將仍然存在，只是在各參加國實際執行時，兩大貿易
協定將合二爲一，以CPTPP爲準，這樣，在這個方面，東協中心性實質上就
空洞化了。

29　https://www.gov.uk/government/collections/uk-japan-comprehensive-economic-partnership-agree-
　　ment.

30　英國政府官網，https://www.gov.uk/government/collections/uk-new-zealand-free-trade-agreement。

31　中國商務部官網，http://images.mofcom.gov.cn/sms/202101/20210111155648395.pdf。

四、中國參加CPTPP

　　CPTPP面對著一個挑戰：即「中國挑戰」（the China Challenge）。成立CPTPP本身是21世紀第二個10年，太平洋其他各國對「中國崛起」的回應。沒有中國的CPTPP，CPTPP似乎就聯合起來回應了「中國崛起」。但是，情況並非如此。

　　CPTPP大多數成員，從經濟或者市場邏輯的角度，其實難以抵禦中國市場的吸引力。中國進來後，反而他們的「中國挑戰」獲得了至少部分解決。中國不在CPTPP裡，他們的「中國挑戰」才更嚴峻。何況，中國已經參加了RCEP，RCEP是通向CPTPP之路。透過RCEP，中國事實上間接地介入了CPTPP。

　　正因為如此，我們看到，CPTPP委員會2022年輪值主席新加坡已經表態支持中國參加CPTPP，「新方歡迎並支持中國申請加入《跨太平洋夥伴全面進步關係協定》」。[32]CPTPP實際上的秘書處所在國家、保管CPTPP法律文件（depositary）的紐西蘭也支持中國的申請。其他CPTPP的成員，支持中國參加的似乎持續增多，包括越南。而那些註定猶豫不決的CPTPP大中型經濟體成員，如日本，在權衡CPTPP之「中國問題」後，最後應該也別無選擇，即透過接納中國而解決他們的「中國問題」。[33]

　　在冷戰剛結束時，全球力量——主導全球多邊貿易體制（WTO）和多邊主義的美國也樂此不疲地同時組織區域貿易安排，主要是：北美自由貿易協定（1994年生效）和亞太經合組織（APEC）。但是，進入21世紀後，不滿APEC的太平洋相對小型經濟體智利、新加坡、紐西蘭、汶萊四國於2005年時發起，就貨物、服務、知識產權貿易和投資等相關領域提供互惠待遇簽

---

[32] 〈習近平同新加坡總理李顯龍通話〉，《新華社》，2021年10月15日，http://www.news.cn/politics/2021-10/15/c_1127962438.htm。

[33] 張雲，〈日本應避免重蹈《京都議定書》覆轍〉，《中美聚焦網》，2021年10月13日，http://cn.chinausfocus.com/foreign-policy/20211012/42422.html。

署《跨太平洋戰略經濟夥伴協定》（TPSEP），又稱《P4協定》。該協定沒想到獲得「星火燎原」之成功，成為TPP的起源。但是，歐巴馬政府不斷指責其他國家「免費搭車」，覺得美國為「區域安排」付出太多。這一美國情緒終於轉化為美國國內巨大的社會和政治能量，使得國內各種勢力（如代表「中產階級」／納稅人的「茶黨」、「失敗者」為主的「占領華爾街」等）都反對美國參加的「自貿協定」，尤其是NAFTA和TPP。

在目前中美關係的大背景下，沒有美國的CPTPP是CPTPP的最大問題。美國的退出，使得CPTPP的規模不夠，即缺少規模效應。若英國參加進來，CPTPP無疑增強了規模效應。但是，今日英國畢竟不是昨天的英國，無法決定性地提升CPTPP的規模到足以與歐盟和北美（《美墨加協定》）「匹敵」（競爭）的地位。

中國的參加，至少從規模效應的角度來看，是CPTPP目前最需要的，這是中國參加CPTPP最大的王牌。一些論述中國申請加入CPTPP的評論，注意到這一關鍵點：「作為全球第二大經濟體和第一大貨物貿易國，中國是『大塊頭』，其經濟總量超過CPTPP成員國經濟的總和。因此，對於中國的加入，各成員國必須仔細權衡。一方面鑑於其龐大經濟體量，中國加入將極大提升CPTPP的區域影響力。中國巨大的消費市場也是最大誘因，其加入將為各成員國拓展中國市場提供新機遇。」[34]

中國面對的挑戰，主要來自CPTPP的「全面性」，這是本文的一個關鍵觀點。中國在與歐盟談CAI並達成原則協定表明，中國是可以接受比CPTPP還要「全面」的「全面性」，接受CPTPP的「全面性」，對於中國來說，不應是問題。

中國已經展開與CPTPP目前11個成員之間的雙邊接觸，以獲得全部11個成員的一致同意，啟動中國加入的談判。本文相信和預測，中國將成功開始談判，並在可以預期的未來加入CPTPP。

這是高度不確定性的時代。USMCA中第32.10條款叫做「非市場國家

---

[34] 余虹，〈解讀中國申請加入CPTPP協定〉，《聯合早報》言論版，2021年10月7日。

FTA」，[35] 該條款俗稱「毒丸條款」（Poison Pill），從一開始就受到多方面的關注和討論。原則上，參加USMCA的墨西哥與加拿大，如要與中國等「非市場經濟國家簽訂自貿協定」，將受到美國的制約。墨西哥和加拿大都是CPTPP成員，美國若要阻止中國加入CPTPP，儘管缺少使用該條款的先例，但只要動用第32.10條款，要求墨西哥和加拿大杯葛中國參加CPTPP就可以了。

五、全球貿易治理或者全球投資治理的多元化

全球的多邊體制和「區域安排」之間的關係，從來都是一個極其重要的國際經濟問題。在國際（全球）安全治理領域中，我們知道，《聯合國憲章》第八章是「區域安排」（Regional Arrangements）；在全球貿易治理領域，《WTO章程》「區域安排」也有類似明確而更加詳細的規定。[36] 今天，幾乎所有的貿易「區域安排」是尊重WTO、同意WTO原則的，尊重和不違反WTO原則、規則仍然是「區域安排」的正當性（legitimacy）的來源。

第二次世界大戰後，在國際安全領域有一系列重要性超過聯合國安理會的「區域安排」，如北大西洋公約組織（NATO）等，這些「區域安排」與聯合國安理會之間存在著差異和矛盾，與聯合國安理會同時並存到今天。最新出現的區域安全安排，包括澳大利亞、印度、日本和美國在「印太」組成的「四方安全對話」（QUAD）及澳大利亞、英國和美國三國達成的「奧庫斯」（AUKUS）防務協定。[37] 上海合作組織（Shanghai Cooperation Organization）是一種21世紀的「區域安排」，但並非北約那樣的多邊安全同盟。印度和巴基斯坦在2018年、伊朗在2021年加入上海合作組織。不論如何，

---

[35] 32_Exceptions_and_General_Provisions.pdf (ustr.gov).

[36] WTO官網，https://www.wto.org/english/tratop_e/region_e/region_e.htm。

[37] AUKUS是2021年9月才成立的澳英美三邊協議，其透明度很低。研究者可能因為缺少公開資料，無法研究之。

不僅聯合國安理會與各種區域安全安排共存，而且全球（國際）的安全安排的多元化仍在繼續。

在世界貿易領域，與國際安全領域類似，一方面是上述提到的WTO之全球多邊體制；一方面是諸如RCEP和CPTPP那樣的各種區域安排。

CPTPP《序言》：「基於各自在《馬拉喀什建立世界貿易組織協定》項下的權利和義務。」RCEP《前沿》與CPTPP異曲同工，重複的是同一句話，而且比CPTPP說得更仔細：「基於各自於1994年4月15日在《馬拉喀什建立世界貿易組織協定》項下的權利和義務，以及現存的東協各成員和他們的自由貿易夥伴，即，澳大利亞、中國、日本、韓國和紐西蘭之間的自由貿易協定。」

全球貿易治理的多元化（pluralization）或者多元性（pluralism）是現實，將繼續是現實，更是*趨勢*，未來的全球貿易治理將更多元。

CPTPP等在一批（而不是一個）成員在21世紀第三個10年進來後，CPTPP不僅如其名字代表的那樣「跨太平洋」（實際上是「跨區」，因為太平洋涉及亞洲、大洋洲、南北美洲等世界性地區），而且有了世界第五大經濟體英國的參加，更加指向「全球」。本文所指的全球的CPTPP（global CPTPP）代表了一個能夠成立的矛盾（contradiction）、困境（dilemma）或者新議題（issue）：CPTPP仍然是「區域安排」，但是，在全球化下，其成員幾乎都是「全球的」，未來的成員——英國，即使不打「全球的不列顛」的旗號，也當然是全球的；而世界最大經濟體的中國則更是名副其實的全球的。

CPTPP完全是一種新型的區域安排，這是WTO區域安排中沒有覆蓋的。我們知道，WTO沒有覆蓋的方面太多了。CPTPP代表著下一代全球貿易治理，即擴大後的CPTPP將成為一個global-docking-station，有助於推動WTO的改革。[38]

世界的現實和*趨勢*，不僅是多邊體制與區域安排的並存（不管他們之

---

[38] https://www.csis.org/analysis/cptpp-global-docking-station-free-traders.

間是否互補），而且是全球治理的多元化或多元性。這一趨勢已經導致全球的多邊體制（WTO）成為「一種」而不是「唯一」的全球貿易治理體制，儘管世界貿易組織確實是最重要的推動全球（世界）貿易自由化和便利化的「管道」，但卻是一個已經不怎麼「強有力」、受到削弱、需要「改革」而「加強」的「主管道」。[39]世貿組織的改革是外交辭令的共識，問題是，如何改革WTO？改革後的WTO能否解決問題？

總之，全球貿易治理的多元化仍在繼續，但是，指向「全球」的CPTPP可能在WTO危機和WTO改革的年代，進一步脫穎而出，成為影響全球貿易治理體系的一個主要「區域安排」。

六、結語

「全面性」這一問題至關重要，把握「全面性」是理解、把握一系列「全面經濟夥伴關係」的關鍵。

本文的討論重點是「區域性」的「全面經濟夥伴關係」（CEPs）的「全面性」。為了說明「全面性」的重要性，本文選取了CPTPP、RCEP、CAI等幾個「熱點」貿易或者投資協定。這三個協定從太平洋到歐洲，已經超越「區域」為「全球」的，事關全球貿易治理的現實和未來。「全面」指的不僅是傳統的貿易或投資自由化、便利化已經為「經濟夥伴關係」全面取代，且「全面經濟夥伴關係」覆蓋「全面的」貿易或者投資以及相關（尤其是社會和環境）議題和領域。

本文實際上比較了CPTPP、RCEP和CAI等相關協定的「全面性」。CAI的「全面性」由於事關「永續發展」而更強、更深，CPTPP反倒其次，而RCEP則介於中間。

39　世界貿易組織副總幹事張向晨（原中華人民共和國常駐WTO大使），《全球治理需要一個多邊貿易體制》，在「金融街論壇」的線上發言，清華大學五道口金融學院，2021年10月21日。

在全球層次，WTO改革的正確方向也許正是增加如同CPTPP或者CAI那樣的「全面的」內容。

波蘭尼（Karl Polanyi）認為，根據「入嵌」（embeddedness）和「脫嵌」（dis-embeddedness）的概念，[40]「自由貿易區（協定）」和「全面的經濟夥伴關係（協定）」是不同的，代表著兩個發展階段。達成「自貿」和落實「自貿」就是「脫嵌」和「再脫嵌」；而「經濟夥伴關係」則是「入嵌」和「再次入嵌」，加上了「全面的」，就是全面的「入嵌」和「再嵌入」。RCEP「入嵌」和「再入嵌」的程度不及CPTPP，蓋CPTPP的「高水準」實際上意味著「入嵌」和「再入嵌」的東西（社會的、環境的、永續發展的等複雜條件）增多。無論多少，「入嵌」和「再入嵌」都代表著經濟愈來愈非市場，究竟能否達成在區域（跨區）層次幫助治理（克服）自由貿易為主的全球化產生的社會和環境問題？我們不要忘記了當初為什麼要在全球規模自由化或者市場化。

RCEP的主導集團是東協，除了新加坡，東協其他成員都是開發中國家。中國的人均收入在2021年底達到12,000美元。但是，仍然是開發中國家。按照人均GDP等，印度更是開發中國家。印度退出RCEP值得我們反思，不要沿著地緣政治的思路，即印度以中國為理由退出RCEP，而是要從印度大多數人民為什麼不願意要「嵌入」條件很多的RCEP。對開發中國家而言，發展仍然是硬道理，CPTPP本來沒有「C」和「P」。RCEP就是本質上的小規模FTAAP，就是為了實現初心的APEC的「茂物目標」。但為什麼要穿上「C」的新衣？可能原因是要在「脫嵌」和「入嵌」之間求取平衡。

---

[40] Embeddedness, Social Science, Britannica.

一、導言

在中文中，「金磚國家」指的是參加「金磚」（BRICS）國際協調與國際合作的成員國（巴西、中國、印度、俄羅斯和南非五國）。截至目前為止，金磚仍然僅是一個國際論壇，尚未出現「金磚合作組織」這個概念。儘管有各種建議，但是，金磚尚未被諸如G5（五國集團）或者G11（11個最大的「新興經濟」組成的集團）等所取代。

從2013年到2016年，金磚國家領導人分別在德班、福塔雷薩、烏法和帕納吉舉行了四次「會晤」（中文沒有使用「峰會」）。這四次會晤後都發表了「聲明」（中文有時用「宣言」）。值得注意的是，這些「聲明」或者「宣言」字樣前沒有「聯合」，即不用「聯合聲明」，而是會晤的地名，如《果阿宣言》等。

金磚所有的聲明都包括關於國際秩序的內容。上述四份聲明沒有使用「世界秩序」，而是用「國際秩序」：

「發揮聯合國的中心作用、尊重國際法的基礎地位，向更加公平、民主、多極化的國際秩序轉變。」「國際社會共同努力應對上述挑戰、實現永續和平以及向更加公正、平等、民主、多極化的國際秩序轉變。」「維護基於《聯合國憲章》宗旨和原則的公平、公正國際秩序。」[1]

「基於以往國際力量格局形成的全球治理架構逐漸失去其合法性與有效

---

* 本文原載上海外國語大學《國際觀察》，2017年第4期。
[1] 2016年《金磚國家領導人第八次會晤果阿宣言》。

性，導致過渡性、臨時性安排日益盛行，嚴重侵蝕多邊主義。我們相信，金磚國家是對現行機制進行漸進式變革的重要力量，有助於實現更具代表性和更公平的全球治理，促進更具包容性的全球增長，建設和平、穩定、繁榮的世界。」「我們重申致力於維護基於《聯合國憲章》的公平、公正的國際秩序。」[2]

「我們重申強烈支持聯合國作為最重要的多邊論壇，承載著為世界帶來希望、和平、秩序和永續發展的任務。」[3]

本文擬跳出金磚合作觀察金磚框架及其未來發展方向，選取兩個焦點性全球議題——世界秩序與全球化，討論金磚在這兩大議題中的現在和未來作用，進而提出如何改進金磚合作的戰略建議。

二、金磚框架與世界秩序之間的關係

筆者曾探討過金磚合作與世界秩序轉型之間的關係，[4]本文則強調金磚框架與世界秩序之間的關係。

目前，在美國和歐洲等地，有對（現存）世界秩序的淪陷、失敗甚至未來可能的無序的憂心甚至恐懼。那麼，金磚是西方擔心的世界失序的一個原因？金磚合作是對「自由（自由主義）秩序」的沉重一擊？還是金磚合作是防止世界無序，為把「西方的自由秩序」變革為「全球的自由秩序」的必經過程？金磚為保證世界秩序的轉型（從西方主導的世界秩序到全球的，更加公正、民主的世界秩序）和未來的世界有序發揮不可或缺的歷史作用？

金磚國家根本沒有說建立新的國際秩序，更不要說建設新的世界秩序了。說金磚國家塑造世界新秩序，是西方內部的判斷或者恐慌。不過，一些

---

[2] 2014年《金磚國家領導人第六次會晤福塔雷薩宣言》。
[3] 2013年《金磚國家領導人第五次會晤德本宣言》。
[4] 龐中英，〈金磚合作與世界秩序的轉型〉，《學術前沿》，2014年9月號。

西方評論之所以說金磚在塑造新的世界秩序，不是建立在對金磚國家「說」了什麼，而是基於金磚國家「做」了什麼來討論金磚與世界秩序之間的關係。金磚合作目前的主要「行動」，即建立和運行了「新開發銀行和應急儲備安排」等行為，一般被解讀為塑造新的世界秩序。[5]確實，這些在世界秩序中新出現的國際制度（尤其是新的國際金融制度），是自布雷頓森林體系在1940年代中期誕生以來的第一次。

　　本文當然十分在意「國際秩序」與「世界秩序」之間的區別。金磚國家堅持和要求改進「國際秩序」，對「世界秩序」到底意味著什麼？至少在過去（1989年德國統一後），金磚國家是現在全球化世界的一部分。「國際秩序」並不足以解決全球化的問題，金磚合作的國際合法性（international legitimacy）正是建立在這裡。在《金磚國家領導人第六次會晤》中有一句並沒有被引起足夠重視的話：「基於以往國際力量格局形成的全球治理架構逐漸失去其合法性與有效性，導致過渡性、臨時性安排日益盛行，嚴重侵蝕多邊主義。」其實，金磚合作本身何嘗不是這種「過渡性、臨時性安排」？在堅持「國際秩序」的同時，金磚國家卻普遍地、大規模地接受和使用了與「國際秩序」有很大不同的「全球治理」概念。並在上述《福塔雷薩宣言》中，金磚國家再次呼籲「實現更具代表性和更公平的全球治理、促進更具包容性的全球增長，建設和平、穩定、繁榮的世界性」，[6]金磚話語體系中，「國際」與「世界」的不一致或者矛盾幾乎到處都是。

　　如同上面的引用，金磚國家之間關於「國際秩序」、「一致」的背後是它們在「世界秩序」上的分歧。金磚合作的未來取決於各成員國能否直面世界秩序問題，在世界秩序問題上取得真正的一致。

　　在上述金磚國家的四次聲明中，都有「漸進」改變現有國際秩序的說法。現有的國際秩序，本質上是一個開放的或者自由的多邊體制。美國和其

5　類似的評論很多，如：W. P. S. Sidhu, "Brics: Shaping a New World Order, Finally," https://www.brookings.edu/opinions/brics-shaping-a-new-world-order-finally/。

6　2014年《金磚國家領導人第六次會晤福塔雷薩宣言》。

他西方國家把這一秩序叫做「自由的世界秩序」。不過，美國和歐洲在這一自由秩序中占據控制地位。金磚國家不滿的其實並非自由秩序本身，而是對控制自由秩序的美國和其他西方國家。美國人對這一控制的慣常解釋是，美國發揮「世界領導」（領導世界）作用。金磚國家要「漸進」改變的如果僅僅是這種美國控制或者美國領導，就如同金磚國家要求布雷頓森林的國際金融機構增加金磚國家的決策權一樣，這非但不改變目前全球的多邊機構的「自由」性質，而且在美國等對這些機構的貢獻度持續下降的情況下，還可以大力支持或者加強自由秩序。但是，這裡有兩個問題：第一，在美國和其他西方國家看來，在自由秩序中，非西方國家的進入並不意味著自由秩序的擴大或者加強，而是自由秩序變得更加混合，甚至不自由了；[7]第二，來自金磚的「務實」性合作表明，要求各國在金磚合作中的權力和地位絕對平等化，不存在布雷頓森林體系那樣的主導或者霸權國家。這是沒有霸權的合作，且這樣的規則實際上導致金磚合作不是「自由」的合作。因把權力看得過重且爭權奪力，結果必然是排他的和衝突的，眾多的中小國家可能很難參與金磚。加之中國在金磚中具有的超級經濟實力，絕對平等化的金磚內部治理的規則成了制約中國主導或者限制中國領導的特殊安排。

　　總之，從金磚的秩序訴求來看，似乎是為了一個更完善的自由主義的國際秩序，但是，從金磚國家的動機和行動來看，金磚本身和金磚各國追求的僅是一個「現實（現實主義）的國際秩序」。如果不是在追求全球的（開放、包容、公正）自由的世界秩序，而僅是一個現實（務實）的國際秩序，那麼，金磚追求的其實是很舊的世界秩序，而非全球化時代的自由的世界秩序。金磚國家確實是自由秩序的受益者，但是，很可惜的，因為有人錯誤地把自由秩序等同於美國或者西方國家主導的秩序（確實，一些美國人也是這麼狹隘地理解和認同自由秩序的），於是金磚國家不敢公開、全面支持自由的全球秩序。

7　筆者參加的英國Wilton Park第1534次會議報告，《自由國際秩序的未來：面向2030年的趨勢與挑戰》，https://www.wiltonpark.org.uk/wp-content/uploads/WP1534-Report.pdf。

　　2017年1月17日，中國國家主席習近平在瑞士達沃斯「世界經濟論壇」上呼籲支持自由貿易和捍衛全球化，是一個極其正確的認識和行動，這一思想和行動爲金磚國家未來的「第二個10年」指出了方向。習近平的一系列演講，尤其是關於「一帶一路」的演講，認爲「一帶一路」是「開放」和「包容」的，所以他認爲只有這樣的開放和包容才是可以終究「行穩致遠」的。[8]作爲金磚國家之一，中國終於說出了金磚合作必須說出的話，「現實（主義）的」國際秩序「追求」終究也是不能「行穩致遠」。金磚的未來，取決於對全球自由秩序的擁抱。金磚不同意的不應該是「全球的自由秩序」，而應是美國等國家以世界領導的角色對自由秩序的控制。

　　英國決定脫離歐洲聯盟（Brexit），暴露了在目前的世界秩序中舉足輕重的歐洲一體化的嚴重問題。沒有英國的歐盟將是一個改革失敗的歐盟，歐盟在世界秩序中的作用將下降。歐盟曾經是世界其他地區一體化的直接或者間接榜樣，歐盟的危機將對世界上其他地區的一體化進程產生消極影響。而若以經濟民族主義（美國第一）指導美國與世界的關係，現有多邊體制（如世界貿易組織）和全球治理進程（如全球氣候治理）將受到巨大衝擊。

　　在未來的「第二個10年」，金磚能否在世界秩序問題上達成坦率的共識或者一致？如果金磚不能在世界秩序問題上取得一致，無論是目前金磚運行的國際制度（如新發展銀行），還是金磚口口聲聲要求的公正、公平、合理的全球國際秩序，都不能獲得眞正的進展。與一開始不同，10年後的今天，西方注意、承認了金磚合作的存在。金磚和西方國家在世界秩序問題上能否進行協調並進而獲得共識，在包括金磚在內的全球框架，如G20中，建立眞正的混合的（mixed或者hybrid）世界秩序？

　　金磚最引人注目的不是這個論壇幾乎無所不包的合作領域，而是其類似布雷頓森林體系的制度化的、新生的，但目標與作用被自身制約了的國際金融合作。這些新的國際金融制度不同於布雷頓森林體系，從理論上看，可能推動國際金融體系的改革。金磚國家在國際金融體系中要求獲得和他們的經

8　習近平，〈在「一帶一路」國際合作高峰論壇開幕式上的演講〉，北京，2017年5月14日。

濟實力相應的決策權（投票權）。金磚機構（如新發展銀行）若今後要「行穩致遠」──永續，必須符合這一國際合作的邏輯。

除了金磚國際金融合作這個支柱外，金磚要有另一根支柱，這一支柱是本文的中心觀點之一，即為了全球和平、全球安全的全球治理，具體來說是全球協調（global concerts of powers）。

金磚一旦建立和運行一種全球協調，則是對目前的聯合國安理會制度和其他全球治理制度的重大補充和貢獻，將在維護世界和平上發揮至關重要的作用。

目前，金磚關注一系列重大全球問題。但是，真正關於這些問題的協調，即解決這些問題並不夠，距離金磚框架確定的提供「金磚解決方案」的目標還很遠。如果要為新的世界秩序做出貢獻，在應對全球重大挑戰上發揮作用，目前金磚的成員是不夠的，需要更多相關國家（stakeholders）參加。所以，金磚擴員是必要的和不能拖延的。但是，擴員不能只吸引在經濟分量上夠格的國家，不能只重視經濟規模，而是要把認同金磚的世界秩序理念（原則和價值）的重要國家納入進來，使擴員後的金磚框架更有助於走向全球協調。

本文對此的政策建議是：

（一）金磚國家應該舉行關於世界秩序的特別峰會。金磚是在世界存在失序的危險時誕生的，金磚不是加劇世界失序，引起世界秩序之間的衝突。金磚不是另起爐灶，另起爐灶是對第二次世界大戰結束後形成的聯合國制度等基本國際制度的推翻。金磚建立的目的是改進目前的世界秩序，使之是全球的、多邊的、開放的、包容的、公正的。

（二）在世界失序可能加速的情況下，金磚國家的世界秩序政策協調要加速，而不是緩慢；要加強，而不是弱化。

（三）金磚國家要利用在聯合國和G20等國際合作中的集體地位，呼籲西方國家在世界秩序問題上舉行在聯合國框架下的全球會議，就世界新秩序是什麼和防止世界失序加速達成一致，防止出現一個世界多個秩序相衝突，從而造成世界失序。

（四）金磚框架下的國際金融制度是不夠的，金磚框架必須有爲了世界長期
　　　和平的全球協調。在經濟和金融上，金磚的「新發展銀行」和「應急
　　　儲備安排」等正在建設，和運行的新興國際金融機構要成爲以「新的
　　　發展」爲目標的全球經濟治理的實驗田。在世界和平與國際安全上，
　　　金磚合作也要進一步制度化，成爲以「持久和平」爲目標的全球安全
　　　治理實驗——全球協調。

三、金磚合作面臨的全球化挑戰

　　對大多數國家來說，全球化更多意味的是深刻的挑戰，需要在各種層面
上回應全球化的挑戰。國際合作一直被認爲是回應全球化挑戰的一個根本方
案。

　　全球化在西方和其他地方出現問題不是現在才有的，金磚這個機制的出
現，就是爲主要由西方已開發國家驅動的全球化遭遇的困境或者作爲挑戰的
全球化提供一種解決方案。2001年，曾任職高盛集團（Goldman Sachs）和
英國保守黨政府的經濟學家奧尼爾（Jim O'Neill）提出「金磚」（不包括南
非），當時人們在冷戰剛結束後對全球化的樂觀看法，已經被更爲謹慎的現
實主義看法取代。1999年，第一次引人注目的「反全球化」社會抗議在美
歐等地（如西雅圖）爆發。

　　筆者沒有採訪過奧尼爾，不知道他當時提出這個概念時是否考慮到了西
雅圖等地上演的「反全球化」社會抗議。但是，一個被忽略的情況應該是，
他提出的「金磚」概念之所以受到如此重視，就是因爲金磚是全球化在美國
和歐洲遇到困境後的一條出路，這一點從G20論壇在2008年後升級爲政治峰
會中可以看出來，而G20的主要成員是G7和金磚。

　　奧尼爾的金磚確實是一個出色的解決方案。事實上，俄羅斯在1998年
成爲G8的成員國，2001年中國加入了世界貿易組織，2003年G8邀請中國和

印度等國家對話（G20前身）。這一趨勢發展到2008年，以美國爲中心的全球化終於爆發危機，實質上正是金磚國家協助美國等西方國家應對了這場危機。

在一段時間裡，許多人都享受著全球化的蜜月。來自西方的「全球資本」和日新月異的技術，與今天的金磚國家的「勞動力紅利」和「生態環境（包括土地）紅利」戰略結盟，極大地深化、延伸了全球化，締造了人類歷史上前所未有的超級繁榮，這一進程曾經被認爲是前所未有地影響了地球上幾乎所有地方和所有的人群。[9]

然而，全球化內涵和外延的擴大只能暫時緩解全球化的困境。從2008年以來，分別發生了如下情況：第一，中國和其他金磚國家也遭遇了不同程度的經濟下滑，出現所謂的「金磚的成色」不足。中國經濟成長方式的轉型也一直沒有實現，[10]「中等收入陷阱」（MIT）等尚未克服，人口老化和氣候變化也挑戰經濟的永續性；第二，西方內部一直試圖透過政治（民主）再平衡全球化帶來的失衡，解決全球化帶來的問題，但舊的政治難以對付新的經濟問題（全球化）。美國透過政治變革回應全球化的挑戰不是從2016年開始的。美國選民把歐巴馬（Barack Obama）當作是改變的「希望」，歐巴馬則是打著「改變」牌當選的。歐巴馬上臺後的醫改和氣候變化政策都是在應對全球化的挑戰，然而，歐巴馬八年的調整並沒有從根本上解決問題。

全球治理（global governance）是在全球化被認爲「不可避免的」情況下被普及的。1990年代，當時的美國總統比爾‧柯林頓（William J. Clinton）和英國首相安東尼‧布萊爾（Anthony C. L. Blair）等都在高談闊論全球化的「不可避免性」（inevitability）。實際上，全球治理就是爲了應

9　基歐漢（Robert O. Keohane）發表「局部全球化世界的治理：美國政治學會主席演講」（Governance in a Partially GlobalizedWorld: Presidential Address, American Political Science Association, 2000, https://wws.princeton.edu/system/files/research/documents/finalapsrpaper.pdf）時，「金磚」的概念尚未問世。

10　中國在制定第九個五年規劃（1996-2000年）時就提出經濟成長方式的轉型，但是，20多年後，中國面對的經濟成長轉型的挑戰更大了，不得不進行「供給側的結構改革」。吳敬璉主編，《供給側改革：經濟轉型重塑中國布局》，中國文史出版社，2016年，第3頁。

對全球化的挑戰。所謂「全球問題，全球解決」（global challenges, global solutions），在全球治理的理論與實踐中，以人爲中心的國際規範、國際規則和國際制度是主體，例如「更具人性的全球化」（全球經濟治理）、「人的權利」（全球人權治理）、「人的安全」和「保護的責任」（全球安全治理）、「人的發展」（全球發展治理）等。但是，在全球化橫掃一切的情況下，這些以「人」爲中心的全球治理規範、規則和制度並沒有得到眞正的落實。

目前，世界各地許多國家和非國家行動者（如聯合國），愈來愈意識到全球化帶來的人類之間不平等性的擴大，以及人類世世代代賴以生存的環境惡化、地球資源枯竭等災難性的後果。[11]

金磚國家和金磚合作必須充分認識到金磚與全球化的深層關係，並把金磚合作作爲回應全球化挑戰的集體行動方案。

不僅歐美國家要面對全球化帶來的問題，金磚國家也需要面對全球化帶來的問題。全球化對金磚國家的挑戰要比對歐美國家的挑戰更嚴峻。比之金磚國家，歐美國家率先解決全球化挑戰，有可能最早走出全球化困境。許多西方國家透過政治變革糾正全球化的問題，金磚國家應該更有急迫感，不僅要在國內層面「深化改革」，而且要在相互合作的全球層面糾正全球化失衡的問題。如此，金磚國家推動的全球化才是眞正的「新全球化」（new globalization），否則，金磚國家就是在繼續維持充滿問題的舊全球化。

如同世界秩序問題，金磚合作的未來取決於成員國對全球化及其方向的新共識。全球化從昨天的「不可避免」到今天的「放緩」（globalization in retreat），甚至在某些部門和地方的「逆轉」（de-globalization），使金磚國家不得不抱團取暖獲取共同市場。這種抱團取暖，最需要避免的是，不要事與願違地驅動全球化到其今天必須避免的「老路」上去。這樣的全球化，即使名字「新」，終究是不可持續的。

---

11 聯合國秘書長古特雷斯（António Guterres）在「一帶一路」國際合作高峰論壇開幕式上的演講。

　　中國政府發起的「一帶一路」試圖走「新全球化」之路。從指導思想上看，這是十分正確的，並受到了國際社會的肯定。「新全球化」之所以是「新」的，在於首先解決過去全球化嚴重忽略的實體（real）的基礎經濟問題，中國試圖透過基礎設施投資，把世界各地，尤其是把亞洲、非洲、歐洲，甚至拉美等地區「互聯互通」（connectivity）。如果達成，這將是相互聯繫的世界的最大發展。

　　中國不僅在世界上，而且在金磚國家中，帶頭糾偏（平衡）全球化。在這個意義上，金磚合作需要回應中國的新全球化的政策和行動。金磚合作能否和「一帶一路」相輔相成？[12]

　　實際情況可能並沒有這麼樂觀。在金磚內部，如巴西，仍然困於舊的全球化帶來的問題——新的政治和經濟危機都是舊的問題的延續。而在印度，則總是從地緣政治的角度考慮和回應中國發起的任何國際倡議。從地緣衝突的角度，印度沒有也不可能真正在戰略上與中國發起的國際倡議「對接」，反而是採取了競爭和對抗的態勢。中印雙邊關係的困境，影響了兩國在包括金磚在內的多邊框架下的合作效果。

　　本文的政策建議：

（一）金磚必須確認全球化的正確方向，就「新全球化」做出集體聲明：金磚國家在國內、地區和全球層面單個和集體努力解決過去幾十年全球化帶來的問題，應對全球化的消極一面，並在各自國家和金磚範圍內身體力行，不走舊全球化之路，而是追求新全球化。

（二）把「新發展」，即減少人類不平等性、促進人的自由發展、維護普遍的人的安全、實現世界長期和平、捍衛人的基本權利、建設負責的關懷的社會、生態永續等，作為金磚共同追求的全球化目標。

12　龐中英，〈金磚合作何處去〉，《當代世界》，2017年第6期。

四、結語

　　金磚合作是目前世界秩序和全球化大變動中的一個最大動能，但其前景仍然充滿不確定性。在「第一個10年」，金磚是影響世界局勢的重要因素。在「第二個10年」，金磚到底向何處去？金磚國家能否超越「國際秩序」和「務實合作」，在塑造新的世界秩序和新的全球化上達致最大公約數，仍有待觀察。

第二十章 從「亞太」到「印太」——比較一些國家的「印太戰略」*

一、導言

「印太」（Indo-Pacific）是從「亞太」（Asia-Pacific）轉變過來的。冷戰結束以來逐步興起的「亞太」在21世紀的今天似乎在走入歷史，儘管一系列的「亞太」進程，如亞太經濟合作（APEC）和東亞峰會等區域或跨區會議仍然在繼續。對中國以外的很多國家，不僅是美國和日本，儘管「印太」仍然是一個高度不確定的地緣政治、地緣經濟、地緣戰略建構，他們仍用「印太」持續取代「亞太」。一系列的歐盟成員國，然後是歐盟本身，推出了以合作為基調的「印太」戰略結論，強調「不針對中國」，加強在印太地區的全球影響力。歐盟的「印太」戰略，與一些國家，[1]如日本和美國以衝突為基調、針對中國的「印太」戰略相比，存在差異性。

從「亞太」到「印太」的過程反映了深刻的區域和全球改變。為什麼會有這樣的轉變？

2017年11月，美國總統川普（Donald Trump）在其任期的第一年就訪問了中國。川普從北京去越南峴港（Da Nang）參加年度的APEC領導人會議，[2]然而，川普參加的是「亞太」的會議，卻首次高談闊論「印太」。川普

---

* 本文原載《中國海洋大學學報》（青島），2021年第6期，第二作者為馬偲雨。

1　2021年4月19日，歐盟理事會批准了歐盟的印太戰略結論。歐盟將於2021年9月正式提出其印太合作戰略，https://www.consilium.europa.eu/en/press/press-releases/2021/04/19/indo-pacific-council-adopts-conclusions-on-eu-strategy-for-cooperation/。

2　https://trumpwhitehouse.archives.gov/briefings-statements/president-donald-j-trumps-participation-25th-annual-asia-pacific-economic-cooperation-apec-economic-leaders-meeting-2017-apec-ceo-summit/; https://archive.org/details/CSPAN_20171112_035900_President_Trump_Remarks_at_the_APEC_Economic_Leaders_Meeting.

政府的這一重大外交政策轉變在當時沒有被充分注意到，甚至被嚴重忽略了。在歐洲，尤其是歐盟，大多數國家（可能除了法國），一度時間，由於與川普政府的關係不好，對美國這一改變的反應都是遲滯和消極的。2020年，德國國際問題研究所（SWP）發表了《從「亞太」到「印太」》的研究報告，系統研究了歐洲的「印太」轉變，承認歐洲人，包括德國，在對「印太」的認識是遲到的。[3]

「印太」這個概念，如同「亞太」，有時被稱呼為一個新的「地區」（region）或者新的區域（area），這提醒我們對傳統的「地區」或者「區域」的重新思考。到底什麼是「地區」或者「區域」？尤其是，「亞太」或者「印太」是跨區的（trans-regional），涉及世界上多個「地區」。對「印太」的研究，筆者進入了關於「地區」和「跨區」的一個新的研究。

各國大合流（the great convergence），而且是戰略大合流（the strategic convergence）於「印太」。當然，我們必須指出，「印太」並不是最近幾年，尤其是2017年川普政府以來才形成的，而是更早，[4]這是長期演化的結果。

本文比較上述各國或者國家集團（歐盟和東協）——作為「印太」地區的攸關方（stakeholders）「轉向印太」（the pivot to the Indo-Pacific）的政策、原因及其趨勢。對已經具有「印太」戰略或者「印太」政策的國家，國際上已經有了一些研究。例如，英國皇家國際問題研究所在2021年發表了一份「印太」研究報告。該報告研究了美國、法國、印度、日本以及南太平洋島國東加（Tonga）的「印太」戰略或者對「印太」的態度。[5]「轉向印太」無疑是各攸關方尋求解決其所面對之全球和區域挑戰的方法，但是，「轉向印太」本身卻帶來了很多問題，尤其是帶來了不確定性、冷戰後的秩序（包括「亞太」代表的區域秩序）的瓦解、大國之間的衝突，所以，治理「印太」變成一個迫切的任務。前述與美國等不同的歐盟印太戰略，實際上

3　https://www.swp-berlin.org/10.18449/2020RP09/.

4　https://valdaiclub.com/a/highlights/goodbye-pacific-rim-hello-indo-pacific/.

5　https://www.chathamhouse.org/2021/03/indo-pacific-strategies-perceptions-and-partnerships.

就是在探討化解、治理、管控「印太」引發的問題。作爲重大政策建議，即本文的基本結論，是構建「印太」各攸關方之間的協奏（Concert of Indo-Pacific）、化解「印太」衝突、實現「印太」合作。

二、美國戰略轉變中的「印太」戰略

2021年1月5日，在距離執政屆滿四年還有兩週的時間，川普政府的國家安全委員會（NSC）「解密」了其《印太框架戰略》報告，並於2021年1月12日正式出版這一文件。這一舉動在美國政治外交史上實屬罕見，[6]美國白宮網站號稱這一報告原定最早於2043年才能解密，原定「解密期」爲2042年12月31日。根據白宮的說明，白宮國家安全委員會於2018年編寫該報告，主要說明川普政府關於「印太」的戰略前景。當然，該報告的此次「解密」也是「部分」的，而這一解密文件在其他許多網站上可以看到。[7]

根據這一「解密」文件，上面提到川普在2017年11月參加在越南舉行的APEC峰會時，他的政府尚未形成一個系統的「印太戰略」，但已經爲在2018年推出美國的「印太」戰略做了必要鋪墊。

川普政府的外交政策（2017-2021年），極大地破壞了川普政府之前的歷屆美國政府所創建、維持和加強的「自由主義國際秩序」（liberal international order）。[8]然而，在「印太」問題上，川普政府的外交政策卻帶著

---

[6] https://trumpwhitehouse.archives.gov/briefings-statements/statement-national-security-advisor-robert-c-obrien-011221/; https://trumpwhitehouse.archives.gov/wp-content/uploads/2021/01/IPS-Final-Declass.pdf.

[7] 例如，https://en.wikisource.org/wiki/U.S._Strategic_Framework_for_the_Indo-Pacific。

[8] 有關川普政府的外交政策對現存的「自由主義國際秩序」的影響，被概括爲「自由國際秩序的終結」（the end of the liberal international order）。一些學者，如現實主義者（offensive realist）米爾斯海默（John Mearsheimer），面對「自由國際秩序的危機」，以爲正好驗證了其長期對「自由國際秩序」的批評。客觀上，米爾斯海默的論著（J. J. Mearsheimer, "Bound to Fail: The Rise and Fall of the Liberal International Order," *International Security*, 2019）爲川普等攻擊「自由國際秩序」推波助瀾，起到「牆倒衆人推」的效果。米爾斯海默在2019年攜其批評「自由國際秩序」的論著而訪問中國，居然在中國國際關係學術界受到「歡迎」。中國本來宣稱是

「自由」（free），這是川普外交政策自相矛盾性的表現。美國在川普政府期間為什麼要大力推動「印太」？儘管其「解密」，其真相可能將繼續是一個謎。至於其「解密」，主要是出於美國國內政治的考慮，是自我表功，也可以說「印太」是川普政府最大的外交遺產；更重要的是，以約束繼任者的拜登政府的對外政策。如真是這樣的話，則川普政府的這些人想多了，不用川普政府提醒，拜登政府將繼續「印太」。拜登政府設立了「印太協調員」（Indo-Pacific Coordinator）這一職位，任命「轉向亞洲」（pivot to Asia）的主要設計者、歐巴馬政府的國務院主管東亞和太平洋事務的助理國務卿坎貝爾（Kurt Campbell）出任首任「印太協調員」。[9]這一任命預示著拜登政府將進一步去除「亞太」、把美國的「印太」戰略推進到一個新的階段。坎貝爾橫跨學術、政府（美國國務院）和私人部門（在華盛頓的數家重要的外交政策智庫），熟悉「印太」地區，尤其是熟悉日本和涉臺等事務。

美國的「印太」戰略是美國的軍事戰略，軍事是「印太」戰略的核心。2018年5月31日，美國國防部部長馬蒂斯（James Mattis）在夏威夷宣布，美軍太平洋司令部（U.S. Pacific Command, USPACOM）更名為印太司令部（U.S. Indo-Pacific Command, USINDOPACOM）。

川普政府不斷重申否定該政府之前的歷屆美國政府的外交政策，尤其是冷戰結束後歷屆美國政府的外交政策。這一點非常明確地體現在經濟（貿易、投資、技術）領域，川普政府退出了「跨太平洋夥伴關係」（TPP），

「自由國際秩序」的最大受益者。「自由國際秩序」不等於「美國的世界秩序」（the American world order）。從擁抱米爾斯海默批評「自由國際秩序」的情況來看，導致「自由國際秩序」危機的驅動力也同樣來自中國。中國本來應該為「自由主義秩序的危機」而感到緊迫、焦慮，卻與這些不喜歡或者推倒「自由秩序」的力量一起合謀。這真是具有極大的諷刺。不過，在美國國內，諸如米爾斯海默等的觀點，受到了長期研究和堅持「自由主義國際秩序」的學者，如艾肯伯力（G. John Ikenberry, "The Next Liberal Order," *Foreign Affairs*, June 9, 2020）等人的有力反駁。在實踐者中，有人一面對「自由秩序終結」的現實，一面又指出，自由秩序的恢復才是世界的希望。見以色列前外交部部長本·阿米（Shlomo Ben-Ami）〔著有《戰爭傷疤，和平傷口：以色列與阿拉伯的悲劇》（*Scars of War, Wounds of Peace: The Israeli-Arab Tragedy*），所著之短評《自由外交的終結》（*The End of Liberal Diplomacy*, Project Syndicate, 2021）。

9　https://uscnpm.org/2021/01/27/kurt-campbell-and-biden-administrations-china-policy/.

用《美國—墨西哥—加拿大協定》（USMCA）取代北美自由貿易協定
（NAFTA），儘管USMCA與NAFTA在內容上差別不大，但川普政府就是
不要其中的「自由貿易」。與中國和歐盟等美國最大的「貿易夥伴」發起
了「貿易戰」，幾乎到了退出世貿組織（WTO）的地步，也是因為川普政
府不同意「全球主義」的「自由貿易」。否定氣候變化並退出治理氣候變化
的《巴黎協定》（*Paris Agreement*），是因為川普政府在美國國內以民族主
義者（nationalists）的代表自居，反對全球主義（globalists），認為全球治
理（global governance）威脅美國主權。[10]川普的「去全球化」，主要是改
變、終止了美國自1972年以來與中國的「接觸」（engagement）政策。[11]為
了做到這一點，其使用的工具之一正是「印太戰略」。

邏輯地認為，川普政府應該如同否定TPP、否定對華「接觸」等一樣否
定歐巴馬政府關鍵的外交政策之「轉向亞洲」。然而，事實是，他用「轉向
印太」代替「轉向亞洲」，而不是否定「轉向亞洲」。

在理解美國外交政策中的大戰略（grand strategy）、對亞洲政策和對
華政策時，「pivot」這個詞至關重要。歐巴馬的「pivot」似乎是「全面」
的。TPP在經濟上為政治和軍事上的「pivot」匹配；川普的「印太」則缺
少了相應的經濟匹配，這是川普不同於歐巴馬的最大區別。我們知道，美
國歐巴馬政府的「轉向亞洲」有其雄心勃勃的經濟方面。[12]眾所周知，這就
是「跨太平洋夥伴關係」。歐巴馬政府發揮「領導」作用，在其下臺前的
2016年，與「跨太平洋地區」的11個國家談成了TPP。不過，川普在競選
時就表示了他的「振興美國」（MAGA）勢力與美國「全球主義」（glo-

---

[10] 龐中英，〈沒有美國的全球治理會來到了嗎？〉，《澎湃新聞》，2018年9月29日，
https://www.thepaper.cn/newsDetail_forward_2486871https://www.thepaper.cn/newsDetail_for-
ward_2486871。

[11] Orville Schell, "The Death of Engagment: America's New Cold War with China," July 29, 2020,
https://hiddenforces.io/wp-content/uploads/2020/07/The-Death-of-Engagement-Orville-Schell.pdf.

[12] 關於「pivot to Asia」，中文文獻中一般翻譯為「亞太再平衡」。但這一翻譯並不準確，也
離其語境有點遠，沒有準確理解美國「大戰略」中的「pivot」。筆者的理解是，「pivot to
Asia」意味著把亞洲（包括太平洋）作為戰略重心。Kurt M. Campbell, *The Pivot: The Future of
American Statecraft in Asia*, Twelve, 2016.

balism）勢力格格不入。[13]2017年1月20日，川普上臺的第一天，就退出了
TPP。「沒有美國」的TPP只能另起爐灶，改名爲《跨太平洋夥伴全面進步
協定》（CPTPP），增減了一些重要內容。這個改名不僅僅是名稱的變化，
而是加上了兩個極其關鍵的「全面」（comprehensive）和「進步」（pro-
gressive）。正是這一修改，部分地回應了川普政府對TPP的反對，強調了
全球化（貿易和投資）中的一些社會問題。

三、澳大利亞和日本：「印太」的最早推動者

　　澳大利亞在《2013年國防白皮書》（*The Defence White Paper 2013*）中
就認爲澳大利亞是「印太」國家，要追求「印太戰略」。[14]「印太」被稱爲
澳大利亞的「新地區」。[15]澳大利亞的「印太」與美國歐巴馬政府的「轉向
亞洲」異曲同工，是對美國「轉向亞洲」的一個重要修改。澳大利亞畢竟
認爲自己是橫跨兩大洋的國家，且澳大利亞經歷了從「亞太」到「印太」的
轉變。[16]2017年以後，隨著川普政府「轉向印太」，澳大利亞似乎全面擁抱
「印太」。[17]

　　與澳大利亞一樣，日本也是「亞太」的主要提出者、支持者和推廣者之
一，最早實現從「亞太」到「印太」的轉變。

　　2016年8月，日本首相安倍晉三首先提出「自由開放的印度太平洋
（FOIP）願景」。[18]在安倍內閣期間，「自由開放的印太」是日本外交的關

---

[13]　https://www.whitehouse.gov/presidential-actions/presidential-memorandum-regarding-withdrawal-united-states-trans-pacific-partnership-negotiations-agreement/.

[14]　https://www.defence.gov.au/whitepaper/2013/docs/WP_2013_web.pdf.

[15]　https://www.eastasiaforum.org/2013/05/21/australias-new-region-the-indo-pacific/.

[16]　https://perthusasia.edu.au/getattachment/Our-Work/The-Quad-Security-Cooperation-Between-the-US,-Jap/PU-62-IPIS-11-Quad-WEB.pdf.aspx?lang=en-AU.

[17]　https://www.eastasiaforum.org/2013/05/21/australias-new-region-the-indo-pacific/.

[18]　https://www.mofa.go.jp/files/000407643.pdf; https://www.mofa.go.jp/policy/other/bluebook/2020/html/feature/f0104.html.

鍵字之一。安倍的日本儼然以FOIP的發起國或者「領導國」（leadership）
自居。在東南亞、南亞和歐洲，尤其是川普政府下的美國，對日本的「印
太」發起國地位予以國際承認，而安倍內閣之後的菅義偉內閣也延續和強化
日本的「印太」外交。

　　日本在「印太」問題上的「領導」作用再次說明，並不是只有美國才是
領導國家、「領導」並不是霸權國家的專利。大多數國家在國際體系（包括
地區國際體系）中，在某個時期、某個議題上仍可以發揮領導作用，這是在
研究「印太」問題時我們必須清楚的事實。這一事實不僅說明澳大利亞或者
日本的國家自主性（即不是簡單依附於美日同盟或者美澳同盟上的），也說
明澳大利亞、日本對「印太」的定義帶著他們各自國家的特徵。

　　值得指出的是，日本、澳大利亞等的「印太」戰略，比起美國這樣的全
球國家，其「中國因素」或者「中國考慮」更直接。而且正是中日關係或者
中澳關係在進入21世紀以後長期存在的深層（結構和關係）問題，導致了
這些與中國在地緣上接近的國家，爲了對付中國而建構和實踐「印太」。他
們比美國更有緊迫感，這說明「印太」之起源於「印太」本身。

　　這些國家都是中國的「周邊」國家。根據藍普頓（David M. Lampton）
的觀察，中國與其「周邊」存在的問題，如中日之間的問題，是中國與奉行
干涉主義的美國關係惡化的原因。[19]這句話也可以這樣說，中國「周邊」的
國家行動者（state actors），如日本或者澳大利亞，因爲與中國之間存在問
題，就衝在「印太」的前頭，相對地，美國則是被動地捲入「印太」。川普
政府的美國接受了日本的「印太」構想，並上升爲美國戰略。

　　2021年1月27日（日本時間1月28日），美國新總統拜登和日本新首相
菅義偉舉行了電話會談。在這一電話外交中，美國強調了「美日同盟在自
由和開放的印太地區的重要性」。[20]日本則要求「加強美國在印太地區存在

19　蘭普頓，〈只要中國周邊出問題，美中關係就會下滑〉，《中美印象網》，2021年2月10日，
　　http://m.uscnpm.org/wap/article.aspx?d=99&id=24222。
20　https://www.whitehouse.gov/briefing-room/statements-releases/2021/01/27/readout-of-president-
　　joseph-r-biden-jr-call-with-prime-minister-yoshihide-suga-of-japan/.

的重要性」，表示兩國將合作「實現自由和開放的印太地區」。拜登肯定了「日本對美日澳印四國關係的貢獻，答應將提升這一關係」。[21]

2021年2月25日，日本首相菅義偉在日本國際問題研究所（JIIA）主辦的「第二屆東京全球對話」（the 2nd Tokyo Global Dialogue）上演說。這次對話的主題是：「印太地區的今天和明天：戰略格局的轉變與國際應對」（The Indo-Pacific of Today and Tomorrow: Transformation of the Strategic Landscape and International Response），表示日本將從戰略上（繼續）推進「自由開放的印太」，而日本外相茂木敏充在演說中主要談到了日本推動的FOIP得到歐洲和亞洲國家的回應，日本將繼續推動其「自由開放的印太」外交。[22]

2021年4月16日，作為拜登政府接待的第一位外國領導人，日本首相菅義偉與美國總統拜登發表了《美日新時代全球夥伴關係》的聯合聲明。該聲明強調，美日同盟的中心任務是塑造「自由開放的印太」。[23]

四、四國磋商：各國「轉向印太」的第一波戰略大合流

在川普政府期間（2017-2021年），美日印澳四國組成了外長和防長級的「四方安全對話」（Quadrilateral Security Dialogue, QUAD）的政治（外交）、安全、戰略（軍事）會議。拜登政府上臺後即把「四方磋商」升級為領導人的峰會（The Quadrilateral Summit on the Indo-Pacific），於2021年3月12日舉行了第一次（虛擬）四方峰會（QUAD Summit），高度自我

---

[21] https://www.mofa.go.jp/na/na1/us/page1e_000305.html.

[22] 日本外務省官網，https://www.mofa.go.jp/fp/pp/page6e_000230.html。

[23] https://www.whitehouse.gov/briefing-room/statements-releases/2021/04/16/u-s-japan-joint-leaders-statement-u-s-japan-global-partnership-for-a-new-era/#:~:text=President%20Biden%20and%20Prime%20Minister%20Suga%20committed%20to,to%20further%20strengthen%20the%20Alliance%20and%20regional%20security.

讚美QUAD，發表了《QUAD精神》聯合聲明。[24]本文把QUAD稱做第一波「印太」戰略大合流，這個框架目前仍並非是許多人預期或者建議的「印太北約」（The Indo-Pacific NATO）或「亞洲北約」（Asian NATO）。事實上，QUAD本質上並不是傳統的美國在「亞太」「同盟系統」（alliance system）的擴大，即擴大到包括印度等。

「四方磋商」也在增加經濟合作，如「高品質基礎設施」等倡議。不過，這並不能改變「四方磋商」的政治軍事爲主的戰略性，因爲其經濟合作根本不是類似TPP那樣的戰略性經濟合作。[25]

五、印度

理解「印太」的關鍵是理解印度外交政策的轉變。印度是透過「四國磋商」進入「印太」的，在川普政府之前，印度官方並沒有「擁抱」「印太」。在印度的外交政策研究界，「印太」是一個新近的概念。2015年2月，印度防務研究所（IDSA）在新德里舉行了其第十七屆亞洲安全會議（the 17th Asian Security Conference），主題是關於印度處理亞洲問題的方法。該會議的論文集《印度的亞洲途徑：戰略、地緣政治和責任》（*India's Approach to Asia: Strategy, Geopolitics and Responsibility*）在2017年出版，[26]然該書並沒有「印太」的內容。印度在2018年上海合作組織青島峰會上，正式成爲上合組織成員。但印度卻在加入上合組織之後參加了「四方磋商」，成爲典型的「腳踏兩條船」。所以，「印太」是這次印度外交政策轉變的標誌。

24　https://www.whitehouse.gov/briefing-room/statements-releases/2021/03/12/quad-leaders-joint-statement-the-spirit-of-the-quad/.

25　韋宗友，〈美日印澳四國合作機制新動向及其影響〉，《當代世界》，2020年第12期。

26　龐中英參加了第十七屆亞洲安全會議，是該會議的主要發表人之一。該書見https://idsa.in/system/files/book/book_indiaapprochasia_0.pdf。

　　不同的國家的「印太」觀不同，其中的變數在於「印」。「印太」中的「印」至少有兩個含義，首先是「印度洋」，印度洋不是印度的洋，是國際公海，是「印度洋地區」（the Indian ocean region），有密集的各式各樣的人類海事活動（maritime affairs）；其次是印度，有的國家的「印太」中的「印」，主要指「印度」，而有的國家則不一定那麼直接。

　　截至目前爲止，印度並沒有正式放棄其長期獨立自主和不結盟（non-alignment）的外交政策。關於印度與美國的結盟，印度國內龐大的外交政策研究界，很正常地，是有不同意見的。印美同盟在未來不是沒有可能，但仍然有各種限制與美國結盟的因素。印度參加「四方磋商」並不意味著與美國、日本等結盟（alliance）。[27]印度在上合組織和「四方磋商」之間左右逢源，充分說明印度外交政策仍然是自主的。印度長期要求加入亞太經合（APEC）未果，卻因爲「印太」而事實上全面加入「亞太」。印度之所以要加入APEC，是爲了解決其「長期以來與全球經濟整合不夠的問題」。[28]目前的戰略性的「印太」，印度還不能當飯吃，因爲其缺少經濟內容。另一方面，在其國內持續的「經濟民族主義」和國外的「去全球化」（de-globalization）兩種力量的結合下，印度也不指望「印太」地區的經濟合作，印度加入「四方磋商」，也是戰略性的，軍事色彩濃厚。這裡最典型的情況有兩個：一是印度沒有參加，甚至從一開始就抵制在2015年中國正式啓動的「一帶一路」；[29]二是印度在2019年退出東協領導的RCEP談判，並在2020年缺席簽署RCEP。

---

[27]　Tanvi Madan, "Not Your Mother's Cold War: India's Options in US-China Competition," *The Washington Quarterly*, 2020, 43 (4): 41-62.

[28]　https://asiasociety.org/policy-institute/india-and-apec-charting-path-membership-0.

[29]　《龐中英訪印記：「一帶一路，阻力在印度」》，2015，https://www.guancha.cn/PangZhongYing/2015_03_04_310947.shtml。

六、法國、德國、歐盟

　　美歐關係（跨大西洋關係）因為川普政府的政策而出現了很多問題。例如，川普政府發起與歐盟的「貿易戰」、要求歐洲增加對北約的防務開支、對北約批評（NATO bashing）有加。[30]但是，與川普在外交政策上「三觀不合」的歐洲國家，卻對川普的「印太」主張十分有興趣。尤其是法國，在歐洲率先擁抱「印太」。法國總統馬克宏及其政府是最早在歐洲談論「印太」和在「印太」行動的。歐洲人執行「印太」，的確與川普政府的「壓力」有關。川普政府曾要求歐洲國家也轉向「印太」，以策應美國。[31]但是，歐洲人對「印太」的興趣和利益，卻更應視為日益上升的歐洲「戰略自主」（strategic autonomy）使然。[32]在對外政策上，歐洲國家總是忘不了如今叫做「印太」的，為其前殖民地的亞洲。在歐巴馬時代，歐洲國家模仿美國歐巴馬政府誓言也要「轉向亞洲」。[33]

　　法國在印度洋與太平洋有領土，擁有900萬平方公里的專屬經濟區，在「印太」地區有近萬名駐軍。東南亞的中南半島，主要是越南等地，是法國前殖民地。2013年法國發表《國防與安全戰略白皮書》（*White Paper on Defense and National Security 2013*），就曾強調亞太對法國的戰略重要性。[34]《法國和印太安全發表》（*France and Security in the Indo-Pacific*）首發於2018年6月，並在2019年5月做了修改。自2015年以來，法國唯一航母戰鬥群戴高樂號曾持續在印太，尤其南海地區活動，巡航艦穿越臺灣

---

[30] https://www.robert-schuman.eu/en/european-issues/0545-the-state-of-the-transatlantic-relationship-in-the-trump-era.

[31] SWP報告《從亞太到印太》。

[32] 歐盟對外行動署，https://eeas.europa.eu/headquarters/headquarters-homepage_en/89865/Why%20European%20strategic%20autonomy%20matters。

[33] http://www.theasanforum.org/europes-incomplete-pivot-to-asia/; https://thediplomat.com/2016/12/the-eus-own-pivot-to-asia/.

[34] 湯紹成，〈歐盟對中政策及法英德三國派艦印太地區分析〉，《中國時報》，2021年2月13日，https://www.chinatimes.com/opinion/20210213000045-262110?chdtv&ctrack=pc_main_recmd_p14。

海峽。2019年4月，法國葡月號（FS Vendemiaire）軍艦穿越臺灣海峽，中國強烈抗議。2019年10月，法國首派駐其駐澳大利亞大使擔任「印太大使」。法國與日本在2019年6月馬克宏總統訪日時就「印太」問題的合作強調：航行自由、海事安全、氣候變化和生物多樣性，有品質的基礎設施。其他歐洲國家，也繼法國之後，對「四方磋商」做出了「積極」回應。[35]

「印太」地區有著德國在世界經濟中最大的幾個貿易夥伴，包括中國、日本、印度、印尼等G20成員。德國聯邦政府於2019年9月1日發表了《印太指南：德國—歐洲—亞洲：共同塑造21世紀》（*Indo-Pazifik-Leitlinien Deutschland-Europa-Asien: Das 21. Jahrhundert Gemeinsam Gestalten*）的報告。該報告是由德國外交部主持，德國國防部在這份跨部門文件的形成中也發揮了重要作用：「隨著亞洲的崛起，印太地區的政治與經濟權重與日俱增。該地區將成為塑造21世紀國際秩序的關鍵。」這裡最值得注意的是，德國用「印太」來定義「亞洲」。儘管也強調諸如「航行自由」（FON）等國際安全議題和重申維護德國在「印太」的利益，該報告卻更多地從「全球挑戰」的角度看「印太」，指出在應對全球氣候變化、新冠病毒等一系列人類在21世紀面對的根本挑戰上，「印太」是關鍵的。[36]

在成員國的推動下，擁有「共同外交和安全政策」（CFSP）的歐盟正在制定歐盟的「印太」戰略。[37]歐盟的「印太」與美國和日本等不同，其具有三個特點：第一，是全面的，從國際安全到應對全球氣候變化和全球健康等挑戰；第二，是合作戰略；第三，公開聲明「並非針對中國」。

---

[35] Garima Mohan, "A European Approach to the Indo-Pacific?" https://www.gppi.net/media/Mohan_2019_A_European_Approach_To_The_Indo_Pacific_final.pdf; https://rusi.org/multimedia/europe-turns-indo-pacific.

[36] https://www.auswaertiges-amt.de/blob/2380500/33f978a9d4f511942c241eb4602086c1/200901-indo-pazifik-leitlinien--1--data.pdf.

[37] https://www.consilium.europa.eu/en/press/press-releases/2021/04/19/indo-pacific-council-adopts-conclusions-on-eu-strategy-for-cooperation/.

七、英國

　　自2016年6月年令英國和歐盟內外大為吃驚而歷史性的全民公投決定脫歐（Brexit）後，英國就開始使用「全球的英國」（Global Britain）的口號。2017年1月，英國首相德蕾莎・梅伊（Theresa May）發表「全球的英國」的正式演講，就「脫歐」後的英國在世界上的作用發表了12點策略。[38]英國「重返印太」（tilt to the Indo-Pacific）是「全球的英國」的關鍵組成。[39]

　　英國與「印太」歷史淵源深刻。在軍事上，1971年4月，英國與澳大利亞、紐西蘭、馬來西亞和新加坡簽署了五國防務協定（Five Power Defence Arrangements, FPDA）。直到今天，這一協定仍然是英國最為重要的國際軍事夥伴關係之一。[40]

　　「英美特殊關係」在「印太」框架下更新。美國（川普政府）國防部2021年1月19日發布的消息稱，美國代理國防部部長克里斯多夫・米勒（Christopher Miller）和英國國防大臣本・華萊士（Ben Wallace）共同簽署了由英國海軍伊莉莎白女王號航母（HMS Queen Elizabeth）領銜的2021年航母打擊群部署聯合聲明。根據兩國聲明，美海軍「蘇利文」號導彈驅逐艦和裝備F-35B戰機的美海軍陸戰隊第211戰鬥攻擊中隊，參與「伊莉莎白女王」號的首次部署。[41]伊莉莎白女王號是英國迄今最大、最先進的戰艦，也是自2010年皇家方舟號（HMS Ark Royal）退役後，英國皇家海軍建造的首艘航母，作為未來英國海軍的遠洋主力。[42]

---

[38]　https://publications.parliament.uk/pa/cm201719/cmselect/cmfaff/780/780.pdf.

[39]　https://policyexchange.org.uk/wp-content/uploads/A-Very-British-Tilt.pdf.

[40]　https://ukdefencejournal.org.uk/britain-and-regional-security-the-five-power-defence-arrangements/; https://www.globalsecurity.org/military/world/int/fpda.htm.

[41]　https://www.upi.com/Defense-News/2021/01/19/US-Britain-declare-Carrier-Strike-Group-2021-deployment/7721611079082/.

[42]　https://www.zaobao.com/news/world/story20170628-774626.

　　英國與「印太」主要推動者之一的日本的合作在持續和擴大中。2021年2月3日，為加強雙邊和在全球、地區的外交與軍事合作，英國政府與日本政府以視訊會議方式舉行了第四次外長和防長磋商（4th Japan-UK Foreign and Defence Ministerial Meeting, 2+2）。英日雙方再次確認和承諾，兩國都是「海事國家」（maritime nations）和在「印太」的國家行動者（state actors），共同致力於「自由與開放的印太」。日本也歡迎英國加入CPTPP。[43]

　　在討論英國這一段提到英國與日本之間因為都「轉向印太」而加強的外交與國防關係，對於理解「印太」、「轉向印太」有其意義。英國和日本分別位於北大西洋和西太平洋。今天的英日關係難免讓人們想到百年前為期20年、經歷了第一次世界大戰（1914-1918年）、國聯創立（1920年）的英日同盟（1902-1923年）。

八、印尼、新加坡和東協

　　上升為一體化，甚至是高度一體化的區域組織的存在和作用仍然是當代世界的一大特徵。歐盟和東協就是這樣的一體化區域組織的突出代表，一個在歐洲，一個在亞洲。上面我們提到了法國、德國和歐盟，現在看印尼、新加坡和東協。

　　印尼是「印太」中又一個帶有「印」字的國家。當人們聚焦印度時，往往忽略了印尼。印尼在東南亞和東協中的戰略重要性，毋庸置疑，無需贅述。

　　如同印度洋不是印度的洋，印度洋也不是印尼的洋。

　　印尼現任總統佐科威（Joko Widodo, Jokowi）在2014年上臺，2019年連

---

[43] https://www.gov.uk/government/publications/japan-uk-foreign-and-defence-ministerial-meeting-2021-joint-statement/japan-uk-foreign-and-defence-ministerial-meeting-2021-joint-statement.

任成功。因應世界各國紛紛「轉向印太」，佐科威提出並力推印尼是「全球海事樞紐」（Global Maritime Fulcrum, GMF）的戰略。[44]

　　2017年以來，印尼設立年度舉行的「雅加達地緣政治論壇」（The Jakarta Geopolitical Forum）。由印尼國家復興學院（National Resilience Institute, Lemhanas）主辦，退休陸軍將軍、國家復興宣言院長（省長）阿古斯（Agus Widjojo）主持。這一論壇的主題是「印尼與印太」。筆者受邀為該論壇主講者之一，參加了「第二屆雅加達地緣政治論壇」，有機會與印尼外長蕾特諾（Retno L. Marsudi）交談，該論壇的主題是「規劃地緣政治的未來」（Mapping the Future of Geopolitics）。蕾特諾在論壇開幕式上演說，強調印尼是典型的「印太」地區國家，她的政府以推動「全球海事樞紐」為主要使命。

　　在這次會議上，澳大利亞印尼問題專家桑比（Natalie Sambhi）的發言是非傳統的，[45]她討論了澳大利亞、印尼、印度在「印太」的重要性，呼籲「超越」大國對抗的地緣政治，實際上是建議印尼不要在幾個世界的「次級地區」（sub-regions）之間充當「支點」，即「全球海事樞紐」作為傳統地緣政治的理解，而應該探尋新的地緣政治。桑比強調了氣候變化、第四次工業革命、人工智慧對印尼和印太的挑戰，認為這些新興挑戰才應該是重點。她認為，世界實際上已經發生了巨大轉型，而且今後將繼續在大轉型中，建議「印太」地區各國簽署《印太條約》，實現「人道」的「印太治理」（human Indo-Pacific governance）。[46]

　　在人口、面積等許多方面，印尼都是東協最大國家。東協秘書處設在印尼首都雅加達。佐科威政府的「印太」觀，影響了東協在「印太」上的政策

---

44 國內多把印尼總統佐科威的這一口號翻譯為「全球海洋支點」。這個翻譯是有錯誤的，原因在於，「maritime」主要指的是「海事」。「海事」與「海洋」有重要差異；其次，「fulcrum」確實是「支點」，但是，印尼並不是「點」，而是「面」，是世界「最大的群島國家」。所以，筆者建議翻譯為「全球海事樞紐」。

45 Natalie Sambhi, "Indo-Pacific beyond the Axis of Inter-subregions in Asia-Pacific: The Geopolitics of Kindness and the Right to Remain Human," presented at the 2nd Jakarta Geopolitical Forum, October, 24, 2018.

46 https://indonesiaatmelbourne.unimelb.edu.au/time-for-an-indo-australis/.

取向。東協在2019年提出的、受到美國和「四方磋商」等密切關注的重要文件《東協印太展望》（*Asean Outlook on the Indo-Pacific*），大體與佐科威政府的「印太」戰略一致。

《東協印太展望》指出：「東協領導人同意進一步討論這個叫做《東協印太展望》的、以加強東協為中心的地區架構的倡議。」「東協中心性作為基本原則。」（ASEAN Centrality as the underlying principle.）本文認為，該報告在這裡強調的「東協中心性」，可以解讀為東協的自主性。該報告沒有否定「亞太」，而是把「亞太」與「印度洋地區」、「印太」並列（Asia-Pacific and Indian Ocean regions or the Indo-Pacific）。該報告沒有說要從「亞太」到「印太」轉變，而是強調了過去幾十年，東協在「亞太」、「印度洋地區」、「印太」都具有的戰略重要性。在強調「印太」的包容性（inclusiveness）後，該報告不失時機地自我定義東協的作用：東協是所有這些「地區」組成的「印太」的一個「誠實的仲介」（an honest broker）。[47]

縱觀《東協印太展望》，東協實際上只確認了「印太」的形式，而其內容則與目前的東協毫無二致。也就是說，東協願意用「印太」這個「新瓶」裝東協在東南亞和世界上的作用這杯「舊酒」。

新加坡是世界上獨特的「小強國」（small power），有人把新加坡比作以色列。新加坡與「印太」也是值得研究的重要課題。與印尼等東協國家一樣，新加坡也在逐步從「亞太」轉到「印太」，但卻是具有新加坡特徵的。而新加坡也堅持其在「印太」的某種「中心」位置，截至目前為止，婉拒了在美國和中國之間「選邊」的壓力。李顯龍在倫敦為總部的國際戰略研究所（IISS）第十八屆香格里拉對話的演講中，談到了困擾著每個東協成員國領導人的「選邊困境」。[48]而李顯龍在《外交》上的文章，是他關於「選

---

[47] https://asean.org/storage/2019/06/ASEAN-Outlook-on-the-Indo-Pacific_FINAL_22062019.pdf.

[48] 筆者受邀參加了第十八屆新加坡香格里拉對話（2019年5月31日到6月2日）。引文來自新加坡原駐美大使、現新加坡巡迴大使、新加坡尤素夫伊薩東南亞研究院主席陳慶珠教授2020年7月15日在「新加坡政策研究所——納丹系列講座」的演講，這樣評論李顯龍2019年香格里拉對話的開幕詞。《聯合早報》，2020年7月21日。

擇」問題的進一步論述。他提供了這一「選擇」問題的答案：「新加坡是東南亞國家中唯一以華人爲主體民族的多民族國家。」「亞太國家不希望被迫在中美之間選邊站隊。他們想要與中美兩國都保持友好關係。他們承受不起疏遠中國的代價，其他亞洲國家也會盡力不使任何單一爭端破壞了他們與北京的整體關係。同時，亞洲國家視美國爲在本地區擁有重要利益的常駐強權。」[49]

目前，美國和歐盟不再是中國最大的貿易夥伴，中國最大的貿易夥伴變成東協。[50] 這一點也許在討論「印太」問題時十分重要。由於中美經濟關係在「去全球化」（deglobalization）和人員、科技等方面「脫鉤」；加上中歐經濟關係的不確定性，中美和中歐經濟關係可能出現長期下降的趨勢，東協對中國的重要性可能持續上升。這當然反映了歷史的一個根本趨勢，即區域化（regionalization）並沒有弱化，反而在全球化受到削弱的情況下重新得到強加。歷史上，每次全球層次的國際合作遭到弱化或者無法起作用時，往往是地區層次的國際合作有所加強。東協主導區域全面經濟夥伴協定（RCEP），而中國是RCEP中最大的經濟體。所有RCEP成員的最大貿易夥伴都是中國。不包括印度的RCEP的成立，意味著「區域化」在一個縮小的「亞太」的繼續。

根據2008年通過的《東協憲章》（ASEAN Charter），從2015年正式開始，東協致力於建設地區共同體（包括東協經濟共同體）。如同「印太」，最初的東協是政治的和戰略的，並不具有經濟（市場）上的意義。然而，從1960年代誕生的「東南亞國家協會」演變爲今天的東協經濟共同體，走了從政治到經濟的路徑。

東協從政治到經濟的演變經驗，也許對「印太」成爲一個跨區域的全面

---

[49]　Lee Hsien-Loong, "Endangered Asian Century: America, and the Perils of Confrontation," *Foreign Affairs*, July/August, 2020.

[50]　在東協成爲中國最大的貿易夥伴前，美國和歐盟（包括英國）是中國最大的貿易夥伴。2020年第一季度，新冠疫情爆發初期，東協作爲一個整體，取代歐盟，就已經是中國最大的貿易夥伴。在2020年11月20日舉行的第二十三次中國—東協（10+1）領導人視訊會議上，中國政府總理李克強宣布，「東協已成爲中國第一大貿易夥伴」。

夥伴關係（The Comprehensive Indo-Pacific Partnership, CIPP）具有重要啓示。如果要避免「印太」衝突，「印太全面夥伴關係」是必要選擇。如果東協等推動「印太夥伴關係」，將有助於化解「印太」衝突。

九、中國與「印太」

在上述幾乎具有全球性的「轉向印太」潮流中，中國是這些國家和國家集團「轉向印太」的主要動因和目標，即中國是繞不開的中心問題。前述英國皇家國際問題研究所在比較研究各國的「印太」戰略時，就包括了「中國的印太戰略、感知和夥伴關係」。[51]

從中國的角度，中國難道僅僅是看著別人「轉向印太」來對付自己的嗎？中國難道僅僅是對「轉向印太」做一些反應，如批評、反對、不在乎、不看好，甚至忽視、藐視？中國難道正在形成與「轉向印太」勢力作爲一個整體的國際對抗或者國際衝突？

在這個「從亞太到印太」的轉變時代，我們先看一下中國究竟已經做了什麼。

中國在2013年發起「一帶一路」，從「轉向印太」的角度看，「一帶一路」是未雨綢繆，本身是不叫「印太」的中國的「印太戰略」。因爲「一帶一路」的主要構成不是陸上的「絲綢之路經濟帶」，而是「21世紀海上絲路」。海上絲路覆蓋的或者涉及的主要區域，正是廣闊的太平洋和印度洋構成的區域。中國宣布「21世紀海上絲路」的地點是「印太」國家的印尼。2013年10月3日，習近平主席在對印尼進行國是訪問期間首次提出共建「21世紀海上絲綢之路」的倡議。2015年3月，中國政府多個部門聯合發布了《推動共建絲綢之路經濟帶和21世紀海上絲綢之路的願景與行動》。2017年5月，中國在北京舉行了首屆「一帶一路」國際合作高峰論壇。從這

---

[51] https://www.chathamhouse.org/2021/03/indo-pacific-strategies-perceptions-and-partnerships.

幾個時間節點上看，「一帶一路」要比「四方磋商」要早。

「亞太」是包括中國的。中國是亞太經合組織（APEC）的創始成員。在2011年以前，有基於APEC的「亞太經濟一體化」嘗試，甚至還有形成「亞太共同體」（APC）的建議。但是，這些嘗試或者建議並沒有成功。2011年以後，美國歐巴馬政府發起不包括中國的《跨太平洋夥伴協定》（TPP）。「一帶一路」的正式出現與TPP談判成功的時間正好是一致的。今天看來，那代表了一個最近歷史的轉捩點：以中美合作為主的「亞太」大合流（Asia-Pacific great convergence）居然變成了中美對抗的大分流（Asia-Pacific great divergence）。

在與美國關係逐漸惡化的情形下（2011-2021年），中國加強了與東協之間的關係。

還有一個容易被忽略的重要發展，是中俄「戰略協作夥伴關係」和中俄推動的「上海合作組織」（SCO）在這段時間的擴員。

幾乎所有的世界事務都是複合的。根據本文前面的分析，並不是所有「轉向印太」的國家都放棄「接觸」中國、轉向排斥中國的。即使是「四方磋商」，其旗號也包括「開放」。而有的國家，如印度，則明確宣稱「印太」的核心原則除了「自由」、「開放」，應該加上「包容」，即包括中國。印度總理莫迪在前往青島參加上合組織峰會前，在新加坡舉行的香格里拉對話上明確要求「印太」不僅是「自由和開放」，而且要「包容」，「包容全部」（all inclusive），並主張「印太」包括中國。[52]2021年3月12日發表的《四方磋商精神》的聯合聲明中，至少兩次提到「包容」。[53]這應該是印度領導人要求該聲明加入的「原則」，也是印度莫迪政府對美日澳堅持的「自由開放的印太」的最重要修改，其暴露了「四方磋商」內部對待「中國

---

[52] https://www.mea.gov.in/Speeches-Statements.htm?dtl/29943/prime+ministers+keynote+address+at+shangri+la+dialogue+june+01+2018。關於莫迪香格里拉對話的評論，https://www.iiss.org/blogs/analysis/2018/06/modi-vision-indo-pacific。

[53] 龐中英就首次「四方磋商」峰會寫的評論，澳大利亞悉尼羅伊研究所，2021年3月15日，https://www.lowyinstitute.org/the-interpreter/contributors/articles/pang-zhongying。

問題」的一個重要差異。

　　如果超越地緣政治問題，考慮到全球挑戰，在應對印太地區的全球性問題上，如氣候變化，歐洲國家「轉向印太」不僅是爲了鞏固「基於規則的國際秩序」，也是爲了加強與印度和中國等「印太」國家在應對全球挑戰上的合作。

　　在「印太」問題上，中國站在十字路口：是推出自身的「印太」政策，重申區域一體化、和平、發展的目標，還是繼續與一些戰略上「轉向印太」的勢力，尤其是美國等四國構成對抗和衝突？

十、「印太」的未來

　　「印太」充滿了大的不確定性。比較研究參與「印太」的主要攸關方表明，儘管發表了其「印太」戰略或者「印太」政策，但是，他們實際上都站在歷史的高度複合十字路口。在本文的最後，筆者採用情境分析（scenario analysis）討論「印太」的未來。

情境一

　　與「亞太」不同，現在的「印太」，對一些國家或者勢力來說，代表著衝突而非合作，代表著分裂而非一體化。爲應對「中國挑戰」，試圖組成以「自由開放的印太」爲旗幟的「印太北約」或者「亞洲北約」（Indo-Pacific NATO or Asian NATO）。這意味著有關「印太」國家（尤其是QUAD國家）因爲「共同的」對手中國而特別結盟（ad hoc alliance）。如果在英語文獻中搜索，有很多人主張或判斷「印太北約」的出現。但是，「印太北約」的可能性受到限制。首先是北約在冷戰後重新定位爲政治軍事組織，內部（跨大西洋關係）存在美歐之間的差異，要從阿富汗等地脫身，把北約全球化以覆蓋原「亞太」地區更加不可能。中國對美國政府，包括現在的拜登政府的要求至少是「不衝突」。而拜登政府確實在繼續「轉向印太」且升級

美國的「印太」戰略，卻多少承諾了「不衝突」，與中國必須合作也是其目標之一。若是「四方磋商」成為新型同盟，則日本、澳大利亞和印度將成為前線，這些國家是否將願意承擔由此發生的巨大戰略代價？「印太北約」輕則是「新冷戰」（the New Cold War），印太分裂；重則是以「印太」為主戰場的全球大戰。

情境二

　　但是，「印太」也可以是合作為主，是新的一個世界秩序。前述歐盟就選擇了「印太合作」，其意義重大。至於東協，是區域和平的力量，除了合作就是合作。但是，合作是什麼？這裡的合作不是傳統的次於衝突的合作。拜登政府的合作仍然是傳統的，是服從於其「戰略競爭」的。這裡的合作是治理內在的各方衝突性，並爭取和平共存與和平發展的各方進行的戰略合作，是為了避免大衝突和大戰的，是為了解決共同挑戰的。世界經濟論壇（WEF）於2020年1月22日舉行了題為「印太大賽」（The Great Indo-Pacific Race）的討論。[54]這一標題很好地描述了目前爭先恐後的「轉向印太」的大合流。世界經濟論壇創始人和主席施瓦布在推動他的「攸關方主義」（stakeholderism）。[55]世界經濟論壇的「印太大賽」和「攸關方主義」對我們應該有重要啟發。如此眾多的「印太」攸關方，可以按照聲稱的「開放」和「包容」的原則，塑造世界上的「印太攸關方體系」（An Indo-Pacific Stakeholder System, IPSS），即「印太秩序」。

情境三

　　「印太全面夥伴關係」（CIPP）也是朝著把「印太攸關方體系」塑造為一種類似RCEP或者CPTPP那樣的「區域全面夥伴關係」。其中，「全面」和「夥伴關係」是關鍵或者核心。

---

[54]　https://www.weforum.org/events/world-economic-forum-annual-meeting-2020/sessions/apec-bridging-the-pacific.

[55]　Klaus Schwab, https://www.weforum.org/agenda/2021/01/what-is-the-difference-between-stakeholder-capitalism-shareholder-capitalism-and-state-capitalism-davos-agenda-2021/.

在經濟上，「印太」仍然沒有打通「印」和「太」，缺少配套的經濟（貿易、投資以及技術）安排。但這並不意味著今後不會出現一個打通「印」和「太」的「夥伴關係」安排。從長期看，「印太」有可能組成一個這樣的經濟體系。目前的RCEP和CPTPP儘管本質上是縮水的「亞太」的，其實也可以看做某種「印太」區域經濟合作，可以是未來CIPP的基礎。RCEP本來是包括印度的，但是，印度在2019年第三屆RCEP峰會上退出了RCEP，在2020年第四次RCEP峰會上沒有簽署RCEP。但是，東協和日本等為了「平衡中國」，在RCEP最終協議中為印度重返RCEP做了法律上的安排，RCEP其他成員，包括中國，沒有反對並同意了關於印度在RCEP中的未來地位。[56]美國是東協的正式「對話夥伴國」，美國向東協派出使團，東協與美國之間召開「東協加美國」（10+1）的對話。雖然不清楚拜登政府是否參加RCEP，但是作為東協對話夥伴國，美國是有資格參加RCEP的。2020年11月20日，在APEC經濟領導人會議（APEC峰會）上，中國領導人已經明確表示「積極考慮」加入CPTPP，儘管中國正式遞交加入CPTPP的申請要比英國複雜。拜登政府的美國重返CPTPP也是一種選項，即「回到」歐巴馬政府簽署的TPP。

情境四：印太大會

這是一種正式的、高級的制度安排，如同聯合國氣候變化大會（UNFCCC），目的是進行包括所有攸關方在內的大談判（grand bargains），以達成正式的協定（agreements）或者條約（treaties），建立輪值的或常設的正式機構（Conferences of the Parties, COP），以解決大（根本）爭端、衝突、戰爭等問題，為各方的共存和發展創造秩序。這樣的會議一旦建立，就不是短期內能完成的，過程肯定不是順利的，而是曲折的。對有雄圖大志的各國政治領袖來說，建立「印太大會」是化解由於「印太」帶來的大衝突的

---

56 見第四屆（2020年11月15日）RCEP領導人會議《聯合聲明》，https://rcepsec.org/wp-content/uploads/2020/11/RCEP-Summit-4-Joint-Leaders-Statement-Min-Dec-on-India-2.pdf。

根本方法。

情境五：印太協奏

　　協奏是為了長期（例如世紀性的百年）的和平，是一種締造區域和世界的秩序和治理的過程。參加協奏的各方不一定互為盟友或者夥伴，而恰恰是互為對手，甚至是互為死敵。[57]「印太」協奏，是美國以及「四方磋商」和中國之間，以及介於中美之間的上海合作組織、東協和歐盟之間的協奏。比之於19世紀的歐洲協奏（European Concerts），21世紀的「印太協奏」更加複合（The Indo-Pacific Concerts）。如何走向「印太協奏」？本文認為，其路徑也是複合的，而不是單一的：在「印太」，存在著東協以及東協組織的東亞峰會、APEC、上海合作組織、四國磋商，以及香格里拉對話（The IISS Shangri-La Dialogue）等經受了「冷戰後」時期的各式各樣的非政府的、「第二軌道」的多邊平臺，這些均可以在締造「印太協奏」中被利用、被整合。

　　1815年至1914年之間逐步形成的「歐洲協奏」，是歐洲「百年和平」（the "hundred years' peace"）的根源。[58]如果任大國衝突繼續下去並趨於惡化，「印太」在21世紀爆發大戰不是不可能的。研究界已經估計的至少有兩種戰爭可能：中國和美國、中國和印度。「修昔底德陷阱」理論討論了中美之間的戰爭，[59]但關於中印之間的戰爭，儘管討論也很多，尤其在印度

---

[57] 美國外交關係協會主席哈斯大使（Richard Haass）和喬治敦大學教授庫普錢（Charles Kupchan）兩位著名學者在《外交》雜誌發表《新的大國協奏》，2021，https://www.foreignaffairs.com/articles/world/2021-03-23/new-concert-powers。庫普錢是龐中英參加的德國法蘭克福和平研究所（HSFK/PRIF）《大國多邊主義和預防大戰：爭論21世紀的大國協奏》重大國際合作研究專案（2011-2016年）的美國學者代表，https://www.routledge.com/Great-Power-Multilateralism-and-the-Prevention-of-War-Debating-a-21st-Century/Muller-Rauch/p/book/9780367594350。

[58] 「百年和平」主要來自Karl Polanyi, *The Great Transformation: the political and economic origins of our time*, Chapter 1, 1944.「歐洲協奏」是最早的全球治理，即今天全球治理的起源，見Jennifer Mitzen, *Power in Concert: The Nineteenth-Century Origins of Global Governance*, Chicago, University of Chicago Press, 2013.「百年和平」是秩序和共同體締造的過程，見Martti Koskenniemi and Bo Stråth (eds.), *Creating Community and Ordering the World: The European Shadow of the Past and Future*, 2014, http://www.helsinki.fi/erere/pdfs/erere_final_report_2014.pdf。

[59] Graham Allison, *Destined for War: Can America and China Escape Thucydides's Trap?* Houghton Mifflin Harcourt, 2017.

和東南亞的智庫，但是，還沒有類似「修昔底德陷阱」那樣的概念或者理論來一般化表達。

十一、結語：理解作爲「跨區」的「印太」、思考如何作爲跨區治理新興對象的「印太治理」

　　如同「亞太」，「印太」是一個「跨區」。在過去的30年（1991-2021年），我們對「跨區」的研究是缺失的。筆者對「跨區」做了一些初步的理論與實踐研究。本文對「印太」的研究，除了透過比較方法發現各國「印太」概念之間的差異，主要是爲了理解作爲「跨區」的「印太」。但是，這一理論研究的任務，本文僅提出，將在隨後的論文中深入討論。

　　「印太」和轉向「印太」是截至目前21世紀最大的一場全球地緣戰略變動。對於研究者來說，需要注意到的是，各國官方發表的「印太」戰略和實際推動的「印太」政策，儘管都有「印太」，卻存在著各種差異，包括大的和細微的差異。我們可能過於注意美國的「印太戰略」，而相對忽略了其他國家和國家集團（如歐盟和東協）的「印太」。對有的國家來說，轉向「印太」並不意味著放棄原來的「亞太」；轉向「印太」的方式、速度、政策優先，與其他轉向「印太」的協調與合作等也並不相同。「印太」這一政治的、外交的、戰略的、軍事的、安全的東西，尚未有一個配套的印太經濟安排，儘管美國總統拜登已經在2021年東亞峰會（EAS）上正式提出「印太經濟框架」（Indo-Pacific Economic Framework）。從全球治理的角度，治理「印太」或者「印太」治理變成一個任務。到底如何「治理印太」？由於首次提出了一些重大的具有外交政策意義的關鍵字，如建構「印太全面夥伴關係」和「印太協奏」，本文這一比較「印太」研究，實際上提出了一個具有重要價值的「治理印太」的框架。

第二十一章 RCEP到底是什麼——兼論香港等WTO成員參加RCEP

一、導言：東協在RCEP中的作用

2022年，在柬埔寨擔任東協輪值主席期間，東帝汶正式成為東協的觀察員，這意味著東帝汶在走向東協第十一個會員（成員）的路上又前進了一大步。[1]

中國不存在成為東協成員的可能，因為中國不被認為是東南亞國家，且中國自己也不主張是東南亞國家。中國與東協之間的關係，是一個國家與代表東南亞的區域組織之間的關係。這一關係的性質已經透過一系列國際安排確立：2003年10月，作為東協的「對話夥伴國」，中國在印尼峇里島舉行的第七次東協與中國（10+1）領導人會議上正式加入1976年《東南亞友好合作條約》（TAC）。[2]這一夥伴關係是戰略性的，所以，中國和東協之間的「戰略夥伴關係」是在2003年建立的，但當時沒有說這一「戰略夥伴關係」是否是「全面的」。2023年是中國簽署《東南亞友好合作條約》20週年。在東協眾多的「對話夥伴」（東南亞「域外」國家）中，中國是第一個簽署TAC的東協「對話夥伴國」。此前，在1991年中國就與東協（當時仍然是「老東協」）建立了「對話夥伴關係」。在「2021年11月22日舉行的中國—東協建立對話關係三十週年紀念峰會上，中國和東協共同宣布建立面向和平、安全、繁榮和永續發展的全面戰略夥伴關係」。[3]即，中國—東協對話夥伴關係

---

[1] 東協官網，https://asean.org/asean-leaders-statement-on-the-application-of-timor-leste-for-asean-membership/。

[2] 《東南亞友好合作條約》全文見東協官網，https://asean.org/treaty-of-amity-and-cooperation-in-southeast-asia-indonesia-24-february-1976/。

[3] 中國外交部，《中國—東協全面戰略夥伴關係行動計畫（2022-2025）》，2022年11月11日。

升級爲「全面戰略夥伴關係」（comprehensive strategic partnership）。這裡的「全面」一詞，是綜合的意思。不僅與中國，東協也已經升級了與其所有「對話夥伴」的「戰略夥伴」關係到「全面戰略夥伴關係」。也就是說，東協與中國的「全面戰略對話夥伴關係」是其與世界上所有的「全面戰略對話夥伴關係」中的其中一個。

RCEP是由東協主導（倡議或者發起和組織或者主持）的，目前的「東協十國」均是RCEP成員。東帝汶是東南亞最小的經濟體，將來東帝汶是否參加RCEP，取決於其經濟狀況、國家意願、東協的立場，以及東帝汶與RCEP各國的談判。若不考慮東協新成員東帝汶，RCEP是唯一一個「所有東協成員國」（東協作爲一個整體）都參加的區域貿易協定（regional trade agreement）。《RCEP協定》序言提到：「本協定締約方：憶及東南亞國家協會（本協定以下簡稱『東協』）成員國與澳大利亞、中國、印度、日本、韓國和紐西蘭國家元首或政府首腦於2012年11月20日在柬埔寨金邊發表的《關於啓動『區域全面經濟夥伴關係協定』談判的聯合聲明》與通過的《『區域全面經濟夥伴關係協定』談判指導原則和目標》。」這是《RCEP協定》第一次提到「東協」。而「東協秘書長」是《RCEP協定》的「保存方」：「本協定及其任何修訂文本應當交存於東協秘書長，東協秘書長茲被指定爲本協定保管方。」[4]

RCEP是「東協中心」（ASEAN Centrality）[5]在經濟上的一個主要例子。但是，東協作爲地區組織本身不是這個協定的一方，「東協（各）成員國」才是協定的各方。在RCEP開始正式談判的2012年，《東協憲章》已經生效四年。

《東協憲章》規定了「東協中心」：「東協憲章的主要目的之一是保持在與各外部夥伴的交往中，東協作爲主要驅動力量和讓東協發揮活躍作用

---

[4]　見《RCEP協定》第二十章第5條。
[5]　ASEAN Centrality一詞在國內有不同的翻譯，一種是「東協中心性」；一種是「東協中心地位」。本文傾向於簡化爲「東協中心」。

（《東協憲章》第1.15條）。」[6]

　　本文後續將提到，參加CPTPP的東協成員有四個，分別是汶萊、馬來西亞、新加坡和越南；參加印太經濟框架（IPEF）的東協成員有七個，分別是汶萊、印尼、馬來西亞、菲律賓、新加坡、泰國和越南。未來，所有的東協國家將參加CPTPP和IPEF的可能性是存在的。

　　以下分別指出RCEP的「區域」意義（R）、RCEP的「全面（綜合）性」（C）、RCEP不僅是貿易，更是以「經濟」（E）、「夥伴關係」（P）爲名的自貿協定（FTA）。

　　《RCEP協定》序言的最後一句提到：「進一步認識到區域貿易協定和安排在加快區域和全球貿易投資自由化方面可產生的積極作用，以及在促進開放、自由和以規則爲基礎的多邊貿易體制方面的作用。」

　　《RCEP協定》第一章「初始條款和一般定義」第1條「區域全面經濟夥伴關係自由貿易區的建立」規定：「本協定締約方，在與《1994年關稅與貿易總協定》第24條和《服務貿易總協定》第5條相一致的基礎上，特此依照本協定條款建立區域全面經濟夥伴關係自由貿易區。」[7]

　　爲了敘述對R、C、E、P分別是什麼的理解和研究，本文根據具有「中心地位」（或者「東協的中心性」、「東協發揮的中心作用」）但卻處在世界經濟再次「大分化」——至少分化爲「兩大系統」歷史時刻的東協的選擇趨向，涉及RCEP、CPTPP、BRI、IPEF的相互關係。最後本文討論了RCEP的未來（前景）。

　　本文重視研究方法。具體而言，其一，本文聚焦「東協的中心地位」（ASEAN Centrality）在RCEP形成和執行中的作用；其二，本文基於RCEP協定文本；其三，本文比較RCEP與其他相關的區域貿易協定。

6　《東協憲章》英文原版，https://asean.org/wp-content/uploads/2021/08/November-2020-The-ASE-AN-Charter-28th-Reprint.pdf。

7　中國商務部「中國自由貿易區服務網」，http://fta.mofcom.gov.cn/rcep/rcep_new.shtml。

二、RCEP是「經濟夥伴關係」為名的自貿協定

在全世界上，包括中國在內，RCEP被廣泛叫做「貿易」或者「自貿」協定（FTA）。RCEP確實是「自由貿易」協定，但是，RCEP的正式名稱裡並沒有「貿易」，更沒有「自貿」一詞，這一點耐人尋味。1990年代的一些區域貿易安排，直接稱為「自貿協定」，這裡最有名的是《北美自由貿易協定》（NAFTA）。但進入21世紀後，「自貿協定」一詞逐漸不再是區域貿易協定的命名選擇。NAFTA在川普政府期間改名為《美國—墨西哥—加拿大協定》（USMCA），2020年7月1日後生效，取代了NAFTA，此乃因為川普政府深惡痛絕FTA。RCEP是以「經濟」為名，也具有一定的「經濟」之實。RCEP代表了世界性的區域貿易協定的轉型：從「貿易」到「經濟」，而且是「全面的」（綜合的）「經濟」；把原來目標簡單明確的「貿易和投資自由化」稱為「經濟夥伴關係」，實際上反映了「貿易和投資自由化」的困難重重。

總而言之，本文認為，「全面經濟夥伴關係的自貿協定」本身代表了一個深刻的悖論、困境：「本協定締約方：**憶及**東南亞國家協會（本協定以下簡稱『東協』）成員國與澳大利亞、中國、印度、日本、韓國和紐西蘭國家元首或政府首腦於2012年11月20日在柬埔寨金邊發表的《關於啟動『區域全面經濟夥伴關係協定』談判的聯合聲明》與通過的《『區域全面經濟夥伴關係協定』談判指導原則和目標》；**期望**透過本協定，在締約方之間現有經濟聯繫的基礎上，擴大並深化本地區經濟一體化，增強經濟成長和公平的經濟發展，推進經濟合作；希望增強締約方的經濟夥伴關係，以創造新的就業機會，提高生活水準，改善各國人民的普遍福利；**尋求**建立清晰且互利的規則，以便利貿易和投資，包括參與區域和全球供應鏈；基於1994年4月15日在馬拉喀什簽署的《馬拉喀什建立世界貿易組織協定》，以及東協成員國與其自由貿易夥伴，即澳大利亞、中國、日本、韓國、紐西蘭之間現有的自由貿易協定項下的各自的權利和義務；**顧及**到締約方間不同的發展水準，對適

當形式的靈活性的需要，包括對特別是柬埔寨、寮國、緬甸，以及在適當情況下，對越南提供的特殊和差別待遇，和對未開發國家締約方採取的額外的靈活性；**考慮到**需要幫助未開發國家締約方更多地參與本協定，以便他們能夠更有效地履行其在本協定項下的義務和利用本協定帶來的利益，包括擴大其貿易和投資機會以及參與區域和全球供應鏈；**認識到**良好的治理以及可預期、透明和穩定的商業環境將促進經濟效率的提高和貿易與投資的發展；**重申**每一締約方為實現合法的公共福利目標而進行監管的權利；認識到永續發展的三大支柱是相互依存、相互促進的，以及經濟夥伴關係能夠在促進永續發展方面發揮重要作用；以及**進一步認識到**區域貿易協定和安排在加快區域和全球貿易投資自由化方面可產生的積極作用，以及在促進開放、自由和以規則為基礎的多邊貿易體制方面的作用。」

　　以數位經濟為例，RCEP涉及到的是關於數位經濟的一個國際協定，惟RCEP顯然不可能覆蓋整個數位經濟，而僅是數位經濟中的數位貿易。所以，RCEP的成員國新加坡和紐西蘭，與不是RCEP成員國的太平洋經濟體智利，一起發起並談成了《數位經濟夥伴關係協定》（DEPA, 2020）。DEPA是有雄心的，而且是全球領先的，其不僅試圖覆蓋數位貿易，更包括整個數位經濟。

三、RCEP的「R」實質是「跨區」，即從東協和東亞出發的「跨太平洋」

　　RCEP的「R」自一開始（2012年）所對應的中文是「區域」，此處的「區域」已經具國際法上意義。[8]而這個「區域」到底是什麼「區域」？換句話說，應該如何理解RCEP的「區域」？

8　《區域全面經濟夥伴關係協定》的中文版，http://fta.mofcom.gov.cn/rcep/rcep_new.shtml。

　　中國人早年將regional一詞翻譯爲「區域」，這說明，今日把regional重新翻譯爲「區域」是有歷史文獻支持的。但是，region和regional在中文裡一度普遍被翻譯爲「地區」和「地區的」。惟「地區」與「區域」是指同一件事嗎？如果不要求精確和專業，可以視爲同一件事。對於中文的國際問題（國際經濟、國際法）研究來說，「地區」與「區域」之間的差別是必須指出的。

　　近80年前，在1945年第二次世界大戰結束後，戰勝國發起成立聯合國，並發表了《聯合國憲章》。《聯合國憲章》英文版與包括中文版在內的其他版本具有同等國際法效力。《聯合國憲章》中文版的第八章是「區域辦法」，對應的英文版是 *United Nations Charter*, Chapter VIII: Regional Arrangements。其中的「辦法」對應著「arrangements」。雖然今日人們不會再將arrangements翻譯爲「辦法」，但是，當年譯爲「辦法」是一個非常好的理解，直接說出了汲取兩次世界大戰而產生的《聯合國憲章》要預防、解決的國際問題之一是「區域辦法」；[9]再如《1994年關稅與貿易總協定》第24條也是關於「區域」的，其英文原文是Article XXIV: Territorial Application-Frontier Traffic-Customs Unions and Free-trade Areas。[10]需注意的是，這個著名的第24條，其中文「自貿區」的「區」用的是areas，而不是regions。[11]本文認爲，由此可知英語用詞者也意識到regions一詞可能引起歧義而以areas避免之。

　　確切地或者正確地來說，「區域」的英文應該是areas；而地區（regions）（複數）如此約定俗成，在世人心中都知道哪些是「地區」（regions），如非洲、亞洲、歐洲等。不過，「地區」（regions）也是「區域」（areas）的一種。隨著演化，中文的「區域」既代表regions，又代表areas。然而，在中文現實世界，使用「區域」的人往往不會想到其英文對

9　聯合國官網，https://www.un.org/zh/about-us/un-charter/chapter-8。
10　https://www.wto.org/english/docs_e/legal_e/gatt47_02_e.htm#art24.
11　另外，FTA的縮寫有兩個意思：一個是「自貿區」，即free trade areas；一個是「自貿協定」，即free trade agreements。

應著的既是regions又是areas。

　　RCEP的R代表了當時由幾個國家以及國家集團（東協）組成的體系對一個宏大目標或者理想的集體行動。參加這個自貿區（free trade area, FTA）或者自貿協定（free trade agreement, FTA）的各國成員，試圖組成一個「新的地區」（new region）。今天看來，RCEP的本意是以東協爲中心向北包括東亞三國，向西包括印度，並跨越大陸和海洋到大洋洲，包括澳大利亞和紐西蘭。實際上，東協加中日韓和澳紐也具有構成一個傳統意義上的「地區」基礎：中日韓是1997年至1999年「亞洲金融危機」後形成的「東亞經濟合作」的東北亞部分，東協則是這一「東亞經濟合作」的東南亞部分；澳大利亞和紐西蘭曾試圖與亞洲（即東南亞和東北亞）建立更加密切的經濟關係；而印度與東南亞跨海毗鄰，且歷史上對東南亞有著深刻影響。爲了更精確、如實說明RCEP的「地區」性質或者目標，「區域全面經濟夥伴關係」這個中文名的確切名稱應該是「地區全面經濟夥伴關係」，意味著16個國家（包括印度）組成了一個地區。而地區是一種更高級（high level）、更一體化（integrated）、更深層（deep）的區域。

　　與RCEP幾乎同時開始談判的TPP，後來改名爲CPTPP，其沒有使用regional一詞，而是繼續使用其trans-regional。trans-regional固然代表了一種「美國中心」，不僅是因爲美國人喜歡這樣說，即trans-Pacific是一種流行的、典型的美國說法，而且也反映了事實，即TPP從概念到談判，確實是由美國發起的（倡議的）、領導的（組織的）。

　　本文認爲，區別regional和trans-regional是必要的，因爲trans-regional說明了一個「新的地區」是如何形成的，而RCEP的regional似乎沒有這樣的功用。

　　由於印度是創始成員角色，使得RCEP的「跨區性」是非常明確的。也就是說，如同TPP一樣，RCEP是一個「跨」了大洋洲、南亞和東北亞三個「地區」，但不叫「跨區」的「地區」經濟安排。

　　RCEP在其前言中，非常尊重WTO的原則，其提到了WTO：「基於1994年4月15日在馬拉喀什簽署的《馬拉喀什建立世界貿易組織協定》。」

（Building upon their respective rights and obligations under the arrakesh Agreement Establishing the World Trade Organization done at Marrakesh on 15 April 1994.）

　　CPTPP的前身TPP，在其序言也有這樣一句話，由此可知，RCEP和TPP／CPTPP都需要遵守WTO原則。WTO沒有區別regional trade arrangements和trans-regional arrangements，而是把一系列trans-regional arrangements當成regional arrangements。既然WTO如此命名，則區域貿易安排在命名時，也是不分regional和trans-regional，RCEP用regional；TPP／CPTPP用trans-regional。TPP／CTPP這樣做突顯了trans-regional的重要性和與regional的差別性，是一個重要貢獻。[12]

　　承認RCEP是一個「跨區安排」的重要性來自一個根本的考慮：「跨區安排」並不是「安排」了就自然成為一個「新的地區」，而是要經過很長的時間才可能形成這樣的「地區」。例如，形成「大西洋地區」的「跨大西洋」行動（基礎是北美和歐洲之間的要素流動），主要是從19世紀開始，尤其是在二戰結束以後，「北大西洋」才成為一個真正的「地區」──「安全共同體」（北大西洋公約組織代表）和經濟聯盟（美歐之間的各種經濟安排）。RCEP目前仍然處於初期階段，其成為一個「地區」的未來具高度不確定性，加上印度沒有簽署RCEP，成為第一個退出RCEP的創始成員，RCEP今後會不會由於第二個，甚至第三個成員退出而縮小？還是會有新的成員參加而擴大？有待後續持續觀察。

四、RCEP並非「全面的」貿易協定

　　語言學上，comprehensive這個詞翻譯為「全面的」是有問題的，原因

---

[12] 龐中英、杜海洋，〈21世紀的跨區主義、跨區化和跨區性〉，《區域國別研究學刊》，第6輯，江蘇人民出版社，2023年3月。

在於comprehensive是包括了很多方面、內容、議題等的意思，除非包羅萬象，否則comprehensive不能譯為「全面的」。在過去，中文普遍把comprehensive譯為「綜合的」，就相當地貼切。[13]

也許中國人在文化上喜歡「全」字。《孫子兵法》是關於「勝利」的戰略著作，認為最高層級的「勝利」是「全勝」。自從《孫子兵法》問世至今，關於「全勝」戰略思想的討論和研究仍舊不斷，惟實際上，「全勝」這樣的情況並不存在。再如，globalization已經被約定俗成翻譯為「全球化」。實際上，globalization並不一定是「全」的，globalization有的是局部的（partially globalization），有的是超級的（hyper-globalization）。[14]中國人曾經把globalization翻譯為「環球化」，似乎是比較好的。

總而言之，C是「綜合的」、「複合的」意思，並非是中文的「全面的」。用「全面的」不能精確翻譯comprehensive，反而會有所誤解，以為RCEP把所有15至16個經濟體所參加的「區域」的經濟（貿易）問題（議題）都包括進來了。

最重要的是，RCEP其實還不是一個相當「全面的」貿易協定，只要與CPTPP相比較一下即可得知：僅從內容上看，CPTPP包括30章共28個議題，而RCEP則僅包括20章共18個議題，而這還是美國退出後比原TPP縮水的CPTPP。全毅指出：「RCEP沒有將勞工標準、環境保護、國有企業與指定壟斷、監管一致性、競爭力與商務便利化等新議題納入談判，也未能對紡織品和服裝、金融服務、電子通信、透明度與反腐敗等議題單獨制定規則。」[15]

---

[13] https://www.merriam-webster.com/dictionary/comprehensive/.

[14] Hyperglobalizaton一詞來自羅德里克（https://drodrik.scholar.harvard.edu/links/globalization-hyper-globalization-and-back）。在他的名著《全球化的悖論》（2010年）一書中，他論述了hyper-globalization如何失敗（不可能三角）。但是，hyperglobalization部分地誇大了全球化的事實。

[15] 全毅，〈CPTPP與RCEP協定框架及其規則比較〉，《福建論壇》，2022年第5期。

五、關於RCEP的「經濟」（E）

這其實是一個重大問題。傳統的區域貿易協定，都是以「貿易」為主，不會上升到「經濟」。現在的貿易協定，其實都是「經濟」協定。但是，不同貿易協定深入到「經濟」的程度相當不同。CPTPP是更深入「經濟」，但名稱裡沒有「經濟」一詞的典型區域經濟協定：RCEP名稱裡雖有「經濟」，但其實質上並不如CPTPP深入「經濟」。

超越「貿易」到達「經濟」是什麼情況？這是進入21世紀以來的一種趨勢。

首先從CPTPP來看，其在《序言》中所稱的「為不同收入水準和經濟背景的人民創造新的經濟機會」、「促進締約方之間進一步區域經濟一體化與合作」、「企業社會責任、文化認同和多樣性、環境保護和保育、性別平等、土著權利、勞工權利、包容性貿易、永續發展和傳統知識的重要性，及保留其出於公共利益進行監管的權利」等，都不是傳統的「貿易」協定考慮的。

CPTPP在「電子商務」（第十四章）、「競爭政策」（第十六章）、「國有企業和指定壟斷」（第十七章）、「知識產權」（第十八章）、「勞工」（第十九章）、「環境」（第二十章）、「合作和能力建設」（第二十一章）、「發展」（第二十三章）、「中小企業」（第二十四章）、「監管一致性」（第二十五章）、「透明度和反腐敗」（第二十六章）等超越了「貿易」。

CPTPP之所以經常被認為「高級」（其實不如TPP「高級」），就是因為其「貿易」不僅是傳統貿易。

而RCEP也反映這一趨勢，其涉及「經濟」的是「投資」（第十章）、「知識產權」（第十一章）、「電子商務」（第十二章）、「競爭」（第十三章）、「中小企業」（第十四章）、「經濟技術合作」（第十五章），相較CPTPP就差了很多內容。

　　RCEP在《序言》中提到「區域和全球供應鏈」以及「永續發展的三大支柱」（聯合國在2015年通過的《2030年永續發展議程》中提出，永續發展以人的發展為中心，以**經濟發展、社會進步和環境保護**為三大支柱）等，使得RCEP也超越了傳統「貿易」。

　　美國拜登政府排除了回到TPP（現在的CPTPP）的可能。為了彌補美國不在CPTPP卻又要主導區域經濟安排的不足，於2022年5月正式發起了「印太經濟框架」（IPEF），並在同年12月完成了首輪談判。[16]IPEF當然包括「貿易」，因此有人把IPEF稱做跨越太平洋和印度洋的貿易安排並沒有錯。組織IPEF的美國政府部門是傳統處理貿易問題的美國商務部和美國貿易代表辦公室。但是，IPEF主要不是關於「貿易」的。IPEF這個框架有「四大支柱」，「貿易」只是其中一根支柱，其他三根支柱則是「經濟」，即供應鏈、清潔能源去碳化和基礎設施、稅收和反腐。[17]IPEF的貿易也非傳統貿易，是關於勞工、環境、數位經濟、農業、透明化之良好法規作業實務、競爭政策、貿易便捷化、包容性、技術援助，以及經濟合作。[18]

六、RCEP的「夥伴關係」（P）起源

　　在貿易以及其他國際關係領域中，「夥伴」（partner）以及「夥伴關係」（partnership）的使用非常普遍，例如「互為最大的貿易夥伴」、「最大貿易夥伴」等。貿易是一種夥伴關係，這是對貿易最好的一個理解：在參加貿易的方面，各自發揮優勢（比較優勢），深化分工，形成一種互為夥伴的經濟體系。

---

[16]　https://ustr.gov/about-us/policy-offices/press-office/press-releases/2022/november/statement-ustr-spokesperson-adam-hodge-december-ipef-negotiating-round-australia.

[17]　https://ustr.gov/trade-agreements/agreements-under-negotiation/indo-pacific-economic-framework-prosperity-ipef/trade-pillar.

[18]　同注釋17。

　　RCEP是「東協加其對話夥伴國」——中、日、韓、澳、紐以及印度。東協在考慮這個貿易安排的名字時，使用了partnership，這倒也完全符合東協對外關係的中心原則與實踐——「東協中心」。

　　需要指出的是，在WTO收集和整理的「區域貿易安排」（RTAs）門戶[19]中，除了CPTPP之外，世界上大多數區域貿易安排沒有使用諸如partnership這樣的名字。CPTPP的前身是TPP，而TPP的前身則是《跨太平洋戰略經濟夥伴協定》（*Trans-Pacific Strategic Economic Partnership*, P4）。這是汶萊、智利、新加坡和紐西蘭四國之間於2005年達成的，也就是說，是東協成員汶萊、新加坡等使用partnership。P4獲得了成功，對很多太平洋國家具有吸引力。美國歐巴馬政府上臺第一年，就加入了P4框架進行談判。而P4逐步演變爲TPP，由美國主導了TPP，並於2015年達成了TPP。[20]

　　從CPTPP到RCEP，partnership是東協的貢獻，並將繼續引領趨勢，因爲區域貿易安排愈來愈要求貿易夥伴之間的「互惠對等性」（reciprocity）。採用「夥伴關係」的名稱相當不錯，實踐起來亦減少各國國內批准貿易協定的阻力。甚至，參加這類協定的談判者還不惜使用這個詞來形容協定。2017年，川普政府決定退出TPP後，驚魂未定的餘下11成員國爲了挽救TPP，汲取美國退出TPP的教訓，在TPP前面加上了本文討論過的comprehensive。惟加上comprehensive後又加了progressive（中文翻譯爲「進步」），成爲現在的CPTPP，這可能是國際貿易協定畫蛇添足的一個例子。

七、RCEP面對挑戰和不確定性

　　以下簡要討論RCEP擴大的前景：根據《RCEP協定》，「一國家或單

19　https://www.wto.org/english/tratop_e/region_e/region_e.htm.

20　美國貿易代表辦公室，https://ustr.gov/about-us/policy-offices/press-office/press-releases/2015/october/summary-trans-pacific-partnership。

獨關稅區可以透過向保管方提交書面申請的方式尋求加入本協定」，單獨關稅區是可以參加RCEP的。[21]短中期內，東帝汶無力參加RCEP，而香港則已於2022年1月正式申請參加RCEP，香港一直與RCEP主導方東協和RCEP各成員談判加入。據報導，香港特區政府自2018年起，就已向RCEP各成員經濟體表達加入的意願，而RCEP各成員也表示歡迎香港在RCEP於2022年1月生效後正式提出加入。而保有RCEP創始成員權利的印度回到RCEP的可能性，則大體可以排除。

如上所述，RCEP的創始成員都是主權國家，但這並不意味著RCEP僅限於主權經濟體參加。RCEP也為非主權經濟體，尤其是單獨關稅區參加開闢了道路。

為中國大陸讀者不注意、有關評論中也不強調的是，香港是WTO的創始成員。1995年1月WTO成立時，香港就是WTO的成員之一。而中國則是在WTO成立前申請「恢復在關貿總協定（GATT）的成員地位」（複關），而在WTO取代GATT後，中國不得不申請參加WTO，並於2001年正式成為WTO的成員。此前的1986年4月23日，香港就已成為GATT的成員。由此可知，香港這一WTO地位有助於其以WTO成員和世界經濟中的單獨關稅區身分參加RCEP。

香港參加RCEP是歷史性的，這是RCEP在生效後第一次擴員。考慮到香港在亞太和世界經濟中的重要地位，香港的加入將加強RCEP的穩定性和永續性。

就我們所知，CPTPP目前正在與英國談判，在可以預見的未來，不是亞太地區國家的英國將成為CPTPP成員。包括中國在內，還有一些超級經濟體申請參加CPTPP。也就是說，CPTPP呈現成員擴大的趨勢。香港參加RCEP，亦標誌著RCEP的擴大勢頭。

除了WTO成員，香港與RCEP各成員之間的貿易和經濟關係也相當密切。2003年，香港與中國內地建立了《關於建立更緊密經貿關係的安排》

21　見《RCEP》第二十章第9條。

（CEPA）：2004年、2005年、2006年，香港與中國內地又分別簽署了CEPA《補充協議》、《補充協議二》和《補充協議三》。

目前香港與世界上20多個經濟體之間有自貿安排，長期以來，香港與大多數東南亞國家之間互為最大貿易夥伴。RCEP的大多數東協成員都與香港之間簽有雙邊自貿協定，這為香港最終參加RCEP提供了良好條件。但是，香港在參加世界上主要的或者領先的大型區域貿易安排上相對落後和不足。

新加坡作為東協國家，是RCEP的創始成員之一，同時也是CPTPP的成員。新加坡是2021年1月生效的《數位經濟夥伴關係協定》（*Digital Economy Partnership Agreement*, DEPA）三大發起國之一（另兩個是紐西蘭和智利），而其也參加了美國在2022年發起的印太經濟框架（IPEF）。

與新加坡相比，香港不是CPTPP的成員，也沒有參加DEPA，當然也就不會參加其他新的區域貿易安排。所以，若香港加入RCEP將大大改善其在區域貿易安排中的處境。

美國不可能參加RCEP，但美國重回TPP的可能性一直存在。[22]

CPTPP拒絕中國申請（2021年）的可能性很小，但是，各成員一致接受和開始與中國的入會談判可能遙遙無期。如果美國參加了CPTPP，中國入會的申請將不了了之。

關於CPTPP擴大的前景，目前，申請CPTPP最可能獲批准的是英國，這幾乎是肯定的，只是時間問題。甚至，歐盟都有可能參加CPTPP。[23]雖然目前不是所有的ASEAN成員都是CPTPP的成員，但是理論上，今後RCEP所有成員參加CPTPP的前景是存在的。

關於IPEF及其擴大的前景，由美國發起的IPEF將部分地彌補其不參加

---

[22] The Asia Society Policy Institute titled Reimagining the TPP: Revisions that Could Facilitate U.S. Re-entry by Wendy Cutler and Clete Willems, December 12, 2022, https://asiasociety.org/policy-institute/reimaginingTPP.

[23] 現任美國彼得森國際經濟研究所研究員的Cecilia Malmström是原歐盟委員會和歐洲洲議會成員。見其"The EU Should Expand Trade with the Indo-Pacific Region," November 7, 2022, https://www.piie.com/blogs/realtime-economics/eu-should-expand-trade-indo-pacific-region。

CPTPP的不足，大多數CPTPP成員是IPEF的成員，而ASEAN的大多數成員也參加了IPEF。從某種角度來看，IPEF是美國變相部分地回到了TPP，並恢復了在亞太地區的經濟領導權。

美國與中國主導的「一帶一路」的「競爭」仍在持續，而各種「跨區安排」之間的「協奏」（concert of trans-regional arrangements）仍舊不存在。

八、結語

有必要個別解讀、分析RCEP的R、C、E、P。R，意味著東協組織的一個跨區，涉及亞洲內部三大次地區和大洋洲地區；C，意味著一項綜合性的貿易協定，具有21世紀區域貿易協定的全面性；E，意味著「經濟」協定，其性質和內容遠超過傳統的「貿易」協定；P，意味著再次體現了21世紀區域貿易協定的一個特點，即以「（國際）夥伴關係」為協定之命名。總而言之，RCEP表明，今天的區域貿易協定，不僅從各國國內批准貿易協定的角度，而不得不聲稱是「經濟夥伴關係」，並且也比1990年代的貿易協定，如《北美自由貿易協定》（NAFTA）更具複合性。

第二十二章 「英國加入程序」將為CPTPP新成員的「高標準」*

2021年2月，英國正式申請加入《跨太平洋夥伴全面進步協定》（*Comprehensive and Progressive Agreement for Trans-Pacific Partnership*，以下簡稱CPTPP）。同年9月，CPTPP所有11個正式成員開始審核英國是否符合CPTPP規定。CPTPP現有成員國包括新加坡、澳大利亞、汶萊、加拿大、智利、日本、馬來西亞、墨西哥、紐西蘭、秘魯和越南。

CPTPP現有成員均是亞太地區國家，在地理上，英國不是亞太地區國家，故其是第一個非亞太地區國家申請加入CPTPP。英國的加入過程將對世界經濟和全球經濟治理意義重大，這不僅是世界領先的最大經濟體之一的英國在「脫歐」過程和之後尋求新的全球市場的需要，將重組世界經濟秩序，而且對於CPTPP本身、其他申請參加CPTPP的國家或者經濟體，以及世界貿易組織（WTO）的改革等，均有多方面的意義。

第一，CPTPP要把英國加入做成其他國家參加的樣板工程，則其他國家參加就可能不得不參照英國加入的模式。

自從英國提出申請和CPTPP啟動英國加入的程序，雖然外界對英國加入CPTPP的談判瞭解不多，惟實際上，英國為了加入CPTPP做了很多事，而CPTPP亦認真對待英國的申請。

2022年10月8日，討論規則制定及新成員加入等事務的最高決策機構CPTPP委員會（部長和高官級）第六次會議在新加坡舉行，並發表了聯合公報。該次會議由新加坡輪值委員會主席，據《聯合早報》報導，新加坡貿工部部長顏金勇在會議結束後舉行的記者會上表示：「關於英國加入CPTPP的

---

* 本文原載《世界知識》（北京），2022年第21期。

討論正在進行中。由於這是第一個經濟體有意加入，對我們很重要的一點是把它處理好，制定正確的程序，以維持CPTPP的高標準和遠大的市場准入水準。」「我們討論了接受新成員一般應採取的方式，得出的結論是，英國談判結果將為接下來的申請鋪平道路，建立更穩健和順暢的程序。」

根據上述第六屆委員會發表的《聯合公報》，CPTPP討論規則制定及新成員加入等事務的最高決策機構仍在與英國政府談判，「並未對英國加入CPTPP設定時間表」。為了維持和加強CPTPP的「高標準」，在目前階段，CPTPP並不急於擴大。由此看來，英國等申請加入CPTPP的國家急也急不來，他們需要有充分耐心完成加入談判。

第二，英國等加入後可能有助於大大提升CPTPP在未來的全球貿易治理中的分量。在全球經濟大變動的情況下，成立近30年的WTO改革早已提上議事日程，但卻步履蹣跚，前景不定。若是WTO的改革在未來一段時期繼續滯後，無法在世界經濟中發揮名副其實的作用，則CPTPP將可為參加的各方提供急需的、重要的、有效的國際貿易制度。

我們知道，世界上所有的區域性貿易安排（RTAs），包括CPTPP，在其協定的「前言」部分，都一致聲明遵守或者尊重WTO的規則。這個聲明，不僅是「挾天子以令諸侯」，而且是為了推動WTO朝著有利於全球利益的目標改革。一個地位鞏固的、成員擴大的，包括了諸如英國這樣的「最大經濟體之一」的CPTPP，將繼續集體遵守WTO的規則，同時，亦將作為一個更加有力的集體推動WTO改革，為WTO的改革提供方向和路徑。當然，若WTO長期難以改革，則CPTPP等區域的貿易安排將有可能取而代之。

第三，在與其他區域安排的對比、競爭、協調中，CPTPP可能進一步「勝出」，成為其他區域貿易安排或者區域經濟安排可望不可即的優秀者。

目前，除CPTPP外，東協主導的《區域全面經濟夥伴關係》（RCEP）、在數位經濟領域的《數位經濟夥伴關係協定》（DEPA），以及2022年9月已經開始正式談判的「印太經濟框架」（IPEF）。相互之間均存在著交叉、重疊關係，這些區域安排之間的互動、競爭、協調，將決定

21世紀的世界經濟秩序。

CPTPP在數位貿易條款上先行一步，在其第十四章即是關於數位貿易的。不過，CPTPP關於數位經濟協定僅限於數位貿易，而不是整個數位經濟。CPTPP的相關規定為DEPA提供了重要基礎，也為世界貿易組織（WTO）關於電子商務的聯合公告倡議提供了重要指導標準。

第四，CPTPP若是在英國加入的過程中和加入之後獲得鞏固和提升，則美國的TPP困境將突顯。在此，筆者提出了「美國的TPP困境」這一觀點。

眾所周知，在歐巴馬時期，美國是TPP談判的主要「領導國家」，但是，在川普時期，美國卻退出TPP。拜登上臺後，面對著是否回到TPP，即參加現在的CPTPP的外交政策問題。由於美國國內政治的頑固原因，使得拜登政府決定「不回」到TPP，這是拜登政府以「Build Back Better」為旗號的內政和外交政策的一個突出例外。

拜登政府上臺以來，日本岸田文雄政府即透過各種途徑，建議和促使拜登政府考慮重新加入CPTPP。其實，從美國的角度看，回到TPP是上策，因為此能根本解決美國在亞太地區的貿易困境。

在不回到CPTPP的情況下，拜登政府推出了替代性且成員國範圍似乎更大的「印太經濟框架」（IPEF），以與其「印太戰略」（IPS）在區域經濟上配套。包括美國在內，2022年5月先後有14個「印太」國家宣布組成IPEF，其中包括大多數CPTPP成員。

IPEF沒有當年的TPP「雷聲大」，更比TPP「雨點小」，其架構包括「貿易」和「經濟」兩大部分，具體分為「四個支柱」。IPEF首先聲明其並不像CPTPP那樣本質上是區域自貿協定。雖然「貿易」部分是其第一大「支柱」，負責IPEF的也是美國貿易代表辦公室（USTR）和美國商務部，但是，IPEF卻心不在「貿易」，大多數參與IPEF的成員對此失望。IPEF剩下的三大「支柱」主要集中在數位經濟、區域產業鏈、供應鏈，甚至稅收、反腐等方面的國際合作。

關於IPEF，本文的一個觀察是，IPEF確實是「四不像」，難以解決美國面對的區域貿易困境，在「貿易」上沒有、也不可能替代甚至超越

CPTPP。就此，今日的美國已經不再尋求推動全球自由貿易。本質上是自由貿易協定的CPTPP與不是自由貿易協定的IPEF不合，不瞭解IPEF的以爲IPEF以「經濟」爲主，要「框架」出一個前所未有的「印太經濟」，惟實際上，IPEF的「經濟」非常「不全面」，根本比不上CPTPP以及RCEP等正式的區域貿易協定。正因爲如此，印度在IPEF談判正式啓動的2022年9月即宣布退出IPEF的「貿易」部分，只維持談判IPFE的「經濟」部分，給了拜登政府一個小小的挫折。

第五，「脫歐」後的英國不得不面對現實，而CPTPP則如此「高標準」地對待英國的加入，這些對中國等申請加入CPTPP的國家或者經濟體而言也是意味深長。2021年9月16日，中國商務部向CPTPP保存方紐西蘭貿易與出口成長部提交了中國正式加入CPTPP的書面申請函。在全球化遭遇挫折的情況下，對英國和中國等世界主要經濟體來說，加入CPTPP具有系統性的重要意義。然而，CPTPP似乎是「遠水」，難解「近渴」。CPTPP協定文本規定了新成員的加入辦法，而在實踐上，CPTPP以英國加入來確立其後新成員加入的先例。中國等的申請即使被CPTPP接受並啓動正式談判，也將面對比英國更加複雜、嚴格、耗時的過程。上述CPTPP委員會第六屆會議的《聯合公報》，在最後一部分提及了「提高標準擴大CPTPP」的問題，認爲有志於加入CPTPP的經濟體都需要進行嚴格的程序。

第二十三章　「東協中心性」的彰顯[*]

一、導言

　　2022年，東協成員國柬埔寨、印尼和泰國分別輪值東協主席、G20主席與APEC主席。從2021年底這三國分別接手相關主席國後，其與他們所在的地區組織東協克服全球和區域形勢的動盪、困難和危機，圓滿地擔當了各自的主席國。在這一年以來，三大輪值主席國相互協調、相互支持，發揮了各自的全球和區域領導力，強化了「東協中心性」（ASEAN Centrality）。

二、印尼輪值G20

　　G20係由全球最大的20個（包括歐盟）已開發經濟體和開發中經濟體組成。2009年在匹茲堡峰會上，G20自我宣稱是「國際經濟合作的首要論壇」。其中印尼是東協唯一的G20成員，這一地位提醒世界，印尼不僅在東南亞區域，而且在全球經濟中也具有系統重要性。為了解決G20的全球代表性不足的問題，實際參加G20的國家遠不止20個最大經濟體，而是包括了其他「非成員國家」。西班牙是G20的「永久客座國家」；聯合國和其他國際組織也都參加G20。至少從2015年以來，每年G20主席國都會邀請一些區域組織，如東協參加G20進程；而區域組織參加G20則由其輪值主席國代表。

　　2021年，印尼從義大利手中接過G20主席（印尼本來是2023年輪值

---

[*]　本文原載《世界知識》（北京），2022年第22期。

G20，但因爲印尼要在2023年輪值東協主席，於是與印度協調對換主席國權利），柬埔寨則接替汶萊輪值2022年東協輪值主席，在2022年的G20中代表東協。

在印尼輪值G20的一年以來，其先確定G20的主題是「（全球）一起復甦，（我們全球）更加強勁地復甦」（Recover Together, Recover Stronger）。這一主題得到了包括中國在內的G20所有成員和其他全球攸關方的一致贊同。

爲了辦好G20，印尼把上述主題細化爲三大議題：「（構建）全球健康架構」（Global Health Architecture）、「（向著全球）永續能源過渡」（Sustainable Energy Transition）和「（實現）數位轉型」（Digital Transformation）。這三大議題是相互聯繫的，其實圍繞著一個中心議題，也就是在複合全球危機下的全球轉型。構建全球健康架構、加強全球能源的永續性，以及促進全球數位轉型，是全球轉型的重中之重。

在印尼主持下，借助國際貨幣基金組織和世界銀行秋季年會，G20財政部長和農業部長會議、財長和央行行長會議分別於2022年10月中旬在美國首都華盛頓舉行。此前，G20農業部長會議、旅遊部長會議分別於2022年9月底在印尼峇里島舉行。G20貿易、投資和工業部長會議，於9月21日至23日在拉布安巴焦（Labuan Bajo）舉行。拉布安巴焦是位於印尼東努沙登加拉的弗洛雷斯西部的一個漁鎮。9月15日，印尼宣布了三份G20人力資源部長會議的成果報告。G20勞工部長會議於9月12日至14日在峇里島舉行；G20文化部長會議於9月12日至13日在中爪哇的婆羅浮屠飯店（Borobudur Temple Compounds）舉行；G20發展部長會議於9月7日至9日在印尼勿里洞島（Belitung）舉行。9月2日，G20能源轉型部長會議在峇里島發表了四份聲明，包括G20教育部長會議於9月1日至2日舉行；2022年8月31日，在峇里島舉行了G20環境和氣候部長會議；2022年2月18日，G20財長和央行行長在雅加達發表了聯合聲明。

上述僅是印尼輪值G20的一些主要政府間部長會議。這一年來，印尼還舉行了大大小小的各種（包括非政府間）G20會議，如G20智庫會議

（T20）等。

值得注意的是，上述G20進程的各種部長級會議，有的並不一定會發表《聯合公報》。沒有《聯合公報》的會議，說明G20會上分歧嚴重，無法達成一致。根據G20慣例，爲了G20的團結和透明度，會以發表《主席總結》（*Chair's Summary*）代替。

2022年全球形勢面對前所未有的緊張，對主席國印尼的國際領導力是一個超級檢驗。而這一年來，印尼政府展開「G20外交」，在各個成員之間，尤其是在西方和俄羅斯之間奔走，協調大國衝突，爭取維持G20的完整性和包容性。應習近平主席邀請，印尼總統佐科威於2022年7月25日至26日訪問中國。習近平表達了對印尼主持召開G20峇里島峰會和擔任2023年東協輪值主席國的全力支持。第十七屆G20國家元首或者政府首腦峰會於2022年11月15日至16日在印尼峇里島舉行。

三、泰國輪值APEC

2022年APEC的主題與G20的主題很相似，包括大疫後的經濟成長恢復。只是，前者集中在全球層次，涉及全球問題的方方面面；後者則集中在亞太地區層次，主要以貿易和投資等商業問題爲主。在美國、日本、澳大利亞和印度等推進其各自和集團的「印太戰略」的情況下，泰國主導的APEC進程提醒世界，「亞太」並沒有被「印太」取代，而是繼續存在。目前，APEC有21個成員國，包括俄羅斯，卻不包括印度。泰國推動APEC朝著更加開放、活力、韌性及和平的方向轉變，讓APEC更加均衡、更加具有韌性和有利於成員國的永續成長，所以，具體確定的主題是「開放、聯通和均衡」（Open, Connect and Balance）。

與印尼一樣，在輪值APEC主席的這一年，泰國已經舉辦了包括APEC財長會議等部長級會議和高官會議。第二十九屆APEC經濟領導人會議週於

2022年11月14日至19日在泰國曼谷舉行。

值得指出的是，除了推進RCEP的落實，泰國在輪值期間，提到了應該最終實現APEC亞太自貿區（FTAAP）的目標：「我們的優先是為開放貿易和投資提供便利，推進區域經濟一體化，包括在後疫情背景下的亞太自貿區或者FTAAP。」中國輪值2014年APEC主席時，即發表了《關於為實現FTA-AP，而做出APEC貢獻的北京路線圖》（*The Beijing Roadmap for APEC's Contribution to the Realization of the FTAAP*）。泰國不是CPTPP的成員，但在泰國輪值APEC期間，其參加了東協和美國特別峰會，並決定進入印太經濟框架（IPEF）談判進程，是IPEF的14個創始成員之一。

2019年泰國輪值東協主席，當時東協面對著要對美國、日本、澳大利亞、印度等東協的對話夥伴國發起的「自由開放的印太」（FOIP）做出正式回應的壓力。正是泰國的努力，協調十國一致通過了《東協印太展望》（*Asean Outlook on the Indo-pacific*）聯合聲明。在這一重要聲明中，最值得注意的是東協沒有因為「印太」而放棄「亞太」，而是堅持了「亞太」，同時，提出了「亞洲的太平洋和（亞洲的）印度洋」（Asia-Pacific and Indian Ocean regions）的說法。《東協印太展望》是在新的區域條件下「東協方式」的再現。總之，東協目前讓「亞太」和「印太」並存；其次，東協提出了「亞洲的印度洋地區」（可以簡稱為「亞印」）。

泰國輪值APEC，使東協有機會實踐其《東協印太展望》，在這一年來，正是泰國APEC，讓「亞太」的概念再次獲得加強。

包括泰國在內的「老東協」國家曾為APEC做出重大貢獻。1993年，APEC在美國西雅圖舉行首屆領導人會議（峰會）；1994年，在印尼茂物召開的第二屆APEC峰會上，提出了「已開發成員在2010年，開發中成員在2020年實現貿易和投資自由化」的宏偉「茂物目標」（Bogor Goals）。遺憾的是，「茂物目標」沒有如期實現。不過，亞太地區在APEC環境和條件下，以及在WTO的原則下，各成員建立亞太自貿區（FTAAP）的目標並沒有放棄，作為階段性成果，達成了《跨太平洋夥伴全面進步協定》（CPTPP）和《區域全面經濟夥伴協定》（RCEP）兩大區域貿易安排

（RTAs）。汶萊、馬來西亞、新加坡、越南等東協國家是CPTPP的成員，而CPTPP的前身是汶萊、智利、新加坡和紐西蘭四國達成和生效的《跨太平洋戰略經濟夥伴關係》（*Trans-Pacific Strategic Economic Partnership*, P4）；至於RCEP，如泰國在這次輪值中強調的，儘管還不是（大型的）FTAAP，卻是小型的FTAAP。

四、柬埔寨輪值東協

2022年柬埔寨輪值東協主席，其設置東協的主題是「ACT」，意思是「強調各國各方一起應對共同挑戰」（Addressing Challenges Together），這一主題與印尼確定的G20主題和泰國確定的APEC主題相似度很高。2021年10月28日，柬埔寨首相洪森在接任東協輪值主席的演說中指出，柬埔寨將聚焦「平等、強大和包容的東協共同體」，以推進「一個願景、一個認同和一個共同體」的「東協精神」。他提出，基於「東協方式」，根據《東協憲章》、《東南亞友好合作條約》和《東協印太展望》等，柬埔寨將在輪值主席國期間強化「東協中心性」和東協團結。而在經濟方面，洪森首相要求柬埔寨推動疫後的經濟復甦和包容性成長、落實RCEP等區域經濟合作、加快區域數位聯通、促進區域經濟一體化。

在這一年來，除了召開包括東協外長會議等在內的一系列東協部長和高官會議，柬埔寨還做了三件大事：

一是繼續促進東協主導的RCEP等貿易協定在各國的生效進程。2022年1月1日起，RCEP在大多數東協國家生效，但在少數成員，包括菲律賓，則尚未生效。

二是舉辦了第二屆「東協與美國特別峰會」。2022年5月13日，東協十國領導人和美國總統拜登的峰會於美國首都華盛頓結束。在這次峰會前，柬埔寨、印尼和泰國發表了《聯合聲明》，根據「東協中心性」，堅持三國確

定的輪值主席主題，尤其是「一起來」（togetherness）三大輪值主席的共同主題，東協承受住美國等的壓力，宣布將如期、如常邀請所有成員國的領導人參加2022年11月G20峰會、APEC經濟領導人會議、東協峰會和相關峰會。不過，在華盛頓特別峰會後，一些東協成員，尤其是印尼、泰國兩國參加了美國發起的IPEF，算是給了發起IPEF的美國最大的「面子」。

三是促進與一系列東協的「對話夥伴國」之間的對話、協調與合作，鞏固了雙方的「戰略夥伴關係」。2022年8月5日，柬埔寨在金邊舉行了所有「對話夥伴國」參加的第二十九屆東協地區論壇（ARF）外長會議。

柬埔寨並於2022年11月8日至13日在金邊舉行了第四十屆和第四十一屆東協峰會及相關峰會（40th and 41st ASEAN Summits and Related Summits）。

五、突出和加強「東協中心性」

2022年9月13日，印度外交部已經宣布，2023年的G20峰會將提前到2023年9月9日至10日舉行，屆時將繼續邀請東協輪值主席國參加。這意味著，印尼在2023年不僅仍然是G20「三駕馬車」之一，而且更在G20中代表東協。印度和東協之間也擁有「戰略夥伴關係」，換句話說，2023年，不僅是印尼，而且包括東協，仍將在G20中發揮著重要作用。

泰國輪值主席之後，在俄烏衝突、IPEF等衝擊下，APEC將迎來其經濟領導人會議30週年的2023年。APEC面對著「三十是否而立」的考驗，加上APEC近一半的成員是東協國家，故東協終究將是影響APEC未來的主力之一。

在東南亞內外，關於「東協中心性」這一重大問題的爭論仍然持續。柬埔寨、印尼和泰國分別在同一年輪值主席東協、G20和APEC，用生動的實踐告訴了世人究竟什麼是「東協中心性」，以及東協成員國究竟如何追求和實現「東協中心性」。

第三部分

其他的全球、區域、
國別問題

第二十四章　關於比較軟實力[*]

一、軟實力、比較軟實力及其對文化外交的意義¹

　　軟實力（soft power）這一概念，於1990年誕生於美國，提出者是哈佛大學著名政治學者約瑟夫・奈伊（Joseph Nye）。在中國，人們對這個概念的理解和翻譯同中有異、異中有同。有人譯作「軟權力」，這顯然是政治學的譯法，因為權力是政治學的核心術語；有人譯作「軟力量」，這是中國人對power一詞的長期理解，即指強權；有人譯作「軟實力」，目前大多數中國人都這樣理解此概念；亦有人不喜歡「軟」這個理解，因為「軟」與「弱」聯繫在一起，因此譯作「柔力量」。總的來看，20多年來，關於這個概念的翻譯非常有「中國特色」。許多人喜歡「實力」這個詞，因此「軟實力」的譯法已經深入人心了。

---

* 筆者受邀參加了美國哥倫比亞大學歷史系Victoria de Grazia的「Deprovincializing Soft Power: A Global Historical Approach, 1990-2020」專案（2015-2018年），這是一個富有新意的、有吸引力的專案。筆者榮幸地接受了邀請，參加了Victoria de Grazia召集的紐約、伊斯坦堡和北京三場研討，但沒能參加在巴西聖保羅的研討。Victoria de Grazia辛苦地從各方面申請了基金，支持該專案。根據她的個人敘述，包括了歐洲學院（the European Institute's Initiative on Cultural Power in International Relations）以及哥大校長的全球創新基金（the Columbia President's Global Innovation Fund）。2019年5月筆者利用在紐約開會訪問的機會，再次來到哥大校園，與Victoria de Grazia見面，一起討論該專案正在編輯的論文集，該書實際的主編Burcu Baykurt博士也參加了討論。我們的討論主要集中在筆者關於soft power一詞在中國的演變一章，Victoria de Grazia與Burcu Baykurt除了希望筆者進一步考慮匿名審稿人的評論，也再次各自提出了筆者需要修改的地方。2022年，該專案的論文集最後以Soft-Power Internationalism, 1990-2020: Cultural Struggles over International Order（edited, with introduction and contributions by Victoria de Grazia and Burcu Baykur）出版。筆者參加Victoria de Grazia軟實力專案的最大收穫是獲得了「比較軟實力」這個「全球歷史研究路徑」。本文收錄筆者已發表的三篇文章，多少與比較軟實力有關。

1 原載《世界知識》（北京），2017年第14期。

（一）什麼是軟實力，什麼不是軟實力

　　奈伊認為，軟實力不是武力或者暴力（強力）。對我們來說，理解軟實力「不是什麼」，比理解軟實力「是什麼」更重要。經常有人把一些事物誤認為軟實力，或以軟實力的名義做一些與軟實力無關，甚至對軟實力無助而有害的事情。錢、支票、物質援助，在國際關係上相當重要，但那些物質的東西並不是軟實力；宣傳的東西也都不是軟實力。

　　軟實力與道德權威（道德作為力量、權力或者實力）有關。上世紀前半期義大利著名左翼學者葛蘭西（Antonio Gramsci）提出了「文化霸權」，也就是「文化領導」概念。這裡的「霸權」（hegemony）一詞與中文的「霸權」不同，而是與中文的一個古老辭彙「王道」相對應；而領導是霸權存在的形式和方式。

　　軟實力也可能是指觀念性的權力。觀念性的權力或者實力（例如知識、意識形態、話語、價值觀等）較容易理解，例如，社會主義核心價值觀是13億中國人分享的價值觀，這些觀念也為世界普遍承認。也有人認為軟實力就是規範性的權力或者實力，即一個國家對國際規則、國際規範、國際制度、國際進程的塑造和影響能力。軟實力概念誕生近30年，是到了對其反思和重新審視的時候了。

（二）軟實力概念誕生的背景

　　1945年以後，美國在世界上的地位和作用獨一無二。儘管如此，美國也僅是世界體系中一個特定的文化或者知識體系。軟實力首先是一個美國概念，它的誕生有三個重要的背景：

　　第一個背景是在1980年代，美國學術界出現了認為美國衰落的一派，並且日益占據上風。這是關於美國衰落的第一次大辯論。

　　第二個背景是當時美國軟實力的對手蘇聯，實際上已經接近其大限，在軟實力的「戰場」上敗下陣了。

　　第三個背景是美國的勝利者意識，即意識到以美國為中心的世界正在形成。在波斯灣戰爭中，美國得到了普遍的國際支持。波斯灣戰爭前後，美國

總統老布希宣布世界進入「新秩序」。

奈伊的軟實力理論儘管誕生在蘇聯解體前夕，但是，該理論被改進、被加強、被擴散卻是在「單極時刻」。蘇聯解體後，美國很多學者認爲世界進入「單極時刻」，而「單極時刻」很快又被理論化爲「單極世界」，描述這個單極世界的「大理論」有好幾個，著名的有「歷史（再次）終結論」，以及美國成爲「僅有的也是最後的超級大國」，甚至是「超級大國的超級大國」的論調。在這一特定的世界歷史背景下，軟實力概念借助全球化，以很快的速度在世界流行開來。

奈伊的本意是爲了反駁「美國衰落論」，但蘇聯解體後，「美國衰落論」似乎悄悄消失了，很快被人們遺忘，而軟實力理論則被用來支持「單極世界論」。所以，軟實力理論也可被看做是論證「單極世界」的一種「大」理論。

（三）新的「美國衰落論」更多針對軟實力

在20世紀的最後10年，美國的軟硬實力都達到了鼎盛，全球化的世界一度完全以美國爲中心。應該說，「單極時刻」是符合事實的正確描述。但是，後來的歷史事實證明，「單極時刻」並未轉化爲長期而穩定的「單極世界」。2001年九一一事件和美國入侵阿富汗、2003年美國入侵伊拉克、2008年美國爆發金融危機，均表明「單極時刻」結束了，而美國軟硬實力開始走下坡路。

「美國衰落論」在最近兩年重新出現，與1980年代不同的是，這次討論更多的是美國軟實力的衰落。這與以下兩個討論有關：第一是認爲美國的政治體制、治理模式、社會與國家之間的關係可能出現大問題，例如「歷史終結論」的提出者福山就認爲美國政治發生了潰敗；第二是美國在二戰後期及戰後建立和維持的「自由的世界秩序」受到挑戰，出現結構性的瓦解、衰落，甚至終結。

全球化的放緩、轉向，以及美國不再如昨天那樣成爲全球化的主要動力，均是美國軟實力衰落的重要根源。全球化的放緩是目前激烈爭論的問

題，有的人使用非常激進的術語——「去全球化」；也有人認爲全球化在逆轉。蘇聯解體後，全球化走了20多年就走到了去全球化，讓人感慨良多。美國當年高舉全球化大旗，現在又高舉去全球化大旗。但本文不認爲全球化眞的會被去除，也許會發生轉型和轉向，而不是衰落。

軟實力概念本身、奈伊本人都已成爲美國的軟實力。一般認爲，美國軟實力在全球擴展的過程也是其他國家的軟實力「美國化」的過程。但是，事情並非如此簡單，美國的軟實力與其他國家軟實力之間的互動也產生了許多東西，甚至包括我們看到的文明、文化的衝突。美國用自身的標準衡量其他國家的軟實力：美國軟實力不是一國性的，而是普遍的、全面的，是全球標準；其他國家的軟實力則是地方性、局部性的，不是衡量其他國家軟實力的世界標準。軟實力之間的衝突根源就在這裡，這一衝突體現在奈伊對其他國家軟實力的評論上。這些評論文章都是相當不錯的，但不幸的是，其都不自覺地誇大了美國的軟實力，而小看了其他國家的軟實力。

（四）「比較軟實力」就是克服美國中心論

「登東山而小魯，登泰山而小天下」，從美國看其他國家，其他國家的軟實力都不強大，都存在很多問題。重美國輕他國，這並不奇怪。「國際社會」是一度流行於英美的概念，現在我們討論軟實力的標準，其實與當年討論所謂「國際社會」的文明標準相同。國際社會的文明標準一度是由西方規定的，軟實力的標準也是由美國規定的；歐洲人曾以歐洲標準衡量其他國家是否文明，今日美國則以自己的軟實力標準衡量其他國家的軟實力。「比較軟實力」的目的就是克服軟實力問題上的美國中心論，尋求軟實力的眞正世界標準，避免軟實力之間的衝突。

本文認爲，軟實力由三部分組成：一是政治軟實力，最主要的就是領導力。美國一直是世界體系中的領導國家。儘管美國對政府間多邊機構（國際組織）的支持可能繼續減少，但美國並未放棄其世界領導地位，而且持續竭力維持這一領導地位，這自然是其軟實力的最大來源；二是文化軟實力，它不僅是一般的吸引力和受仰慕的能力，更是決議、跟從、贊同、支持、同盟

等更高級的概念；三是經濟軟實力。

「比較軟實力」的前提是承認世界上以國家為單位的軟實力都是地方性的，也就是說，美國的軟實力也是地方性的。沒有必要區分哪一種軟實力（如美國的）高於其他國家，因為這是沒有辦法比較的。

作為一門學科的「比較軟實力」也可以相應地分成三個部分：比較政治軟實力、比較經濟軟實力、比較文化軟實力。

在對軟實力進行比較時，會發現有的國家的軟實力狀況是「赤字」，有的則不是。造成「軟實力赤字」的原因相當複雜，其中之一，乃外國的軟實力輸入是外部根源，在開放條件下，由於外國投射來的「進口軟實力」的影響遠遠超過了本國軟實力的影響，所以加劇了這種「軟實力赤字」，但主要還是由於內部的軟實力生產（供給）不足或者不持續。奈伊也在最近的幾篇文章中提到中國的「軟實力赤字」問題。

過去一般不認為美國存在「軟實力赤字」，但是今天美國也有赤字。在1980年代關於美國衰落的爭論中，保羅·甘迺迪所著《大國的興衰》一書的核心觀點，就是美國軍事上在全球的過度擴張導致了美國硬實力的赤字。美國的「硬實力赤字」是因為過度擴張造成的，同樣地，美國的「軟實力赤字」也是由於其過度擴張造成的。正因存在赤字，美國才開始調整其對外政策。當然，美國外交政策的調整並不是一蹴可幾的，但是，我們可以預期，川普及其以後的美國政府的軟實力投射（包括價值觀的輸出）等將逐漸與以前的美國政府不同，美國正在進行一定程度的全球收縮。

（五）軟實力與文化外交的關係

最後，本文想從軟實力和「比較軟實力」的角度討論關於中國文化外交的思考。

外交是最重要的國力之一。軍事雖更接近硬實力，但軍事力量也有其軟實力的一面；外交則更接近軟實力，而當然外交也有其硬實力的一面。外交成功了，不僅加強國家硬實力，也可彌補國家「軟實力赤字」。

第一，中國文化外交的最低目標是實現與世界其他文化之間的相互溝

通、相互理解和相互接納。在強調差異的時候，不能誇大各國文化之間的差異，更不能製造新的不同，亦即不能把「特色」誇大成「例外」，此乃文化外交是爲了減少中國與世界因文化上的差異而導致的誤解與隔閡。

第二，文化外交其實就是在尊重他人的文化軟實力的基礎上投射自身的軟實力，但投射軟實力可能產生與其他國家軟實力之間的衝突。而文化外交不僅是投射軟實力，也是對軟實力之間的衝突進行管理。

第三，文化外交追求的最高目標是文化領導。對於中國來說，在世界上追求文化領導（文化王道）是一個全新的挑戰。領導世界首先是文化領導，如果在文化上不能領導世界，則在其他方面領導世界都是難以持續的。

本文認爲，從一方面看，軟實力概念已經過時，因爲它誕生在「單極時刻」，是那個特定時刻的典型的美國概念，如今已隨著時間過去了。但是，從另一方面看，軟實力概念又沒有過時。在學術上和政策上，軟實力概念和理論的價值仍然是非凡的。

在國際社會，許多人依然深喜美國，而美國仍然享受著其世界吸引力。美國軟實力植根於其強大的民間、市場與社會（儘管美國社會在過去20多年也遭到了「不平等性」的削弱），不會因爲美國政府的更迭、黨派的輪替、政策的變化（如最近收緊移民的政策）而發生巨大變化。對美國軟實力的現實評估和未來走勢的研究，不能夠犯本體論與認識論的錯誤。從全球比較的角度來看，我們仍然能夠看到衰落中的美國軟實力的比較優勢。

對於中國來說，軟實力仍然是發展中的，是發展中的軟實力。國際上的一些軟實力比較研究認爲，中國的軟實力仍然相對落後。確實，發展中的中國軟實力存在各種發展中的問題。目前被叫做中國軟實力的各種因素，似乎仍然不「軟」。軟實力如何「軟」？文化外交就是一個方法，文化外交讓國家的軟實力更加柔軟，這就是軟實力和文化外交之間的關係。

二、「銳實力」？——三大指標衡量中國的國際行動[2]

最近在美國和英國的一些重要機構和重要雜誌上推出了一個新概念——「銳實力」（sharp power），引起廣泛關注。

在評論的方法上，本文不打算就事論事，「一棍子打死」這個「銳實力」，即不直接批評這個抱著狹隘政治動機的針對中國的新說法，而是試圖回答「銳實力」這個概念究竟對中國意味著什麼？在面對「銳實力」時、在建設和追求中國的「軟實力」時，中國究竟要避免什麼？

很明顯地，「銳實力」這個概念建立在更加宏大而深刻的背景上。在評論「銳實力」時，我們絕對不能忽略宏觀背景。

這個宏觀背景是高度複雜的，首先是世界範圍的反思「軟實力」的情況。「軟實力」誕生在冷戰結束前夕，主要流行於冷戰結束以後。一些「軟實力」的觀察者現在發現，世界各地存在背離「軟實力」的情況。當然，這種背離是相對於他們確定的「軟實力」標準而言的，而「銳實力」就是對「軟實力」的背離。

其次，美國正在對過去20多年經歷了數個美國政府的對華政策進行全面反思或者大清算，這一反思可能是極其深刻的。從1970年代中美關係正常化以來，美國的對華政策總體上是「接觸」（engagement）中國。由於「中國崛起」，這些大清算派認為美國的對華政策應該進入「後接觸」時期。大清算派的其中一個看法是，美國人原來以為中國會學習借鑑美國的「軟實力」之道，用於發展中國自己的「軟實力」，但是，主張「銳實力」的人發現，中國確實在借鑑美國，發展中國的軟實力，但是，中國並未完全如美國那樣發展「軟實力」。

第三，全球的西方（包括地理上不在歐美的「西方國家」）正在出現新的對中國的擔心。西方現在對中國的反應其實不是舊的「中國威脅」，而是

2　原載《聯合早報》（新加坡），2018年2月27日。

對中國的擔心，我們應該把其叫做「中國擔心」（擔心中國）。擔心中國的一個重要方面就是擔心中國的「銳實力」。中國追求「軟實力」，本來應該是中美關係等中外關係的積極面。但如今，美國擔心中國用大投入的方法產生更大的影響力。這種「急火」比「文火」的影響力更大，所以，他們挖空心思，找了形容詞「銳」，來形容、批評和諷刺中國的「軟實力」攻勢。顯然，與「軟實力」不同，「銳實力」不是中美關係的積極面。

從「中國崛起」的宏大背景看，如同其他國家一樣，在發展「軟實力」的過程中，難免有把「銳實力」當作「軟實力」的情況發生。中國從1990年代引進美國的「軟實力」概念，到21世紀初開始全面實踐「軟實力」，已經差不多接近20年。這20年也是中國外交政策的原則發生深刻轉變的過程，在這個過程中，中國以外的世界對「中國軟實力」的觀察、研究一直是焦點。在過去10多年，筆者於英國牛津大學和美國布魯金斯學會等西方學術機構做過關於中國軟實力的演講，對此深有體會。為什麼是焦點？西方真正擔心的「中國威脅」是表裡結合的。在一些人看來，經濟甚至軍事等「硬實力」終究是「表」，得到了也可以失去，而「軟實力」則是「裡」，得到了則可以持久擁有。西方關於中國「軟實力」的評價一般不高，這是正常的，因為中國在短短時間裡發展「軟實力」，對「軟實力」的認識不足，生產與投射「軟實力」的能力都處在「初期階段」。在「銳實力」這個概念出來之前，西方就有認為中國「軟實力」不夠「軟」，甚至「軟實力」有點「硬」、號稱為「軟實力」，實則是「硬實力」的各種說法。如果不帶政治上的有色眼鏡，而從學術的客觀研究看，「銳實力」是最新的關於中國「軟實力」的評價。這個評價只是世界上已有的各式各樣關於中國「軟實力」的評價的一種。不過，如果說「軟實力」本身已經成為整體的美國和個體的「軟實力」概念的發明人奈伊的「軟實力」，則「銳實力」這一術語就太過尖銳（sharp），對中國「軟實力」評估也太過否定，並不是一個衡量中國「軟實力」的建設性概念。

這裡也要套用一句俗語：「銳實力」是批評中國的大帽，客觀而全面地看待，這頂大帽戴在中國的頭上並不合適，因為中國進步的、正確的方向早

已確立，即透過可持續的「改革開放」、透過可持續的發展，在世界上見賢思齊，追求中國眞正的「軟實力」。

「銳實力」這一概念提醒中國要注意筆者所稱的「軟實力」陷阱，而「軟實力」陷阱之一就是「銳實力」。「銳實力」有一時之快，有一時之效，但從根本上傷害的是「軟實力」。這就是爲什麼「軟實力」概念的發明人奈伊一再強調，諸如那些看似鋒利無比的實力，其實恰恰不是「軟實力」。中國在追求自己的「軟實力」時，一定要避免落入「銳實力」陷阱。所以，「銳實力」在學術上也是有意義的。有則改之、聞過則喜，中國應該感激「銳實力」這個聽起來不怎麼悅耳的說法。

避免「銳實力」陷阱，應該是中國宏觀的「軟實力」發展戰略的最重要方面。這一點，我們過去注意不夠。有了「銳實力」這個話題，中國可以更好地引以爲鑑，確保中國「軟實力」發展向正確的方向進步。

中國社會具有「財大氣粗」的根深蒂固的思維定勢，然而，「軟實力」概念說明，「財大」未必「氣粗」，有時恰恰相反，「財大」是事倍功半。世界上許多人認爲，金錢等「硬實力」能夠轉化爲「軟實力」。所以，一系列的「軟實力」專案，依靠的是「硬實力」，這不僅使「軟實力」的方向錯了，甚至到頭來事與願違。

如何不讓「軟實力」建設落入「銳實力」陷阱？面對這一中心的「軟實力」悖論，在中國，人們可能有各種答案。

本文的建議是，應該科學評估過去20多年中國在哪些方面取得了「軟實力」的進步？在哪些方面可能正好是爲了「軟實力」卻不幸背棄了「軟實力」的初衷？

在這項評估中，已有的三個概念「軟實力」、「硬實力」和「銳實力」，缺一不可。從「軟實力」、「硬實力」和「銳實力」三個指標看中國發起的亞投行和倡議的「一帶一路」，我們會得出一些非常有趣的觀察。無論是亞投行還是「一帶一路」，首先都代表著中國不斷成長的「硬實力」；同時，它們也代表著中國的「軟實力」（中國與世界分享、共生「新發展」）。但坦率地承認，這裡也應該有「銳實力」，即亞投行或者「一帶一

路」對許多國家產生突然的吸引力，吸引其他國家參與這些專案的主要是中國提供的龐大發展融資。對於中國來說，避免、減少、控制「銳實力」才得以增加或者擴大「軟實力」。

　　同樣地，我們衡量中國最近幾年的語言文化專案——全球的孔子學院體系時，也可以根據這三個指標進行。中國在短短10多年間在全球構築起的孔子學院體系，是一個了不起的全球語言與文化工作（硬實力）；中國主要官方語言漢語及其代表的中國文化對直接或者間接參與孔子學院的學生等人員產生吸引力（軟實力）；但建設孔子學院也存在著「銳實力」問題，即試圖依靠短期之內的巨大投入產生中國語言、文化對世界的影響力（銳實力）。

　　在教育領域，中國向世界各國提供愈來愈多的獎學金，鼓勵國際青年才俊大規模地來華學習（硬實力），這對亞非拉地區千千萬萬的個人和家庭產生了強大吸引力，但這種吸引力在多大程度上是因為獎學金（銳實力），還是因為中國具有國際競爭力的一流高等教育（軟實力）？

　　在中美關係領域，兩國的各種交流、對話機制已經很多、很雜，但是這些機制都是「硬實力」，即不管哪個方面的機制，其存續靠的是政府的物質上增長中的投入。面對中美關係中的消極面，中國更需要真正的「軟實力」，因為「銳實力」增加中美衝突的風險，而「軟實力」則一定能化解並降低與美國的衝突。當然，美國也有「銳實力」的問題。美國建立的一些吸引中國學者和學生的獎學金專案，不能認為其就自動是美國的「軟實力」。公允地說，它們首先也是美國的「銳實力」。中國也要對美國的「銳實力」進行評估，包括提出和使用「銳實力」這樣不具有建設性卻有著對抗性的概念。中美雙方在交流中，有的交流計畫確實超越了「硬實力」和「銳實力」，對兩國具有持久的相互影響力、生命力。如同奈伊指出的，真正的「軟實力」幫助中美之間建立信任，並創造出使中美合作成為可能的網絡。

　　以下整理出幾點不是結論的結論：在美國和英國有論者提出「銳實力」的概念之後，在中國，也有對「銳實力」進行反駁或者不同意的聲音，但卻缺少對「銳實力」具有建設性的評論。可能是因為提出「銳實力」者的

初衷並不是建設性的，而是從自身的角度——政治性地表達了對中國「軟實力」的擔心，引起了中國方面的反擊性回應。

本文認為，從客觀的學術角度來看，「銳實力」是一個重要的概念，我們應該至少從方法論的角度看到「銳實力」這一概念的學術價值，以及「銳實力」作為鏡子（指標）的公共政策意義。

中國這樣的巨型國家，在世界上發展、擁有和使用各國通用的「軟實力」無疑是十分必要的。不過，有時候「蘿蔔快了不洗泥」，有人誤以為大投入的立竿見影就是「軟實力」，殊不知，「銳實力」確實對「軟實力」並不有利，甚至長遠效果是適得其反。所以，從積極思維的角度來看，本文認為「銳實力」概念是對中國發展「軟實力」的一種及時的戰略警醒，即中國不能不注意「軟實力」求取的正確方向，因為，假如號稱的「軟實力」專案愈來愈「硬」，到了「尖銳」的地步，就不是人們初衷的「軟實力」了，也就難以達到「軟實力」功效。

三、「懷柔」與「軟實力」[3]

美國著名中國問題專家易明（Elizabeth C. Economy）在其《*The Third Revolution*》（Oxford University Press, May 3, 2018）一書第222頁至第224頁中，提到和引用了筆者的這篇短評：「As Renmin University scholar Pang Zhongying has commented, *huairou*（懷柔）-which means pacifying and winning the hearts of foreigners through tributary trade-is an ancient Chinese ruling strategy and is better suited to China than the American concept of soft power.」[4] 筆者於2013年9月至2014年3月在德國法蘭克福和平研究所和法蘭

---

[3]　原載《環球時報》（北京），2014年2月23日。

[4]　關於易明的該書有很多書評，其中一篇是：https://blogs.lse.ac.uk/lsereviewofbooks/2019/01/15/book-review-the-third-revolution-xi-jinping-and-the-new-chinese-state-by-elizabeth-economy/。該書評提到筆者的名字。

克福大學（歌德大學）住所研究和教學。由於有一些德國大學，包括海德堡大學等邀請筆者去演說中國的外交政策，筆者就找出一些角度展示自身對中國外交政策的理解，以與在德國大學的師生分享，其中就包括比較「懷柔」和「軟實力」。2013年12月3日訪問海德堡大學政治學研究所與師生討論了「懷柔」與「軟實力」，德國的中國問題專家有的相當瞭解「懷柔」在中國古代的意涵，他們甚至比筆者更知道「懷柔」。以下是該篇評論的最後兩段：

「2014年，中國要在北京懷柔舉行APEC經濟領導人非正式峰會。早在1,300多年前，唐朝就設置了懷柔縣。在古代漢語中，『懷，來也，柔，安也。』『懷柔』直譯是招來安撫，使其歸服。懷柔這一中國的古老智慧在21世紀應得到新理解和新運用。我相信，中國會利用這一多邊外交機會，重新思考中國自己的外交理論和實踐，而不是簡單模仿西方的外交政策工具及其組合。

若『懷柔』的哲學和觀念得到現代化，作為真正來自中國的治理思想，也許會在處理更加複雜和多樣的中國與世界的關係上發揮獨特的作用。我國未來要好好研究到底類似於『軟實力』的外交政策決策和執行的工具及其組合。」

四、「綜合國力」是帶有冷戰色彩的概念，研究「綜合國力」要避免歧途[5]

目前，由於中美關係的複雜形勢，關於中美「綜合國力」（國家的綜合實力）比較研究再次興起。「綜合國力」的主張者，基於「東（中國）升西（美國）降」的判斷，[6]認為中國「綜合國力」已經超過美國的「綜合國

5　原載《華夏時報》（北京），2018年8月6日。
6　「東升西降」何時出現？誰是第一個或者第一批這樣判斷的？筆者尚不確定。

力」，但這一結論引起了質疑、不同意和反駁。本文無意捲入這一爭論，而是就「綜合國力」這一議題的研究提出一些看法。

第一，「綜合國力」是一個冷戰概念。如今，「綜合國力」再次受到關注，從一個側面來看，此反映了令人憂心的冷戰在21世紀的再起。

在冷戰鼎盛年代，美國和蘇聯學術界爲服務冷戰提出了「綜合國力」的概念，並開展了多學科的「綜合國力」研究。美國和蘇聯的重要政府部門大力資助了關於「綜合國力」的研究。

爲什麼冷戰時，「綜合國力」至關重要？這很好理解：冷戰是兩大體系的全面對抗、全面衝突，而這兩大體系靠的不僅是他們的一些部門的實力，例如軍力或者科技能力，而是全面的實力。「綜合國力」等究竟包括什麼？可以說，涉及幾乎所有的國家實力。諸如軍事實力，而外交實力也是其中之一。毫無疑問，隨著經濟和技術的變化，「綜合實力」的內容也跟著發生變化。

在冷戰即將結束的前夕，美國關於國家實力的研究產生了一大重要研究成果，即「軟實力」理論的誕生（1990年）。這一理論大大改變了「綜合國力」的內涵，也部分解釋了爲什麼蘇聯在與美國以冷戰爲大框架的「綜合國力」競爭終歸失敗的原因。

第二，理解「綜合國力」的關鍵不在於「綜合」，儘管「綜合」的學問很大，但並不是一般感知的簡單的加法或者混合，而在於「實力」，因爲人們對「實力」的理解不僅差別非常大，而且是相互衝突的。

在當前的這場爭論中，不少評論者理解的「國力」或者「國家的實力」也相當不同。有一個不得不提的現象：在中國，有人繼續排斥從英語的power翻譯過來的「實力」，原因無他，即是因爲power在中國近代以來的演變。power這個詞，從歐洲（部分地，經由日本）來到中國，一開始被稱做「強國」，即「強國」就是power。而一個個的「強國」，則被稱做「列強」。在中國，眾所周知，「列強」曾是其反抗、抵抗的對象。

但是，20世紀末期，中國也要「現代化」、也要「發展」、也要追求「富強」了，那麼，所謂現代化、發展、富強，是否就是西方所稱的

power？這個問題一直沒有答案。不過，後來在多數情況下，儘管各種論壇在「強國」，甚至「社會主義核心價值」之一也包括「富強」，但在理解power一詞上，中國還是迴避了「強」，最終被翻譯為「實力」。

我們知道，在西方政治思想和政治科學（包括國際關係學科）中，power是一個關鍵字中的關鍵字，並且可能是最難理解的。關於power的科學研究，源遠流長，流派紛呈，文獻汗牛充棟。

在中國，關於「實力」的研究，一直以介紹西方關於power的研究為主。這種介紹是否已經改變了中國大多數公眾對於power的認識，筆者沒有調查，也不知道其他學者是否做過調查，所以不能回答這一自問。

最近幾年，在國際關係研究領域中，國內有愈來愈多的研究者開始深入研究「實力」，也有人致力於關於實力的「某種學派」，這是知識生產方面的可喜進展。

簡而言之，其實就一個意思，究竟什麼是實力、什麼是國家的實力、什麼是國家的綜合實力，這樣的問題並不是能簡單回答的。當然，有人在對國家的實力進行量化或者測度研究，應該是以給定的或者假定的某種實力概念為前提的。這種量化、計量研究也許迴避了實力的含義，但從其量化研究本身還是能看出，研究者認為和主張的國家實力究竟是什麼。

第三，有人把各式各樣的國家能力（如GDP，自然也包括過剩產能）看做是實力，而「綜合國力」則是各種國家能力的相加。這樣理解實力或者綜合國力顯然是錯誤的，甚至是大錯特錯的。中國民間經常說「大而不強」，即看上去相當龐大，實際上卻乏力。這個說法就觸及到事情的本質，即大不等於強。當然，這種說法沒有正面、深入回答為什麼會有「大而不強」的現象。

「軟實力之父」的奈伊一直強調，某項事物，比如一國的經濟規模（GDP）；一國的軍事能力（有多少核彈頭、多少航空母艦）；一國的大學、智庫；一國的演藝界，究竟在多大程度上代表了該國的實力？各式各樣的部門、行業、資源等在多大程度上能轉化為軟實力？

受到奈伊的啟發，本文特別強調「轉化」。筆者的觀察是，關於中國

的實力或者中國的「綜合國力」的研究，基本上沒有研究，甚至嚴重忽略了奈伊所說的「轉化」。客觀上，研究「轉化」是十分困難的。美國的高等學校、智庫可以換算為多少美國的國力？中國的各種資源或者某個部門的能力，究竟能轉化為多少中國的（真正）國力？為什麼軟實力是最重要的？

總而言之，對「綜合國力」的認識並非易事。現在中國持續關注「綜合國力」，可能是因為目前與美國關係的惡化。但是，中國是否真的開展了與美國在眾說紛紜的新冷戰下的「綜合國力」競爭？中美貿易戰是否將演變成為全面的「綜合國力」的競爭？如果是的話，中國是否汲取了當年蘇聯在與美國「綜合國力」競爭中的教訓？

關於「綜合國力」之研究，本文對國內現狀的評估是：第一，缺少對實力的真正的科學研究基礎。許多人誤以為諸如科技（即使加上諾貝爾獎得主的指標）等能力或者資源就是實力。正因為有這個錯誤，不管如何設計評估指標和模型，最後得出的「綜合國力」結論可能謬以萬里，或者這樣的結論沒有真正的價值卻有誤導之害。IMF早在2015年就認為中國已經是世界第一大經濟體，其研究方法和指標是購買力平價（PPP）。但是，中國是世界第一大經濟體並不等於中國的經濟實力也是世界第一或者名列前茅，中國真正的經濟實力也許仍然沒有進入世界前五名。我們知道，在幾個權威的國際競爭力和全球軟實力排名中，中國的排名是在後的，與世界第一大經濟體或者第二大經濟體的稱號完全不一致。

一、透過克服「金德爾伯格陷阱」來治理「修昔底德陷阱」[1]

　　美國波士頓大學佩里・梅林（Perry Mehrling）教授的最新著作，是關於金德爾伯格的思想傳記，書名爲《貨幣與帝國：金德爾伯格與美元體制》。[2]筆者認爲該書是理解金德爾伯格思想和奈伊（Joseph Nye）所提出之「金德爾伯格陷阱」（Kindleberger Trap）的關鍵參考文獻。

　　該文實際上是筆者提出的一個命題，但是，由於筆者的個人遭遇，遺憾的是，自提出「透過克服『金德爾伯格陷阱』來治理『修昔底德陷阱』」的命題後，便一直沒有時間具體研究和成書這個命題。

　　提出「修昔底德陷阱」（Thucydides's Trap）是艾利森（Graham Allison）的一項重大學術貢獻。艾利森也回答了如何解決「修昔底德陷阱」，不過，筆者認爲，艾利森的貢獻不是回答了如何克服「修昔底德陷阱」，而是提出了「修昔底德陷阱」。艾利森關於克服（治理）「修昔底德陷阱」的論述儘管洋洋灑灑爲一專著，但是，仍不如其提出這一問題的貢獻來得大。

　　什麼是「修昔底德陷阱」？這是關於大國之間的關係，尤其是關於大國

1　原載《華夏時報》（北京），2019年4月1日。該文發表後，許多重要網站廣泛轉發之。「金德爾伯格陷阱」應該是奈伊爲了從某種角度回應他的老同事艾利森的「修昔底德陷阱」而提出的。奈伊退休後仍然筆耕不輟，「金德爾伯格陷阱」是奈伊最爲重要的一個命題。從1990年代初，即奈伊的「軟實力」概念誕生以來，筆者一直在學習和研究奈伊的國際思想，與他也有郵件聯繫。奈伊也曾在他關於中國軟實力的文章中引用過筆者的觀點。https://www.hks.harvard.edu/publications/what-china-and-russia-dont-get-about-soft-power。

2　*Money and Empire: Charles P. Kindleberger and the Dollar System*, Cambridge University Press, 2022.

之間的競爭和衝突。艾利森曾在北京的一場演講提到，[3]「修昔底德是一個偉大的思想家和歷史學家」。他指出，「修昔底德陷阱」說的是希臘半島戰爭歷史，是關於雅典和斯巴達之間的戰爭，這場戰爭摧毀了古典希臘的兩個主要城市國家。「修昔底德陷阱」並不是今天才有的，早在2003年，艾利森就使用「修昔底德」來指出問題了。艾利森的觀點是：「當一個崛起的強國威脅要取代一個統治強國時，其結果往往是戰爭。我在研究中梳理了2,500年前發生在希臘的歷史。當時雅典的崛起令人嘆為觀止，他帶給其他國家的影響是令人恐懼的；而斯巴達人當時已經統治希臘100年，最終，他們爆發了戰爭。」

許多人承認，「修昔底德陷阱」是一道國際關係難題。本文認為，與其說是「修昔底德陷阱」，在中國，不如也可以命名為「艾利森問題」。

我們知道，最近幾年，自從正式出版了艾利森關於「修昔底德陷阱」的大作後，[4]其便經常在美中之間演講，而他的演講進一步提出和推廣了「艾利森問題」。艾利森試自問自答，「到目前為止已經找到了九種可能避開『修昔底德陷阱』的可能性」。[5]

筆者的看法是，艾利森本人回答「艾利森問題」固然很好，但他的回答也僅是一家之言，即是關於「艾利森問題」的一種答案。就在艾利森提出「修昔底德陷阱」不久後，艾利森在哈佛大學的親密同仁、著名的「軟實力之父」奈伊提出了「金德爾伯格陷阱」，其提出「金德爾伯格陷阱」的文章很短。[6]儘管如此，考慮到奈伊在國際關係學術界的巨大影響，筆者認為，不能就論著長短論貢獻（學術價值），「金德爾伯格陷阱」這一問題的提出無疑可媲美「修昔底德陷阱」。

什麼是「金德爾伯格陷阱」？奈伊在該短文中指出：「馬歇爾計畫的

3　艾利森，〈中美如何避免修昔底德陷阱？〉，《FT中文網》，2019年4月1日。

4　Graham Allison, *Destined for War: Can America and China Escape Thucydides's Trap?* Houghton Mifflin Harcourt, 2017.

5　艾利森，〈中美如何避免修昔底德陷阱？〉，《FT中文網》，2019年4月1日。

6　Joseph Nye, "The Kindleberger Trap," *Project Syndicate*, January 9, 2017.

天才構想者，後執教於麻省理工學院的（經濟學家）查爾斯・金德爾伯格認為，1930年代的災難起源於美國取代英國成為全球最大強權，但又未能發揮英國提供全球公共品的作用。其結果是全球體系崩潰，陷入蕭條、種族滅絕和世界大戰。」奈伊根深蒂固地認為，為了在21世紀重現1930年代那樣的災難，世界體系中仍然需要有一個「國際公共財」的提供大國。在奈伊提出這個觀點時，美國的川普政府表示不願意繼續做這樣的「國際公共財」提供者。於是就有了奈伊的這一巨大設問，而這一設問發生在美國國內國際事務學者紛紛認為現存的美國所曾經主導之國際秩序的衰落甚至「終結」之時。他的問題為，假如美國不再是這樣的提供國，則「今天，中國力量崛起，他會幫助提供全球公共品嗎？」

於是，奈伊對「金德爾伯格陷阱」這一問題的設定走向狹窄，如同艾利森，奈伊的邏輯也讓人失望。筆者很高興地看到他繼艾利森提出「修昔底德陷阱」後提出「金德爾伯格陷阱」，但卻對他把「金德爾伯格陷阱」侷限於「提供國際公共財」的超級大國及其繼承大國而感到失望。這反映了奈伊的世界觀仍然是以超級大國為中心的，當然也說明他對世界局勢的看法是悲觀的：一方面，美國至少現在不再是國際公共財的主要提供者；一方面，中國還不能（在能力上，奈伊說的中國仍然是「弱」的）取代美國成為這樣的國際公共財提供者。而這以悖論構成了他的「金德爾伯格陷阱」。

有了「金德爾伯格陷阱」，「修昔底德陷阱」不再孤獨。不過，截至目前為止，兩大「陷阱」似乎並沒有相互呼應，艾利森和奈伊兩位大師亦沒有討論他們各自提出的不同「陷阱」之間的關係。從研究的角度來看，筆者是十分希望看到他們兩者對兩大「陷阱」之間的關係深入討論。

筆者提出了兩大研究任務：第一，重新定義「修昔底德陷阱」和「金德爾伯格陷阱」，即超越這兩大「陷阱」的艾利森和奈伊版本；第二，把「修昔底德陷阱」和「金德爾伯格陷阱」聯繫起來。至於如何超越，以及討論兩大「陷阱」之間的關係，是筆者正在進行的研究。限於篇幅，本文就不展開陳述該研究。

筆者曾在多個研討會上發言，呼籲超越「修昔底德陷阱」和「金德爾伯

格陷阱」，並討論「修昔底德陷阱」和「金德爾伯格陷阱」之間的關係。例如，2019年3月30日，在廈門大學爲慶祝楊國楨教授八十華誕而舉行的「海洋與中國研究」國際研討會上，筆者就提到了該項研究。

如同奈伊在上述他的短文中指出的那樣，「修昔底德陷阱」和「金德爾伯格陷阱」是「歷史布下的」（history has set）。在筆者看來，這兩大「陷阱」屬於21世紀最大的全球挑戰。

無論是單一學科還是多學科，無論是單一國家還是全球社會，在學術上和實踐上回答或者治理「修昔底德陷阱」和「金德爾伯格陷阱」絕非易事。筆者的初步研究表明，由於把這兩大「陷阱」重新定義，並緊密聯繫起來，在今天這樣多方或者多元的世界（a polycentric world），如果遵從「集體行動的邏輯」而不是「霸權的邏輯」，「金德爾伯格陷阱」是完全可以克服的，而「金德爾伯格陷阱」的克服則達到治理「修昔底德陷阱」的效果。本文要強調的是，治理「金德爾伯格陷阱」就是治理全球挑戰，而全球治理才是眞正有效的和平之道，即在全球層次治理「修昔底德陷阱」。全球治理若成功，21世紀就是全球和平的。

二、從「發展」和「治理」的角度看2019年的「諾貝爾經濟學獎」[7]

許多人以爲「諾貝爾經濟學獎」（The Nobel Economics Prize）也是「諾貝爾獎」，應該說，這樣的認定並沒有錯，只是不精確。「諾貝爾經濟學獎」是爲紀念諾貝爾而增設的瑞典銀行獎，獎勵經濟科學各門（The Sveriges Riksbank Prize in Economic Sciences in Memory of Alfred Nobel）而設立於1968年，並於1969年首次頒發。挪威經濟學家弗里希（Ragnar Anton

---

7　本文原載《華夏時報》（北京），2019年10月21日。

Kittil Frisch）與荷蘭經濟學家廷貝根（Jan Tinbergen）是該獎首屆得主。瑞典曾是北歐強國，如今是世界上發展程度最高（「發達」）的國家之一。瑞典有著各式各樣面向的世界獎項（大多不是瑞典政府主導的），最有名的當然是「諾貝爾獎」，此亦是瑞典在世界上代表性的「軟實力」。

　　2019年的諾貝爾經濟學獎授予巴納吉（Abhijit Banerjee）、杜芙洛（Esther Duflo）和克里莫（Michael Kremer）三位經濟學家，理由是他們「採用實驗主義方法研究如何緩解全球貧困」。諾貝爾經濟學獎再次給了「發展經濟學」家（Development Economists），是一件可喜可賀也是可憂可思的事。

　　筆者在本科和研究所階段是學習經濟學專業的，在「改革開放」初期，在中國上過最好的「發展經濟學」課程。教授我們「發展經濟學」的是享年百多歲的傑出經濟學家楊敬年老師。之後，筆者儘管不屬於「經濟學界」，但是一直與經濟學分不開，也一直觀察「發展經濟學」在世界的演變。

　　在評論2019年的諾貝爾經濟學獎時，筆者建議人們不要忽略了該評獎委員會給出的理由中的「全球貧困」（global poverty）一詞，尤其是不要忘了其中的「全球」。

　　當前的世界，確實面對著「百年未有的大變局」，「發展」在全球範圍處在一個歷史的十字路口。「全球貧困」本來就位列頭一批的「全球挑戰」。在過去30多年，由於各種原因，來自「不平等」、「氣候變化」、「不可持續性」等導致的世界貧困問題早已顛覆了傳統的「貧困」問題。

　　在一直「堅持」認爲自己是「世界上最大的開發中國家」的中國，「貧困」的概念和關於「貧困」的研究卻是相對貧乏的。中國「扶貧」也主要集中在中國和中國的農村地區（老少邊窮），儘管最近已經開始向「開發中世界」輸出「中國（發展）模式」。實際上，在中國，「貧困」愈來愈多地離開了傳統的農村領域；而在世界範圍內，「貧困」是「全球問題」，這就是爲什麼諾貝爾經濟學獎評獎委員會用了「全球貧困」一詞。中國的「貧困」理論與實踐面對著本體論、認識論和方法論的巨大問題和改進的艱鉅任

務。主要侷限在國內所稱的「扶貧」問題（主要是「政府的作用」），尚未在全球系統意義上研究「貧困」問題，是沒有前途的研究。這次諾貝爾經濟學獎如果不能在「全球貧困」和「全球治理」上啟發和警示中國，則我們對其的「圍觀」就沒有什麼實質意義。

對「貧困」問題的解決，不僅是一個「發展」問題，更是一個「治理」問題。這裡的「治理」也不僅是在國內範圍（國內層次）上的，而更重要的是在全球層次上的，即「全球貧困治理」。全球貧困治理是過去30年，即冷戰結束後以來，包括「發展經濟學」在內的整個「發展科學」（發展研究各門學科）的一個主要趨勢。

「發展」與「治理」息息相關。這裡所稱的「治理」（governance）是與「統治」（government）不同、相區別的概念。諾貝爾經濟學獎在最近10年總是光顧「發展經濟學」，並光顧與「發展經濟學」密切的「治理」學科，有時甚至把經濟學獎給了政治科學家（這可能使一些經濟學家對該獎不滿）。

2018年，諾德豪斯（William D. Nordhaus）因為研究「氣候變化」而獲得諾貝爾經濟學獎。「氣候變化」是當代世界最大（在全球範圍）的「大變局」，即「天變」。「氣候變化」是「發展」帶來的問題，反過來又制約了「發展」，惡性循環，成為當今的頭號「全球治理」問題。「氣候變化」在非洲、南亞、拉美等區域已經帶來了嚴重的非傳統貧困。沒有氣候變化治理，也不會有21世紀的發展。對「氣候變化」的治理，目前主要是依靠一個全球治理框架（UNFCCC）和各個聯合國成員，而未來的「發展」亦與全球氣候變化治理息息相關。

2015年，蘇格蘭出生的美國普林斯頓大學經濟學家迪頓（Angus Deaton）獲得諾貝爾經濟學獎，也是因為他研究「發展」問題，尤其是研究「消費、貧困和福利」之間的關係。

2009年，諾貝爾經濟學獎大大激勵了廣大的其他社會科學學者，尤其是全球治理研究學者。研究如何治理「公地悲劇」（governing the tragedy of the commons）的政治科學家奧斯特羅姆（Elinor Ostrom）亦於同年獲得

諾貝爾經濟學獎。在目前全球範圍內，「公地」（例如氣候、海洋、極地等）面對的問題更加嚴重，但在很多場合和層次，解決這些問題的方法卻不是奧斯特羅姆主張的制度主義。強勢的民族主義（國家主義）更不願意採納制度主義（規則為基礎）。川普統治下的美國退出了氣候變化治理的《巴黎協定》，不少國家搶占公海、深海、遠海等國際法規定的「人類共同財產」，使得「全球公地」的私有化不斷抬頭。到頭來，全球的「公地悲劇」更加惡化，世界發展中的「永續性」更不樂觀。

　　今日世界，呼喚「永續發展」者很多，儘管不同的人、不同的行業、不同的學科、不同的機構所指的「永續發展」不同，然「發展」就是「永續發展」，不具有「永續性」（sustainability）的不能叫做「發展」。號稱「發展」的事物太多，但這些未必是真正的「發展」。「成長」未必帶來「發展」，缺少「永續性」的快速「成長」可能帶來快速破壞，並產生「發展的悖論」和「發展的停滯」。「永續性」是「發展」的根本或者中心標準，我們可以看到，諾貝爾經濟學獎實際上是以「永續性」為核心標準。

　　2019年的諾貝爾經濟學獎在「開發中」的中國自然引起了不少評論，筆者看到的論者主要來自「經濟學界」和「經濟政策界」。不出所料，有人對之的評論再次反映了根深蒂固的狹隘民族主義，即為什麼「發展成就這麼大」的中國居然一直沒有受到諾貝爾經濟學獎的光顧？為什麼經濟學科如此普及和發達，且擁有世界級的經濟學家的中國，居然沒有一位中國經濟學家得到這一獎項？有人甚至上升到政治的層面，稱諾貝爾經濟學獎有偏見，不承認中國經濟發展和經濟學研究的成就。筆者認為大可不必如此反應，這個獎畢竟是目前最具有「全球」意義的、享有世界聲譽的，我們還是好好地反思為什麼我們缺少諾貝爾經濟學獎意義上的「發展經濟學」以及與發展相關的「全球（問題）研究」。進入本世紀，中國執政黨和政府一直在呼喚、號召「科學發展」和「有品質的發展」（高質量發展）；與美國川普政府不同，中國仍然留在《巴黎協定》，在全球氣候變化治理中貢獻不小，但是，伴隨中國的發展，中國的經濟學和其他社會科學研究，是否已經具有在解決「全球貧困」問題、在回答全球「永續性」挑戰上的非凡答案？

三、在世界銀行和國際貨幣基金組織領導人更迭後[8]

2019年10月1日，保加利亞經濟學家克里斯塔利娜‧格奧爾基耶娃（Kristalina Georgieva）走馬上任國際貨幣基金組織（IMF）第十二屆總裁（Managing Director），接替將出任歐洲央行（European Central Bank）行長的拉加德（Christine Lagarde），任期五年。

與IMF並肩的世界銀行（WB）在2019年4月就換了行長，由美國人馬爾帕斯（David R. Malpass）擔任第十三任世界銀行行長，取代提前辭職的世界銀行行長金墉（Jim Yong Kim）。

國際組織領導人更換一般意味著國際組織改革（變革）的機會，2011年開始擔任IMF總裁的拉加德就爲IMF帶來歷史改革。2019年新的IMF和WB是否也意味著新的國際金融組織的改革？這些改變將是什麼？改革是繼續向著許多成員國和國際社會、全球經濟期待的方向，還是將發生新的方向和結構的變化？

目前，IMF許多成員國的國內經濟和國內治理，以及各國經濟在世界運行的外部條件——國際秩序和全球治理（多邊體制）處在十分複雜的十字路口。國際金融組織（國際金融制度）將向何處去，即成爲必須面對的問題，惟本文的主要目的不是回答而是提出上述問題。

「中國金融四十人論壇」研究部宥朗所撰〈IMF的新總裁和老大難，都來自發展中國家〉，是一篇及時的中文評論，有助於國內關注IMF領導人更替的影響，以及IMF面對的諸如阿根廷等「新興市場」（emerging markets）的債務危機。筆者注意到宥朗的評論，不僅是因爲一直關注著IMF更換總裁這件事，也是因爲該文稱IMF的新總裁「來自發展中國家」或者「來自新興經濟體」：「此前擔任世界銀行首席執行官的格奧爾基耶娃是拉加德之後的第二位女總裁，也是1944年IMF成立之後首位來自新興市場經濟體的

8　原載《華夏時報》（北京），2019年10月8日。

總裁。」

　　第二次世界大戰終結時，美國和歐洲國家（指戰勝國家）創建了國際金融組織，包括WB和IMF。根據布雷頓森林體系和布雷頓森林協議，非正式地，世界銀行行長由美國人出任，而國際貨幣基金組織則由歐洲人出任。自1944年以來的75年間，這一規則一直沒有被打破。

　　格奧爾基耶娃是保加利亞公民，也是歐洲人，所以她出任IMF總裁，符合歐洲人這一任職條件，也使得歐洲人擔任IMF總裁的規則得以維持。保加利亞位於東南歐巴爾幹半島的東部，是歐洲大陸最古老的國家之一。根據聯合國所稱，今日的保加利亞屬於「已開發國家」，不是「開發中國家」，當然也不是「富國」。1989年後，保加利亞實現了從計畫經濟到市場經濟的成功「轉型」；2004年，保加利亞加入北約（NATO）；2007年，保加利亞正式加入歐盟。歐盟是「發達經濟」集團，因此保加利亞有時被看做「新興歐洲」（emerging Europe），但是，在全球範圍，一般不把保加利亞視爲「新興經濟」（emerging economy），因爲「新興經濟」指的是亞非拉地區高速成長的國家經濟，尤其是中國、印度等。

　　儘管如此，IMF總裁由來自保加利亞的格奧爾基耶娃擔任，還是讓人們產生一些聯想，這種聯想不僅是因爲保加利亞昨天在歐洲、今天在歐盟的特殊性，而且是因爲歐洲（歐盟）在IMF的金融霸權的內在結構變化。

　　在二戰後誕生的國際金融組織，美國並非獨霸，而是與歐洲（最初是「西歐」）聯合霸權的，也可以說是與歐洲分權的。亦即，在IMF這一國際金融組織，歐洲享有與美國並駕齊驅的金融霸權。

　　這裡順便提到的是，2008年，首先在美國爆發，後來主要以債務危機重創歐洲的「全球金融危機」，使歐洲對改革IMF的動力大增。正是歐洲，而不是美國，自2010年以來，在IMF的增資（份額）改革（quota reform）中，歐洲國家幾乎都願意把在IMF中的霸權（主導權）——具體表現爲歐洲國家的集體份額，拿出一點分給「新興經濟」的中國和印度等。「新興經濟」，主要是指中國，借助份額改革，使其在IMF中的影響力——投票權（voting power）有歷史性的上升。當然，美國仍然是IMF最大的股東、擁

有否決權和對整個組織的金融與治理結構的領導權。IMF的份額改革主要意味著歐洲權力向「新興經濟」的轉移，提高「新興經濟」在IMF中的代表性或者話語權。而美國和「新興經濟」（尤其是中國）在IMF中，並不存在「權力轉移」。

不過，歐洲人在2019年繼續擔任IMF總裁表明，IMF增資改革進程中，歐洲在IMF中享有的金融霸權並沒有因爲分權給「新興經濟」而發生根本變化，反而增加了歐洲在IMF中的（霸）權力正當性。

我們知道，IMF、WB等老牌全球性國際金融機構（全球的國際金融制度）一直面對的嚴重問題之一是其正當性危機（legitimacy crisis）。馬爾帕斯和格奧爾基耶娃的上臺是否將在克服這些組織的正當性危機上採取新措施？可以肯定的一點是，由於美國和歐洲繼續控制這兩個機構，我們也許在可以預見的未來看到他們克服正當性危機的限度。

國際金融組織（International Financial Institutions）最初只有IMF和WB，20世紀末又出現了新的國際金融組織，如金融穩定委員會（FSB）。隨著世界經濟的演變，面對21世紀的挑戰，新的國際金融組織還在浮現之中。在WB和IMF等中，以改進「正當性」之名義的其他成員和攸關方，並不能根本動搖美歐的金融霸權。除了美歐自身，也有其他成員願意維持美歐在其中的歷史形成的霸權。不過，在美歐主導的國際金融組織之外，「新興經濟」卻有所觸動美歐的金融霸權。2015年以後，亞洲基礎設施投資銀行（AIIB）和（金磚）新發展銀行（NDB）等建立起來。全球的國際金融組織體系增加了這類新的國際金融組織，正是IMF和WB進一步改變的外在壓力。不過，新的國際金融組織確實要與IMF和WB等全球性國際金融組織進一步協調，並取得協調的成功，共同推進統一的全球經濟治理和全球金融治理，而不是導致全球治理的進一步碎片化，以及不同國際金融秩序之間的衝突。需要提到的一個情況是，根據一些國際研究和報導，中國等的國家開發銀行（CDB）在全球發展中的作用，甚至比WB等國際金融組織的作用更大，被稱做是中國的「世界」銀行。這些原來沒有預料到的新情況，實際上已經衝擊了以美歐爲主的世界開發金融格局（秩序）。美歐繼續主導的IMF

和WB將如何回應他們認定的「中國挑戰」？中國等實際上已經「腳踏兩條船」，一方面在IMF和WB等全球性國際制度中，一方面又在新的國際制度中。中國的國家作用（如中國國家開發銀行在世界發展中的作用），將成為包括WB和IMF等全球性國際制度新的治理對象。

　　總的來說，中國與IMF等國際金融組織的演化是一個重要的研究課題。從這個側面來看，研究者不僅看到全球治理對中國的深入影響，而且看到了中國對全球治理的影響。2019年6月11日，中國政府總理李克強在北京會見了WB新行長馬爾帕斯。據報導，李克強指出，「中國作為現行國際經濟金融體系的參與者、建設者和貢獻者，願同世界銀行深化合作夥伴關係」。而馬爾帕斯指出：「中國在很多領域仍面臨發展的需求」，他領導的WB「期待與中方在雙邊及全球範圍深化多領域合作」。新的IMF總裁格奧爾基耶娃預計也將訪問中國，而與中國的合作亦是IMF新總裁正在考慮的。未來五年，中國與WB和IMF等國際金融組織之間的互動、中國在全球的國際金融秩序中的作用，將面對新局面。

四、全球化世界的「大分裂」可能及其後果──古特雷斯、川普和李顯龍在2019年聯大的演講[9]

　　根據2019年9月27日的美國彭博消息，川普政府將考慮讓在美國上市的中國公司「退市」（delisting）。看來，自川普政府發動與中國的貿易戰，發誓要重新平衡與中國的關係以來，美國與中國在經濟上的「脫鉤」將面對著更加嚴峻的形勢。

　　就在川普政府透露這一不讓中國公司在美國上市的消息之前，9月24日，第七十四屆聯合國大會開幕，秘書長古特雷斯發表演講。他的發言是該

---

[9]　原載《華夏時報》（北京），2019年9月30日。在新冠疫情全球大流行（the pandemic of CO-VID）前夕，世界領導人已經開始擔心世界的「大分裂」。

年聯大的一大新聞，我們知道，聯合國秘書長每天要出席很多場活動，發表許多意見，但不是所有的發言都有新聞價值。我們看到，全球許多記者和評論人抓住了古特雷斯在聯大開幕上的這一段話：「我擔心世界大分裂的可能性：我們的世界正在分化爲兩個，星球上的兩大經濟，正在分立，成爲相互競爭的兩個世界，擁有各自的互聯網、主導貨幣、貿易和金融規則，以及制定自身的零和地緣政治和軍事戰略。我們一定要竭盡所能阻止此種大分裂，維持全球同一的體系 —— 只有一個世界經濟，尊重國際法，不怕多極世界只要有多邊制度。」

193個聯合國成員國的136個領導人參加了2019年聯合國大會，並發表了各自的演說。[10]古特雷斯描述的世界大分裂的風險確實值得我們深思，且其指出的世界處在關鍵點上。關於氣候變化議題，古特雷斯宣布了「氣候緊急狀態」（the climate emergency）：我們曾經所稱的「氣候變化」，現在其實已經是一場「氣候危機」；而我們曾經所稱的「全球變暖」，現在更準確地說已成爲「全球變熱」。古特雷斯還指出了不斷升級的不平等、不斷增加的仇恨和不寬容，以及其他威脅和平與安全的事態。

作爲聯合國的總管，古特雷斯說，目前的全球形勢使聯合國的工作日益困難。不過即便如此，很多人仍相信聯合國的精神和理念，承諾並肩合作的多邊主義基礎。

在古特雷斯發言後，巴西總統波索納洛（Jair Bolsonaro）第一個發言，而美國總統川普則在其之後發言。如果比較川普和古特雷斯的發言，則會發現川普顯然與古特雷斯的世界觀非常不同。

川普說：「未來不屬於全球化主義者，未來屬於愛國者。」這一點與他2018年在聯合國大會的演講一樣。川普透露出美國外交政策中的一個優先：「我們振興國家的目標以宏偉的國際貿易改革運動爲中心」；「我們想要的是公平對等的平衡貿易」。川普宣布，繼《美國—墨西哥—加拿大協

10　聯合國官網，https://www.un.org/sg/en/content/sg/speeches/2019-09-24/address-74th-general-assembly。

議》（*U.S.-Mexico-Canada Agreement*）取代《北美自由貿易協定》（NAF-TA）之後，9月25日，他與日本首相安倍晉三敲定美日新貿易協定。川普還說，與脫歐後的英國將簽訂「一項宏大的新貿易協議」。川普強調，「美國新的貿易取向最重要的區別涉及我們與中國的關係」；「美國人民完全致力於恢復我們與中國關係的平衡。希望我們能達成一個對兩國都有利的協議」。川普更呼籲「徹底改變」世界貿易組織（The World Trade Organization needs drastic change）。不過，川普在這次演說中並沒有陳述美國如何讓世界貿易組織「徹底改變」。[11]

　　一個沉重但有趣的問題是，在世界發生大分裂和多邊主義面對嚴峻形勢的情況下，世界秩序將會發生什麼？上述川普說的美國政府目前正在做的與世界主要經濟體的貿易關係的變化，以及改革世界貿易組織，就是世界秩序正在發生的大變動。

　　9月27日，輪到新加坡李顯龍總理在聯合國大會發言。李顯龍的發言題目是「為了轉變中的世界的多邊主義」（Multilateralism for a World in Transition）。如同上述古特雷斯和川普的發言，李顯龍的演講也值得注意，因為這一發言透露出一個值得關注的重要資訊。[12]

　　李顯龍認為，「世界處在一個複雜的轉型之中，（原有的）戰略平衡正在轉變」。他呼籲聯合國（多邊主義）「適應」（adaptation）今日世界，因為他的演講開宗明義即要求聯合國在應對世界挑戰中顯示出其相關性（the relevance of multilateralism），言外之意，聯合國不能失去相關性。李顯龍認為，大多數國家從現存的多邊制度中受益了，不過，多邊機構存在嚴重弱點，使得運轉並不良好。世界貿易組織規則已經落後，不適用於新的經濟，尤其是在數位服務和知識產權領域。李顯龍也主張改革世界貿易組織，反對另起爐灶。儘管如此，他坦言，「不能無限期等待多邊機構的改

---

[11]　川普在第七十四屆聯大的演講全文，https://www.whitehouse.gov/briefings-statements/remarks-president-trump-74th-session-united-nations-general-assembly/。

[12]　李顯龍在第七十四屆聯大的演講全文，https://www.pmo.gov.sg/Newsroom/National-Statement-by-PM-Lee-Hsien-Loong-at-the-74th-Session-of-the-United-Nations-General-Assembly。

革」。這意味著，新加坡對多邊組織的改革前景不是很樂觀。李顯龍指出，在過去的幾十年，面對全球多邊體制的危機，「新的區域合作機制和框架正在醞釀中或已經出現」。李顯龍指的是，東亞13國等達成的其他亞洲國家可能加入的貨幣金融方面的《清邁倡議》（*Chiang Mai Initiative*）、繼亞洲開發銀行（ADB）後的亞洲基礎設施投資銀行（AIIB）、綜合與進步的跨太平洋夥伴全面進步協定（CPTPP）、預期可能不久結束談判的區域全面經濟夥伴協定（RCEP）等。李顯龍呼籲，「我們要避免形成敵對的經濟體，或分裂為二的全球經濟，迫使各國選邊站，削弱國際秩序」；「封閉的全球市場將造成國際體系的緊張和不穩定」。

世界各國領導人每年在聯合國大會的演講，受限於時間，都不能長篇大論，同時還要傳達出代表各自政府最重要的立場、政策和建議。仔細研讀上述古特雷斯、川普和李顯龍在2019年聯合國大會的發言，都包括重要的資訊。本文為他們總結如下：

第一，世界，尤其是在冷戰後的全球化形成的全球經濟和多邊體制，可能分裂。令人擔心的是，這種分裂的態勢並沒有到得到遏止。

第二，包括聯合國和世界貿易組織在內的全球多邊機構（多邊制度）不適應於一個巨變的世界，將面對著生死存亡的系統性變革的壓力，不論這種壓力是來自全球主義勢力（globalists）還是來自民族主義（nationalists）勢力。全球主義者要求聯合國和多邊機構發揮全球治理的功能，而民族主義者則認為多邊組織不僅不利於他們的民族國家目標，而且傷害他們的利益。

第三，民族主義而非全球主義是川普政府等的解決方案。在重塑了美國與其主要貿易夥伴的關係後，川普政府的優先是「徹底改革」世界貿易組織。我們不清楚的是，如果這種「徹底改革」並不能徹底，而且可能毫無實質進展，則美國會不會退出世界貿易組織，另起爐灶新的世界貿易組織。

第四，「等不及了」的國家，可以說，大多數嚴重依賴全球多邊體制的國家，將繼續參加或者組織各種替代性的國際組織，尤其是在貿易、投資、技術、金融等領域。全球多邊愈是陷入困境，區域性（包括跨區域）的各種安排就愈是興盛。

　　第五，各國領導人，包括川普，在聯合國中親身體會面對這個複雜的、困難的世界，也許他們的內心是糾結的，因為他們談論的觀點和展示的國家政策，其實存在著內在的矛盾，他們代表的國家或多或少都是世界問題體系的一部分，因此都不得不需要全球治理，使得像是如此不喜歡全球治理的川普也沒有缺席聯合國大會講壇。

五、應高度重視全球經濟中的系統性「中斷」[13]

　　2019年9月14日，全球最重要的石油設施 —— 沙烏地阿拉伯國家石油公司（簡稱沙烏地阿美）位於東部的阿布蓋格（Abqaiq）和胡賴斯（Khurais）的煉油設施遭到無人機的襲擊。據報導，此次襲擊導致沙烏地阿拉伯每天減產一半或多達570萬桶的原油，可能為石油斷供史上最嚴重的一次。有關這次事件及其影響將逐步清晰：全球的北方人口很快就要入冬取暖，若沙烏地阿拉伯無法迅速恢復產量，而美國等其他國家又不能及時「釋出戰略石油儲備」以支撐全球商業庫存，則沙烏地阿拉伯遇襲事件將可能導致嚴重的全球經濟中斷。

　　「能源安全」一直以來就是一個大問題。中石化原董事長傅成玉於2019年5月29日在「上衍能源論壇」提出，在當前國際形勢下，中國的能源安全問題被突顯出來，必須做好短期石油斷供的準備，並立足於中國，用10年至15年時間做到能源基本自給。傅成玉的這一觀點和主張，在當前國際石油市場的大動盪中，不斷地在國內（如微信等媒體空間）受到提及。

　　沙烏地阿拉伯事件導致的石油供應中斷和國際原油市場的價格波動，是一個典型的嚴重「中斷」（disruption）事件。全球經濟中的嚴重「中斷」，指的是系統性的中斷，即具有系統性後果的「中斷」。本文的討論並不限於石油供應「中斷」，而是關於全球經濟中所面對之重大的「中斷」挑

13　原載《華夏時報》（北京），2019年9月16日。

戰。

　　爲了加深對全球經濟的理解，具有全球影響力的智庫麥肯錫全球研究院
（McKinsey Global Institute）長期以來的一個研究課題就是全球經濟的「中
斷」以及「中斷趨勢」（disruptive trends），並且認爲，我們的世界已經是
「一個存在重大中斷的世界」（a world of disruption），改變著世界的贏和
輸的格局。

　　2019年1月，麥肯錫全球研究院在瑞士達沃斯世界經濟論壇上發布了
《爲一個中斷的世界導航》（*Navigating a World of Disruptiond*）的報告。
該報告詳細研究了一些導致世界經濟發生「中斷」的「勢力」（the disrup-
tive forces），首先認爲，世界的「中斷」情況正在加劇，各國和大公司都
不得不應對「中斷」的挑戰。世界經濟「中斷」的最大情況究竟是什麼？
這些年，伴隨著對全球化中存在的問題、矛盾、悖論和危機等的觀察，許
多研究者不約而同地認爲，全球化的「中斷」可能是世界經濟最大的「中
斷」。[14]戴蒙（Patrick Diamond）認爲，「民主、資本主義和不平等之間的
相互作用，最近幾年，在工業化國家，全球化遭受了一波波的震盪。」

　　本文認爲，全球化的世界經濟由於五大變化而發生「中斷」的局面：

　　第一，和平變化。在第二次世界大戰後，「和平」在歐洲受到普遍、深
入且持久的研究。但是，世界和平在局部和某些具有系統重要性的世界點上
一次次地、經常地受到挑戰。目前人們普遍擔心中美關係的惡化，因爲中美
關係的惡化將「中斷」世界經濟。

　　第二，貿易（指廣義的貿易）變化。「貿易戰」是一種全球化的「中
斷」，也是世界經濟的「中斷」。長期以來，貿易導向繁榮與和平，很多人
對貿易繁榮和貿易和平深信不疑。1990年代，人們認爲全球化一定會帶來
全球經濟的擴大和世界和平的持續。但是，就目前的情況來看，新的貿易或
者全球化並不一定帶來新的繁榮與和平，「不平等」逐漸擴大，「反對全球

---

[14] Patrick Diamond, *The Great Globalization Disruption*《大的全球化中斷》，Lonton: Policy Net-
　　work, March 2019.

化」的勢力出現、持續存在，甚至不斷擴大，這就使許多人認爲全球化也可能帶來衝突和暴力。

第三，技術變化（如AI和生物技術等）可能帶來世界經濟的「中斷」。上述麥肯錫全球研究院的報告正是在討論這一點。

第四，氣候變化將進一步帶來各式各樣的世界經濟的「中斷」。我們這個世界，由於各種原因，人們不可能在氣候變化問題上達成一致，而氣候問題將繼續充滿爭議。但是，回到現實，衝突的上升正是因爲氣候變化，發展的不可持續性也是因爲氣候變化，這使得「永續發展」（sustainable development）變得更加迫切卻難以達到。氣候變化不僅可能在諸如非洲達佛這樣的貧困地區加劇衝突，也可能在重要地區和全球公地（如全球海洋、極地等）帶來衝突，氣候變化正在帶來全球權力格局的重新分布。而對氣候變化的回應或不回應，都可能導致產業結構的重大改變，產生全球經濟的「中斷」。

第五，人口變化將帶來各式各樣的世界經濟的「中斷」。我們看到，世界的一些地區，如非洲和南亞，人口結構仍然相當年輕，然而預期壽命由於新的疾病出現而沒有根本改善，雖然老齡化和少子化等並不是問題，但是，在後起的新興工業化地區，如中國等，老齡化和少子化（人口負成長）等產生「中斷」的挑戰卻提前到來。

聯合國一直持續不斷地推動「永續發展」。2015年，聯合國確定了2030年要達成的全球永續發展十七大目標（SDGs），而聯合國各成員國則各自認領了達成這些目標的任務。如今距離2030年剩下的時間愈來愈少，因此聯合國正在竭力推動這些目標的如期實現。但是，全球化的「中斷」可能讓聯合國永續發展目標大打折扣。

中國面對的「中斷」挑戰是巨大的。在工業化世界（OECD國家）遭受「中斷」之苦（如法國「黃背心運動」、歐盟遭到成員國如英國「無協議」退出的威脅）、挖空心思尋求應對「中斷」之策時，中國似乎並未充分意識到「中斷」的威脅。然而，世界經濟也是無常的，「中斷」幾乎時常發生。

中國仍然熱情地擁抱和推動全球化，更進一步地、全面地、深入地對外

開放，這當然令人欣喜、令人鼓舞。美國等昨日（冷戰後）推動的全球化已經被歸入「舊全球化」，中國認為自己代表的是「新全球化」。然而，與此同時，我們對全球化的「中斷」，或者對世界經濟的系統性「中斷」的認識和行動卻嚴重不足。

筆者尚未發現在中國有諸如麥肯錫全球研究院那樣關於全球經濟「中斷」有長期而深入且有影響的研究。中國研究世界問題的新興智庫應該設立關於全球經濟的「中斷」研究專案，儘快從中國的角度對世界系統的「中斷」進行描述和分析，甚至形成多學科的關於「中斷」的理論，提出全球化發生重大「中斷」的情況下，中國為了自身和為了世界的多種替代性方案。

「一帶一路」等國際計畫和中國發起的國際組織如AIIB，需要更多考慮世界經濟系統中的「中斷」情況，並為世界經濟的「中斷」提供方案和行動。

六、「另起爐灶」的基因和未來不同世界秩序之間的衝突[15]

本文主要使用過去70年中國與國際秩序之間關係的一些主要「話語」或者「敘事」，來分析中國與國際秩序之間關係的演變：第一，從「另起爐灶」到開始加入代表現有國際秩序（1945年後）的國際組織（聯合國和聯合國體系），這是一個很長的過程，大約從1949年到1979年；第二，自1978年起，在幾乎參與了所有的國際組織後的21世紀初，「崛起了」的中國卻重申「不另起爐灶」，以「不」的方式再次提到「另起爐灶」，這是一個比第一階段更長的過程；第三，自2013年到今天則屬於「新時代」，可以概括為從「發起建設國際組織」（如亞投行、新開發銀行、新的全球

15　原載《華夏時報》（北京），2019年9月24日。

化——「一帶一路」等）到推動「新的全球治理」。

中華人民共和國是第二次世界大戰結束後，在冷戰爆發初期誕生的「革命」國家。「另起爐灶」是對外交的「革命」，「為了同舊中國的半殖民地外交一刀兩斷，維護新中國的獨立和主權」，毛澤東主張「另起爐灶」、「打掃乾淨屋子再請客」：「對國民黨政府同各國建立的舊的外交關係一律不予承認，將駐在舊中國的各國使節只當作普通僑民而不當作外交代表看待，對舊中國同外國簽訂的一切條約和協定要重新審查處理，不承認國民黨時代的一切賣國條約的繼續存在，有步驟地徹底摧毀帝國主義在中國的勢力和特權，在互相尊重領土主權和平等互利的基礎上同世界各國建立新的外交關係。」

不過，說是「另起爐灶」，從另一方面來看，並沒有真的「另起爐灶」，中華人民共和國參加了當時蘇聯的「爐灶」，即「一邊倒」。不過，在「一邊倒」不久之後，在美蘇冷戰的1950年代，中國與其他亞非國家之間發起了以「和平共處」為主題的亞非會議。亞非會議是中國實際上在冷戰時的「另起爐灶」，成為在1970年代毛澤東時代的「第三世界」的一部分的前奏。不過，在既不屬於蘇聯集團，又與美國敵對的情況下，中國幾乎是一個完全缺少起碼的國際聯繫的國家，只透過當時的香港和歐洲一些國家維持著中國與外部世界之間的極少貿易。不能與外部接觸和迴圈使中國在當時成為一個封閉系統，而封閉系統往往發生內部的衝突，持續了10年的文革就是內部衝突的例證。「文革外交」也是受「另起爐灶」的驅使，以「輸出革命」——試圖以另一種方式改變封閉狀態，維持了與一些小國家（亞洲的斯里蘭卡、歐洲的阿爾巴尼亞，以及廣大的非洲等）的合作，卻惡化了與東南亞國家之間的關係，付出了巨大的代價。與非洲國家之間的關係也缺少基於中國國內經濟發展而形成的國際市場聯繫的支持，一些援非專案，如坦贊鐵路，耗資巨大，在當時並沒有發揮實際意義。

1978年後，中國逐步徹底告別了「另起爐灶」、「革命外交」，在「經濟建設為中心」的指導下，開始積極參加國際經濟組織，尤其是世界銀行和國際貨幣基金組織。不過，在冷戰結束前，中國來不及參加全部的國際

經濟組織。冷戰結束後，中國計畫性地恢復在關稅暨貿易總協定（GATT）中的席位——「複關」的努力沒有來得及完成，GATT就被世界貿易組織（WTO）全面取代了，中國不得不在1995年變「複關」爲「入世」。「入世」具有強烈的象徵意義，象徵中國全面對外開放的決心和全面融入已有的國際經濟秩序的政治意志。這種意志當時是如此的強烈，使「另起爐灶」似乎走入中國對外關係的歷史。國際上，由於中國堅定「入世」，從而不再擔心中國「另起爐灶」。在國內，中國對參與全球化、搭乘全球化、本身就是全球化的中國成爲現有世界秩序的一部分深信不疑。

2002年至2005年期間，中國提出「和平崛起」的非正式國際論述，國際社會旋即廣泛注意到這一論述。後來，這一論述改爲正式的「和平發展」（字面上以區別鄧小平生前在1980年代提出的「和平與發展」）。不論是「和平崛起」還是「和平發展」，都是「和平」的，也都意味著中國自改革開放以來持續參與世界秩序。

「和平崛起」的敘述不算完善，最終也沒有發展成爲一個具有更進一步說服力的宏觀外交政策理論，但是，其傳遞出來的「中國斷然否定自己是改變國際秩序（修正主義）」的含義是明確的。不過，國際社會——主要是來自周邊的東南亞國家、跨太平洋的美國等，表達了對中國的另一種擔心：已經進入國際秩序的中國還不是國際共同體的「利益攸關方」，其承擔的國際責任不夠。

2009年金融危機後，尤其是2010年以後，「另起爐灶」再次成爲一個問題，這主要是當時的中美互動造成的。美國歐巴馬政府決定「轉向亞洲」——與中國等勢力建立新的平衡（再平衡），迫使中國不得不「西進」——在亞歐大陸（具體表現爲發起和建立上海合作組織）和非洲等開闢新的國際聯繫，而「西進」很快轉化爲公開探索新的道路，即「一帶一路」，這幾乎是21世紀的「另起爐灶」。不過，中國卻強烈否定這是「另起爐灶」，不斷重申中國「不另起爐灶」。

由於中國已經參加了幾乎所有的國際組織，本來即根本無需說明「不另起爐灶」，但中國卻在「大國崛起」的情況下不得不聲明「不另起爐灶」。

也就是說，在已經全面參加了已有的國際秩序又重申「不另起爐灶」，是一個耐人尋味的問題。

川普執政時期（2017-2021年），美國政府對待已有的世界秩序和全球治理的態度大變。而英國脫離已經參加了40多年的遠超越地區組織的歐洲秩序（脫歐），更是加劇了已有世界秩序的動盪與危機。「去全球化」風起雲湧，在這一被描述為「百年未有的大變局」下，中國外交大幅度地推進包括「一帶一路」的國際計畫，在「新的全球治理」的旗號下，從「積極參與」聯合國為中心的全球治理出發，以分享「中國發展經驗」或者「中國發展知識」的名義，輸出「中國發展模式」；中國重申「不干涉別國內政」，卻探索「建設性介入」；「不結盟」但結伴，「不稱霸」但「引領」。中國前所未有地在世界上發揮「中國作用」，為全球治理提供「中國方案」。這些情況，既不是傳統的「另起爐灶」，而是中國成為現有國際秩序（如聯合國和世界貿易組織）的主要維護者。

世界的國際秩序向何處去？中國與國際秩序的未來是何種關係？這是最近幾年國際上激烈爭論的大問題。

中國克服了「另起爐灶」的衝動，在「不另起爐灶」的堅持中，從現有的國際秩序中大大受益，在對外開放和全球化的條件下，造就了長期的中國經濟高速成長。不過，中國面對的危機是，其曾經受益的這一秩序正在遠去。愈來愈多的美國人認為持續了70多年、冷戰後在經濟上包括了中國的開放、包容的「自由國際秩序」可能已經壽終正寢，美國不得不重建一種新的世界秩序。川普政府已經提議世界貿易組織去除「差別化」。而「無差別化」的主張如果付諸實施，則等於重建全球貿易治理。

關於對付其他重大的全球挑戰，在聯合國主導、歐盟等帶頭下，已經達成了一些全球協議，如對付氣候變化的《巴黎協定》。美國曾短暫退出過《巴黎協定》，造成國際集體行動遭遇重大挑戰，一些國家可能跟隨美國（繼巴西之後，新加坡也宣布不再堅持在世界貿易組織中的「發展中地位」），另一些國家（如歐盟國家）則不顧美國缺席與否而繼續追求原來達成的多邊協議。

　　即使中國重申「不另起爐灶」，未來中國的發展和治理將不再如改革開放年代那樣受益於既有的、穩定的、有保障的自由國際秩序。世界持續在動盪中，未來無非是有序或者無序兩種情況，而中國可能為有序的貢獻。中國組織的國際組織並不能讓一些關鍵國家（如美國）參加，而美國假如也構建其新的世界秩序，中國將不再被納入。世界在秩序上可能走向分裂，多個秩序並存、相互競爭、相互衝突。

七、回應佛里曼的三個觀點[16]

　　2019年9月6日，全球暢銷書《世界是平的》（*The World is Flat*, 2005）的作者、普利茲獎獲獎者、美國《紐約時報》專欄作家湯馬斯・佛里曼（Thomas L. Friedman），在「2019中國發展高層論壇專題研討會」上兩次發言。他在會上的一些觀點，如中美之間的「一個國家，兩種制度」、中美關係的主要問題或者挑戰是（相互）「信任」、未來包括中美在內的「世界是深的」，值得筆者做一點回應。

　　弗里德曼在以「如何增強中美互信」為主題的演講中的結尾部分提到：「中國和美國是真正的『一個國家，兩種制度』（one country two systems）。我們已經緊密聯繫在一起，也正因如此，兩國都變得更加繁榮，全世界也因此發展得更快。但隨著雙方關係不斷深入，達到全新的信任水平勢在必行，所以我們需要立即投身於這項關於如何改善信任的大課題。」[17]

　　而在正式演講後的獨家專訪中，佛里曼認為，「我很擔心是因為我們所經歷的過去40年的世界繁榮——中國和印度的部分人已經擺脫了極度貧困——我們經歷的繁榮與和平是許多因素的產物，但其中最重要的是中美關

16　原載《華夏時報》（北京），2019年9月11日。

17　2019中國發展高層論壇專題研討會官網，https://www.cdf.org.cn/cdf2019/hydt/8721.htm#content_。

係，貿易和全球化。如果你破壞它，你用數位柏林牆取代它，創造兩個技術世界──在這種情況下你的手機將無法與我的手機通話──這將是一個非常不同的世界。你可能不喜歡現在的全球化。但我會向你保證一件事，當它消失時，你會想念它。我堅信，如果美國和中國分開，美國和中國可以做的重要事情並不多。如果他們聯合在一起，美國和中國沒有什麼重要的事情辦不到。我一直堅信美國和中國是真正的一個國家，兩種制度。美國和中國是真正的一個國家，兩個系統，一個經濟體，兩個制度。我們不希望他們是兩個經濟體，兩個制度。那樣不太好。」[18]

佛里曼的「一個國家，兩種制度」的公式，顯然受到中國在香港問題上的「一國兩制」的影響，是借用。其實，「一個國家」──世界經濟或者全球經濟，豈止包括「兩種制度」，而是混合的多種制度。「一個國家」是與一個全球治理（全球經濟治理）配套的，佛里曼在演講中沒有提到全球經濟治理。如果要修改佛里曼的演講稿，則應該改為：「（世界是只有）一個經濟、一種全球治理、多種制度（體制）」。

本來，人們一度認為全球經濟中的多種制度或者混合制度可能逐漸「趨同」或者「合流」（convergence）。在「全球化」概念普及以前，就有「合流」的主張者。如果不是「合流」，在全球化條件下，就是暫時的並存（並存的一個情況是起碼「和平共處」，稱為最低的情況；另一個情況是高級的：儘管不對稱但是「相互依存」，包括互補、互利和「化合」）。

冷戰結束後的世界貿易組織是充滿了遠超過「全球治理」的雄心的，從一開始就制定了統一的規範、規則，試圖讓不同的制度（體制）「全球化」，不僅造就只有一個「全球經濟」，而且治理「全球經濟」──比全球經濟治理還要進一步的「世界經濟政府」。問題是，1999年亞洲金融危機和2008年全球金融危機之後，世界貿易組織這樣的萬丈雄心逐漸降低，在一個體制中不同的、多樣的行動者（大大小小、發展階段不同、國內經濟體

---

[18] 2019中國發展高層論壇專題研討會官網，https://www.cdf.org.cn/cdf2019/hydt/8782.htm#content_。

制不一的各種國家經濟）的「集體行動」，終於發生了很大的困難，亦即，在「全球經濟」中，多樣的制度在形式上統一的多邊體制（如世界貿易組織）中，並沒有化合爲眞正意義上的「全球經濟治理」，從而推動「一個國家」，也就是說，諸如世界貿易組織這樣的全球經濟治理，並沒有眞正管理「全球化」，而「全球化」，一開始即是爲了形成一種「全球經濟」。

不僅如此，先是英國退出歐盟，後是川普政府與「全球經濟」開啓「貿易戰」。英國脫歐，可以說英國人選擇了不錯的時機，因爲歐盟面對著最爲困難的時刻。脫歐是與在地區層次上最爲一體化的經濟劃清界限。川普與中國的「貿易戰」不是爲了與中國共處在「一個經濟」，而是以中國的制度或者體制與美國不同爲藉口，與中國「脫鉤」。

這樣的趨勢如果發展下去，幾乎意味著，體制不同，貿易也不能互通了。如果是那樣，世界歷史將受到巨大的倒退和顚覆。我們知道，冷戰時期存在「兩個平行的市場」，在「兩個平行的市場」下，美蘇（美蘇代表的「兩大集團」）之間相互的貿易是非常有限的。冷戰結束後這種「兩個平行的市場」爲包括中美之間的「一個經濟」取代。中美「脫鉤」可能意味著「兩個制度」或者體制之間的貿易（廣義），如同當年美蘇般受限。

全球化的世界經濟如同「一個國家」，卻可能爲至少兩個以上的「國家」取代，英國經濟不再是歐盟經濟的一部分，中美兩國即使做不到「脫鉤」，也不再是「一個國家」（這與全球金融危機發生後出現的「中美國」的現實描述和未來設計截然相反）。如果是這樣，社會科學中的經濟學和政治學，尤其是貿易和「貿易和平」等理論，將面對巨大的挑戰。

當然，這不是說佛里曼忽略嚴峻的現實。這次在北京的演講，佛里曼不得不討論這種嚴重的形勢：「當下美國和中國在貿易和技術上的分歧已經達到了自《上海公報》簽署以來空前激烈的時刻」，「這場分歧被稱爲『貿易戰』」，並試圖以此爲解釋爲什麼發生「貿易戰」爲其演講的中心。這就是他提出的第二個觀點：中美之間之所以發生「貿易戰」，不是因爲別的，而是因爲「信任」問題：「這是一場『信任之戰』」，佛里曼認爲，「在過去30年裡，中美關係中一直有足夠的『信任』」「想繼續貿易，美國和中國

需要建立更多的信任」。

　　但是，我們知道，早在歐巴馬時代，「信任」就是中美關係中的突出問題之一。中國學者王緝思與美國學者李侃如就討論了中美之間嚴重缺乏「信任」的問題。[19]

　　佛里曼也不得不承認「雙方還沒有發展起足夠的信任」，他指的應該是川普政府時代的情況。在川普時代，中美之間的「信任」究竟有多少，筆者也沒有研究清楚，但是，至少雙方不是在「發展信任」即解決「信任」問題，而是加劇「信任」危機。

　　「當中美雙方彼此信任時，我們能夠取得大的成就」，「我認爲需要設立一個由中美商貿、技術、貿易和軍事代表組成的常設委員會，每月舉行一次會議，用來解決問題，並讓對方瞭解最新的想法，從而建立信任。我認爲兩國總統應當每月定期通話，互相知會最新的想法和顧慮，以此建立信任」，佛里曼的這一解決「信任」問題的建議，降低了他關於「信任」是中美之間的主要問題的看法。如果一個委員會或委員會體系的建立就能克服「信任」問題，那眞是太好了！佛里曼也許有所不知的是，在川普政府以前，中美之間歷經冷戰後的20年，已經建立了各種從峰會到工作層的複雜機制（安排）體系。即使在川普時代，中美也一直都有從峰會到工作層的談判，因此中美之間不缺「委員會」之類的組織。

　　信任問題確實是一個原因，但卻不是主要原因。所以，本文認爲，佛里曼這點可能是錯的，中美之戰（貿易戰）遠不僅是「信任之戰」。

　　佛里曼提出的第三個觀點是「世界是深的」，這是結論性的。「世界是深的」是爲他的「世界是平的」或者「世界是更加平的」做了某種辯護和補充。但是，佛里曼應該已經意識到他的「世界是平的」的論斷如今面對著巨大的挑戰而不再成立，「世界是平的」已經陷入危機，於是，他在這次北京演講趕緊發展了「世界是深的」新觀點：「我相信在世界變平、變快、變智

19　Wang Jisi and Kenneth G. Lieberthal, *Addressing China-U.S. Strategic Distrust*, Brookings Institution, Washington D.C., 2012.

能後，接下來會開始變得更加深入」。

佛里曼說的「深」，已經不能與當年的「平」做概念的比較，但是，他卻在北京把「深」與「平」相提並論。他的「深」，基本上就是一個技術變革、技術進步一日千里改變了世界本體的意思。「如果你的襯衫裡面植入了感測器，就可以測量你的身體功能，並根據你的健康需求通知電商平臺，在沃爾瑪爲你購買食物，然後用全自動車輛或無人機將食品運送至你的冰箱，並在冰箱再次發出缺貨通知後重新爲你進貨。這就是我所說的『深』。對我來說，『深』是今年的年度辭彙」，「這種變化趨勢正在成爲全球化，尤其是中美貿易和技術關係中最大的挑戰」。

也就是說，佛里曼說的「深」不是在「全球化」或者「一個經濟」意義上，而是轉換了話題。本來，他如果眞的爲「全球化」或者「世界是平的」繼續辯護，他應該發展出一套新的以「深」爲代號的理論，可惜，筆者看不出他有寫作「世界是平的」當年勇。

佛里曼這次也說，「全球化和中美關係處在一個十字路口」。他的演講是精彩的，並堅持他的「全球化」敘述。他呼籲中美之間不要有「醜陋的貿易戰」（Ugly Trade War），而是透過「深度技術」（Deep Tech），克服彼此的「信任」問題，締造新的「兩個制度」下的「一個國家」。問題是，目前出現了這樣的逆轉：中美「貿易戰」也許還將深入或者升級，「深度技術」正在變「淺」，甚至科學和技術領域中美正在「大脫鉤」（great decoupling），不僅是「兩個制度」，而且是「兩個經濟」。按照佛里曼建議，這樣的逆轉是否終歸是暫時的？

八、G7不再是那個在全球治理中發揮中心作用的G7？[20]

法國西南、靠近西班牙的海濱勝地比亞里茨（Biarritz, Nouvelle-Aquitaine, France），於2019年8月24日至26日在這裡的宮殿酒店（Hotel du Palais）舉行第四十五屆G7峰會。

法國、美國、英國、德國、日本、義大利和加拿大七國的領導人都參加G7，爲「G7峰會」。G7只是一個名字或者符號而已，並不意味著只有七個成員國。歐盟是G7的成員，這是必須強調的。G7從1977年就邀請歐盟的前身歐洲共同體（European Community）與會，但歐洲共同體在G7中屬於「沒有名分」的成員（non-enumerated membership）。在1992年《馬斯垂克條約》，即《歐盟條約》（TEU）決定歐洲共同體升級爲歐洲聯盟後，歐盟在G7中的地位也沒有形式上的改變。原先中國將G20翻譯爲「二十國集團」，但很快就不這樣稱了，因爲G20正式成員中的歐盟不再是「沒有名分的成員」。除了G7，歐盟在其他國際組織或者全球談判（如聯合國氣候變化談判）中，都是有名分的。在著名的關於伊朗核武問題的多邊框架協議（伊核協議）中，歐盟是與聯合國安理會「五常」、德國、伊朗等平行的一方。

法國馬克宏政府聲稱G7討論的問題並不僅僅是國家領導人關心的，而且是廣大社會關注的，所以，比亞里茨峰會並不僅有七國領導人參加，而是有成員國部長級、專家級和非政府組織參加的各種會議，以具有廣泛的代表性和正當性。

不出所料，這次G7峰會，不是針對迫切而重大的全球問題進行討論，而是一系列G7領袖之間的雙邊峰會更引人注目。

在比亞里茨峰會前，來自法國和歐洲等國的國際環保人士推波助瀾，使巴西亞馬遜雨林大火成爲法國總統馬克宏關注的焦點，並認爲這是全球緊急

---

[20] 原載《華夏時報》（北京），2019年8月26日。

事件，巴西大火突然之間變成G7峰會的首要話題。而馬克宏也力推與會其他領導人在援助巴西滅火和再造雨林上達成一致。

2018年，法國政府從加拿大手中接下G7主席，卻不得不應對席捲法國、影響歐洲和地中海地區的「黃背心」社會抗議運動（Mouvement des Gilets jaunes）。這一社會危機促使馬克宏總統將2019年G7的主題集中在應對「不平等」（inequality）上。不平等一直被認為是全球挑戰，牽涉包括發展和氣候變化等國內和全球問題。全球化與不平等之間的關係是尚未解決的重大學術和政策課題，而法國社會科學界在研究不平等問題上領先全球。法國G7峰會官網認為，全球化在帶來好處的同時，也產生了不平等的問題。為配合峰會，8月20日「G7性別平等顧問委員會」（G7 Gender Equality Advisory Council）發表了減少性別不平等和女性地位的政策報告。

不平等這個主題無疑也讓G7的民粹主義領導人如美國總統川普有興趣。儘管強烈反對美國民主黨政客主張的「社會主義」措施，川普也在透過國內減稅和國際貿易戰解決美國面對的不平等問題。不過，川普對不平等的認識與其他人大相徑庭，沒有也不可能強調在不平等問題上進行全球治理，而是片面指責他國與美國的貿易（全球化）是造成美國社會不平等的根源，濫用美國霸權逆轉全球化。川普政府的所做所為，是改善還是加劇美國的不平等，以及是否帶來新的全球不平等，值得研究者進一步觀察。

遺憾的是，這次比亞里茨峰會中，不平等議題在領導人層面並沒有得到很好的討論，也沒有提出G7共同應對不平等的行動綱領。G7之所以引人注目，是因為其自1970年代成立到G20峰會誕生的2008年，一直在全球經濟治理和其他領域的全球治理中，發揮著主要平臺的非正式作用。

目前，第二次世界大戰結束時建立起來的、冷戰期間形成的、冷戰後創建的已有的全球制度，無論正式的還是非正式的，包括G7和G20，都處在碎片化的危機之中。

G7之內的美歐貿易戰和G7之外的美中貿易戰，構成這次G7峰會的最大背景。也就是說，世界三大經濟體美歐中相互之間處在貿易戰中，且貿易戰正在摧毀已有的全球經濟治理。在這次峰會上，法、德、歐盟不用說，英

國、日本等都反對貿易戰，要求結束貿易戰。據報導，英國首相強森告訴川普，在過去200年，英國從自由貿易中受益巨大。總的來說，英國反對加徵關稅，並支持「貿易和平」。

關於伊朗核武問題，G7內的美歐之間仍然分歧嚴重，英國的立場與歐盟一致，伊朗則繼續接觸歐盟，試圖孤立川普政府。

總而言之，這次G7峰會，除了讓世界知道法國、歐盟和G7正在關注什麼樣的全球問題外，沒有看到關於全球挑戰的新G7方案。

G7曾經代表著主導世界秩序的「跨大西洋」合作。遙想當年，世界經濟遭受「石油危機」重創的情況下，美國和西歐都想透過G7這樣的方式加強「跨大西洋關係」。一般認為，G7最初的觀點來自法國總統德斯坦（Valéry Giscard d'Estaing）和德國（西德）總理施密特（Helmut Schmidt）。因為在二戰後已經成功恢復經濟成長的法國和德國，以及日益成功的歐洲共同體需要在管理世界經濟上有更大的話語權。也有人認為，美國在組織G7上還是發揮了領導作用。1973年3月25日，當時的美國財長舒茲（George Shultz）在華盛頓召集了德國、法國和英國財長參加四國會議，而美國和西歐在這個動議上一拍即合。終於，在1975年，德斯坦邀請包括日本在內的六國領導人到法國聚會。正因為美歐的長期合作，G7才走過了45年的歷程。G7還能繼續走下去嗎？在G7內外，這個問題在最近幾年一直被提出。

2020年輪到美國主辦G7，這是川普的重要國際機會。而2020年亦是美國總統大選的關鍵時刻，尋求連任的川普會珍惜G7峰會嗎？

這些年，川普與歐洲領導人之間互動並不少。2018年7月7日，川普到德國漢堡參加了G20峰會。儘管川普政府要求德國等北約成員增加防務開支，但是，2019年4月，美國還是在華盛頓一同慶祝北約（NATO）成立70週年。2018年4月，川普在白宮接待了來訪的法國總統馬克宏伉儷。2018年11月11日，川普在法國巴黎參加了一戰《終戰協定》（*The Armistice*）的紀念活動。而2019年6月6日又到法國出席了盟軍諾曼第登陸75週年紀念活動。

　　川普在2020年如何接待G7的其他成員？開會的地點是在美國的何處？G7在美國開會時，美歐之間的貿易衝突或將結束？僅僅為了助選連任總統，川普是否也該學馬克宏，在美國舉辦一場盛大的G7峰會？此都仍需進一步觀察、確認。惟最終G7峰會因新冠疫情被不斷推遲而未舉辦。

九、需要重新強調三邊主義的重要性[21]

　　世界上有大量關鍵的三邊關係（trilateral relations），這些三邊關係影響著世界的存在和未來。在東北亞，中日韓是一組三邊關係，還有其他三邊關係，例如美國－南韓－北韓三邊關係。從2018年2月韓國平昌冬季奧運（Pyeongchang 2018 Olympic Winter Games）到現在，美國－南韓－北韓三邊關係發生了許多自韓戰以來前所未有的事情。結束了G20峰會，美國總統川普從日本出發，在2019年6月30日突訪板門店。北韓與美國領導人「在象徵著兩韓分裂、美國－北韓衝突的板門店」握手，是「自1953年韓戰以《韓戰停戰協定》結束以來，北韓與美國領導人首次在兩韓邊境的非軍事區會面」。

　　在比東北亞更大一點的「亞太」，也有一些引人注目的三邊關係，如中美日、中俄美，甚至以東協為中心形成的一些三邊關係等；在亞洲、歐洲大陸或者歐亞大陸上、在上海合作組織框架下的中俄印，以及在所謂「印太」下的幾組三角關係，如美日印等。而在大歐洲，有歐美俄三邊關係、歐美中三邊關係等，更不用說冷戰後期的「中美蘇大三角」。總之，三邊關係，尤其是一直普遍受到關注的大國三邊關係，是相當多的。

　　三邊關係本身代表著一種嚴重的國際問題（國際議題）甚至是全球挑戰，一直都受到深入的研究。其關係包括三邊之間相互衝突，或者三邊中的兩邊結盟反對另一邊，或者三邊中的兩邊衝突非常嚴重，而第三邊的態度和

21　原載《華夏時報》（北京），2019年8月19日。

行動則是影響這種衝突的關鍵變數。

如何管理甚至治理三邊關係一直都是一個高難度問題。爲了管理三邊關係，世界上有許多關於三邊關係的解決思路、研究成果和外交實踐。1973年，在冷戰的高峰時期，美國的洛克菲勒（David Rockefeller）推動了美歐（西歐）日的三邊合作，在合作應對美歐日之間的衝突和一致應對蘇聯的挑戰上，這一三邊合作發揮了重要作用，甚至被叫做「影子的世界政府」（World Shadow Government）。

三邊合作也可以稱爲三邊主義（trilateralism），有著一套理論和實踐。作爲思考方法，本文區分作爲問題的三邊關係，以及解決（治理）三邊關係之挑戰的三邊主義（以三邊合作爲主）。三邊關係是客觀存在的，幾乎都是一個個三邊問題體系，而管理三邊關係的情況，經實踐證明，三邊主義是治理三邊關係的有效途徑，但形成三邊主義並不容易。

以下重點討論中日韓三邊關係和對中日韓三邊關係的治理。

中日關係在21世紀初經歷了長期困難，並在2019年迎來了轉機；不過，日韓關係則在2019年急轉直下。在2019年6月舉行的G20大阪峰會上，日韓領導人之間在這一多邊場合並無積極互動。不久，2019年7月，日本首相安倍晉三似乎模仿川普，對韓國發動了前所未有的「貿易戰」，而日韓「貿易戰」對韓國經濟至少構成暫時的嚴重衝擊。

中日韓三國都認識到三邊合作對管理高度複雜的三邊關係的重要性。目前，中日韓之間三邊合作的主要平臺是「中日韓領導人會議」。從字面上，這一會議表明，似乎已經存在管理中日韓三邊關係的有效平臺。2019年，中國輪值中日韓三邊合作主席，同年8月16日，中國外交部發言人宣布第九次中日韓外長會議將於8月21日在北京舉行，中國國務委員兼外交部部長王毅主持會議，韓國外長康京和、日本外相河野太郎出席。三方就籌備第八次中日韓領導人會議、三國合作未來發展及共同關心的國際地區問題交換意見。

關於「第八次中日韓領導人會議」需要對讀者有一個解釋。早在2007年11月20日，新加坡就曾舉行了「第八次中日韓領導人會議」。當時是由中

國國務院總理溫家寶、日本首相福田康夫和韓國總統盧武鉉出席，並由盧武鉉主持。這兩個「第八次中日韓領導人會議」究竟是怎麼回事呢？

實際上，這是兩個軌道的「中日韓領導人會議」。前一個「第八次中日韓領導人會議」，是在東協加中日韓（10+3）的框架下進行的，即在10+3上，中日韓舉行峰會；而後一個「第八屆中日韓領導人會議」，指的是在10+3框架之外的中日韓峰會。

「中日韓領導人會議」的舉行，要歸功於東協的作用，可以說東協是居間者。不過，中日韓三邊關係的治理，不能長期透過東協，因此中日韓決定超越東協的作用。2008年12月，中日韓領導人首次在10+3框架外於日本福岡舉行會議，「決定建立面向未來、全方位合作的夥伴關係」。三國並決定，「在保留10+3領導人會議期間會晤的同時，將三國領導人單獨舉行會議機制化，每年在三國輪流舉行」。2011年9月，三國在首爾建立中日韓合作秘書處，為三國務實合作、友好交流提供支持。「中日韓已經簽署了《三方投資協定》，共同參與了《區域全面經濟夥伴協定》（RCEP）談判，致力於打造高水準的中日韓自貿區」。[22]

長期以來，在學術界等存在「東北亞地區主義」（Northeast Asian regionalism）的主張或者理論（theory），但是，中日韓並沒有形成作為實踐（practice）的「東北亞地區主義」，即地區主義下的「東北亞合作」。東北亞仍然是地緣戰略（地緣政治）和地緣經濟意義上的，而不是「地區主義」意義上的。缺少地區主義下的地區合作，是東北亞與歐洲和東南亞的巨大差別：歐洲的主體在地區主義的歐盟（EU）框架下；東南亞10國則在地區主義意義上推進東協（ASEAN）合作。

在東北亞，除了中日韓，還有一系列十分重要的三邊關係。對這些三邊關係來說，也有一些對應的三邊合作加以管理或者控制。但是，這些管理都有其限度，例如，在軍事上，日韓均是美國的盟國，卻沒有美日韓三邊軍事

---

[22] 2019年5月10日，中國舉辦了「中日韓合作國際論壇」，王毅國務委員兼外交部部長發表了「站在新起點上的中日韓合作」的致辭。

同盟，儘管關於美日韓三邊軍事同盟的主張不絕於耳，而美日韓也沒有組成三邊貿易區。在當前的日韓「貿易戰」中，美國川普政府尚未發揮居間調解的作用。

　　在東北亞或者「亞太」地區，人們十分關心的中日美、中韓美、中朝美、中俄美等三邊關係，都缺少相應的三邊主義來管理。

　　走出東北亞、「亞太」，讓我們來到三邊主義的發源地歐洲。在全世界，歐洲處在一系列國家之間，例如，歐洲處在中國或者亞洲、美國或者北美之間。著名的民間智庫歐洲外交關係協會（European Council on Foreign Relations）會長里奧納德（Mark Leonard）於2019年6月25日在著名時評網《評論彙編》（*Project Syndicate*）發表了一篇文章，指出中美之間是陷入對抗中了，曾經的「中美國」（Chimerica）「終結」了。在這種情況下，歐洲如何適從？里奧納德認為，在中美關係的變局中，歐洲面對著一個艱難的挑戰：歐洲是做「三極世界」之一還是做美中之間的棋子？他的答案是，歐洲要爭取做三極世界之一。中美歐（以及歐盟）組成了世界上一組重要的三邊關係，管理中美歐三邊關係也應該是三邊主義指導下的三邊合作，而中美歐三邊有識之士應該早日形成中美歐三邊合作。

　　管理甚至治理國際體系中的各種三邊關係，尤其是大國（不論如何定義「大國」）之間的三邊關係，三邊主義是一個基本的有效途徑。目前，需要重新強調三邊主義的重要性，提升和創新各式各樣的三邊主義。

十、需要多邊體制的國際行動者正在行動[23]

　　筆者有意建立一個叫做《多邊主義演變之觀察》的非正式期刊，以「大事記」的方式記錄那些可能被忽略的世界各種多邊主義大事，並提供一些筆者對多邊主義的最新演化的理論探索。以下分別討論世界上一些重大的

23　原載《華夏時報》（北京），2019年8月12日。

多邊主義舉措（事件）：

第一，2019年7月25日，歐盟和加拿大共同宣布建立一項臨時協定或者臨時機制（Interim Appeal Arbitration Pursuant to Article 25 of the DSU），作為瀕臨崩潰的世界貿易組織（WTO）上訴法院的臨時替代機構。這是為了應付世界多邊貿易體制（WTO）危機的一項重大舉措。研究者和實務者可以至歐盟和加拿大政府的官網查看這項《臨時協定》的全文。WTO上訴機構（The Appellate Body）對貿易爭端國家向WTO提起的訴訟擁有最終裁決權，冷戰結束後出現全球治理（事實上的「沒有統治的治理」）的雄心和實踐之一，就體現在WTO上訴機構上。

這項《臨時協定》是開放的，只是由歐盟和加拿大帶頭而已，加拿大和歐盟積極呼籲其他WTO成員加入。根據長期研究WTO的盧先堃教授表示，「如果有關鍵多數的成員加入，這會是（目前WTO上訴機構問題的）解決方案之一」。[24]

第二，與上述《臨時協定》這樣的機制十分類似，2019年8月7日，有46個國家（以及24個國家的代表出席了簽署儀式和相關會議），包括中美兩個最大經濟體，以及除日本以外的亞洲主要經濟體，即印度和韓國，在新加坡簽署了《聯合國關於調解所產生的國際和解協議公約》，旨在促成國際商業和解協議的執行，從而促進國際商業發展和跨境貿易，簡稱《新加坡調解公約》（UN Singapore Convention on Mediation）。李顯龍總理等新加坡政要參加了《新加坡調解公約》的簽署活動，由此可見這項公約受到新加坡的何等重視。該公約讓在國際商業糾紛中達到調解協議的各方，在公約簽署國的法庭執行協議條約：「這有助於推進國際貿易、商務和投資。冗長的商業糾紛可嚴重干擾一般的商業運作，它們損毀聲譽、令股價受挫也導致企業更難籌集資本，同時影響雇員、股東和其他利益相關者的信心和士氣。」李顯龍說，「具活力的衝突處理框架可防止相關糾紛升級或導致意想不到的後

24　《盧先堃教授就美國有關WTO開發中國家地位備忘錄採訪實錄》，2019年8月3日。

果」。[25]

　　新加坡《聯合早報》就此發表了社論〈新加坡公約彰顯多邊主義重要性〉（2019年8月9日）：「儘管多邊主義在實踐過程中並不完美，例如有時一些國家為了個別利益而罔顧國際義務，但多邊主義到目前為止是實現人類共同利益的最有效途徑」；「在多邊主義苟延殘喘之際，新加坡公約的簽署無疑別具意義」；「這也是對多邊主義、以規則為基礎的全球治理的肯定」。

　　中國是上述《新加坡調解公約》的締約國，這將有助於為中國在與其他國家之間的商業糾紛，尤其是在「一帶一路」方面的商業糾紛提供一種國際法解決方案。實際上，中國不僅積極參加諸如《新加坡調解公約》，而且已經開始探索「建立『一帶一路』國際商事爭端解決機制」。2018年1月23日，習近平主持召開中央全面深化改革領導小組會議，審議通過了《關於建立「一帶一路」國際商事爭端解決機制和機構的意見》（下稱《意見》）。2018年6月27日，中共中央辦公廳、國務院辦公廳印發《關於建立「一帶一路」國際商事爭端解決機制和機構的意見》。

　　該《意見》指出：「為推進『一帶一路』建設、實行高水準貿易和投資自由化便利化政策、推動建設開放型世界經濟提供更加有力的司法服務和保障」；「使『一帶一路』國際商事爭端解決機制突顯國際化特徵、體現共商共建共用精神」；「研究借鑑現行國際爭端解決機制有益做法，設立符合『一帶一路』建設參與國國情特點並被廣泛接受的國際商事爭端解決新機制和機構」。

　　這一《意見》亦指出，成立國際商事法庭，「最高人民法院在廣東省深圳市設立『第一國際商事法庭』，在陝西省西安市設立『第二國際商事法庭』，受理當事人之間的跨境商事糾紛案件」；「建立由精通國際法及其本國法的專家組成的國際商事專家委員會」。

　　就在筆者準備《多邊主義演變之觀察》之時，傳來一則消息：美國總

25　《聯合早報》（新加坡），2019年8月8日。

統提名的美國駐聯合國大使克拉芙特（Kelly Knight Craft）接替2018年10月辭職的美國駐聯合國大使海莉（Nimrata Nikki Haley），在2019年7月31日獲得美國參議院的批准走馬上任。這位美國外交官此前曾任美國駐加拿大大使，但聯合國內外的不少評論者均認為，克拉芙特不大可能在聯合國推動急需的多邊談判，她也不清楚一系列國際社會迫切要通過安理會討論的急迫議題。同年8月7日，長期研究聯合國的英國學者高文（Richard Gowan）在紐約出版的《世界政治評論》（*World Politics Review*）上發表題為〈克拉芙特在聯合國要做的工作清單〉（Kelly Knight Craft's Long To-Do List at the United Nations）的文章，認為克拉芙特在美國駐聯合國大使的位置上，應該做的事情很多，但是能做的卻有限。她的家人是贊助共和黨的煤老闆，是反對氣候變化治理的；她不是川普內閣的成員（以往有的美國駐聯合國大使是內閣成員）；她並不熟悉一系列的全球問題及其多邊解決方案。從新任駐聯合國大使就可以看出，川普政府在其餘下的一年多時間，當然不可能實質性地改進世界的多邊主義局勢，更不可能在急迫的全球問題的解決中發揮重大作用。

以下整理三點作為小結：

第一，面對多邊主義和多邊體制的問題與危機，國際體系中的一些國家行動者（如歐盟、加拿大）不是等待和觀望、不是任多邊體制的危機惡化，而是尋求替代方案，助推或者探索新的世界秩序。本文提到的加拿大和歐盟《臨時協定》，如同歐盟在川普政府退出伊朗核武協定後尋求替代方案一樣，亦如同歐盟在美國金融霸權之外尋求SWIFT之外的國際支付系統一樣。看來，需要多邊體制的國際行動者正在行動，這是值得我們充分注意的。

第二，美國參加了《新加坡調解公約》。川普政府其實一直都不是任性「退群」，而是仍然有選擇地參加一些重要的多邊體制。不過，川普政府對全球治理、國際法和世界秩序的態度依然故我，其不可能在聯合國等多邊場合積極為解決問題而發揮關鍵作用。

第三，現有國際制度，包括WTO在內的貿易、商事爭端解決機制等，

似乎無法解決中國史無前例的國際貿易和國際發展行動計畫，即「一帶一路」中產生的糾紛。未雨綢繆，另起爐灶，「一帶一路」國際商事爭端解決機制和機構的建立，是中國在國際秩序和全球治理方面的重大探索。這樣的探索，也許將於上述歐盟與加拿大《臨時協定》一樣，不僅是對舊的世界秩序的某種替代，而且是走向新的世界秩序的投石。

十一、關於美國發起挑戰中國的「開發中國家地位」問題[26]

　　美國總統川普繼續推進他的「美國第一」（America First）和「保持美國偉大」（Keep America Great）的外交政策目標。為此，川普政府在執政的近三年，多次指責世界貿易組織（WTO）的原則（規範）和體制（爭端解決機制及其上訴機構）對美國不公，要求改革世界貿易組織。2019年7月26日，川普恫言，如果WTO不在今後90天內改革其法規，美國將不承認世界經濟中的一些最大經濟體（包括已經參加富國俱樂部OECD的墨西哥、韓國和土耳其，正在申請參加OECD的巴西，以及G20成員中國、印度等）和一些最富經濟體（包括汶萊、香港、科威特、澳門、卡達、新加坡及阿聯）在WTO中的特殊「開發中國家地位」。在白宮官網上，《關於改革WTO中的開發中國家地位的備忘錄》（*Memorandum on Reforming Developing-Country Status in the World Trade Organization*）即位於顯著處。[27]

　　川普政府的這一重大國際行動，立刻受到了全球關注。在輿論上，中國不僅重申了中國將堅守「世界最大開發中國家」地位，而且用詞強硬，表示「中國的開發中國家地位不容剝奪」。

26　原載《華夏時報》（北京），2019年7月30日。
27　https://www.whitehouse.gov/presidential-actions/memorandum-reforming-developing-country-status-world-trade-organization/.

不過，川普政府的這一行動似乎再次讓世人不以爲然。世界貿易組織上訴機構原成員希爾曼（Jennifer Hillman）指出，那些在世界貿易組織獲得特殊「開發中國家地位」的經濟體所享受的大部分優惠早已過期。她認爲，美國在此問題上追根究底並不易，實際上，「即使自稱是開發中國家，這些國家現在也必須與美國和其他已開發國家那樣，遵循同樣的法律要求」。希爾曼言外之意是，所謂「開發中國家地位」已經不是川普政府所想的那樣，對這些「開發中國家」有好處而對美國不利。

根據新加坡主要英文報紙《海峽時報》的報導，[28] 新加坡貿工部（MTI）發言人稱，新加坡並未在貿易談判協議中，使用過WTO針對「開發中國家」提供的「優惠和特別待遇」（special and differential treatment）。

上述希爾曼的評論和新加坡貿工部的發言值得注意。這類說法是有價值的，因爲他們指出，川普政府對WTO的實際情況並不瞭解，並誇大了「開發中國家地位」的作用。

但是，我們必須看到，川普政府拿WTO中這個關鍵的全球貿易治理原則「開刀」，意味著川普政府對現存世界經濟秩序的挑戰全面開始了。

現存的WTO，體現著冷戰後的全球治理雄心，更體現了全球治理機構如WTO設計者的智慧。世界是多樣的，多樣世界的治理（diversity in governance）需要一些看上去似乎被誤解爲對某些參加者（行動者）不利或者不公的原則。川普政府不同意諸如「開發中國家地位」這樣實際上並不對美國有多少利損、也未必對諸如新加坡等之類的經濟體就多麼利多的原則，顯示了這屆美國行政的唐吉訶德式的特性及其如此魯莽政策的國際後果：那個在冷戰後出現的、多元包容的世界經濟秩序正在遠去。我們知道，川普政府要求WTO這樣做，WTO註定難以達成。其後果，就是美國和其他WTO成員國之間的衝突。未來，在一個秩序（WTO）中的衝突，很容易演變成代表不

---

[28] https://www.straitstimes.com/world/united-states/spore-does-not-exploit-wto-provisions-for-developing-nations.

同原則（規範）和利益之間的分裂秩序的衝突。

「開發中國家地位」問題將是接下來美國與世界在貿易問題上的一個大問題。「開發中國家地位」是WTO成員自我認定的地位，不是強加的，若放棄這樣的地位也應該是自願的，而不應是強加的，並且是應談判解決的。目前，歐盟尚未對這個「開發中國家地位」問題正式表態，可以預期，歐盟在這個問題上的立場不同於美國。至少歐盟不會強迫、要求被美國點名的「開發中國家」不再堅持其地位。

一些原來的「開發中國家」，如巴西，已經率先不再自我認定為「開發中國家」。巴西這樣做，是否是美國施壓的結果？本文認為不是美國施壓，而是巴西自己的決定。在巴西後，是否有其他國家跟進？至少墨西哥尚未這樣做。巴西是金磚國家的一員，輪值2019年金磚國家（BRICS）主席國，其放棄「開發中國家地位」對印度、中國等金磚成員和「金磚+」國家的影響，尚需觀察。實際上，巴西新政府做了一個困難而積極的決定。冷戰結束後，在政治和外交上，巴西一直追求大國地位（如申請成為聯合國安理會新的常任理事國）。現在的巴西政府，儘管對以往的巴西外交政策多有批評和反思，但是並沒有放棄這一大國地位的追求；在經濟上，巴西希望躋身已開發國家地位（世界上哪個國家不夢想成為「已開發國家」呢！），這一追求可能有助於其獲得一部分國內政治支持。但是，放棄「開發中國家地位」在巴西的一些產業和部門是反對的，因為他們一向受到「開發中國家」的保護。事實上，「開發中國家地位」在一定階段曾有助於在全球競爭中保護巴西的「民族工業」，但是，「開發中國家地位」愈保護落後，將不利於提高巴西整體的國際競爭力。出於國內改革，尤其是改善國內競爭的公平性，提升巴西國際競爭力，巴西放棄「開發中國家地位」是利大於弊。

在川普政府「點名」的「開發中國家」名單中，如新加坡，這樣的「開發中國家地位」屬於歷史的慣性（新加坡已故建國總理李光耀在2000年就宣布新加坡從第三世界上升為第一世界），今天已經可有可無。由於WTO改革符合這些國家的根本利益，更由於他們與美國的戰略關係十分重要，因此這些國家放棄「開發中國家地位」並不難。

　　川普政府主要發難的不是上述這些容易放棄的（新加坡等），或者主動放棄的（巴西等）WTO成員國，而是中國、印度等屈指可數的已經聲明「堅決」不放棄「開發中國家地位」，並與川普政府就此展開爭論的WTO大型經濟體。

　　我們知道，WTO一直是中美貿易戰的多邊戰場。2019年7月30日，中美在上海舉行新一輪貿易談判。這輪談判是否將觸及中國的「開發中國家地位」？

　　川普政府的選擇是改革WTO，而不是退出WTO。美國也不可能自我認定為「開發中國家」（儘管包括川普在內，許多人都說美國其實也具有「開發中國家」的特徵），但如同中國不會輕易放棄「開發中國家」一樣，美國也不可能放棄「已開發國家」（developed country）。道理很簡單，美國的「已開發國家」給美國帶來了不言而喻的很多好處，美國的世界領導地位（霸權），顯然也依靠這一地位。

　　最後，如前所述，「開發中國家地位」這個概念，其實對於許多「開發中國家」是雞肋，從中獲利也幾乎是過去式，如今若放棄「開發中國家地位」也並無大礙，反而可能「一別兩寬，各生歡喜」。川普政府聲稱他的前任美國政府放任這些「開發中國家」對美國貿易不公，是美國「補貼了」這些「開發中國家」，這是川普政府在美國國內算歷史帳。在國際上，他的政府與中國等展開的貿易戰和貿易談判，實際上也是算歷史帳。

　　總的來說，「已開發」和「開發中」仍然是我們區分國家的身分或者「地位」，儘管這樣的概念歷經70年左右已相當過時，難以反映巨大變化的世界現實。「開發中國家地位」一度是全球貿易治理體系中的一個有效規範。如今，美國首先挑戰這一規範，而中國則明確堅持這一規範。「開發中國家」將何去何從？

十二、關於中美達成貿易協議的時間問題 —— 美國川普 政府對華「貿易戰」的走勢[29]

中美兩國領導人在日本大阪峰會後，兩國「貿易戰」或者中美貿易談判的下一步，甚至再下一步將會如何？這一問題正在受到普遍關注。

2019年7月，在工作層面，北京與川普政府的雙邊貿易談判再次「重啓」，但「重啓」以後的貿易談判是什麼模樣？我們現在得到的資訊還是太少，不足以「預測」中美之間是否將達成貿易協議。

一般認為，2019年6月29日中美大阪峰會，似乎與2018年12月1日的中美布宜諾斯艾利斯峰會十分相似，因為兩次「習川會」都實現了「貿易戰」的「停火」。但是，這兩次峰會難道就沒有區別嗎？

筆者認為，大阪峰會與布宜諾斯艾利斯峰會有一個大的不同，即布宜諾斯艾利斯峰會確定了中美貿易談判的時限是三個月。這個時限與2019年3月初到期後，雙方加長至2019年5月。儘管加時，中美還是沒有達成貿易協議，而是再次升級了「貿易戰」。美方將價值2,000億美元的中國輸美商品的關稅，從10%提高到25%；中方則採取了一些反制美國的措施。與布宜諾斯艾利斯峰會不同，這次大阪峰會中美之間卻沒有提供下一步談判的時限。

這一差異其實是一個非常耐人尋味的點，可以成為觀察問題的重要角度或者方法。但是，多數媒體和評論似乎都沒有就此做文章，也許這是一個評論上的重大缺失。為什麼重啓的中美貿易談判居然沒有確立一個最終期限（deadline）？難道中美雙方都不急於達成貿易協議？還是中美雙方都認為不確定談判時限為好？

沒有談判時限的新的貿易談判，也許意味著很多：第一，確立談判時限，說明雙方都對在一定時間內達成貿易協議（至少是所謂「短期」貿易協議）有信心。當然，對到期前不管因為什麼原因而達不成協議也有準備。中

---

29 原載《華夏時報》（北京），2019年7月16日。

美此前至少兩輪的談判都是有明確的談判時限，而這兩輪時限之內都沒有達成協議。所以，在大阪峰會上，中美雙方可能認為沒有必要再次確定新的談判時限，因為，汲取以前的經驗，即使大阪峰會給出一個時限，也可能在時限結束前還是達不成協議。

第二，沒有時限，可能是更長的時限？如上所述，大阪峰會後，主流媒體只注意到中美確定再次重啟談判，但都忽略了重啟的談判居然沒有時間表。不過，關於這一要點，美國國家經濟委員會主任、川普總統顧問賴瑞‧庫德洛（Larry Kudlow）於2019年7月9日表示，美中貿易協議可能需要比一些人預期的時間更長。他說：「當談判進行到最後10%時，情況會很艱難。」庫德洛說，儘管美加墨貿易協定預期能得到國會的批准，但「中國需要更長的時間」；「和中國的談判沒有時間表。我們想要一筆好交易」。川普的前策略師、現在的美國經濟民族主義代表人物班農（Steve Bannon），從中美「貿易戰」爆發以來就一直認為，美國與中國的「貿易戰」要進入到2020年的美國總統選舉的過程中。從這個角度看，2020年美國總統大選塵埃落定前，都是中美「貿易戰」或者貿易談判時期。中美貿易協定將受到美國大選的影響已經是十分明顯的，而川普政府在與中國等是戰還是和，主要考慮的是對其連任的影響，這一點從川普強調中國先購買美國的農產品就可見一斑。川普於6月29日在大阪帝國飯店舉行的記者招待會上，認為他與習近平的這場峰會「好極了」，同時，他大談中國要「向我們偉大的（美國）農民」購買「大量的食品和農產品」。7月11日，美國農業部公布的數據顯示，在G20峰會後，中國購買的美國農產品實際上減少了。一心想著「偉大的農民」的選票的川普，希望中國儘快兌現承諾。

第三，缺少貿易談判新的期限，可能意味著解決中美貿易衝突中談判的力量正在減弱，而不是增強。換句話說，中美更大的貿易衝突的可能性，比更大的貿易談判的可能性要大。大阪峰會上，川普沒有決定對價值3,000多億美元的中國出口商品徵收額外關稅，但他也沒有取消美國已經給中國輸美商品加上的關稅。這一點本身反映了中美貿易衝突中的混合、混沌狀態，即有戰有和（這裡的和指的是談判）。精準地說，中美之間一直是「貿易戰」

加「貿易和平」（貿易談判）並存，而不是人們所說的「打打談談」（「打打談談」是一個不精確的說法）。

最後，沒有新的貿易談判期限，可能意味著川普政府的一個強硬姿態：希望與中國貿易戰的結果，至少在形式上，是美國大獲全勝和中國至少做出重大讓步（如果不是中國失敗的話）。這正是符合中國仍然不熟悉的美國經濟民族主義頑固、奇怪的思維：「美國第一」，「中國最末」。川普修改《北美自由貿易協定》（NAFTA）就是這種邏輯，他口口聲聲認為NAFTA對美國是災難，其實，NAFTA之所以持續20多年，還是符合美國的根本利益的。川普要求加拿大和墨西哥與美國一起廢除本來僅需稍微修補的NAFTA，加墨兩國面對美國的施壓，毫無招架之功，只能接受去掉「自由貿易區」並成立新的《美國－墨西哥－加拿大協定》（USMCA）。USMCA確實與原來的NAFTA差異不大，儘管有一些重要的修改。但是，UNMCA給了川普政府很大的面子，這被認為是經濟民族主義的勝利，以及加拿大和墨西哥的屈服。川普的美國經濟民族主義支持者，無疑想在與中國的貿易戰中也重複這樣的勝利。

這裡，筆者想再次提到目前在美國哥倫比亞大學任教的英國著名歷史學家圖茲（Adam Tooze）的一個重要看法。他認為，對於川普政府及其支持者來說，是「美國第一，中國墊底」（中國有許多人認為「中國是老二」，而對美國經濟民族主義者來說，「中國是老二」是不可接受的）。川普政府用這些20世紀的混亂觀念（經濟民族主義）來應對21世紀的全球化挑戰，而川普政府的貿易談判團隊幾乎都是持有這種邏輯的人組成的。[30]圖茲的這一分析是對川普政府對華和對其他國家（包括歐盟、印度等）貿易戰和貿易談判之邏輯的最好概括。可惜，在中國，許多人尚未真正瞭解川普政府的這一根深蒂固的經濟民族主義邏輯，還以為可以與川普政府「貿易談判」解決問題，甚至與川普政府一起獲得「雙贏」。在川普政府的外交政策詞典裡，

---

[30] Adam Tooze, "America First, China Last: Trump's Strange New Order of Economic Nationalism," *The Globe and Mail*, April 12, 2019.

根本就不存在「雙贏」這個術語。

　　根據FT中文網的報導，[31]提出中美之間的「修昔底德陷阱」命題的哈佛大學艾利森教授認爲，中美雙方在2019年底前達成貿易協議的可能性比不達成要大。本文上述的分析與艾利森的樂觀有所不同，由於中美在大阪峰會上並未撤除或者降低已經加上的關稅等「貿易戰」措施，只是沒有進一步升級「貿易戰」，因此沒有宣布新的貿易談判時間表，預示著中美在2019年達成貿易協議的可能性大體上可以排除。中國確實不是加拿大或者墨西哥（即中國不可能重複加拿大或者墨西哥的做法），這意味著如艾利森在上述FT中文網採訪中的建議（給足川普政府面子，「配合」川普政府，把川普政府批評的歷屆美國政府與中國之間「養虎爲患」的貿易關係，變成與中國的「最棒的交易」）是不可能的。

十三、再論經濟全球化的未來[32]

　　2019年日本輪值G20主席國，G20峰會於2019年6月29日在大阪閉幕。

　　本文的觀察是，這次G20峰會至少傳達出幾大信號：第一，儘管有貿易戰，全球經濟的多邊治理體制顯然已經受到削弱，但是，全球經濟治理仍然十分關鍵，此乃由於G20大阪峰會畢竟發表了《共同宣言》；第二，自由貿易並未停歇下來，而是在世界其他角落繼續進展。歷經20多年艱苦談判的歐盟和南方共同市場（Mercosur）之間的貿易協定，在G20期間簽署。6月30日，歐盟也與越南簽署了自由貿易協定。越南是東協最大的經濟體之一，充滿經濟活力，且越南是跨太平洋夥伴全面進步協定（即CPTPP）的成員。川普退出了TPP，才有日本和越南等餘下11國組成的CPTPP。歐盟與南美、越南等的上述行動，對美國發出了強烈的信號，即在美國與包括歐盟在

31　劉裘蒂，《艾利森：大阪G20後的中美關係走勢》，2019年7月15日。
32　原載《華夏時報》（北京），2019年7月10日。

內的全球經濟展開貿易戰的情況下，全球經濟仍然在正確的道路上走著；第三，中美在G20上達成沒有「最終期限」的第二次停火（阿根廷G20峰會期間的中美第一次停火卻宣布了至少三個月新的貿易談判期），也讓整個全球經濟暫時鬆了一口氣。

　　不過，G20大阪峰會剛結束，日本與韓國也發生了貿易戰。這一貿易戰讓東北亞和整個世界跌破眼鏡。日韓貿易戰與全球正在發生的其他貿易戰不同，屬於技術方面的高端產業供應鏈上的貿易戰。2019年7月初，日本宣布限制向韓國出口用於智慧型手機顯示器和晶片的高科技原料，日韓之間在日本企業二戰期間強徵韓國勞工問題上的爭端升級。日本在這個領域的全球供應鏈上占據支配地位，而韓國則是日本在這些高端科技行業的主要競爭者之一。日本對韓國的這一制裁，嚴重觸動了韓國上下，使文在寅政府啓動韓國官民聯合應急機制。7月8日，文在寅指出，「日方的限供措施給韓企的生產蒙上陰影，使全球供應鏈受到威脅」。

　　筆者認爲，突然白熱化的日韓貿易戰可能顯示了全球化演變中的一個眞正趨勢：全球化（相互依存）首先在其最複雜、最關鍵的環節發生重大變異。

　　日韓之間的貿易戰，意味著美國川普發動的貿易戰終於刺激了對其他國家之間的貿易戰。而日韓這樣的「發達經濟」之間的貿易戰，一啓動就不是關於低端產業的，而是涉及日韓敏感而關鍵的技術部門。日本在處理與韓國的關係時，居然使出經濟殺手鐧，這也許反映了世界政治（包括地緣政治）對經濟的作用強化。日韓關係本來就相當複雜，而東北亞地緣政治的變動趨勢，可能導致日韓關係的惡化。

　　回到歐洲，歐洲人現在似乎在走出這些年嚴重的民粹主義衝擊。繼歐洲議會選舉後，歐盟委員會（類似歐盟的「中央政府」）和歐洲央行成功「換屆」。在歐洲層次的制度或者體制上，歐盟迎來新的時期。2019年5月的歐洲議會選舉，沒有讓反對歐盟的勢力得勢；在歐盟的成員國層次，也有積極的改變。7月8日，希臘中間偏右的米佐塔基斯（Kyriakos Mitsotakis）所領導的新民主黨，在議會300個席位中贏得158席的絕對多數。這顯示，度過

了前幾年的困難和狂熱，希臘人正努力謀求在歐盟框架下的穩定和發展。米佐塔基斯任命經濟學家斯戴克拉斯（Christos Staikouras）為財政部部長，使希臘重新進入以經濟發展為中心的階段。

歐洲的動盪源仍然在英國，但是，歐盟大局穩住了。從2016年6月全民公投通過脫歐後，英國在梅伊首相（Theresa May）的領導下，似乎放下聯合王國的其他大事小事，以脫歐為主。然而，梅伊首相卻在2019年5月24日含淚宣布她的脫歐「失敗」並辭職。接任梅伊的強森（Boris Johnson）一直聲稱「無協議」離開歐盟（no-deal Brexit），不過，在英國脫歐中趨穩的歐盟，不會接受英國的無協議脫歐，這使得英國國內政治以及與歐盟的關係依然複雜。強森大談離開歐盟的英國（獲得貿易主權）與世界其他國家之間的自貿協定，若如此，脫歐後的英國仍然是下一階段全球化（具體指新的自由貿易）的驅動力量。

值得一提的是，2019年7月2日麥肯錫全球研究院發布的《中國與世界，理解變化中的經濟聯繫》[33] 報告認為，中國儘管已經是全球第一大商品貿易國，但「在以金融為例的其他領域仍有進一步與世界融合的（巨大）空間」：

（一）中國占全球商品貿易額的11%，但服務貿易額僅占全球總額的6%左右。

（二）中國的銀行系統、股票市場和債券市場規模排名均居全球前三，但外資參與度仍相對有限，占比不足6%。

（三）雖然中國擁有110家《財富》世界500強企業，但它們的海外營收占比不到20%，而標普500企業的平均占比為44%。

（四）2018年，中國出境遊客達到1.5億人次，另一方面，移民中國的外國人僅占全球移民總數的0.2%。

（五）中國的研發支出位居全球第二，但知識產權進口額是出口額的六倍。

---

[33] China and the World: Inside the Dynamics of a Changing Relationship, https://www.mckinsey.com/featured-insights/china/china-and-the-world-inside-the-dynamics-of-a-changing-relationship.

（六）中國有8.02億線民，但跨境數據流動的規模僅為美國的20%，與新加坡的規模相當。

（七）中國在可再生能源方面的投資占全球的45%，但碳排放量占全球總量的28%。

（八）中國的電影票房市場為全球第二大，但中國排名前十的音樂人在全球領先的某個音樂流媒體訂閱量僅為韓國前十大頂尖藝人的3%。

　　習近平早在2017年1月17日於達沃斯世界經濟論壇上即宣布堅決支持自由貿易和全球化，與美國川普政府的「美國第一」的「去全球化」政策截然不同。2019年6月28日，習近平在G20大阪峰會上發表《關於世界經濟形勢和貿易問題的講話》：「我們將在近期探取措施的基礎上，進一步推出若干重大舉措，加快形成對外開放新局面，努力實現高質量發展」。而2019年7月6日，李克強於《在2019年夏季達沃斯世界經濟論壇開幕式發表特別致辭後回答問題以及同國際工商、金融、智庫、媒體界代表對話交流》中指出：「習近平主席前不久在二十國集團領導人大阪峰會上，進一步深刻闡述了中國關於經濟全球化的立場和主張，再次表明願與國際社會一道引導經濟全球化朝正確方向發展」；「並不是說中國可以坐等外資的進入，我們還需要不斷打造市場化、法治化、國際化的營商環境，進一步加大開放的力度，加大對外來投資者權益的有效保障」；「我們樂觀地面向未來，但正視面臨的挑戰和困難。我們包容發展，互利共贏，為了中國，也為了世界」。

　　這場全球產業鏈、貿易鏈、價值鏈的變動，對中國當然是巨大挑戰，但也是一個難得的機會。中國是以更大的開放、更高的品質在中國已經參加的全球體系中應對全球化之複雜而巨大的變局，還是繼續轉向和加強包括「一帶一路」等在內的另一個局面？

十四、G20大阪峰會及其結果可能預示著全球經濟治理的重大轉變[34]

　　多邊會議進程是當今全球治理的主要形式和內容，目前，除了聯合國及其主導的各種全球治理會議，G7、G20和BRICS等多邊會議在全球治理中的作用亦十分重要。

　　第十四屆G20領導人峰會於2019年6月29日落幕，並通過了《大阪宣言》（*G20 Osaka Leaders' Declaration*）。這一宣言主要是關於全球經濟治理，以及與全球經濟治理有關的全球治理議題的。其「前言」有三句話：其一，G20以集體努力應對全球經濟挑戰，促進全球經濟成長，牽引技術創新之力，尤其是數位化以及其普惠；其二，努力創造成長的良性迴圈，實現人盡其能的社會，抓住各種機會，為了當代和下一代，處理經濟、社會、環境等挑戰；其三，引領發展，應對其他的全球挑戰，走向（聯合國）《2030年永續發展議程》規定之包容的與永續的世界。

　　國際媒體都充分注意到，如同以前的G20峰會，在草擬G20大阪峰會《大阪宣言》的談判中，充滿了國際爭議。儘管這一《大阪宣言》宣稱「將力爭實現一個自由、公平、非歧視、透明、可預測，以及穩定的貿易和投資環境，並保持市場開放」，卻避開（不提）對貿易「保護主義」的直接批評。因為美國代表團繼續反對G20《大阪宣言》包括這樣的措辭。明顯地，這裡的「公平」是強調，因為川普政府發起與全球的「貿易戰」的理由，就是全球其他經濟體對美國「不公平」。G20《大阪宣言》體現了美國等的「公平」價值和訴求。

　　在「基礎設施投資新原則」方面，大阪峰會也取得了進展。但是，在其他問題上，《大阪宣言》採取了各自表述。這主要指的是氣候變化議題：《大阪宣言》的前一大段內容反映了G20「絕大多數」成員的看法，即成員

34　原載《華夏時報》（北京），2019年7月1日。

國是以「共同但區分責任以及各別的能力」來履行協定。但是，美國的立場則是採取「平衡能源和環境的方法」來為國民提供「負擔得起、可靠和安全的能源」。總之，在全球氣候治理上，G20仍然無法達到共識，形成了1對19的局面：G20的19個成員（包括歐盟）重申對《巴黎協定》「不可逆轉」的承諾，美國則反對。

在全球治理的關鍵時刻，輪值主席日本政府已盡責盡力了。《大阪宣言》體現了日本式的折衷或者平衡外交。日本首相安倍晉三在峰會閉幕後召開的記者會上指出：「我們仍然能夠超越分歧凝聚國際社會」。他說，G20峰會領袖們「就維持自由貿易體制的基本原則取得了共識」。

關於大阪峰會，每年都客座參加G20的新加坡總理李顯龍指出，G20大阪峰會雖發布了《大阪宣言》，卻未能在環境問題、多邊體系（指WTO）等全球治理的核心議題上取得顯著進展，令人擔憂。[35]李顯龍認為，「事實上，與2018年布宜諾斯艾利斯峰會相比，各方立場更為強硬」。這一現場評估與我們遠距離的觀察幾乎是一致的，即參與G20進程的國家行動者之間的差異難以彌合。

李顯龍認為，人們都知道「美國很大程度上已走上自己的道路」，但是，值得指出的是，「其他國家在許多課題上的立場也不一致」，李顯龍的這一觀察相當重要。實際上，並不存在所謂G20「大多數」成員（甚至「19」）在立場上一致，形成所謂「19對1（美國）」。其他很多國家（部分或者全面）亦效法美國採取類似美國之立場，由此可知，G20折射了全球治理變得更加複雜而困難。

大阪峰會之後，全球治理將向何處去？《大阪宣言》公布，2020年沙烏地阿拉伯主辦G20，2021則是義大利，2022年則是印度。[36]這是第一次在宣言中公布三年後的輪值主席，而沙烏地阿拉伯、義大利、印度會將G20帶

---

[35]　〈李總理：G20未能就核心課題取得進展令人擔憂〉，《聯合早報》（新加坡），2019年6月30日。

[36]　後來，印度與印尼對調，印度輪值2022年的G20主席。

向何方？G20的內在分歧是否將更加表面化？

沙烏地阿拉伯是美國在中東的盟友。在大阪峰會上，美國總統川普與沙烏地阿拉伯王儲穆罕默德・賓・沙爾曼（Mohammed bin Salman）互動密切，川普稱沙爾曼是他的朋友，並讚沙爾曼在推動沙烏地阿拉伯改革方面表現出色。沙烏地阿拉伯主辦的G20與以前的G20有什麼不同？美國和沙烏地阿拉伯在G20中的同盟又對全球治理意味著什麼？

2019年G7峰會於8月24日至26日在法國的比亞里茨（Biarritz）舉行。日本一向重視其在G7中的地位，在比亞里茨，是否仍然由G20輪值主席的日本發揮了什麼樣的作用？

義大利是G7的成員國。2019年3月23日，作為G7中的帶頭者，義大利與中國簽署了「一帶一路」合作諒解備忘錄（MOU）。義大利是歐盟的成員，從某種角度來看，義大利輪值G20主席，也意味著歐盟在G20中的輪值主席。但是，義大利在民粹主義政府領導下，與歐盟的關係不易。義大利和歐盟將如何合作推進歐盟在G20進程中的歐洲日程？

在G20大阪峰會中，印度總理莫迪參加了至少兩場三邊峰會（印日美和印中俄）和金磚（非正式）峰會。印度顯然處在兩個似乎對立持續加劇的集團之間，左右逢源。在大阪，印度拒絕簽署日本發起的關於數據跨境自由流動的聲明，而想繼續享受在WTO中的優惠待遇。2022年G20印度峰會，對印度在全球治理中的作用意味著什麼？G20進程將如何具有印度特色？[37]

G20內部有兩大集團，一個是G7，G20就是G7主導的擴員；另一個是金磚國家（BRICS）。2003年至2009年的五年，G7（一度時間是G8）與五個左右的「主要開發中國家」對話，即「8+5」。但是，從2009年起，金磚國家合作機制（BRIC）起步。2011年，南非加入，使BRIC成為BRICS。2017年，中國輪值金磚國家主席國，舉辦廈門金磚峰會，「BRICS+」起步，以這一形式使金磚國家包括了世界上更多的國家。G20正式成員和聯繫成員（受主席國邀請客席）中，有一些成員既不屬於G7，也不屬於BRICS，都

37　與印尼互換G20主席後，印度主持2023年的G20進程，包括G20峰會。

是非常重要的「中等強國」。

　　金磚國家一般都要在G20期間舉辦非正式的峰會。2019年被稱爲「金磚國家的第二個『金色十年』的開局之年」。大阪金磚非正式峰會重申，2019年11月13日至14日，五國領導人加其他國家領導人和國際組織領導人在巴西利亞舉辦金磚峰會。巴西總統波索納洛（Jair Bolsonaro）被認爲是「巴西的川普」，卻延續巴西的金磚政策。但是，因爲成員國國內情況及其對外政策的變化，使金磚國家及其在全球治理中的作用將繼續發生變化。

　　G20是一個更具「全球」代表性的多元多樣的複雜平臺（a polycentric platform）。G20大阪峰會表明，國際體系（國際社會）中的很多國家行動者和非國家行動者（尤其是「社會」）對全球治理的需求強烈。人們擔心大國政治、大國競爭、大國衝突顛覆了國際公共財的永續提供，即世界秩序和全球治理的未來。在許多全球議題上，取得全球一致的國際協議和國際行動幾乎是不可能，但是，具有同樣目標、價值、利益的行動者，即志同道合者（like-minded actors）卻可以結合在一起、一起工作，但這也意味著全球治理可能發生大分化。

十五、關於西太平洋地區（東亞）的和平[38]

　　著名中國問題專家、美國布魯金斯學會資深研究員、東亞政策研究中心（原東北亞政策研究中心）主任卜睿哲（Richard C. Bush），[39]在臺北的一次研討會上做了《如何避免東亞的戰爭風險》的演講。在這場演講中，卜睿哲認爲「要維繫東亞長期和平，需要美中準確地評估對方，避免假設這是一場零和競賽，並明白大國戰爭沒有贏家」。[40]

38　原載《華夏時報》（北京），2019年6月24日。

39　卜睿哲博士已經從布魯金斯東亞政策研究中心主任退休，現爲布魯金斯非住所高級研究員（Non-resident Senior Fellow）。

40　《FT中文網》，2019年6月17日。

　　筆者認為，卜睿哲這場發言的最大亮點是：「我並不同意哈佛大學艾利森教授的觀點。艾利森認為，中美雙方有發生戰爭的危險，正所謂『一山不容二虎』。但我認為還有其他可能性，例如美國也許不再保證東亞的和平，尋求某種離岸均衡（off-shore balancing），並接受中國在這個區域的主導地位；中美兩國也可能會在一系列的問題上陷入長期對抗；我們也不排除北京和華盛頓會擬出和平共處方案，讓兩隻老虎可以共同在一座山裡生活。」筆者認為卜睿哲提供了關於中美關係的未來的一個非常重要的美國觀點，值得重視。

　　卜睿哲指出：「這樣的和平安排，有可能是由中國、美國和日本共同領導的經濟秩序，也有可能是某種降低風險和避免衝突的制度安排。這些協議和安排，一定會保證區域內的其他國家，不必在中美兩國之間進行選擇。」卜睿哲的這一觀點，當然也是戰略的現實主義，他沒有進一步說中美或者中美日等究竟應如何選擇新的「安全安排」。

　　美國現實主義國際關係學者正在討論以下兩大議題：第一，美國也到了考慮新的「大國協奏」（concert of powers）的時候，這與前幾年有所不同。長期研究「大國協奏」的美國外交關係協會會長哈斯（Richard Haass）發表多篇重要論文，認為在美國主導的世界秩序終結、世界進入「無極時代」（the age of non-polarity）的條件下，如果要避免包括大國衝突的世界無序（world disarray）的話，大國協奏是可行的、必要的替代；第二，由於日本輪值2019年G20主席國，使得長期被遺忘的「美日中三邊關係」這一議題似乎成為了討論熱點。5月21日，美國外交政策全國委員會（NCAFP）在紐約召開了「美日中三邊關係」研討會。

　　值得一提的是，2012年，卜睿哲發表了其研究日本與中國安全關係的力作《比鄰之禍患》（*The Perils of Proximity*）。在上述演講中，他提到的中美日「共同領導」世界（地區）經濟秩序的制度安排，是在重新思考未來的美日中三邊關係。

　　筆者於2019年6月20日在南京參加了「中美關係和其他亞太地區問題」（國際）研討會，在這場研討會中，有人認為中美正在走向「新型大國對

抗」，但也有人認爲中美不可能陷入「修昔底德陷阱」。同年6月22日，筆者在北京參加了「第二屆北京大學海洋國際研討會」，在這次會議上，有人分析了中美，以及中國和印度等世界海洋強國之間的對抗（rivalry）。

中國追求「海洋強國」的國家戰略目標，[41]意味著中國志在成爲一個新興海權（a rising sea power）。同時，中國也試圖提供新的海洋國際規範「海洋命運共同體」，以緩解由於「海洋強國」引起的與其他海洋強國之間的衝突。在海洋領域，中國確實是新興海權（儘管中國從來都是「海洋大國」），而美國是老牌超級海權，日本、印度等則都是世界一流海權，無論從雙邊還是三邊的角度，確實存在著「新興海權」與「老牌海權」之間的衝突這一大國關係特徵。

有些研究者不認爲中美之間有發生「修昔底德陷阱」的可能。這類學術研究是重要的，但是，筆者認爲，「修昔底德陷阱」至少是一個重要的假定（assumption）或者未來的情景（scenario），不能因爲有些研究者認爲不會發生「修昔底德陷阱」而不重視這一假定或者情景。

現在，對於外交決策者來說，最重要的不是考慮「修昔底德陷阱」是否存在或者是否可能，而是要爲解決（預防、防止、阻止、治理）「修昔底德陷阱」而準備。

爲了避免或者阻止「修昔底德陷阱」的發生，根據歷史經驗，「大國多邊主義」（即大國之間制度性的多邊合作）產生的不僅是國家實力（包括海權）之間的均衡（均勢），而且是對大國對抗、衝突的治理過程。人們往往以爲「大國多邊主義」，如同19世紀的「歐洲協奏」（European Concerts）是因爲歐洲的力量均勢，而不去探究爲什麼會產生力量均勢。大國之間的協奏本質上是一種結果導向和平的國際制度安排，這種制度一旦運行，就其過程產生了管理或者治理大國之間衝突的一種公共力量（公共權威）──這就是我們說的「全球（國際）治理」。

41　「建設海洋強國」的敘述，正式出現在《中國共產黨第十八次全國代表大會報告》（北京，2012年11月8日）。十八大報告之前，中國共產黨的官方文件已經強調「以海強國」。

　　目前，如果美國行政當局有選擇地退出一些現存的全球治理制度，則美國的退出對美國與世界之間的和平相當不利，此乃任何全球治理安排的崩潰將殃及世界和平。美國川普政府退出聯合國「五常」和德國加歐盟的解決伊朗核武問題的協議（the Joint Comprehensive Plan of Action, 2015），已經導致了美伊之間處於戰爭邊緣。不過美國目前還在諸如G20這樣的全球治理制度中（儘管G20是非正式的，但是，非正式性，而不是正式性，恰恰在我們這個時代更能發揮全球治理的作用），這至少對於即使如此反對全球治理的美國領導人來說，是與世界（尤其是與G20中的中國等成員）維持和平的機會。G20雖然受到中美等大國衝突的消極影響，但是，卻仍然提供著大國博弈的平臺。

　　本文提出三點結論：第一，有三個相互交叉的關係：第二次世界大戰結束後形成的國際秩序（自由國際秩序）、美國主導的世界秩序、冷戰後出現的全球秩序。它們是同一件事情的不同稱法，其目前的危機預示著世界可能進入新的時期，這個新時期，可能是混亂的、無序的、衝突的。假如中美兩國真的陷入「修昔底德陷阱」，這將是最壞的無序、混亂情景；第二，重建世界秩序和全球治理變得十分迫切，然而對現在的一些關鍵的多邊體制（如WTO）進行改革並不容易，甚至，對他們的改革也將失敗。而對現有世界秩序和全球治理的改革失敗，意味著世界無序和衝突的加劇；第三，在所有的世界秩序重建和全球治理改革方案中，來自19世紀歐洲經驗的大國協奏，可能是最為現實而有效的，這是避開「修昔底德陷阱」，也是管理大國衝突的新過程和新安排。在紀念第一次世界大戰結束100年後的現在，大國協奏或者大國多邊主義的優良價值，將被更多尋求未來之解決方案的人們注意到。

十六、究竟如何認識和應對世界目前正在進行的兩個 「de-」？[42]

　　過去30多年，世界發生了兩大變化：一個是「全球化」（globaliza-tion），一個是「核武化」（nuclearization）。與「全球化」和「核武化」同時存在的過程是「去全球化」（deglobalization）和「無核化」（denucle-arization）。也就是說，「去全球化」和「無核化」並非是今天才有的，它們是世界根本性的大變化中，常常為人們忽視的另一面。

　　在「全球化」方面，自1970年代以來，中國愈來愈引人注目，此乃中美關係構成「全球化」的一個主要方面。而美國川普政府帶頭進行的「去全球化」，將中國視為此一「去全球化」的主要工作目標。

　　在「核武化」方面，1990年代末，印度和巴基斯坦幾乎同時成為核武國家，而以色列則更早擁有核武器。還有一系列地區性的國家有了核武器開發計畫，例如利比亞、伊朗和北韓。而在「無核化」方面，利比亞等放棄了核武器開發計畫（美國川普政府的國家安全顧問博爾頓試圖向北韓推銷無核化的「利比亞模式」）。逐漸地，全球「無核化」主要以伊朗和北韓的「無核化」為主。

　　為了實現伊朗「無核化」，2015年7月14日，伊核協議（JCPOA）達成。這個協議是大國之間多邊合作的里程碑，但是，川普政府卻在2018年5月8日宣布美國退出伊核協議，使得協議遭受巨大衝擊。為了挽救伊核協議，有關各方冥思苦想提出了一些替代方案。7月6日，中、俄、英、法、德與伊朗外長在奧地利維也納召開伊朗核問題外長會議，就美國退出伊核協議後繼續維護並執行協議進行會談。

　　川普的美國在退出伊核協議的同時，卻開始了與北韓的雙邊「無核化」進程。6月12日，第一次金川會後，川普政府急於落實這次峰會與北韓

42　原載《聯合早報》（新加坡），2018年8月4日。

達成的無核化意向。2018年7月7日，美國國務卿龐佩奧在結束對北韓的第三次訪問後表示，他在與北韓官員的談判中就「幾乎在所有核心問題取得了進展」，包括制定北韓「無核化」的時間表。美國與北韓就北韓無核化成立了工作組，也許是這位國務卿自我表揚誇大其詞，因為北韓的說法與此不同，表達了「深的遺憾」，指責美國的「無核化」要求是單邊的，認為實現半島「無核化」的「最快方式」是雙方同時分階段採取措施。

「去全球化」與「無核化」是一樣的。「全球化」與「去全球化」構成一枚硬幣的兩面。以英國脫歐（Brexit）和美國發動全球貿易戰（global trade war）為標誌，顯示「去全球化」已經實實在在地進行當中了。在筆者提供這篇評論時，世界上其他作者並沒有如此類比目前世界正在經歷的貿易戰。筆者不僅是第一個如此類比的人，而且還大聲疾呼人們要從「去全球化」的角度看待全球貿易戰，即全球貿易戰是在「去全球化」。

從「去全球化」的角度來看，全球貿易戰，尤其是美國與中國之間的貿易戰，其強度的升級是不可避免的，因為不升級就「去」不了「全球化」。

關於英國脫歐，有不少英國人認為這就是最好的「去全球化」的例子，英國央行行長馬克·卡尼（Mark Carney）也一直是這樣認為的。但是，也有人認為，英國脫歐不能叫做「去全球化」，因為「英國脫歐的意圖不是向內轉」，甚至英國的對外開放程度會更大，即不在歐盟的英國將與世界其他貿易夥伴達成更多的新貿易協定。但是，卡尼辯護稱，脫歐意味著英國與（世界最大經濟體）歐盟之間的開放程度降低，而且這種降低「不太可能立即得到與其他貿易夥伴之間類似規模的新關係的補償」。

很明顯地，「無核化」絕非易事。比「無核化」更難的不是別的，正是「去全球化」。如此巨大的困難意味著「無核化」和「去全球化」將無效化，甚至失敗得十分難看。

彭定康（Chris Patten）用「陷於驚人的無效」（The Appalling Failure of Brexit）來描述英國脫歐的困境。[43] 確實，英國首相梅伊主導的脫歐進程

43　Chris Patten, "What Brexit Means for Britain's Future, according to Oxford University's Chancellor,"

在當時已經陷入僵局，這一僵局如果持續下去，將可能使脫歐變得更加困難。

脫歐面對的巨大困難，說明川普政府的「去全球化」也將是困難重重的，甚至同樣「陷入驚人的無效」。羅馬不是一天建成，「核武化」與「全球化」是長期形成的，「無核化」和「去全球化」怎麼可能這麼容易達成。

川普政府要求北韓「完全無核化」（CVID或者PVID），由於實際困難巨大，這一目標可能最終歸於無效。而川普政府的全球貿易戰，來勢洶洶，爲許多美國的「經濟愛國主義者」歡呼，但是，除了帶來混亂，並不能真正「去除」美歐或者美中之間長期形成的貿易關係。

「無核化」雖然相對好理解，但是，我們對「去全球化」的認識還不到位。我們必須儘快認識「去全球化」，因爲中美貿易戰本質上是川普政府代表的美國「經濟民族主義」勢力反對「全球主義」勢力的戰爭。「全球主義」打破國界，「經濟民族主義」則重置壁壘。這一「經濟民族主義」與「全球主義」之間的對立最終結局如何，現在是無法預測的。

對於「無核化」，我們當然希望和祈禱其成功，「無核化」的世界，不管如何定義與理解，總是更安全。但是，我們一定要爲美國與北韓之間的雙邊「無核化」的可能無效及其後果做準備。

我們要學習英國，重建中國的全球化。英國在脫歐的同時與世界上其他地區和國家建立更緊密的貿易關係，減少因爲脫歐帶來的衝擊，彌補因爲脫歐發生的損失，重建英國的全球化。

這場被叫做「世界經濟史上最大的貿易戰」，將使世界貿易發生結構性變化：美國的開放程度下降，各國與美國之間的貿易將減少，全球化的逆轉加速。對等性的報復，冤冤相報，惡性循環。全球化的倒退使非常依賴全球化的產業、部門和各色人等，不得不尋求其他具有可持續性的替代安排，但是，在世界最大的經濟體內，替代性的全球安排將不足夠。就中國而言，政

World Economic Forum, March 29, 2017, https://www.weforum.org/agenda/2017/03/chris-patten-the-road-ahead-for-the-future-of-britain.

府能否協助廠商（不管公私）增加在歐洲、非洲，甚至拉美等地區的貿易，以彌補對美貿易帶來的損失？如果歐盟也變得內向，我們將如何應對？

十七、防止「以冷戰止冷戰」，中國確實到了需要新戰略的時候了[44]

　　戰略研究者聚焦中國官方提出的「百年未有的大變局」這一大判斷，似乎認同了這一判斷，並開始為應對「百年未有的大變局」提供「怎麼辦」的答案。中國是否確實到了需要新的國際戰略的時候了？

　　在所有關於中國對外戰略上「怎麼辦」的討論中，對美國在戰略上對付中國的現在做法的評論，無疑占據了研討的焦點。

　　有分析認為，「美國完全沒有做好和中國互利共處的思想準備，在心理上無法接受一個可能會比美國強大的『異類』國家。在這種心理的支配下，兩國關係完全有走向長期全面對抗，甚至肢體衝突的可能」。[45]

　　安剛認為，美國川普政府的所作所為，正在「把中美關係推向懸崖邊緣」。美國當年推動一個開放的中國，如今，美國在推動一個封閉的中國。「是時候醞釀形成對美新戰略了」：「擺在中國領導人面前的真正挑戰並非如何應對貿易戰，而是美國對華戰略的根本調整」。[46]那麼，中國究竟如何應對美國對華戰略的根本調整？中國是否正在制定新的對美戰略？

　　以下是對這一重大問題的看法：

　　第一，「冷戰」也應是中國的戰略嗎？中國一直在批評「冷戰思維」、反對「新冷戰」，這一批評和反對是十分正確的；但是，如何避免冷戰，中國是否已經具有了避免「新冷戰」的戰略？如果要制定一個避免「新

---

[44] 原載《華夏時報》（北京），2019年6月18日。

[45] 郭良平，〈新冷戰條件下中國戰略空間與抉擇〉，《聯合早報》，2019年6月1日。

[46] 盤古智庫，http://www.pangoal.cn/news_x.php?id=4058&pid=10。

冷戰」的大戰略，中國要防止「以冷戰止冷戰」。

即使我們判斷，美國確實以「冷戰」對付中國；但是，中美之間今後的格局是否是全面衝突的「新冷戰」，完全取決於中國是否也「以冷戰回應冷戰」。當年蘇聯和美國之間的「冷戰」是雙方不幸複雜互動的產物，即「冷戰對冷戰」的惡性循環的結果。對中國來說，與美「鬥爭」是否是「以眼還眼，以牙還牙」那麼簡單？若是如此，中美的未來就勢必是「冷戰」。

第二，關於與美國的「和平共處」。筆者曾引用了在美國哈佛大學任教的土耳其著名經濟學家羅德里克（Dani Rodrik）關於中美走向「和平共處2.0」的觀點。諸如「和平共處」之類的觀點，目前在美國戰略和思想「主流」，似乎是少數；但是，如果美國今後真的想有效解決美國面對的全球化悖論，中美「和平共處2.0」正是一個有效的大辦法。羅德里克認為，美國等面對著「超級的全球化」（與中國的關係）的深刻悖論，解決辦法就是與中國的和平共處，而不是與中國的「新冷戰」，[47]這是一個非常重要的觀點。

中美之間的差異是長期的，美國改變不了中國，中國也改變不了美國對中國的看法；但是，中美新的「和平共處」是解決目前中美衝突的根本之道。這一「和平共處」，史無前例。

第三，在討論對美戰略的回應這一課題時，有必要觸及更多的、更大的問題，這裡一個重要的問題是關於中國的對外開放戰略。筆者認為，中國要避免陷入「對外開放悖論」。

開放在中國一直是解決中國問題的途徑，今後仍然是解決中國面對挑戰的途徑，這毫無疑問。如果不進一步開放，中國確實有陷入停滯的可能，而封閉且停滯是體系性的內鬥的根源。開放也是解決中國與世界之間的關係的再平衡途徑，即中國的開放，也是對全球治理的貢獻，即透過開放中國而緩解全球緊張。不過，治理作為挑戰的全球化，並不僅僅是在全球層次進行的。在全球治理陷入危機的情況下，更多的國家（包括美國）為了對付全

---

[47] https://drodrik.scholar.harvard.edu/links/peaceful-coexistence-20.

球化的挑戰，更加強調國家解決（即，原來的邏輯是「全球問題，全球解決」，現在的流行邏輯是「全球問題，國家解決」）。在這種情況下，中國簡單採取1980年代和1990年代的開放方式，在解決中國自身的問題和緩解全球問題的挑戰方面，尤其是在緩解與美國關係的緊張上，並不能立竿見影。與美國等相同，中國也面對著如何透過國家力量再平衡全球化的挑戰，而且，這一點對中國更加重要。美國面對的全球化挑戰，目前主要由其國家解決方案（川普政府的「去全球化」和對中國的「極限高壓」）來進行。在21世紀的現在，中國採取進一步開放以解決自己的問題，這既是中國應對全球化挑戰的國家方案，也是中國在全球化下，甚至「去全球化」條件下在全球治理中發揮作用，提供解決方案（包括諸如「一帶一路」這樣的特定方案）、提供國際公共財等緩解中國與世界之間在全球化條件下的緊張或者衝突。

這裡想指出的是，戰略性的東西是根本大計，需慎之又慎，對之的調整，要避免一蹴而就的新戰略。如果一蹴而就，可能犯下戰略性錯誤。還是要「冷靜觀察」，再「冷靜觀察」，有一個更加穩妥的戰略改變。這一改變，並非是全盤改變；這一改變也許是盡可能面向未來的積極戰略。但是，這樣的戰略必須要基於對未來的任何重大方面的演變做出科學的判斷才行。然而，未來的不確定性難以現在克服。目前，關於諸如「未來的世界秩序」等「未來的」課題，是西方學術界的熱門研究，中國也有必要展開更多關於「未來的」研究。任何中國重大的戰略性的改變，需要依據這些獨立自主的關於「未來的」研究。

上述提到的幾個方面的戰略問題，是高度相互聯繫的。如何避免因為某一方面、某一方向（如美國）戰略的過度調整而消極影響其他戰略？

目前對美國對華政策的研判，以及對一些流行看法，研究者更要獨立審視之。筆者斗膽預測，一些大而根本的力量（因素）如市場、技術和社會（包括世代交替），帶來的未來「形勢」仍然比現在的「人」強。

十八、避免和治理「百年衝突」，爭取世界「百年和平」[48]

　　英國《金融時報》首席經濟評論員馬丁・沃爾夫（Martin Wolf）發表了一篇驚人的文章：〈中美即將進入百年衝突〉（The Looming 100-year US-China Conflict）。沃爾夫這篇文章是報導和評論美國一個叫做Bilderberg會議上關於美中關係的激烈爭論，[49]沃爾夫總結說，這個會議充滿了「美國的經濟、外交和安全政策統統開始把與中國敵對競爭作為核心原則」、「目標是確保美國的主宰地位」等觀點。沃爾夫評論道，上述觀點「將中美關係限定在零和博弈的框架裡」，把中美關係「指向了長期衝突」。

　　「百年衝突」與中美雙方曾經提出的「大國合作」（如G2）、「新型大國關係」、「和平共處2.0」等積極方案是相反的，甚至，與「競合」（競爭加合作）等中性方案也有本質差別。

　　「百年衝突」告訴我們，包括全球自由貿易體制在內的第二次世界大戰後所建立、維持、改革、重建起來的一整套預防，或者阻止世界大戰的全球制度，並不是我們想像的那麼牢靠，而是脆弱的，進攻性的經濟民族主義即使在為當代世界秩序的創建和保全做出重大貢獻的美國，也是根深蒂固的。

　　沃爾夫的文章並沒有詳細描述「百年衝突」的構建究竟是什麼樣子，但是，他還是提到了「百年衝突」的一些當前情況，這些情況也許就是「百年衝突」在其開始階段的一些嚴峻特徵。

　　關於中美之間可能的「文明衝突」和另類「冷戰」，世界輿論已有很多評論。沃爾夫說，除了「文明和種族，還有許多人將中美衝突描述為一場圍繞著意識形態和權力展開的鬥爭」。

48　原載《華夏時報》（北京），2019年6月11日。
49　*Financial Times*, June 4, 2019, https://www.ft.com/content/52b71928-85fd-11e9-a028-86cea8523dc2.

更重要的一個特徵是，沃爾夫指出，在川普政府對中國發起的「這場衝突過程中，以規則爲基礎的多邊秩序、經濟全球化，以及國際關係的和諧都將成爲犧牲品」。沃爾夫顯然已經接近於提出一個我們這個世界的一個深刻悖論：爲了打擊美國認定的對其「世界主導權」的競爭對手，美國不惜對現有多邊體制有選擇地解構和攻擊。而這種解構、攻擊等於放棄了現有世界和平的多邊體制保證。自2017年以來，在1945年後的國際秩序，以及1991年蘇聯解體以來這一國際秩序的擴大和加強（以WTO爲代表的包容性大大加強的全球自由秩序）受到了大大的弱化，甚至現存的一些自由的多邊體制（如WTO這一自由貿易多邊體制）遭到攻擊而陷入了危機。

如同筆者曾經多次強調的，多邊體制以及支持多邊體制的多邊主義，並不是人們「理想主義」的世界秩序，因爲他們根本就不是歷代國際先賢（如康德、愛因斯坦等）主張的「世界政府」的化身，而是退而求其次、主權之間的合作的國際組織及其實踐中的全球治理。全球治理，首先是爲了世界和平的。如果全球治理進一步成爲沃爾夫說的「犧牲品」，就等於拆除了走向世界和平的國際制度安排。由此可見，「百年衝突」是對現有的和未來的世界和平的根本挑戰。

不過，我們仍然要保持樂觀，世界畢竟發生了巨大的積極變化，多邊主義和多邊合作仍是多數方的共同價值和共同利益，對付、制約「百年衝突」的力量還是強大的。

在地區層次，經歷世代更替，維護二戰後出現的地區一體化的力量仍在。這些力量已經意識到地區一體化的危機，並意識到必須爲地區合作注入新活力，以確保地區一體化仍然能夠繼續維持和平。

在歐洲，包括法德領導人，都在呼籲不要忘記90年前（1930年代）的貿易戰是如何走到第二次世界大戰的。紀念第一次世界大戰終戰100年（2018年）、紀念諾曼第登陸75週年（2019年）等告訴歐洲和世界，昨天的戰爭是殘酷的，今天的和平來之不易，明天不要重蹈大戰的覆轍，「更新歐盟」是防止戰爭之幽靈重回歐洲之本道。

2019年5月舉行的歐洲議會選舉進程表明，確有大的逆流，以民粹主

義和民族主義爲理由，試圖拆散歐盟。長達70年的歐洲一體化過程，取得了巨大的成就。在解決歐洲範圍內的和平問題上，歐盟是成功的（2012年，因「60多年來爲歐洲和平、和諧、民主和人權等方面的進步做出的貢獻」，歐盟獲得諾貝爾和平獎）。歐盟的成就容易被忽略，而其問題（包括其原初的「設計缺陷」）則容易被放大、被利用。

當今世界，大多數國家和非國家行爲體都是依靠全球治理體系，放棄現有的全球治理體系將是災難性的。全球治理體系存在的問題要靠對其的改革或者完善來解決，這也是大多數國家和非國家行爲體的共識。目前，許多國家領導人在各種國際論壇上，都在重申支持具有包容性、開放性、以規則爲基礎的全球多邊體制。在由誰來制定國際規則、是否接受中國等非西方國家在制定國際規則上發揮更大的作用、誰是制定和執行國際規則的領導等問題上確實存在分歧，但是，這些問題都應該透過國際協調、國際談判，而不應透過地緣競爭、大國衝突來解決。

假如眞的將有「百年衝突」的趨勢（即大國衝突的長期化），中國將如何應對？中國需要更加堅定地維護以聯合國爲中心的國際安全秩序、以WTO爲中心的自由貿易體制、以G20等「主要的國際合作平臺」爲代表的全球經濟治理。中國需要與世界上一切堅持開放的多邊主義和全球治理的國家力量和非國家力量進行有力有效協調，建立和推進21世紀的全球協奏體制。

世界和平、進步、新興力量必須明確拒絕「百年衝突」的可怕前景。「百年衝突」並不是解決我們這個全球化世界存在的問題的方案，反而將導致世界文明、世界經濟倒退甚至毀滅。我們必須透過國際合作治理「百年衝突」，贏得「百年和平」。爭取世界的「百年和平」應是中國外交奮鬥的長期目標。

十九、新冠疫情前最後一場新加坡香格里拉論壇[50]

2019年5月31日至6月2日，第十八屆英國國際戰略研究所香格里拉安全對話（IISS SLD，以下簡稱香會）在新加坡舉行。筆者亦再次受邀與會。

香格里拉對話開幕式，由東道主新加坡總理李顯龍發表了長篇演說。[51]這確實是一場精心準備的成功演講，在會場內外引起了很大的反響。李顯龍一開始即提出了基於東南亞歷史經驗的解決大國競爭的課題。

在中美衝突的背景下，李顯龍的香會演講受到中國的高度關注，2019年6月3日，中國外交部發言人「讚賞」李顯龍的「相關表態」。

至於有關方（尤其是美國）是否理解甚至接受諸如李顯龍的香會建議則是另一回事，參加香會的美國政府代表團和非政府的美國代表也許不在乎李顯龍的一些話（諸如美國「接受中國崛起的現實」並做出相應的調整）；來自亞太地區一些國家（尤其是美國的盟友）的觀點，美國也不一定採納。2012年，就在歐巴馬政府推動「轉向亞洲」之時，澳大利亞的一位現實主義戰略家建議，「美國的對華選擇」（the China Choice），應該是在太平洋等區域層次上與中國「分享權力」，即與中國大協奏（concertation）。但是，此種來自「中等國家」（middle power）澳大利亞的建議，當時並未引起美國的興趣。如今，美國仍然維持第一，即使中國追求的是第二，美國也不願意，而是希望中國是最末。[52]

在香會這樣自稱是「防務外交」的混合的多邊、多方的國際場合，東道主李顯龍的演講一貫是出色的外交。李顯龍說的大國競爭並不意味著大國衝突是一個好問題：可以大國競爭，但是，最好不要走到一發不可收拾的地

50　原載《華夏時報》（北京），2019年6月5日。新冠大流行使新加坡「香會」不得不中斷兩年。第十九屆「香會」，也是大疫後首屆「香會」，於2022年6月10日至12日在新加坡舉行。

51　https://www.pmo.gov.sg/Newsroom/PM-Lee-Hsien-Loong-at-the-IISS-Shangri-La-Dialogue-2019.

52　見美國哥倫比亞大學歷史學教授圖茲所發表的引起十分關注的文章，〈美國第一，中國最末：川普怪異的經濟民族主義新秩序〉（America First, China Last: Trump's Strange New Order of Economic Nationalism）。

步。

　　李顯龍實際上向美國等表明，新加坡等國家至少現在很難在美國和中國之間選邊，這意味著美國和中國的衝突狀況還沒有到達要新加坡等國家選邊的地步。所以，這並不意味著新加坡等美國的盟國在中美衝突惡化的情況下不選邊。這只是告訴美國人，新加坡等當下有選邊的困難。

　　新加坡香會再次表明，美國和中國的關係是中心議題。2019年6月1日，香會第一天，由美國代表代理國防部部長首先發言，而其似乎對中國發出了強硬的聲音。不過，整體來說並沒有超出預料。其作為前波音公司的執行長（這次香會的主要贊助商是波音），也提到了與中國合作，以及「印太」的包容性和開放性，即「印太」也可以包括中國。香會結束後，筆者陸陸續續看到一些關於美國防長在新加坡發言的評論，有的認為這位五角大廈負責人的發言很強硬，似乎代表著中美關係的軍事層面也不容樂觀。惟筆者並不這樣看，而是認為，中美在香會的「軍事外交」（兩國防長在香會前舉行了會見）有助於管理中美接下來的安全關係。美國仍然認為，控制和解決本地區的共同安全挑戰，離不開與中國的合作。

　　「香會」上，美國代表團舉行了《國防部印太戰略報告》（IPSR）的一個首發式。[53]美國的「印太」戰略毫無疑問是以中國為主要戰略目標的，問題是，中國究竟應如何回應、應對「印太」概念和包括美國在內的各國印太戰略？這是可以好好研究的一個問題。其實，既然中美軍事關係在對抗、競爭中接觸與合作，且美國防長聲稱「印太」是開放的，則中國完全可以考慮加入「印太」。美國持續加入原來「亞太」框架下的東協地區論壇和東亞峰會，從而中國要研究如何加入「印太」，以加入「印太」來迎接和應對「印太」的挑戰是積極的方法：中國要接過和接受「印太」的概念，積極探討與「印太」地區其他國家之間的關係，提出中國的「印太」戰略。

　　「香會」這種冷戰後的國際安全論壇模式逐漸被複製，繼新加坡香會之

53　https://media.defense.gov/2019/jul/01/2002152311/-1/-1/1/department-of-defense-indo-pacific-strate-gy-report-2019.pdf.

後，中國舉辦了另一個「香會」，即北京香山論壇（中國國防部部長在新加坡香會上歡迎和邀請各國有關代表在北京「香會」上見）；韓國則舉辦了首爾防務論壇（SDD）。[54] 各國軍方舉辦的這些論壇是很好的協奏場所，有助於管理或者治理大國競爭——透過軍事外交而不是軍事對抗防止大國競爭的惡性化。

　　如果使用情景分析方法，盡可能未來導向地思考，受到新加坡香會的啓發，本文試圖提供幾種未來的地區甚至國際安全圖景：

（一）在「去全球化」中，大國之間競爭但不衝突、不對抗。

（二）在「去全球化」中，大國競爭不幸演化爲衝突。

（三）大國衝突得到治理，「去全球化」進程大體是和平的。

（四）大國衝突惡化，「去全球化」進程充滿國際或者世界暴力。

（五）大國之外的其他國家（尤其是眾多有實力的中小國家）的選擇和回應之正確與否十分重要。

（六）已有的多邊體制（包括在區域層次）在治理（包括預防）大國衝突方面證明了其存在的價值，發揮了積極作用。

（七）已有的多邊體制（包括在區域層次）在治理大國衝突方面乏善可陳，甚至是毫無用處。

（八）一個地區或者一個地球，不幸出現了平行對抗的代表世界秩序分裂的至少兩種以上的地區安全或者國際安全秩序。

（九）一個地區或者一個地球，新的協奏體系（concerts）有效地治理了大國衝突，奠定了本地區甚至21世紀的世界長期和平的統一的國際制度框架。

（十）這樣協奏的國際制度框架，有助於在從「全球化」到「去全球化」的大轉變中是大致和平的。

　　21世紀的全球會議，諸如香會上的各種語言（包括姿態）以及對這些

54　筆者受邀參加了第七屆首爾防務論壇（2018年9月16日），在「海上安全合作：挑戰與任務」一節發言。

語言的解讀，也許能幫助我們把握處在關鍵時刻之世界的重要戰略趨勢。

二十、中美貿易衝突的教訓：貿易未必一定導向和平[55]

在美國哈佛大學任教的著名土耳其經濟學家羅德里克是中國社會科學界熟悉的一位全球學者。其於2019年4月10日在出版著名國際評論平臺《評論彙編》（*Project Syndicate*）上發表了中美「和平共處2.0」的評論。[56]作為獨立學者，羅德里克給出了在未來中美關係的一個根本解決方案——新的「和平共處」。

和平至關重要，和平是對戰爭的治理（包括預防戰爭、避免戰爭、管理危機和約束衝突），和平是發展的前提。

幾百年來，貿易本來是有助於人類和平的。過去40年，中美之間之所以是和平的，一個最重要的正面因素就是長期高速成長的雙邊貿易。如今，中美和平最為重要的貿易基礎卻遭到動搖，「貿易和平」居然為「貿易戰」取代。當然，「貿易戰」還不是經典意義上的戰爭，但「貿易戰」已非一般的貿易摩擦或者貿易爭端。

羅德里克指出：「世界經濟急需美國和中國的『和平共處』計畫。雙方都要接受對方根據自己的情況發展的權利。美國不可按照資本主義市場經濟的印象試圖改變中國經濟，中國必須承認美國對就業和技術洩露的擔憂，接受因為這些擔憂而偶爾受限無法進入美國市場。」

筆者從羅德里克的這一中美「和平共處」論出發，從中美和平、世界和平的角度看待目前的中美「貿易戰」及其出路。

中國理解的全球治理與美國理解的全球治理不同，但只要中國和美國在

55　原載《華夏時報》（北京），2019年5月14日。

56　https://www.project-syndicate.org/commentary/sino-american-peaceful-economic-coexistence-by-dani-rodrik-2019-04.

同一個全球治理體系中，則兩國在包括經濟政策和經濟體制上的差異是可以相互協調的。事實上，諸如G20等少邊的宏觀經濟政策國際協調，也曾有助於中美兩國的宏觀經濟政策協調和合作。

中國的「改革開放」是未竟之大業，只有繼續和深入，「改革開放」才能最終取得成功，這意味著中國發展模式並不是一成不變的，而是可以與別國以及全球體系其他相關方（stakeholders）、市場、社會進行協調的。

川普政府正在改變美國的發展模式，同時，本來也應該必要地容忍甚至承認中國當前的發展模式。中美之間本來應該就各自的發展模式在全球治理體系中展開積極對話和協調，而不是以發展模式之間的不相容為藉口升級「貿易戰」。

川普政府對美國國內政策的改變及其接下來的動向才是關鍵的，因為如果美國國內發展模式在川普治理下發生了轉折性的改變，即使沒有「貿易戰」，中美關係也會受到一個經變化的美國的影響。如果進一步轉向「經濟民族主義」，那麼一個不同於過去的美國對中國的衝擊，可能是非常複雜且全方位的，但此種衝擊卻並非全是壞事。壞的方面是，美國的「經濟民族主義」更以「零和」看待其與中國的貿易；好的方面是，中國尊重美國的發展模式的同時，可以據理力爭要求美國尊重中國的發展模式。這就是中美大談判，做到這一點並不容易，但是，這是「經濟民族主義」下國家之間的和平之道。

川普政府的「經濟民族主義」是進攻性的，這是對第二次世界大戰結束後，尤其是冷戰結束後美國的內政外交政策的一次重大修正。川普政府的政策表明，冷戰後得到完善和推廣（推廣到全球，尤其是包括了中國）的開放的多邊「自由（尤其是經濟）秩序」正在終結。由於中國的經濟成長正是受益於冷戰後的「自由經濟秩序」（WTO等代表），川普政府對這一秩序的修改，將為中國未來經濟成長的外部環境投下最大的不確定性。

根據羅德里克之觀點，這是因為「超級全球化」（hyper-globaliza-tion）與國家主權、民主治理三者之間構成的「三重悖論」（globalization trilemma）決定的。[57]川普政府對這一世界形勢的認識大致是正確的，但開出了經濟民族主義的藥方。他的前主要策略顧問班農等人擁有大量全球業務，卻對全球主義（globalism）或者全球主義者（globalists）極盡攻擊之能事；而川普的國家安全顧問波頓（John Bolton）則是一個根深蒂固的「全球治理」懷疑論者。[58]川普本人則宣稱「美國必須由美國人來治理」，指責「全球治理威脅美國主權」。[59]因此「川普主義」可以概括爲，「美國第一」，「去全球化」，不要「全球治理」。

關於中美貿易的協議是對過去的「全球化」（爲期40年的中美貿易就是「全球化」最爲重要的一部分）的一種清算。「全球化」在取得巨大成就的同時，卻也創造出巨大問題，而該巨大問題足以顛覆其巨大成就。巨大成就帶來世界和平，巨大問題則威脅著世界和平。筆者認爲，要從美國清算「全球化」這一點認識目前的中美貿易衝突的實質。

「貿易」都「戰」了，且「貿易戰」持續下去（有人居然要打「持久戰」），其他領域，尤其是科技、貨幣金融、勞動力流動，甚至軍事等，都可能引發衝突。若聽之任之，衝突體系則可能一直發展到不可收拾的地步。

清算一段長期而深刻的「全球化」非常難，甚至難於上青天。但是，如果雙方都意識到這是在解決過去全球化形成的問題（即羅德里克的「全球化悖論」），爭取和平的未來，包括各自在和平條件下的自主新發展，則解決問題的難度會降低一些。

中美貿易協議也許或遲或早是要達成的，如果雙方不想要系統性地大戰的話，那將是「去除全球化」的一個重大事件，要分步走，在曲折中達成，此乃由於「去全球化」是一個複雜而漫長的過程。

需要避免引起誤解的是，「去全球化」並不是不要全球之間正常地相

---

[57] Dani Rodrik, *The Globalization Paradox: Democracy and the Future of the World Economy*, New York and London: W.W. Norton, 2011, p. 368.

[58] John R. Bolton, "Should We Take Global Governance Seriously?," *Chicago Journal of International Law*, Vol. 1, No. 2, Article 2, 2000, https://chicagounbound.uchicago.edu/cjil/vol1/iss2/2.

[59] 川普在聯合國大會的發言，https://news.un.org/en/story/2018/09/1020472。

互聯繫，也不是要消除關於具有千年歷史的人類在經濟、社會等各方面已經形成的相互聯繫的世界現實。原本這個叫做「全球化」的東西是美國主導的，現在由美國帶頭去除，也是情理之中的。而美國也是從「全球化」中受益的，且從全球金融中心華爾街和一部分美國機構和個人的角度來看，美國的受益也許是全球最大的。美國在全球化中受損的，不論是個人（如「輸家」），都成為美國當代「經濟民族主義」實踐要動員的主要對象（川普政府甚至希望全球的民粹主義聯合起來）。

假如將來有解決這次貿易衝突的中美貿易協議，則這一協議將是對世界和平的一個重大貢獻，而正是這一協議成為世界局勢發展的一個分水嶺。

中國要從目前的中美貿易衝突中汲取四個教訓（美國也要從中汲取教訓，但美國是否汲取教訓以及汲取了什麼教訓，我們可以觀察之）：第一，要認識到在民粹主義加民族主義等力量的推動下，世界出現了清算「全球化」的情況。

第二，有國家或者非國家行為體正打著清算「全球化」的旗號「倒行逆施」。「經濟民族主義」儘管曾導致了第二次世界大戰，但是如今主張「經濟民族主義」者卻閉口不談二戰的教訓；持續40年的冷戰，讓20世紀變得「極端」。如果中美之間爆發「新冷戰」（New Cold War）甚至局部大戰，則21世紀將重現20世紀的不幸，並可能終結世界經濟在一個長的20世紀的奇蹟。[60]

第三，如果能夠和平地治理全球化（governing globalization），則「去全球化」的過程將是和平的。和平地治理全球化，意味著透過和平的手段、政治的意志解決「全球化」中存在的問題。例如，英國透過談判與離開歐盟；中美透過談判解決貿易糾紛。

---

[60] 英國已故左翼歷史學家霍布斯邦（Eric Hobsbawm）也是一位認為20世紀是「極端的」而成為「短的世紀」，見其著作《極端的年代：1914-1991》。霍布斯邦關於20世紀是「短的」與那些認為20世紀是「長的」不同，Giovanni Arrighi, *The Long Twentieth Century: Money, Power, and the Origins of Our Times*, 1994; J. Bradford DeLong, *Slouching Towards Utopia: An Economic History of the Twentieth Century*, Basic Books, 2022, p. 624.

　　第四，我們一定要意識到「貿易和平」的前提爲貿易體之間的發展模式是大體相當的，是各自遵守著共同的（分享的）競爭規則的。在全球治理和世界秩序可能因爲諸如中美爭端而進一步多元化（pluralization）的情況下，「貿易」將進一步縮小（這是市場使然），這是國家的干預，以讓「全球化」放慢並降低無法駕馭的全球化帶來的風險。在中美之間圍繞諸如發展模式等之類的「結構性問題」難以達成妥協的情況下，縮小引起問題的「貿易」，不失爲一種務實地維持「和平共處」以避免大戰的方法。

　　總之，有的「貿易」導向和平，有的「貿易」導向衝突。中美需要再平衡「全球化」中增加導向和平的「貿易」，治理導向衝突的「貿易」。

二十一、論金川第二會的「沒有協議好過壞協議」[61]

　　一些國際事態的演變可能會讓我們得出一項結論：那些尚未或者根本就沒有解決方案的事情，即使達成協議，還不如沒有協議，所以還是不要追求協議好了。

　　2019年2月28日，美國與北韓在越南河內的峰會沒有發表任何聯合聲明或者公報，更沒有美國與北韓的協議。之後幾天，美國國會、智庫和輿論都在說一句話：「沒有協議好過壞協議」（no deal was better than a bad deal），爲川普和金正恩在河內沒有達成協議而鬆了一口氣。

　　許多美國國會議員支持川普沒有在河內與金正恩簽下任何協議，並讚賞川普總統沒有簽協議，支持或者讚賞的理由就是上述這句話。例如，西維吉尼亞民主黨的曼欽（Joe Manchin）就這樣讚賞川普總統；美國資深外交官、現任老牌智庫外交關係協會會長（Council on Foreign Relations President）、暢銷書《失序的世界》（*A World in Disarray*）作者哈斯在評論河內峰會時也是這麼說的。

61　原載《華夏時報》（北京），2019年3月4日。

　　爲什麼「沒有協議好過壞協議」？顯然，那些讚賞或者支持川普沒有在河內簽協議的人認爲，美國此時與北韓達成的協議可能屬於「壞的協議」，而且「壞」到不如沒有協議的地步。

　　從這一角度，可以看出美國和北韓關係改善的限度。靠領導人在新加坡、河內的高峰會議，並不是、也不可能是美國與北韓關係的最終、好的解決方式。川普「拔腿」（walk away）離開談判會場，如夢初醒，這意味著美國—北韓關係改善進程的重大挫折，因爲他們兩國之間有難以逾越的障礙。

　　哈斯認爲，一般來說，領導人之間的見面要談的是一項交易的餘下10%，但是，河內會談卻不是這樣，看上去好像是要美國與北韓領導人在河內完成90%的事情。河內談判的危險在於川普把外交過分個人化（over-personalizes diplomacy），外交是關於各種細節的，而不是僅靠參與外交的領導人之間的關係。所以，美國人認爲，川普假如眞的在河內與金正恩達成協議，也會是糟糕而不是好的協議。

　　川普歪打正著，在河內沒有達成協議反而受到美國國內的歡迎，加強了其在國內的地位，協助化解川普因爲其前律師科恩（Michael D. Cohen）正好在他出訪期間於國會聽證掀起的政治風暴（科恩指責「川普是種族主義者」、「是騙子」）。

　　其實，「沒有協議好過壞協議」這句話並不是一句新話，而是一句經典的外交教條，熟悉外交理論和外交實踐的人都知道這一教條。

　　我們看到，英國「脫歐」也是這樣一種情況。英國人擔心，「脫歐」協議可能是壞的協議，而不是好的協議，且壞到不如沒有協議的地步。

　　在英國，自從首相梅伊說出「對英國來說，沒有脫歐協議好過壞的脫歐協議」（no deal for Britain is better than a bad deal for Britain）的豪言壯語後，這句話在「脫歐」過程中就經常被引用，幾乎家喻戶曉。2019年2月15日，英國國會以303對258否決了梅伊的「脫歐」談判策略（negotiating strategy）時，英國北愛爾蘭民主聯盟黨（Democratic Unionist Party, DUP）副黨魁多茲（Nigel Dodds）就是這樣說的。

　　2018年1月，首相梅伊確立了其內閣與歐盟談判「脫歐」的立場，這一立場概括起來就是：「對英國來說，沒有脫歐協議好過壞的脫歐協議」。梅伊透過這樣的立場向歐盟（布魯塞爾）傳遞了一個威脅性的信號：如果歐盟不讓步的話，英國可能沒有協議「硬脫歐」。我們知道，英國無協議「脫歐」對歐盟來說是一場災難，其消極後果將波及世界；如果「硬脫歐」，全球各大金融市場亦將一片混亂。

　　所以，「沒有協議好過壞協議」這句話分兩種情況：一種情況是事後評價，這是事後評價的重要外交理論，如這次事後美國方面評「金川會」；另一種情況是事前評價，這相當於「醜話說在前頭」，提出了一種最壞的可能，頗具威脅或威懾。

　　不過，在過去的2018年，英國國內的「脫歐」反反覆覆，使得「沒有協議」或者「硬脫歐」早已不可能，因為英國承受不起「硬脫歐」的代價，豪言壯語好說，苦果則不好吃，如果真的「脫歐」，還是要有協議脫歐。

　　而且，世界上並沒有絕對的道理，「沒有協議」好過「壞的協議」，是大多數情況下的真理，但是，有時「壞的協議好過沒有協議」（bad deal better than no deal）。關於「壞的協議好過沒有協議」，在外交實踐上，就看是否需要協議，即使這項協議不怎麼理想。

　　如果諸如美國與北韓談判這樣的外交事件、事情在一定的期限（包括「可預見的未來」）實際上仍無解的話，談判的方面即使在缺少精心準備下（即前面哈斯說的90%尚未談妥）敲定協議，如同前面說的，這些不成熟的或者不合適的協議，即「壞的協議」因為不是解決或者答案，對於未來的影響可能更糟糕，因此沒有協議反而是好事。不過，我們不知道北韓方面是否也這麼想。

二十二、英國脫歐談判與中美貿易談判「最後期限」之比較[62]

「最後期限」或者「最後限期」（deadlines），也稱「最後時限」，是外交談判中一個十分重要的術語，爲外交談判者耳熟能詳。爲取得外交談判進展，談判的方面要確定「最後期限」。

一般的西方外交學教科書都要告訴學生這一基本的外交談判知識。英國著名外交學家貝利奇（G. R. Berridge）在其《外交理論與實踐》[63]一書中，就外交談判的過程分爲「談判前」（prenegotiations）、「談判中（走上談判桌）」（"around-the-table" negotiations）、外交勢頭（diplomatic momentum）、形成（一攬子）協議（packaging agreements），以及「談判後」（following up）。這裡的「外交勢頭」中的「勢頭」有點類似《孫子兵法》中的「勢」，這是最爲關鍵的，一旦喪失了「勢頭」，也就不會有外交協議。爲了談判的成功，談判的方面要確定「最後期限」，以便強化「外交勢頭」。

英國政府與歐盟委員會之間關於英國「脫歐」的談判相當符合上述引用的貝利奇談判過程。2019年3月29日爲英國「脫歐」的「最後期限」，根據成員國撤出歐盟的《里斯本條約》第50條款規定，成員國要離開歐盟，需要兩年的時間。2017年3月29日，英國觸動了第50條款，結束了自2016年6月23日開始的「脫歐」前期過程，與歐盟正式開始談判「脫歐」。可以說，在「脫歐」最終期限到來前，英國和歐盟之間的談判過程差不多完成了。2018年11月，英國和歐盟達成了關於英國「脫歐」的協議草案。不過，英國政府談好的這一協議卻在英國國內遇到麻煩。2019年1月15日，英國議會投票否決了首相梅伊與歐盟達成的「脫歐」協議草案。不過，1月30

---

[62]　原載《華夏時報》（北京），2019年2月11日。

[63]　該書是英國大學學習外交學概論的優選教材之一，在2015年出版了第五版。筆者在2005年根據其第二版翻譯了該書（北京大學出版社）。

日英國議會又授權梅伊重返布魯塞爾與歐盟重談這個協議。2月7日，梅伊在布魯塞爾歐盟總部與歐洲理事會主席圖斯克舉行會談，但是歐盟方面仍然堅持不同意重談達成的協議。據報導，英國與歐盟重談的內容主要是關於英國「脫歐」後與歐盟的陸地邊界（愛爾蘭），即所謂「愛爾蘭後備協議」部分。

折騰了近三年，英國是不能不「脫」。在英國國內政治壓力和歐盟拒絕重談的情況下，英國政府正在尋求「後備協議」探索「替代安排」。

談判的「最終期限」被延展或延後是外交實踐中常見的，即確定新的「最終期限」（extended deadlines）。新的最終期限意味著很多事情，說明衝突或者爭議的雙方仍然選擇外交而不是非外交手段、途徑解決問題，說明雙方相信透過延長「最終期限」，可能最終達致有利於他們各自的考慮（目標）。需要指出的是，新的「最終期限」也是談判的結果。筆者不清楚歐盟方面是否延長英國「脫歐」的「最後期限」，因為歐盟執行的是「共同外交與安全政策」（CFSP），要延長這一時限，並非易事。

實際上，英國與歐盟的談判還有不少未竟之事。主要是英國和歐盟之間的貿易協議（貿易協議要單獨談判），以及未來不是歐盟成員的英國參與歐盟機構、金融（融資）等協議。隨著情況的發展，雙方可能都會發現新的問題，而面對新出現的問題，則需要新談判，是故重談是談判過程中常有的情況。筆者相信貝利奇可能將在修訂《外交理論與實踐》第十六版時加上「脫歐」談判。「脫歐」談判是英國外交史上最為重要的談判，「脫歐」的實踐已經豐富了關於外交談判過程中「最後期限」的知識。

兩國之間的貿易談判也屬於廣義的外交談判。所以，有關外交談判過程的知識，也能幫助我們認識雙邊貿易談判的過程。

2018年12月1日，中美兩國元首在阿根廷確定了關於透過談判解決中美兩國貿易爭端以及其「最後期限」，這是2018年的最重要大事之一。中美貿易談判「最終期限」的確立，說明中美兩國再次決定透過談判而非「貿易戰」解決兩國貿易關係中存在的問題。這一「最後期限」就是人們熟知的2019年3月1日，或者「九十天」達成中美貿易協議。「美方恐將有意延長

雙方達成協議的最後期限」，據美國媒體報導，有白宮人士透露消息，「我不知道在3月1日前會發生什麼情況，現在這個日期還是有效」，「若美方認為雙方談判已獲重大進展，也可能將九十天期限延後」。

在中美元首阿根廷峰會上確定的「九十天」時限，顯然有點短。如果中美之間的貿易談判逐漸集中於「結構性問題」，則需要更多的時間。

中美雙方延長「最後期限」，假如屬實，說明雙方仍然在關於貿易關係之談判的「外交勢頭」中，意味著雙方談判過程不僅沒有破裂，而且想方設法延長這一「外交勢頭」。儘管我們知道川普政府一直「極限施壓」（maximum pressure），威脅一旦達不成協議，就重啓「貿易戰」（關稅戰）。

總結一下，英國「脫歐」和中美貿易談判是完全可以聯繫起來研究的。英國「脫歐」和美國與中國重構貿易關係，都是在「去全球化」這一大背景下發生的，異曲同工，實有相似。而進行這種比較觀察的一個有趣角度，是討論和比較英國「脫歐」和中美貿易談判各自的「最後期限」。

二十三、最好的全球化討論不是為「全球化是大勢所趨」進行辯護[64]

世界經濟論壇（World Economic Forum, WEF）官網上發布了「達沃斯2019年的八大焦點」（8 Top Stories from Davos 2019）：

（一）自然的世界正在遭受氣候變化的折磨，氣候變化導致生物多樣性的減少，人類的「伊甸園」再也不像以往那樣了。

（二）委內瑞拉的局勢。

（三）貿易爭端對全球經濟的影響，IMF因此降低了世界經濟成長的預期。

64　原載《華夏時報》（北京），2019年1月27日。

王岐山副主席的特別演講不僅展示了中國經濟的光明前景，而且強調了多邊主義的重要性。

（四）紐西蘭對社會福利（social well-being）的重視，預算體制大改。

（五）日本經濟、日本與全球經濟治理。

（六）非洲的數位願景。南非總統拉瑪佛沙（Cyril Ramaphosa）希望非洲利用第四次產業革命的技術，如AI等實現跳躍性成長。

（七）一位資深的索馬利亞難民現身說法，希望終結難民營。

（八）歐洲未來。義大利總理孔蒂（Giuseppe Conte）呼籲賦權於民，以克服中產階級的絕望；西班牙領導人桑切斯（Pedro Sánchez）提醒與會者，經濟發展的根本目的是為人民服務；而德國領導人強調了現有的全球組織的重要性。

　　英國的《衛報》（*The Guardian*）則發表了一篇有趣的總結性文章〈從達沃斯2019我們知會的十件事情〉（Davos 2019: 10 Things We Learned at the World Economic Forum）：

（一）達沃斯沒有以往那麼受到關注。說好要來的川普沒有來，記者們失去了做川普新聞的機會。

（二）不那麼達沃斯（un-Davos）。主張和為全球氣候變化治理行動的名人，如桑伯格（Greta Thunberg）以及極地問題科學家，充分利用達沃斯論壇強調氣候問題的嚴峻性，分階段減少燒煤取暖是不錯的開始。

（三）然而，現實是殘酷的，環保主義者總是失望，德國總理梅克爾說，德國也不得不在一定時期內繼續燒煤。其實，俄羅斯也一樣。

（四）對全球經濟前景的估計不確定，好不到哪裡去，壞不到哪裡去，也許低估了。

（五）對英國「脫歐」的下一步充滿憂心。

（六）達沃斯流行藍色帽（blue bobble hat）。

（七）幾乎無人喜歡達沃斯（nobody likes Davos）。

（八）巴西總統波索納洛（Jair Bolsonaro）在達沃斯演說六分鐘，主要是為

了「吸引外資」到巴西投資，但是，投資者仍然擔心民粹主義威脅。

（九）達沃斯等級分明，這從與會者帶著不同顏色的胸牌和吃著不同的餐點
就可以看出。

（十）達沃斯內外還是有一些好消息，例如有的國家為保護環境發起新的再
迴圈運動、日本首相強調全球數位治理等。

筆者不是簡單地引用上述兩篇總結。有點訝異的是，達沃斯組織者確定
的年會主題，即「全球化4.0」，居然不見上述的兩篇總結。

不過，據報導，中國智庫CCG聯合鳳凰網在達沃斯召集了關於全球化
的研討會，與會者都是「中國的商界和學界菁英」。我們知道，菁英主導了
過去40年的全球化。正是菁英的主導，全球化沒有充分反映大眾。於是，
抵制全球化的民粹主義在全球氾濫。「去全球化」是另一種全球化，體現了
全球化的悖論。

筆者在「達沃斯2019年會前瞻」的專欄文章[65]中說希望看到達沃斯年會
就當今世界遭遇的重大挑戰提出一些新的解決方案，包括新的替代性方案。
然2019年的達沃斯年會上有什麼解決世界問題的新方案或者新思想嗎？

筆者的問題仍然是老問題：全球化的更新或者升級，例如「全球化
4.0」或者今後的「全球化5.0」，是否就是我們這個充滿問題的世界的總體
解決方案或提綱挈領的實現路徑？筆者相信這個問題是觸及根本的。

對這一根本問題，筆者的回答是明確的，全球化仍然是解決我們這個世
界的問題的根本性方案。全球化不是夠了、過剩了，而是全球化非常不足，
全球化需要深化，世界仍然需要擁抱全球化。

1990年代，全球化帶來空前繁榮的新世界，但相當多的人們都忽略了
全球化的問題面，或者全球化的陰暗面。而今天，全球化深陷空前困難，相
當多的人似乎正在拋棄全球化。

究竟該如何改革全球化？阿里巴巴集團聯合創始人兼董事局主席馬雲
2019年也在達沃斯論壇發表演說，但呼籲「從下到上改革全球化」。

---

65 原載《華夏時報》（北京），2019年1月24日。

　　馬雲在2019年達沃斯論壇上的觀點廣受全球新聞報導：技術發展導致世界大戰。他強調了一個歷史的觀點，即技術創新是全球衝突背後的主要因素之一：「第一次世界大戰是因為第一次科技革命，第二次科技革命引發了第二次世界大戰」。馬雲說，我們目前正在進行第三次科技革命，即機器學習和人工智慧的發展，而這一科技革命「可能導致第三次世界大戰」。

　　馬雲的世界大戰觀並不聳人聽聞，這說明他意識到技術進展在解決問題的同時又製造問題，而製造的最大問題正是全球化世界系統的中斷──戰爭。「貿易戰」儘管不是軍事衝突，但卻正是全球化的中斷。

　　1970年代末，美國國際關係學者提出了世界「相互依存」（interdependence）的宏達理論，「相互依存」理論是全球化理論的前理論。在40年後的今天，情況似乎截然相反，美國一些學者在爭論世界經濟中的「脫鉤」（decoupling），即要去除「相互依存」，尤其是主張美國在經濟上與中國「脫鉤」。

　　我們知道，最近一段時期，美國一些學者和智庫深刻地談論世界戰爭，著名的如哈佛大學艾利森教授的「修昔底德陷阱」論。而美國資深的戰略智庫蘭德公司則一直在研究中美戰爭，並在這方面有公開發表的報告。

　　達沃斯2019表明，與會者關心陷入僵局的「全球化」、如何改革「全球化」，以及「全球化」可能的中斷及其後果。可以說，「全球化」的下一步走勢，與人們關切的全球經濟、世界秩序和各國的未來息息相關。

　　日本首相安倍晉三在達沃斯的演講也廣受關注，他強調婦女在經濟中的重要性，稱日本新增女性就業200萬人。安倍說的「日本已經擊敗了失敗主義」（Japan has defeated defeatism）顯示，在新的一年，日本經濟的前景良好。

　　安倍提醒與會者，他的日本政府在2019年輪值G20主席。這是繼韓國和中國相繼主辦G20後，再次由東亞國家主辦。從現在起，G20的一系列部長會議將在日本舉行。在全球經濟不確定性仍然揮之不去的2019年，日本輪值G20，可能會為G20注入一些積極因素。日本已經聯合其他國家在改革WTO等全球經濟治理上提出新建議。

　　表面上，達沃斯與會者似乎沒有深入討論「全球化4.0」的概念，這種無意或者故意忽略「全球化4.0」也許很好，因為抽象討論全球化再也於事無補。最好的全球化討論應該不是為「全球化是大勢所趨」進行辯護，而是關於全球化世界問題的治理。

二十四、「全球化4.0」？[66]

　　世界經濟論壇創始於1971年，是一家非政府間的國際組織，號稱是「公私合作」（public-private cooperation）的國際組織，其最著名的活動是每年1月下旬在瑞士達沃斯（Davos）的克洛斯特斯（Klosters）舉行的年會。

　　本文試圖前瞻達沃斯2019年世界經濟論壇。我們知道，2018年12月18日，在北京人民大會堂舉行的「慶祝改革開放40週年大會」上，10名「國際友人」獲頒「中國改革友誼獎章」。世界經濟論壇創始人兼執行主席史瓦布（Klaus Schwab）赫然在列。

　　根據報導，施瓦布教授在獲獎後表示，「在過去的40年裡，我親身參與了中國的發展。該獎章肯定了世界經濟論壇對中國發展發揮的獨特作用。我們在為中國發展全球關係、加強多邊合作的方面提供了平臺。」由此可見，世界經濟論壇與中國的關係太深刻了。[67]

66　原載《華夏時報》（北京），2019年1月7日。

67　筆者還想一提的是，參加世界經濟論壇的首批中國人之一，是已故著名經濟學家和社會活動家羅元錚教授。時間是1979年，那是中國第一次以代表團的方式與會世界經濟論壇，羅元錚擔任代表團的秘書長。筆者在1980年代末和1990年代初是羅元錚教授帶的碩士研究生，兼羅老師的主要學術助手之一。記得羅老師多次和筆者說過，他實際上是參加達沃斯世界經濟論壇的中國第一人，因為他認識史瓦布最早，也即，史瓦布是透過羅元錚才邀請中國代表團的。至於第一個參加世界經濟論壇的中國代表團的組成，筆者現在沒有相關數據，希望看到本文的有關人士補充。在由中國計畫出版社出版的《中國走向世界的求索──羅元錚文選》（1996年）一書中，羅元錚提到世界經濟論壇和他的參與。對中國和世界經濟論壇感興趣的研究者不妨查閱該書。在撰寫本文時，筆者翻閱了《中國走向世界的求索──羅元錚文選》，30年前羅老師指導我們攻讀世界經濟專業、筆者協助羅老師為全國政協提案、為羅老師參加國際會議做準備等往

　　一個值得研究的課題是：1979年以後，中國和世界經濟論壇之間的關係，其過程，是世界經濟論壇在中國改革開放中扮演的角色。[68]世界經濟論壇不是聯合國這樣的政府間國際組織，卻也具有幾乎與一年一度的聯合國大會（UNGA）一樣巨大的影響。世界經濟論壇被貼上「全球化」的標籤，在製造、傳播、主張、堅持「全球化」這一概念和教條上，世界經濟論壇功不可沒。所以，達沃斯是過去40多年（1970年代以來）「全球化」的「地標」。在全球化演變的幾個十字路口，世界經濟論壇也承受了來自全球的壓力和雪片般的批評，一再成爲已經全球化的「反全球化」示威抗議抵制的對象。自2000年始，同樣聲勢浩大的世界社會論壇（World Social Forum）舉行，對壘世界經濟論壇。

　　不過，我們知道，每年在達沃斯聚會的人，其身分、世界觀、立場差異相當大，並不見得都是全球化的堅定支持者。眾所周知，2017年1月17日，中國領導人習近平參加了達沃斯世界經濟論壇，向參加論壇的來自全球各地的商界、政界和社會代表發表了「共擔時代責任，共促全球發展」的主旨演講，表達了「捍衛全球化」和「捍衛自由貿易」及其多邊自由貿易體制（WTO）的中國立場，受到歐洲和全球的廣泛關注。就在習近平於達沃斯演講的三天後，2017年1月20日，主張「美國優先」、「讓美國再次偉大」的「經濟民族主義者」川普就任美國總統。具有諷刺意味的是，這位代表「去全球化」的美國總統，在2018年1月居然首次參加了達沃斯論壇。

　　世界經濟論壇2019年的主題是「全球化4.0」。[69]在世界經濟論壇2019年年會的官網上，主辦者如此宣傳：「全球化4.0將是世界光明的未來，如果我們與過去的不公正切割的話。」（Globalization 4.0 can be a brilliant future－if we break from the injustice of the past.）筆者認爲，這個說法相當有

事，歷歷在目。該書收錄於羅元錚關於世界經濟的幾篇著名論述，而其中一些文章是筆者幫助他整理的。

68　筆者認爲，青年研究者可以選這樣的博士論文題目：「世界經濟論壇在中國經濟轉型中的作用」，或者「世界經濟論壇在幫助中國走向世界」、「重塑中國與世界之間的關係中的作用」，甚至是「中國的『全球化』觀念的習得（社會化）與對世界經濟論壇的參與。」

69　2018年1月22日至25日，於達沃斯克洛斯特斯。

意思：第一，說明世界經濟論壇繼續搖身轉型，與其過去的全球化主張大爲不同；第二，說明即使是全球化曾經最主要的主張者，也不得不承認全球化發生了攸關全球未來的大問題，呼籲與會者提供關於這些問題的創新性有效解決方案。

二十五、朝鮮半島問題上的阿拉伯數字「遊戲」[70]

朝鮮半島問題不是一個問題，而是一個重大而高度複雜的問題體系。這個問題體系是由多少個問題組成？說實在並不好計算。本文試圖用「1、2、3、4、5、6」標註或列舉其中的一些最關鍵問題。

「1」：指的不僅是朝鮮半島三八線上的南北各「一國」，而且是指圍繞著朝鮮半島三個「一國」：俄羅斯、中國、日本，然後是介入朝鮮半島問題最爲深入的、擁有巨大「存在」的美國。地理上看，美國這「一國」，與朝鮮半島也是「帶水」而「接壤」。美國一再稱其是「太平洋國家」，即太平洋把美國和朝鮮半島聯繫在一起。除了這六個「一國」，還有其他在朝鮮半島有利益的各個國家，例如英國、歐盟、澳大利亞，即便是越南、印尼和紐西蘭等，在朝鮮半島都是有其利益的。

「2」：即一組組的雙邊關係。除了韓國與各大國之間，如韓美等雙邊關係外，在文在寅政府下，南北韓之間、北韓與美國之間的關係，儘管有可能發生變化，但是，仍然存在高度的不確定性。

「3」：指三邊，包括三邊以上的會談屬於多邊會談。關於三邊會談，10年前，韓國總統盧武鉉與北韓領導人金正日在平壤的峰會後聲明，他們要舉行「三方或者四方」會談。盧金峰會說的「3」與文在寅總統說的「3」沒有不同，就是兩韓與美國。三邊會談的金正日和盧武鉉提議，曾經爲評論家們「熱炒」；擬議中的三邊會談也是被過度評論。歸總來說，三邊

---

[70] 原載《華夏時報》（北京），2018年3月27日。

會談是不包括其他利益攸關的，是否要進行不利於其他的三邊安排？例如，很多人就擔心這樣的三邊會談會讓中國在半島事務中邊緣化。因爲有關半島事務的公開訊息、公開來源和被確認的事實很少，此時陰謀論就相當管用，猜測甚囂塵上，每每聽到這樣的猜測，自然有人神經緊張。難道兩韓之間、美國與北韓從此就扭轉了惡性循環，進入了良性迴圈，而使兩韓與美國三邊會談指日可待？這是否太簡單了？爲什麼三邊不是兩韓加中國？

「4」：四邊會談的一個含義，是根據半島等各個「1」方面的某些力量的邏輯，每當「3」進展不下去，儘管他們喜歡「3」，不願意中國介入或者故意排斥中國，卻不得不「加」中國，即在他們的三邊基礎上包括中國（3+1）。表面看，似乎中國就是這樣被他們利用。不過，不論中國在其中的地位和介入的方式，兩韓加中美，大致不會有其他的四邊會談。實際上，不管是「朝鮮（半島）問題」還是「朝鮮（半島）核武問題」，兩韓與中美四方一直是「基本配置」，但正式（直接）的四方會談並沒有發生。

「5」：「五方會談」是一種提議，這一提議主要來自日本，是在「六方會談」停滯時期或者北韓放棄「六方會談」的情況下，有人這樣提議的：五個「1」（韓美日俄中）聯合起來向北韓施加壓力。惟五個「1」不可能這麼一致，如果如此高度一致，北韓核武問題早就解決了。這種構想雖被提出過，但中俄都沒有接受這樣的提議。

「6」：這裡顯然指「六方會談」。「六方會談」似乎很理想，把這個問題涉及的幾乎所有主要利益攸關方都納入進來了，甚至要設計一種未來的東北亞地區和平、安全新秩序。但是，「六方會談」的可持續性從一開始就是一個問題。也許在多邊框架中，邊愈多，框架就愈難取得成效。在「六方會談」中斷後，至今並未成功再次啓動。北韓明確排斥「六方會談」，中國則堅持重啓「六方會談」。「六方會談」是走入歷史還是在新的條件下重啓？川普政府不喜歡多邊框架而重視雙邊關係。在朝鮮半島問題上，川普政府也是這樣，「找中國幫忙」，美國與中國關於朝鮮半島問題的討論是一種「2」，此爲川普政府多次說明；文在寅提到的僅僅是「3」，而不是包括「6」的「3」以上的多邊框架。

　　本文用「1、2、3、4、5、6」來說明，是想把極其高度複雜的朝鮮半島問題用數字「簡化」表示，這是爲了讓公眾從一個有趣的角度觀察問題。實際上，在朝鮮半島、在東北亞，解決這一重大問題體系的「加法」或者「減法」絕不簡單、絕不容易。如果除北韓外的各個「1」的「初心」目標是共同的，不管這種共同性中的差異，我們姑且認爲，爲了解決問題（北韓「無核化」），我們可以竭盡所能，採取盡可能得到的手段。在兩韓之間、北韓與美國目前擬議中的「2」，北韓是否眞的承諾放棄核武器？如果是，只要能解決這一長期存在且時不時惡化的共同問題，兩韓之間和北韓—美國雙方會談，以及擬議中的三邊會談，甚至四邊會談，則是有很大的積極意義。

　　對北韓核問題的地區與全球外交進程，我們不知道的事實比我們知道的要太多了，「資訊不對稱」的障礙猶在，所以，任何對這個高度複雜問題及其走勢的判斷都超出了我們的能力。既然如此，我們不妨「玩」上述這個「數字遊戲」，增加我們對於這一問題體系的高度複雜性和困難性的理解。

二十六、關於「全球公地困境」[71]

　　國際學術界有人紀念傑出的科學家哈丁（Garrett Hardin）發表〈公地困境〉（The Tragedy of the Commons）一文50週年。公地（the commons）可大可小，但不幸的是，公地是充滿問題的。「公地困境」，以前也譯爲「公地悲劇」。本文認爲，這樣直譯tragedy也許是有問題的，哈丁的本意是借助tragedy，困境即問題。[72]

　　在哈丁之前，人們就注意到「公地困境」，但是，當時的「公地困

71　原載《華夏時報》（北京），2018年4月4日。
72　如同今天很多英語作者喜歡以trap一詞說明「問題」一樣，trap也不幸在中國被直譯爲「陷阱」。

境」並不具有系統性的消極影響。「公地困境」的提出是至關重要的科學發現，在提出問題後，關鍵是解決問題，而問題的答案至關重要。

眞正回答「公地困境」問題的是奧斯特羅姆（Elinor Ostrom）等人。奧斯特羅姆在1990年出版《治理公地問題：集體行動的制度演進》（Governing the Commons: The Evolution of Institutions for Collective Action），[73]嘗試在理論上回答如何解決這種被概括爲「公地困境」的問題。她的研究成就表明，「公地困境」不是不可以克服的。正是對「公地困境」等問題的科學貢獻，奧斯特羅姆獲得了2009年諾貝爾經濟學獎。

「治理公地」這一提法等於創造了一種公式，之後的人們都用「governing某事」來說明各式各樣的「治理」（governance）。有了這個公式，人們易於理解治理。當然，仍然有人把治理看做是統治（government）的一種方式、功能。實際上，治理是一個與統治、法律等並列的領域，且治理與統治、法律等密切相關。「治理氣候變化」（governing the climate change）、「治理海洋」（governing the seas）、「治理互聯網」（governing the internet）等，並不是「統治」（國際政治）或者「法律」（國際法）能夠做到的，所以，才有了「治理」，尤其是在國際或者全球層面上的治理。

「公地困境」及其克服對於全球治理有著非常重大的科學和政策意義。在科學方面，這說明全球治理完全是可能的。當然，在全球層次克服「公地困境」要比在當地（地方）層次克服「公地困境」難多了。而在政策方面，克服全球的「公地困境」需要各國和他們之間形成的各種組織（國際組織）進行大的協奏（不僅是協調）。協奏是著名的歐洲「百年和平」（1815-1914年）的主要原因（原理）。今天，爲了克服全球的「公地困境」，需要更多、更深、更有效的全球協奏（global concerts）。

全球氣候是最大的公地。我們目前所面臨的乾旱、霧霾等大氣問題，再清楚不過地說明了氣候公地面對的人造困境。解決這種最大的公地挑戰，更

---

[73] 該書在中國被譯爲《公共事物的治理之道》。

加需要在全球層次的集體行動及其制度。目前聯合國氣候變化談判進程及其達成的階段性協議（如《巴黎協定》），是正確的方向和行動。

儘管被邊緣化，聯合國仍是當今最大的全球協奏——全球範圍的公共權力。當然，這一公共權力還不是世界政府（統治）。這一協奏不能沒有，且需要得到改革，以強化之。如果沒有聯合國這一全球協奏，則超越單一國家的全球性的「公地困境」，將會失控為巨大的人類危機和文明毀滅之災難。

根據奧斯特羅姆等看法，克服「公地困境」的「集體行動」要解決自身的困境，即「集體行動的問題（困境）」，這就是國際制度內部的治理。目前，幾乎所有解決全球問題的「集體行動」，從聯合國到G20、從北約到上海合作組織，這些全球治理依靠的組織或者論壇，都存在「集體行動的困境」。目前，現存的國際制度（國際組織）的改革都遭遇到嚴重的瓶頸而陷入僵局。人們不知道聯合國還能否進一步改革以便適應21世紀的挑戰，但人們知道，一個沒有改革好的聯合國，在克服全球的「公地困境」中將難以進一步發揮作用。

集體行動的困境之一是「國際領導」問題。缺乏「領導」，或者「領導權之間的衝突」，都是領導問題。美國目前仍然是霸權，但不願意領導或者選擇性地領導，甚至威脅退出或者已經退出一些集體行動；而中國目前開始願意領導了，甚至發起新建了一些全球性的組織（如亞投行），但是，中國卻不是、也不可能是美國那樣的霸權。

集體行動中的「領導國家」如何領導？在全球治理中的國際領導就是提供解決全球「公地困境」的方案。當然，全球問題的解決方案並不全是領導國家提供的，但是，領導國家提供的方案必須是真正具有領導意義的，即「引領」世界走出僵局、克服問題、再造秩序。

中國內外的學者早就提出「中國方案」的必要性，但中國領導人和中國政府所稱的「中國方案」則是不久前的事情。2014年，習近平在德國科爾伯基金會的演講中，代表中國政府首次談到要為全球問題的解決提供「中國方案」。這是中國與全球治理之間關係的一個轉捩點，具有標誌性的意義。

究竟什麼是「中國方案」？如果真正為了克服「公地困境」，這個問題

的答案只在科學討論中。

此前，美國川普政府爲這個世界增加了根本沒有必要的新的「公地困境」，例如新的關稅和非關稅壁壘，使世界經濟自由化程度倒退，世界經濟中的公平性卻未見提高。全球問題因爲增加而惡化，在這個時候，對解決全球問題的方案的需求就更加迫切了。

許多討論已經指出，應對川普政府製造的全球問題的最好辦法，不是「以眼還眼，以牙還牙」，而是更進一步地開放。中國在全球關鍵時刻提供的最重要全球方案不是別的，正是繼續的、有效的、更大規模的開放。

過去30多年來，中國在解決「公地困境」方面其實有不少經驗。如果把過去40年成功的中國經驗視爲全球治理的「中國方案」，或者，中國在參加全球治理中發現和使用中國經驗，全球問題之解決方案的供給就會大大增加了。

當然，這些有效的可以被概括爲「中國經驗」的東西，主要是關於在中國的國內層面上解決問題的。但是，任何在國內層面上有效的解決方案，在全球層面上也是有意義的。

中國要考慮一下，究竟哪些在國內層面上解決「公地困境」的經驗可以用來在全球層面上解決問題？中國究竟如何爲全球治理供應方案？或者「中國方案」如何轉化爲全球治理？

2018年3月，中國「兩會」組成新的國務院，使國際發展合作和國際移民管理等受到強調，這是進一步在政府層面上應對全球挑戰，但是，應對全球問題，僅有政府的統治或者管理是不夠的。新設立的這些政府機構是否意味著中國找到了在國內層面上應對全球問題的解決方案？如果是的話，這些解決方案是否將有助於在全球層面上的治理問題？有待持續觀察。

第二十六章　關於21世紀的經濟民族主義

一、「經濟民族主義」大衝擊或來臨，全球經濟面對雙重挑戰[1]

　　川普發動的貿易戰是針對全球的，不僅是針對中國的，世界最大的經濟體之一——歐盟也遭受這場貿易戰的衝擊。總歸來說，這場全球貿易戰是在美國新的「經濟民族主義」指導下進行的。

　　「經濟民族主義」（也可以叫做「經濟愛國主義」）不是什麼新的理論與實踐。在美國，「經濟民族主義」是「美國傳統」中的其中一個。第二次世界大戰結束後，尤其是冷戰後，「經濟民族主義」幾乎銷聲匿跡，即使有人主張「經濟民族主義」，也是強調其「積極」之面。「經濟民族主義」在21世紀於美國的重興是當代世界的重大事件。當然，我們所知不足的是，仍然是全球第一的「超級大國」美國的「經濟民族主義」，在這個變動不居的世界裡究竟能走多遠。但是，我們能肯定的是，「經濟民族主義」被美國現在的政府當作了矯正過去幾十年美國的對外經濟和安全政策，以及全球化帶來的問題的基本方法。

　　全球由此面對著美國「經濟民族主義」的大衝擊。有一些國家，主要是在已開發國家，可能效仿美國走向不同程度和不同形式的「經濟民族主義」。

1　原載《澎湃新聞》（上海）「外交學人」，2018年7月12日。

（一）川普真的想退出WTO嗎？

中國當前面對的首要外部挑戰之一，就是有可能向全球蔓延的「經濟民族主義」趨勢，這代表著一個全球經濟中的重大轉變──全球化未必倒退，但全球化正在重組和重造；全球治理（不是狹義的，而是廣義的世界經濟的新安排或者新秩序）未必不存在，卻正在重建。

在強調貿易戰的挑戰時，人們往往忘記了包括中國在內的世界面對著比貿易戰更深刻的全球挑戰，這就是關於新的「全球競爭規則」的引入以及帶來的國際衝突。

儘管川普政府擁抱「經濟民族主義」，對包括世界貿易組織（WTO）等在內的已有的多邊體制充滿敵意，但是，這或許並不意味著川普政府敵視自由貿易或者多邊的「全球競爭規則」。川普政府一方面打貿易戰，一方面也要求WTO變革。與其說今天的華盛頓欲退出WTO，還不如說，川普政府以威脅退出WTO而壓迫WTO改革。世界的其他巨型經濟體由於恐懼美國退出WTO而不得不面對WTO改革的議題。

概括地說，川普政府要「重談」幾乎現存的世界秩序中的一切，不僅要重談北美自由貿易協定（NAFTA）、跨大西洋關係（美歐秩序），甚至北約（NATO）這樣的戰略安全框架。打貿易戰是迫使美國的對手（即便是美國的盟友）「重談」的一種方式。

（二）新「全球競爭規則」初現

最支持多邊主義和多邊體制的歐盟和川普政府治理下的美國之間充滿了衝突，但是，跨大西洋兩岸居然分享著一個有些人容易忽略的共同的東西，這就是歐美都支持新的「全球競爭規則」。帶頭挽救了美國退出後的跨太平洋夥伴協定（TPP）的日本也一樣。TPP本身是因為對WTO不滿而組建的在有限範圍內（目前只有11個成員）替代WTO的新的「全球貿易規則」（人民網曾刊文指出TPP的新規則將對WTO的多邊貿易體制產生嚴重影響，甚至可能架空WTO）。

歐美日有了這個共同性，才有在2018年5月31日發表的《美日歐三邊貿

易部長聯合聲明》。這一聲明的核心是共同關切和反對「非市場導向的政策和實踐」（non market-oriented policies and practices），並有三個全球針對性明確的附件：關於產業補貼的標準（EU-JAPAN-US SCOPING PAPER to define the basis for the development of stronger rules on industrial subsidies）；關於技術轉讓的政策和慣例（Joint Statement on Technology Transfer Policies and Practices）；關於市場導向的貿易條件（Joint Statement on Market Oriented Conditions）。

美歐日過去代表的是「工業（產業）發達世界」的主體，曾有過多次重大而成功的三邊協調，但是，近幾年歐美日協調似乎減少了，加上最近的G7峰會在外交上的不協奏，尤其是川普與一些歐盟國家領導人之間的激烈衝突，讓人感到歐美日好像要分道揚鑣了，其實不然，2018年6月9日在加拿大魁北克發表的G7《夏洛瓦聯合公報》，儘管沒有川普政府的最後簽字，卻包括了最重要的建立新的「全球競爭規則」的要求，包括改革WTO的內容。《夏洛瓦聯合公報》值得我們仔細研究和高度重視，因為這是在上述歐日美三邊貿易部長聯合聲明基礎上更加一般的關於未來全球經濟治理的聯合聲明，將影響在阿根廷舉行的2018年G20峰會的過程和結果，事關WTO等的命運。

（三）世界面臨新的雙重挑戰

上述短評的小結如下：包括中國在內的全世界的經濟和全球經濟治理面對至少新的雙重挑戰，一方面是全球化時代快被當成歷史陳跡的貿易戰的回歸；一方面是新的競爭規則的產生。這是一則以懼，一則以喜。

以WTO為核心的多邊貿易體制是國際貿易的基石，也是全球貿易健康有序發展的支柱。如果WTO因為局部和結構性的新競爭規則的產生而面臨邊緣化，甚至去功能化的威脅，從而促使WTO進行變革，以更好地適應當下新的全球化形勢，那麼也未必不是好事。比如，中國在國際市場上由打工者到合作者、競爭者的轉變，在制定國際規則過程中由傾聽者到平等的談判者的轉變，也是WTO需要調整和適應的一個方面。

中國自加入WTO以來，始終堅定支持多邊貿易體制。在前不久發布的《中國與世界貿易組織》白皮書中，中國更是表明了「與多邊貿易體制休戚與共」的態度。同時，面對自身在國際舞臺上作用和影響的變化，以及新的全球經濟形勢下，中國也需要與時俱進地做出調整和適應，在新的全球貿易規則和多邊體制的形成中發揮積極作用。

我們看到，中國和歐盟已經同意組建工作組，一起探討「WTO的現代化」，這是中國為世界多邊貿易體制與時俱進的改革做出貢獻而邁出的一步。

由此進一步向前看，包括中國在內的世界面對的上述兩大挑戰才能從根本上化解。

二、理解和應對全球的「經濟民族主義」挑戰[2]

1930年代「經濟民族主義」為歐洲和美國乃至世界帶來深重災難。如今，世界需要找到克服「經濟民族主義」的全球方案。改革現存的多邊體制、重建世界秩序是化解21世紀「經濟民族主義」挑戰的根本出路。

川普政府發動的不僅是與中國的貿易戰，而且是與歐洲（歐盟）、加拿大等美國盟友的貿易戰。可以說，美國政府發動的是全球貿易戰，世界經濟正在遭受全球貿易戰的打擊。這場全球貿易戰的根源是川普政府及其支持者根深蒂固的「經濟民族主義」。「經濟民族主義」已成美國政府的貿易和外交政策，川普政府及其支持者是用老舊的「經濟民族主義」來解決美國面對的全球化之挑戰，這是開錯了藥方、吃錯了藥。

（一）「經濟民族主義」為基礎的政策曾給世界帶來深重災難

眾所周知，「經濟民族主義」在1930年代為歐洲和美國乃至世界帶來

2　原載《學習時報》（北京），2018年7月23日。

深重災難——第二次世界大戰。19世紀最後30年加速的歐美工業化和全球化（殖民主義和帝國主義），在進入20世紀後，逐漸積累起嚴重問題而陷入危機。這一大危機在第一次世界大戰後不但沒有根本解決，反而趨於惡化，一些人（例如法西斯主義、貿易保護主義等的支持者）在當時以爲「經濟民族主義」是克服歐美危機的根本方法。

第二次世界大戰結束前，痛定思痛，根本克服「經濟民族主義」的國際制度被設計出來。戰勝國在1945年創立的聯合國（國際政治組織和國際安全組織）和國際經濟組織（布雷頓森林體系和國際貿易組織）就是爲了根本克服「經濟民族主義」，在國際制度上防止「經濟民族主義」再次把全人類帶入災難。這套1945年國際制度在免除「後世再遭今代人類兩度身歷慘不堪言之戰禍」（《聯合國憲章》）方面還是發揮了重大作用。2014年和2015年，在國際金融組織和聯合國分別成立70週年的時刻，國際社會集體承認了現存國際制度及其代表的世界秩序在預防和阻止再次世界（全球）大戰上發揮的關鍵作用。

二戰後，曾在19世紀工業化和成爲世界強國方面發揮過重要作用的美國「經濟民族主義」爲「經濟自由主義」取代，「經濟民族主義」逐漸沒落。冷戰結束後，隨著全球化的加速，有不少美國政客在選舉中鼓吹反對自由貿易、排外，甚至「反全球化」的立場，但當選後則難以兌現其「選舉語言」。在學術上和政策上，有人呼籲發揮「國家的作用」來抵禦全球化對美國的挑戰，但是，這種「國家的作用」也僅限於「積極的經濟民族主義」。[3]

（二）美國有深厚的「經濟民族主義」傳統

川普的當選主要靠的不是別的，正是具有深厚美國傳統的「經濟民族主義」。他在執政的一年半時間，與以往的美國歷屆政府不同，「選舉語言」與其政策居然高度一致，乃確實貫徹「經濟民族主義」，這是美國國內和國

3　見柯林頓政府的勞工部部長羅伯特·賴克（Robert Reich）的《國家的作用》。

際政策的重大轉變。此時美國的「經濟民族主義」不是「積極的」，而是消極的。表面上是對美國有利的，但是，實際上是對美國不利的。最近，美國前財政部部長薩默斯（Larry Summers）在接受德國《鏡報》採訪時表示，支持川普政府經濟政策的選民，遲早「將自食其果」。

以川普政府的執政爲標誌，一些人似乎忘記了「經濟民族主義」的歷史教訓。法國總統馬克宏在參加2018年的G7峰會前提醒美國政府，1930年代，「經濟民族主義導向了戰爭」；今天，「經濟民族主義也會帶來戰爭」。6月24日，關於歐洲面對的嚴重的難民問題，馬克宏指出，「歷史表明，每次歐洲在放棄基本價值、放棄原則時，就會發生最糟糕的事情（盲目排外）」。

要改變川普政府或者「感染」了川普政府政治病變的其他國家之政府政策，幾乎難上加難。控訴或者批評川普政府也沒有效果，「對等報復」（「經濟民族主義」之所以導向戰爭，就是因爲「以眼還眼，以牙還牙」，即歐洲人說的「tit for tat」）則只會在川普的貿易戰陷阱中愈陷愈深。

（三）尋找克服「經濟民族主義」的全球方案

如今，世界需要找到克服「經濟民族主義」的全球方案，包括世界貿易組織在內的現存國際規則和國際體制已經無法應對川普挑戰。在積極的進展方面，世界已經有一些克服「經濟民族主義」的集體行動了。例如，2018年6月9日，加拿大舉行的G7夏洛瓦峰會發表的《聯合公報》就呼籲克服「經濟民族主義」。這份《聯合公報》由於川普政府沒有簽字，因此有人對《聯合公報》不以爲然，但我們更需要好好研讀一下這份在川普政府的「經濟民族主義」變本加厲下起草和談判的公報。此次G7《聯合公報》在世界歷史的關鍵時刻重申，「經濟民族主義」並不是解決全球化帶來的問題的方法。那麼，究竟應如何解決全球化帶來的問題？這份公報要求改革目前的國際規則，包括改革世界貿易組織的規則。

夏洛瓦峰會後，另一項針對全球貿易戰進行的戰略行動是中歐之間的對話。2018年6月25日，在第七次中歐經貿高層對話中，中歐高官同意共同維

護以規則爲基礎的國際貿易體系。中歐雙方認爲，必須堅決反對單邊主義和貿易保護主義，防止這類行爲可能對世界經濟產生的衝擊和衰退性影響。而中國領導人在會見歐盟委員會卡泰寧（Jyrki Katainen）時也說，中國願與歐盟加強協調，共同維護多邊主義和自由貿易體制。顯然，中歐在以維護規則爲基礎的世界經濟體制上有共同認識，這一點毋庸置疑。但是，必須指出的是，中歐在抵制和反制川普政府的全球貿易戰上是合作，而不是結盟，是爲了維護以共同規則爲基礎的世界經濟秩序而進行的合作。

中國在維護全球多邊體制上的立場和政策是正確的，在改革現存的多邊貿易體制上可能還需要新的認識論和實踐論。歐盟告訴中國，一向視世界貿易組織爲全球貿易治理基石的歐盟認爲，現有的世界貿易組織機制無法有效解決所謂的「不公平貿易」。歐盟和中國已同意組建雙邊工作小組，探討世界貿易組織的現代化，雙方承諾「與時俱進改革多邊貿易體制」，完善全球經濟治理體系，以順應新形勢下的國際貿易環境。但值得注意的是，美國與歐盟、加拿大在G7夏洛瓦峰會上表示其在「世界貿易組織的現代化」上的原則立場是一致的。這也表明，歐美在針對中國的一系列問題上（例如中國的產業政策和技術轉讓政策等）存在著共同的立場和利益。

世界其他地區在對付「經濟民族主義」的蔓延上也在尋求對策。2018年3月11日，在川普政府退出《跨太平洋夥伴協定》（TPP）後，原TPP的11個成員國在日本等的領導下，於智利聖地牙哥簽署《跨太平洋夥伴全面進步協定》（CPTPP）。這一「沒有美國」的協定將在成員國批准後生效。同時，有些國家在政府更迭後重提舊日的主張，例如，當時馬來西亞新首相馬哈地在第二十四屆亞洲未來國際大會上的專題演講中，重新倡議成立區域經濟集體「東亞經濟會議」（EAEC）。不過，該倡議與馬哈地在1990年代的提議不同。馬哈地現在提出的EAEC有兩大任務，即應對中國的自由貿易和美國的保護貿易，中國和美國均是EAEC的對象。

今天看來，中國幾年前發起成立亞投行（AIIB）、金磚國家框架下的新發展銀行（NDB）等新興國際金融組織，以及推進「一帶一路」建設等舉措，實爲未雨綢繆之長效之舉。無論是新興國際金融組織還是「一帶一

路」建設，都在有效抵制和應對全球貿易戰方面發揮著積極作用。

　　總之，爲了應對美國發起的「經濟民族主義」挑戰，全球正在以各種方式和方法應戰。如同1945年後的世界經濟秩序，是對1930年代世界經濟危機和世界大戰的深刻反思後的結果，未來的世界經濟秩序將在全球應對川普挑戰中逐漸釐清方向。改革現存的多邊體制、重建世界秩序是化解21世紀「經濟民族主義」挑戰的根本出路。

第二十七章 「以非霸權的國際領導」追求「沒有霸權的全球治理」？以中國在亞投行創建中的作用為例*

亞投行是沒有霸權的國際經濟組織[1]

中國領導人仍然重申中國的「不稱霸」原則，但是，與原來的「不帶頭」不一樣的是，中國發揮了國際領導作用。所以，中國的國際領導作用可以叫做非霸權的領導（non-hegemonic leadership）。非霸權的國際領導對未來的全球經濟治理有著十分重要的意義。

中國在2016年和2017年分別組織了「1+6」框架，即中國總理與六大國際經濟組織（主要國際經濟組織）的對話。中國發起的這一對話機制，對全球經濟治理的未來至關重要。至少有兩大深刻的意義：

第一，在國際秩序的危機時刻，中國愈來愈成為國際經濟秩序的關鍵支持者。目前，對現存國際經濟秩序的挑戰主要不是來自中國，而是西方國家的內部政治發展，如實行經濟民族主義政策的川普政府，和脫離歐盟的英國政府。中國的所作所為，非但沒有構成對現存世界自由秩序的挑戰，反而幫助維持和加強現存的世界自由秩序。中國目前的大外交政策恰恰是主張支持自由貿易和全球化。

第二，中國仍然願意接受「主要國際經濟組織」在中國發揮重要作用。在中國的改革開放年代（1978-2018年），「主要國際經濟組織」確實在中國的轉型中發揮了重要作用。從中國的角度來看，「1+6」說明中國的國內改革仍然需要「主要國際經濟組織」，透過他們，中國才能繼續把現有的國際規則和國際規範引進中國，內化為中國的國內治理。

1　原載《華夏時報》（北京），2018年1月11日。

　　中國已經是一個國際領導者，但人們往往把領導與霸權混爲一談。就中國的情況，領導並不意味著霸權。中國雖然在亞投行領導，但卻不是亞投行中的霸權。更甚者，亞投行裡沒有霸權。

　　說亞投行裡沒有霸權有兩個意思：一是亞投行沒有當今的世界霸權美國參加；另一是在亞投行內部，出資最多的中國並不如美國在世界銀行中那樣享受霸權地位（hegemony）。

　　中國一直希望、歡迎美國參加亞投行。美國將來是否參加亞投行等，在目前川普政府相繼退出各個多邊機構的情況下，我們不應該預期川普政府的美國加入亞投行。我們假定美國最後參加了亞投行，但是，除非修改《亞洲基礎設施投資銀行協定》，否則美國在亞投行中不會如在世界銀行那樣擁有否決權，甚至比中國的投票權肯定要小。

　　在世界上，沒有美國的國際合作其實很多，像是歐盟就沒有美國；東亞貨幣合作和宏觀經濟政策合作，如《清邁協定》（CMI）和東亞宏觀經濟研究合作（AMRO）等也沒有美國；上海合作組織等也沒有美國。

　　沒有美國的國際合作是一個極其重要的研究課題。在沒有美國的國際合作中，誰擔任領導？亞投行的情況表明，中國不僅在一個沒有霸權的結構中充當了領導，而且透過中國的自我設限和亞投行的制度安排，中國這個國際領導並非美國那樣的霸權，即中國在亞投行重大決策上並不享有否決權。

　　爲了避免全球經濟治理由於新成立的國際金融機構而進一步碎片化，新成立的機構需特別注意與已有機構之間的協調，避免與已有國際金融機構之間的衝突。亞投行的誕生，當然是對已有的世界銀行等的挑戰和競爭。但是，亞投行與世界銀行、亞洲開發銀行等也開展了很好的協調與合作。

　　這裡有必要提到金磚國家新開發銀行（The New Development Bank）。金磚國家新開發銀行和亞投行的最大區別是：亞投行沒有霸權卻有領導；金磚銀行不僅沒有霸權，而且也沒有領導。亞投行的影響遠遠超過金磚銀行，原因正在這裡。

　　未來的全球經濟治理是沒有霸權的全球經濟治理嗎？亞投行本身的使命與初步實踐，等於回答了西方擔心的「新的」或者「替代性的」全球治理機

構是什麼，和對未來意味著什麼的大問題。因為亞投行是一種沒有霸權的國際組織，代表的是沒有霸權的全球治理。

人們充分注意到中國在亞投行中的主導性，即中國試圖透過亞投行在全球經濟治理中發揮作用，卻忽略了亞投行對中國的約束或者治理。實際上，亞投行是中國把自己的手腳「捆綁」起來，以求獲得他者的信任。中國的這一行動，為他者提供了治理他們面對的「中國挑戰」的機會。有人認為，「亞投行的創立意味著把中國的資金放在多邊治理的框架下（其他成員國政府可以阻止中國做出融資決定），而不是讓北京方面隨心所欲地把資金投向世界上任何地方」。這就是為什麼眾多的歐洲國家不同於美國和日本而參加亞投行的主要原因，因為奉行多邊主義的歐洲國家最知道多邊機構的價值。亞投行必須遵守其在環境和人權保障以及透明度方面的標準，才能走向亞投行宣稱的「最佳實踐」。

什麼是他者眼裡的「中國挑戰」？在2010年，中國國家開發銀行和中國進出口銀行（China Export-Import Bank）等的全球活動，意味著中國提供的海外發展貸款超過了世界銀行。「中國最大的兩家雙邊開發銀行——中國國家開發銀行和中國進出口銀行截至2014年底有6,840億美元的未償貸款」。

「一帶一路」是比中國國家開發銀行或中國進出口銀行更大的中國全球行動，構成他者的「中國挑戰」。未來的全球治理，從他者的角度來看，要治理的對象包括「一帶一路」，這是主張中國積極參加全球治理的中國政策制定者不願意面對的。

受到亞投行在啟動階段巨大成功的啟發，筆者在2015年最早呼籲中國政府主動進行「一帶一路」的多邊化。後來，中國強調「一帶一路」需要「共建」，以便解決「一帶一路」的國際合法性（international legitimacy）和遭遇到的國際阻力。

目前，在世界許多地方，全球化陷入危機。而世界最大通商國家的中國非常焦慮「去全球化」，因而採取了支持全球化的政策，「一帶一路」就是支持全球化的繼續。

　　中國支持全球化的主要理由不是別的，正是一貫的「受益者」理論：中國是全球化的最大受益者之一，需要自由貿易的國家等都相信「受益論」。但是，如果繼續支持過去的全球化，勢必與那些全球化的「受害者」形成進一步的衝突。目前的中美關係之所以持續緊張，主要原因是中國全力支持全球化，而美國則要求中國大讓利，以解決美國在全球化中的受損，這種矛盾幾乎是難以調節的。

　　如果未來的世界進一步走向多極化或者無極化，則亞投行之類有領導但無霸權的國際組織可能發揮更大作用。

　　討論一種不是霸權的全球領導，尤其是建構一種沒有霸權的全球治理，對21世紀的世界意義重大。未來的世界需要領導，但不需要霸權。與20世紀不同，領導不應是霸權。

　　中國不是要取代美國的霸權，而是要在美國權力暫時淡出（我們不知道這個時期將多長）之時，去充當本來應該由美國扮演的全球治理角色，這一點許多人已經正確地指出。中國在全球治理中的角色究竟是什麼？亞投行給出了部分的積極回答。

　　與美國歐巴馬政府等對中國發起成立亞投行的擔心正好相反，誕生在多邊體制危機時刻的亞投行，在抑制全球經濟治理危機方面發揮了意想不到的作用，可以說亞投行創造了一種新的全球經濟治理模式。

　　不過，接下來我們又面對著新的問題：亞投行這樣的新型全球經濟治理模式是可持續的嗎？亞投行仍然存在其發展的初期，此問題的答案不在任何論文中，而在亞投行創始行長金立群說的亞投行的未來「實踐」中。

　　亞投行可能對「一帶一路」具有示範意義，「一帶一路」要實現在多層次上的多邊化。目前，已經出現了一些「一帶一路」的示範地區，如中國與16個中東歐國家組成的「1+16」合作框架。中國要與世界「共建」這個「一帶一路」，為此，2017年5月14日至15日，中國舉行了第一屆「一帶一路」國際合作高峰論壇，筆者受邀參加和觀察了這次會議。不過，「一帶一路」最終能否如同亞投行那樣成為新的全球多邊體制一部分？值得我們繼續觀察。

第二十八章 「我們的共同議程」——聯合國秘書長古特雷斯的全球治理民主化模式

一、導言

2021年9月10日，回應2020年第七十五屆聯大的要求，聯合國秘書長古特雷斯（António Guterres）在第七十六屆聯合國大會發布《我們的共同議程》（*Our Common Agenda*, OCA）秘書長報告。這份報告在評估現有的全球治理形勢和確定未來的全球治理議程上，是比較大膽的和更具雄心的，催生「聯合國2.0」。[1] 該報告闡述了當前全球危機的嚴重性和全球合作的迫切性，展示了重新設定的未來五年聯合國重大議程。在報告中，秘書長概述了他所描述的處於巨大壓力之下的全球治理的危險狀態，並警告，世界面臨「嚴重不穩定和氣候混亂」等巨大風險。他說：「從氣候危機到我們對自然的自殺性戰爭和生物多樣性的崩潰，我們的全球反應太少和太晚。不加控制的不平等正在破壞社會凝聚力，製造影響我們所有人的脆弱性。技術正在向前發展，但沒有護欄來保護我們免受其不可預見的後果。」古特雷斯在該報告重申他領導的聯合國秘書處對全球治理形勢的一個中心判斷，即目前的全球治理不是得到加強取得成效而是失敗了。[2] 2022年元旦，在正式開始他的第二任期時，古特雷斯再次強調了他的這一判斷。1月21日，古特雷斯向聯合國大會通報其2022年工作的優先事項時，就世界形勢提出五大「警訊」，即新

---

[1] Harris Gleckman and Georgios Kostakos, "An Appraisal of the Global Governance Proposals in the UN Secretary-general's 'Our Common Agenda' Report," *FOGGS*, October 26, 2021.

[2] 2021年9月，聯合國秘書長古特雷斯發布了精心準備的報告《我們的共同議程》，該報告引人注目地認爲，聯合國這個「全球體制」在應對一系列挑戰上是失敗的，而且指出，人類面對著大崩潰還是大突破的選擇（a choice between "a breakdown or a breakthrough"），https://www.un.org/en/un75/common-agenda，2021年9月10日。

冠疫情、全球金融治理體系缺陷、氣候危機、新技術濫用、武裝衝突，並認為這些「警訊」如同「山火」。[3]

　　OCA報告認為，「全球治理失敗」的事實是「清楚的」。筆者認為，聯合國秘書長關於全球治理形勢的大判斷與中國的「百年未有之大變局」的大判斷是高度一致的。OCA報告主要不僅是為了強調全球危機的嚴峻性，而且是為了讓「我們」一起找到解決問題的方案。面對複合的全球危機，正是最需要全球治理的時候，不能任「全球治理失敗」，而要力挽狂瀾，確保聯合國在解決全球危機中不可或缺的作用。古特雷斯提供了扭轉「全球治理的失敗」的根本方法，那就是依靠「我們」，貫徹落實聯合國大會通過的「我們的共同議程」。筆者建議，中國要充分注意和研究聯合國秘書長OCA報告，在「我們的共同議程」中發揮更大作用。

　　必須指出的是，古特雷斯秘書長說的「全球治理失敗」，站位是聯合國，主要指的是全球的多邊體制的失能、缺位，甚至不工作。

　　為什麼會發生「全球治理失敗」？「全球治理失敗」的主要根源或者癥結何在？全球治理失敗的局面能得到有效扭轉嗎？全球治理如何改革，以避免更大的、進一步的失敗，甚至崩潰？回答這些問題並不容易，因為這些問題太大、太複雜，說來話長，說長了也說不完。但是，這屆聯合國秘書長在其第一任期的一系列演說中，尤其是最近的演說，實際上指出了一些「全球治理失敗」的最為重要的原因。例如，2020年7月18日，新冠疫情大流行初期，秘書長在紐約舉行的「納爾遜曼德拉」年度講座上演講，題為「應對不平等性這個病毒：新的社會契約」：在國內、區域和全球層面，許多問題解決得並不好，從而新舊問題累積，終於釀成今天的一個個全球危機，「大流行證明了我們世界的極其脆弱性。幾十年來，世界居然視而不見赤裸裸的巨大社會風險：不平等的衛生體制、社會保護上的巨大鴻溝、結構性的不平

---

[3]　《秘書長提出2022年聯合國工作的優先事項》，https://www.un.org/sites/un2.un.org/files/21priorities.pdf，2021年1月21日；《聯合國秘書長工作報告》，https://undocs.org/en/A/76/1，2022年1月。

等、生態環境惡化、氣候危機」。[4]

　　2021年9月21日，基於OCA報告，秘書長在第七十六屆聯大開幕式上指出，世界已經出現了「六大鴻溝」（Six Great Divides）：和平鴻溝、氣候鴻溝、貧富鴻溝、性別鴻溝、數位鴻溝、代際鴻溝。[5]

　　歸根究柢，全球治理之缺位，根源還在全球治理民主化不夠，改善和加強全球治理的根本在於全球治理民主化。依據和落實《聯合國憲章》，秘書長推出了聯合國改革和全球治理民主化的新議程。

二、在21世紀發揚光大「我聯合國人民」的偉大精神

　　OCA報告重新定義了「我聯合國人民」（We, the peoples）。我們都知道，《聯合國憲章》第一句話是「我聯合國人民同茲決心」（We, the peoples of the United Nations determined）。「我聯合國人民」經常被簡稱為「我們，人民」（We, the peoples），是《聯合國憲章》最為重要、最為珍貴的關鍵字，[6]亦是「國際關係民主化」和「全球治理民主化」的根本依據。

　　今天的「我聯合國人民」，就是正在經受著、適應著、應對著全球危機的全人類，尤其是其中的各種「攸關者」，即「多攸關方」（multi-stakeholders）。秘書長在OCA報告中指出，「在準備這份報告的過程中，我們與廣泛的各界攸關方接觸，包括成員國政府、思想領袖、青年人、公民社會、聯合國系統各國際組織，以及其他許許多多的合作夥伴」。[7]

4　Annual Lecture 2020: Secretary-General Guterres's Full Speech-Nelson Mandela Foundation.

5　Secretary-General's Address to the 76th Session of the UN General Assembly, United Nations Secretary-General.

6　具有「同等國際法效力」的《聯合國憲章》中英文本「序言」，https://www.un.org/zh/about-us/un-charter/preamble，https://www.un.org/en/about-us/un-charter/preamble。

7　聯合國秘書長的報告《我們的共同議程》「導言」，https://www.un.org/en/content/common-agenda-report/assets/pdf/Common_Agenda_Report_English.pdf。

在古特雷斯的第一個任期，他不斷地與各攸關方（「多攸關方」）接觸，「開放」聯合國，讓「聯合國成爲世界上每個人的聯合國」。[8]

OCA報告由此「重新定義了多邊主義」：「我們」不僅是一般理解的基於1945年《聯合國憲章》的「我」，更是21世紀的「多攸關方」。古特雷斯等一直希望聯合國不僅是傳統的以國家爲中心的「多邊」體制，更是多攸關方集體行動的「多邊」體制。[9]

三、緊緊依靠21世紀的「我聯合國人民」——「多攸關方」、重塑聯合國、重建全球治理

過去五年，筆者對古特雷斯秘書長做過一種追蹤研究，研究方法是追蹤秘書長的演講和報告，尤其是研究他的演講和報告中使用了什麼樣的社會理論。[10]以下根據OCA等秘書長報告做了一個小研究，發現秘書長使用了當今世界的重要國際理論或者全球理論，這些理論支持了秘書長的全球治理民主化實踐。

首先是上述提到的「多攸關方主義」（multi-stakeholderism）。OCA報告中沒有出現「全球治理民主化」一詞，但是OCA報告強調「我們的共同」行動，即「多攸關方」之間的合作，「多攸關方主義」就是全球治理民主化。

面對不平等、生態環境惡化、女性權利受到侵犯、非法暴力等全球性問題，近幾年，許多人主張和宣導「多攸關方主義」。例如，達沃斯世界經濟論壇（World Economic Forum）應該是最早的「多攸關方主義」主張者和探

---

[8]　"We Need to Give Voice to 'We the Peoples', Says UN Chief," UN News.

[9]　Harris Gleckman and Georgios Kostakos, "An Appraisal of the Global Governance Proposals in the UN Secretary-general's 'Our Common Agenda' Report," *FOGGS*, October 26, 2021.

[10]　Secretary-General's Speeches, United Nations Secretary-General.

索者。[11]

　　在「多攸關方」中最為重要的「攸關方」，是出生於1949年的古特雷斯非常重視的當今青年。如同他的前任潘基文秘書長，古特雷斯在聯合國氣候變化大會（UNFCCC）等當今聯合國主導的重大全球治理進程中，非常重視青年世代的作用，邀請在氣候變化治理中傑出的青年領袖和青年組織深度參與。OCA報告建議，各國和聯合國要進一步重視青年的意見。

　　其次是「新的多邊主義」。既然是「多攸關方主義」，則多邊主義就應該更網路化（more networked）、更包容（more inclusive），更網路化和更包容的多邊主義才是更有效的多邊主義，[12]而網路化的和包容性的多邊主義就是民主的多邊主義。

　　第三，「捍衛和重建啟蒙價值」（enlightenment values）。在被任命為聯合國秘書長的2017年，古特雷斯就大談「啟蒙價值」，認為「我們的」聯合國必須「共同」捍衛「啟蒙價值」。作為來自歐洲的聯合國秘書長，古特雷斯並非是以歐洲為中心，而是認為，「歐洲給這個世界最大的禮物是啟蒙價值」。他不無痛心地指出，當今世界，「啟蒙價值」遭到各種質疑、受到各種攻擊。[13]古特雷斯的聯合國秘書長第一任期與川普的美國總統任期幾乎重合。認為「全球治理威脅美國主權」的川普，是古特雷斯在聯合國面對的第一大挑戰。「他善於與川普周旋」，[14]在我們研究古特雷斯擔任聯合國秘書長時，這是一個不容忽視的重要事實。

　　第四，全球的「新的社會契約」。[15]在歐洲治理思想史上，「社會契約」（social contract）占有非常重要的地位。法國思想家盧梭於1762年出

---

[11] University of Pretoria, Geoffrey Allen Pigman, *The World Economic Forum: A Multi-Stakeholder Approach to Global Governance*, London: Routledge, 2006.

[12] 見OCA報告第130段。

[13] "UN must Reform to Defend Enlightenment Values, Secretary-general Says," PeaceWomen.

[14] Richard Gowan, "A Bold Second-Term Agenda is Still Guterres' Best Bet," *World Politics Review*, January 3, 2022, https://www.worldpoliticsreview.com/articles/30218/at-the-united-nations-guterres-needs-a-bold-second-term-agenda.

[15] Annual Lecture 2020: Secretary-General Guterres's Full Speech-Nelson Mandela Foundation.

版了《社會契約論》（又稱《民約論》）。在這部著作的第一卷中，盧梭對於社會契約的形成、內容、特徵及本質等給予了必要的推理與說明；第二卷則進一步地闡述了社會契約狀態下主權、法律和人民的性質、類別及特徵。

在21世紀的今天，聯合國秘書長主張在全球的各個層次重建「社會契約」，首要的是「各國政府和各國社會之間的契約」。OCA報告指出，這樣的社會契約，是為了更好地「管理我們的全球公域」，是「更均等和更具有可持續性地向所有人提供公共產品」的計畫。這是聯合國領導的全球治理在走向民主化最值得我們重視的一個動向，因為全球不平等性的持續惡化並沒有得到扭轉。

第五，與「多極世界」配套的必須是「多邊治理」。為了捍衛聯合國，古特雷斯經常講的一句話是，政治（權力）上的多極化世界更需要多邊治理，而不是各自為政，世界分裂，「多極世界如果沒有多邊治理，就一定會導致一戰那樣的世界災難」。[16]

最後，OCA報告指出，聯合國當下迫切的日程不是別的，而是實現在全球化（相互依存）條件下的「全球團結」（global solidarity）。其實，秘書長在過去五年一直這樣呼籲，提出了「人類團結」（human solidarity）的概念，認為這是一項「道義的迫切」（a moral imperative）。古特雷斯呼籲全人類的團結、國家之間的團結、各種文明之間的團結、各種攸關方之間的團結。2020年12月1日，古特雷斯在參加諾貝爾獎論壇中的演說中，就強調了「人類團結」的迫切性。2022年2月，古特雷斯專程出席了北京冬奧會開幕式，不忘「推銷」他的《我們的共同議程》：「我們（聯合國人民）今天面對前所未有之挑戰」，要「團結起來」，「推進我們的共同議程，實現我們對和平與可持續未來的共同願景」。[17]在與習近平主席的會見中，古特雷斯提到了「全球團結」：「世界需要一屆成功的冬奧會，向世人發出

---

[16] "UN must Reform to Defend Enlightenment Values, Secretary-general Says," PeaceWomen.

[17] Let Spirt of Fair Play, Solidarity Shine throughout Games, Beyond, Secretary-General Says in Video Message for Winter Olympics 2022, Meetings Coverage and Press Releases (un.org).

明確資訊，即任何國家、民族、宗教的人民都可以超越分歧，實現團結與合作」。[18]

　　OCA報告最重要的建議是在2023年聯合國成立78週年時舉行的全球「未來峰會」（Summit of the Future），連接和包容全球各方，以形成「新的全球共識」，並確定聯合國以及聯合國體系改革的「路線圖」。根據「多攸關方主義」，「未來峰會」的參加者是各攸關方，而不僅是傳統的成員國政府。如果「未來峰會」成功召開，將是聯合國改革的一個突破，開啟「聯合國2.0」和新的全球治理，成為古特雷斯作為秘書長的主要「遺產」之一。

　　我們知道，具體的全球治理主要依靠各個全球國際會議進程。聯合國作為國際組織的主要任務，就是召集全球各攸關方（Convention of Parties, COPs）的各種大會（conference）。我們已經熟悉了聯合國氣候變化大會等多方參加的國際會議進程，而聯合國主導的全球各方會議是「真正的多邊主義」，即是網路化的、包容性的、民主化的多邊協調。

四、結語

　　曾任葡萄牙總理的古特雷斯在出任聯合國秘書長前，就在聯合國系統中的主要國際組織之一工作。[19]他是一位全球的現實主義者，[20]不過，他之所以能連任聯合國秘書長，不僅是因為他在高度複雜的聯合國政治中長袖善舞，更是因為他一直追求能代表今天的「我聯合國人民」的「真正的多邊主義」。他的理論與實踐為聯合國及其成員提供了一個全球治理民主化模式，

18　習近平會見聯合國秘書長古特雷斯，中共中央網路安全和資訊化委員會辦公室，cac.gov.cn。

19　Biography, United Nations Secretary-General.

20　Richard Gowan, "A Bold Second-Term Agenda is Still Guterres' Best Bet," *World Politics Review*, January 3, 2022, https://www.worldpoliticsreview.com/articles/30218/at-the-united-nations-guterres-needs-a-bold-second-term-agenda.

贏得了「我們，人民」的信任。如同本文上述的分析，在智慧上，古特雷斯
深刻理解了「我們，人民」的世界；在道義上，對於肩負全球治理責任的聯
合國秘書長來說，這一點也許比智慧更加重要。為全人類的和平與福祉，他
在全球奔走呼號。他的聯合國秘書長第二任期，將是「後疫情時代」，將是
更加民主化的全球治理時代。基於完全正確的、偉大的、神聖的「我聯合國
人民」精神和原則，並基於「多攸關方」之間的「全球團結」，在秘書長的
努力下，聯合國和聯合國主導下的全球治理將迎來新局面。

blog.sina.com.cn/zhongyingpang

圖3-28-1　聯合國成立70年相關演講

說明：2015年4月10日，聯合國常務副秘書長埃利亞松（Jan Kenneth Eliasso，瑞典前外交大臣，生於1940年）在
　　　北京中國人民大學發表「聯合國成立七十週年：過往歷程和未來挑戰」的演講。演講前，埃利亞松與中國
　　　人民大學國際關係學者交談。圖為埃利亞松副秘書長與筆者握手。

國家圖書館出版品預行編目(CIP)資料

大危機：全球挑戰和全球治理／龐中英著. --
初版. -- 臺北市：五南圖書出版股份有限
公司, 2024.01
面； 公分
ISBN 978-626-366-802-7(平裝)

1.CST: 全球化 2.CST: 國際關係
3.CST: 區域研究 4.CST: 文集

578.07   112019711

1PUQ

大危機：全球挑戰和全球治理

作　　者 ― 龐中英（537）

發 行 人 ― 楊榮川

總 經 理 ― 楊士清

總 編 輯 ― 楊秀麗

副總編輯 ― 劉靜芬

責任編輯 ― 呂伊真、吳肇恩

封面設計 ― 封怡彤、陳亭瑋

出 版 者 ― 五南圖書出版股份有限公司

地　　址：106台北市大安區和平東路二段339號4樓

電　　話：(02)2705-5066　　傳　　真：(02)2706-6100

網　　址：https://www.wunan.com.tw

電子郵件：wunan@wunan.com.tw

劃撥帳號：01068953

戶　　名：五南圖書出版股份有限公司

法律顧問　林勝安律師

出版日期　2024年1月初版一刷

定　　價　新臺幣580元

經典永恆・名著常在

五十週年的獻禮 —— 經典名著文庫

五南，五十年了，半個世紀，人生旅程的一大半，走過來了。

思索著，邁向百年的未來歷程，能為知識界、文化學術界作些什麼？

在速食文化的生態下，有什麼值得讓人雋永品味的？

歷代經典・當今名著，經過時間的洗禮，千錘百鍊，流傳至今，光芒耀人；

不僅使我們能領悟前人的智慧，同時也增深加廣我們思考的深度與視野。

我們決心投入巨資，有計畫的系統梳選，成立「經典名著文庫」，

希望收入古今中外思想性的、充滿睿智與獨見的經典、名著。

這是一項理想性的、永續性的巨大出版工程。

不在意讀者的眾寡，只考慮它的學術價值，力求完整展現先哲思想的軌跡；

為知識界開啟一片智慧之窗，營造一座百花綻放的世界文明公園，

任君遨遊、取菁吸蜜、嘉惠學子！